Michael R. Ott
Die Germanistik und ihr Mittelalter

Untersuchungen
zur deutschen
Literaturgeschichte

Band 163

Michael R. Ott

Die Germanistik und ihre Mittelalter

―

Textwissenschaftliche Interventionen

DE GRUYTER

ISBN 978-3-11-135738-6
e-ISBN (PDF) 978-3-11-073436-2
e-ISBN (EPUB) 978-3-11-073440-9
ISSN 0083-4564

Library of Congress Control Number: 2021946659

Bibliografische Information der Deutschen Nationalbibliothek
Die Deutsche Nationalbibliothek verzeichnet diese Publikation in der Deutschen Nationalbibliografie; detaillierte bibliografische Daten sind im Internet über http://dnb.dnb.de abrufbar

© 2023 Walter de Gruyter GmbH, Berlin/Boston
Dieser Band ist text- und seitenidentisch mit der 2022 erschienenen gebundenen Ausgabe.
Druck und Bindung: CPI books GmbH, Leck

www.degruyter.com

Inhaltsverzeichnis

1 Interventionen —— 1

2 Nibelungenlieder —— 24

3 (Sang-)Spruch(dichtung) —— 59

4 Schriftlichkeitsforschung —— 97

5 Geschichtsgermanistik —— 119

6 Prominenzanalysen —— 137

7 Erzählweltenbauer —— 160

8 Textwissenschaft —— 186

9 Schluss —— 207

Abkürzungsverzeichnis —— 211

Abbildungsnachweise —— 212

Literaturverzeichnis —— 213

Allgemeiner Index —— 234

Index der Forschenden —— 239

Dank —— 241

1 Interventionen

Ich möchte in und mit diesem Buch die recht grundsätzliche Frage stellen, ob und inwieweit es möglich ist, von gängigen Paradigmen wie „Philologie" und „Literatur" auf das Paradigma „Text" umzustellen – und ich möchte darüber nachdenken, welche Folgen sich daraus ergeben. Eine solche Umstellung scheint mir schon deshalb nahezuliegen, weil die älteren Paradigmen nicht nur in die Jahre gekommen sind, sondern auch auf Voraussetzungen beruhen und mit Anschlusskonzepten einhergehen, die aus verschiedenen Gründen problematisch geworden sind. Um solche inzwischen problematischen Voraussetzungen und um Argumentationsstränge, die zur Routine geworden sind, um leerlaufende Begriffe und um mittlerweile unplausible disziplinäre Ein- und Ausschlüsse wird es in diesem Buch gehen.

Dass ich eine solche Frage stellen und eine kritische Perspektive einnehmen kann, ist keineswegs selbstverständlich, aber auch schon seit Längerem nicht mehr ungewöhnlich. Spätestens seit den 1960er-Jahren gehört es zum grundlegenden Repertoire universitärer Wissenschaftsdisziplinen, sich die eigene Geschichte zu vergegenwärtigen sowie die eigenen methodischen und epistemologischen Grundlagen zu reflektieren und gegebenenfalls neu zu justieren. Dementsprechend befindet sich auch die Disziplin, die ich – zumindest für den Moment – als Mittelaltergermanistik bezeichnen will, in einem beständigen Prozess der selbstreflexiven Diskussion und der disziplinären Rekonfiguration.

In der Öffentlichkeit werden solche selbstreflexiven Prozesse vor allem im diskursiven Modus der Krise sichtbar und die Krisen der Germanistik, die ausgerufen wurden, sind mittlerweile Legion. Dass dies aber überhaupt passiert, dass also überhaupt ein öffentlicher Diskurs geführt wird, ist bisher noch stets ein Zeichen dafür gewesen, dass der Germanistik der Status einer Leitdisziplin zukommt, die von vielen studiert und in der Öffentlichkeit breit wahrgenommen wird. Kritische Diskussionen über den Status der Germanistik, über Sinn und Funktion dieses Faches, werden oft unter dem Stichwort der „Krise" geführt, finden noch immer auch außerhalb der Universitäten statt und in der Regel mit reger Beteiligung der universitären Vertreter*innen des Faches. Es ist deshalb schwer zu sagen, wann die auch öffentlich vernehmbare Selbstkritik tatsächlich Zeichen der immer wieder beschworenen Krise der Germanistik (gewesen) sein wird.

Einen solchen Krisendiskurs möchte ich allerdings gar nicht führen. Mir ist es mit diesem Buch darum zu tun, mich – als einen konkreten Akteur – innerhalb selbstreflexiver Diskussionen und disziplinärer Veränderungsprozesse zu positionieren. Schon seit Längerem frage ich mich nämlich, wie man die Mittelaltergermanistik als Forschungsgebiet aus unserer Gegenwart heraus denken und konzipieren sollte, was man aus heutiger Sicht als bloßen Ballast abwerfen könnte und was man – hier und heute – neu oder erneut hinzunehmen müsste. Ich glaube, dass diese Fragen und die Folgerungen, die ich daraus ziehe, relevant und interessant genug sind, um zum Gegenstand eines Buchs zu werden.

Wenn ich frage, vor allem auch mich frage, wie man die Mittelaltergermanistik aus meiner Gegenwart heraus konzipieren sollte, dann ist mir durchaus bewusst, dass wir Vergangenheiten ohnehin immer von unserer jeweiligen Gegenwart her denken und konzipieren. Die Mittelaltergermanistik ist – will man es pointiert formulieren – mit der Gegenwart befasst, anhand und mittels älterer Texte. Das ist unvermeidbar und gilt auch dann, wenn dieser Gegenwartsbezug nicht ausdrücklich thematisiert wird oder auch überhaupt nicht thematisiert werden kann, weil nämlich die Denkvoraussetzungen der jeweiligen Gegenwart erst später – und also immer zu spät – sichtbar werden. Dieser nicht zu verhindernde Gegenwartsbezug einer jeden Beschäftigung mit der Vergangenheit dürfte mittlerweile, zumal innerhalb der seit dem späten 19. Jahrhundert so genannten Geisteswissenschaften, weitgehend unstrittig sein, auch wenn gerade in der deutschsprachigen Forschung immer noch gerne so getan wird, als könne man mit einer objektiven, zeitenthobenen Stimme über *die* Vergangenheit und deren Zeugnisse sprechen und schreiben, weil nämlich *die* Vergangenheit aus den „Quellen" fließe.

Zu den Folgen des Einsatzes einer solchen Stimme, zugleich auch zu den Voraussetzungen ihrer Verwendung, zählt der weitgehende Verzicht auf das Personalpronomen der ersten Person Singular in wissenschaftlichen Texten insbesondere der deutschsprachigen Wissenschaftstradition. Damit geht ein Unbehagen der Autor*innen einher; ein Unbehagen, sich selbst ausdrücklich zu ihren Fragen und Herangehensweisen zu positionieren. Gerade aber wenn man aus der Beschäftigung mit der Geschichte der eigenen Disziplin weiß, wie viel von Traditionen, Wissenschaftsstrukturen und kulturellem Hintergrund abhängt, wird man die Ausstellung von Objektivität nicht nur kritisch, sondern auch mit einer gewissen Nervosität und einem gewissen Misstrauen betrachten. Und das zu Recht: Objektive Stimmen haben keine Körper, keine Karrieren, kein Begehren; Wissenschaftler*innen aber schon. Statt der Idee einer beobachterunabhängigen wissenschaftlichen Objektivität nachzuhängen, muss es darum gehen, denke ich, die eigene Verflechtung mit den Gegenständen des Interesses und mit den verwendeten Methoden, Theorien und Verfahren zu beschreiben. Wer will, kann dies anhand ethnologischer und kulturanthropologischer Arbeiten lernen oder auch in Arbeiten der jüngeren Wissenschaftssoziologie sowie anhand von Büchern der englischsprachigen „Humanities", wo die Selbstverortung der Schreibenden schon seit Längerem zum Standard gehört.

Ich möchte dieses Buch als Gelegenheit nutzen, meine Überlegungen zu dem Forschungsfeld, das sich mit „mittelalterlichen" deutschsprachigen Texten befasst, ausdrücklich und ausführlich zu formulieren und meinen Standort innerhalb dieses Forschungsfeldes auszuloten. Ein solches Forschungsfeld – eine mediävistische „Textwissenschaft" – gibt es nicht als etablierte Disziplin und wird es vermutlich auch nie geben. Die disziplinäre Konfiguration derjenigen Fächer, die im späten 19. Jahrhundert begonnen haben, sich als Geisteswissenschaften zu verstehen, ist institutionell so fest gefügt und wirkt für viele so selbstverständlich, dass es schwerfällt, sich Alternativen zu überlegen – von der Umsetzung solcher Alternativen ganz zu schweigen.

Aber auch wenn es schwerfällt, sich Alternativen zur aktuellen disziplinären Situation zu überlegen, müssten wir, wie mir scheint, mehr über eine Entdisziplinierung der Universitäten nachdenken. Es ist schließlich keinesfalls gesagt, dass die „disziplinisierte" Universität (also eine nach Disziplinen sortierte Universität), wie sie sich im 19. Jahrhundert herausgebildet und im 20. Jahrhundert stabilisiert hat, das richtige Modell für das 21. Jahrhundert bietet. Universitäre Disziplinen errichten Grenzen, sorgen für klare Ein- und Ausschlüsse, tendieren dazu, möglichst autonome Institutionen zu schaffen. Was wir aber meines Erachtens bräuchten, sind fließendere Übergänge, durchlässigere Ränder, multiple Zugehörigkeiten, flexiblere Strukturen und temporäre Allianzen. Interdisziplinarität wäre dann keine Forderung mehr, sondern lediglich der Ausgangspunkt für eine strukturelle Reorganisation, die zur Folge hätte, dass man die Forderung nach Interdisziplinarität gar nicht mehr verstehen könnte, weil nämlich die Voraussetzungen für diese Forderung – eben die disziplinisierte Universität – gar nicht mehr gegeben wären.

Auch derartige Überlegungen hinsichtlich einer Reorganisation der Universitäten in einer Zeit nach den Disziplinen, in einem postdisziplinären Zeitalter, bilden den Hintergrund für mein Nachdenken über eine Textwissenschaft. Dieser Begriff, der mir in letzter Zeit verschiedentlich begegnet ist – manchmal mehr, manchmal weniger programmatisch –, dient mir außerdem als Kontrastfolie zur eingeschliffenen Rede von „Literatur" und zum gar nicht allzu alten Etikett einer „Literaturwissenschaft". Ich denke, dass wir mit diesen Begriffen vorsichtig sein sollten, wenn wir über Texte aus der Zeit vor dem 18. Jahrhundert nachdenken, vorsichtiger, als wir dies in aller Regel sind. Auch sollten wir noch intensiver, als wir das sowieso schon getan haben, nach den Implikationen fragen, die eine Rede von „Literatur" mit sich bringt, wenn von Texten vor der Neuzeit die Rede ist.

Das Etikett „Literatur" führt eine schier unendliche und unüberblickbare Menge an Traditionszusammenhängen, Diskursen und Emotionen mit sich, die sich auch dann nicht so ohne Weiteres ignorieren und zur Seite schieben lassen, wenn man unter „Literatur" in einem älteren, grundlegenderen Wortsinn alles Geschriebene versteht. Abgesehen davon, dass die Mittelaltergermanistik zumindest seit der Wende zum 20. Jahrhundert unter Literatur gerade nicht (mehr) alles Geschriebene versteht, ändern derartige begriffliche Präzisierungen nichts an der Situation:

„Literatur" ist und bleibt ein hochgradig besetzter Begriff – und das lässt sich nicht einfach wegdefinieren. Würde man heute vor der Aufgabe stehen, vor der die sich etablierende Germanistik des frühen 19. Jahrhunderts stand, vor der Aufgabe nämlich, mit der mittelalterlichen Überlieferung akademisch, mithin wissenschaftlich umzugehen, immer mit Rücksicht auf die jeweilige Gegenwart – ich glaube nicht, dass man zum Begriff der „Literatur" greifen würde, um diese neue akademische Disziplin zu bezeichnen. Auch die frühen Germanisten des 19. Jahrhunderts kamen ja nicht auf diese Idee, sondern sprachen von Philologie und von einem „deutschen Altertum". Zwar hat auch der Begriff des Textes seine Tücken, aber er lässt sich immerhin, denke ich, als allgemein verständlicher Oberbegriff verwenden, der auch das umfasst, was wir gewöhnlich und in der Regel ganz automatisch und selbstverständlich als „Literatur" bezeichnen. Während nämlich mit „Literatur" ein Ausschnitt des gesamten textuellen Feldes bezeichnet wird, meint „Text", so wie ich den Begriff verstehe, den übergeordneten Phänomenbereich. Und von diesem übergeordneten Phänomenbereich möchte ich zuallererst ausgehen, bevor ich anfange, einzelne Texte daraus zum Gegenstand der Beschäftigung zu erklären.

So gut es ging, habe ich in den folgenden Kapiteln meine kritischen Standortbestimmungen – also die Bestimmung *meines* Standorts – um möglichst konkrete Alternativen und Vorschläge ergänzt, auch um paradigmatische Lektüren und um Forderungen, die die Grenzen des etablierten Gebiets der Mittelaltergermanistik mitunter überschreiten. Meine Überlegungen und Vorschläge möchte ich als Interventionen verstanden wissen, so wie man im englischsprachigen Raum, zumal auch im akademischen Umfeld, von Interventionen spricht, wenn man gezielt in den zur Routine gewordenen („routinisierten") Lauf der Dinge eingreift, um Veränderungen anzuregen und herbeizuführen. Die Spannweite meiner textwissenschaftlichen Interventionen umfasst textnahe Analysen, die hoffentlich ein wenig überraschend und vielleicht sogar innovativ sind, aber meine Interventionen umfassen auch Arbeit am disziplingeschichtlichen Gedächtnis und disziplingeschichtliche Rekonstruktionen grundlegender Begriffe. Dieses Buch ist deshalb keine Darstellung geworden, die einen einzelnen, konkreten Gegenstandsbereich umkreist und zu durchdringen versucht. Dennoch widerstrebt es mir, davon zu sprechen, dass es sich um „Studien" handele oder dass „Aspekte" oder „Überlegungen" vorgestellt würden. Ich möchte die einzelnen Kapitel eher als Module verstehen, die zwar unterschiedliche Themen diskutieren und unterschiedliche Funktionen übernehmen, aber dennoch Teile *eines* Systems sind: eines Systems, das vor allem auch durchgehend auf dem postmodernen Anspruch und Ansporn beruht, konsequent konstruktivistisch zu denken, die Disziplingeschichte zu berücksichtigen, Binarismen zu hinterfragen sowie kulturwissenschaftlich informiert und gesellschaftlich engagiert zu sein.

Konstruktivistisch zu denken, das heißt, Was- durch Wie-Fragen zu ersetzen, anstelle des Seins das Werden zu betonen und über Geschichte und Geschichtlichkeit nachzudenken, statt über die Essenz, über das „Wesen" der Dinge. Besonders wichtig ist mir deshalb, möglichst alle Begriffe und die hinter ihnen stehenden Konzepte und Theorien historisch zu denken. Bezeichnungen, etwa diejenige der „Literatur", stehen immer im Zusammenhang mit je spezifischen Problemlagen, mit je verfügbaren Argumenten, mit Theorien und mit weiteren Begriffen; und da ich davon überzeugt bin, dass Begriffe von der Kultur ihrer Zeit geprägt sind, spiegeln sie dementsprechend auch das Begehren, die Ziele sowie die Ansichten derjenigen wider, die diese Begriffe benutzen. Einige der Überlegungen, die ich vorstellen werde, speisen sich aus dieser Überzeugung. Mir ist bewusst, dass ich damit – mit meiner historisch und disziplingeschichtlich orientierten Begriffskritik – auf Widerspruch stoßen mag, zumal es einer geruhsamen Kommunikation nicht gerade zuträglich ist, wenn etablierte Begriffe, überhaupt unsere historisch bedingte Terminologie, auf ihre Herkunft und Funktion, ihre Mängel und Alternativen hin befragt werden. Zugleich ist mir aber sehr bewusst, dass auch meine eigenen Argumente und Begriffe vorläufig sind und dieser historisch-kritischen Perspektive unterliegen, auf die ich Wert lege. Ich sehe allerdings nicht, dass man sich deshalb davon abbringen lassen müsste, radikal gegenwärtig sein zu wollen, also Wissenschaft zu betreiben aus dem – und für das – Hier und Jetzt.

Was mich indes angesichts der Zeitgebundenheit meiner eigenen Argumentationen tröstet (falls Trost denn überhaupt notwendig ist), ist eine Vorstellung, die wohl der Geschichtsphilosophie des 19. Jahrhunderts und nicht zuletzt Hegel geschuldet ist: die Vorstellung nämlich, dass die Dinge schon irgendwie vorangehen, dass die Argumente irgendwie besser, die Editionen angemessener, die Analysen dichter und die Lektüren mutiger werden – auch wenn dahinter wohl eher Paradigmenwechsel stehen und kein Weltgeist. Zwar fühle ich mich etwas unwohl bei einer solchen schon sehr abgehangenen Vorstellung von Fortschritt, aber ich ziehe einen solchen Fortschrittsglauben jeder unkritischen Bewahrung von Traditionsbeständen und jeder Form von Nostalgie allemal vor; und ich weiß wenig anzufangen mit denjenigen, die die Geschichte der Germanistik, oder wenigstens bestimmte Phasen dieser Geschichte, als Verfallsgeschichte erzählen oder sich nach vergangenen disziplinären Konstellationen zurücksehnen. Ich weiß damit schon deshalb wenig anzufangen, weil es mir in diesem Buch auch darum geht, zu zeigen, dass Forschungsdiskussionen einen historischen Ort haben, den man rekonstruieren kann und auch rekonstruieren sollte, weil man sich ansonsten in Diskussionen begibt, ohne deren Grundlage und Funktion zu reflektieren. Das aber kann dazu führen, dass Diskussionen nur noch um und in sich selber kreisen, weil Anlass und Funktion verschütt' gegangen sind. Das scheint mir tatsächlich ein Problem zu sein gerade in Zeiten einer wachsenden Zahl von Forscher*innen, die unter erheblichem Publikationsdruck stehen und auch deshalb darum bemüht sind, etwas zu den „üblichen" und „aktuellen" Diskussionen zu sagen zu haben.

Damit soll natürlich nicht einer Ignoranz gegenüber früherer Forschung das Wort geredet werden. Immerhin sind die meisten Forderungen, die ich in diesem Buch vertreten, und viele der Kritikpunkte, die ich vorstellen werde, so oder so ähnlich bereits von anderen vertreten und präsentiert worden. Ich versuche vor allem, zielgerichtet zu kompilieren, zu verknüpfen und konsequent weiterzudenken. Auch ist mir sehr bewusst – und das ist auch eine der Beobachtungen, auf die ich meine Argumentation bauen werde –, dass die Germanistik ein weites Feld ist und eine komplexe akademische Institution mit unterschiedlichen Interessen, Arbeitsfeldern, Gegenstandsbereichen und Vorgehensweisen. Meine Sicht dieses Feldes ist notwendigerweise eingeschränkt und nicht immer treffen meine Beobachtungen und Beschreibungen auf jede und jeden zu. Manche Kolleg*innen werden sagen, dass das, was ich präsentiere, nicht neu sei und dass das, was ich vorschlage, so (oder so ähnlich) bereits betrieben werde. Und natürlich haben sie recht. Zugleich aber ist die Sache so einfach nicht. Nur weil jemand schon seit Längerem ein bestimmtes Thema bearbeitet oder eine bestimmte Vorgehensweise pflegt, heißt das noch lange nicht, dass hinter der gepflegten Praxis auch eine taugliche und überzeugende Theorie steht. Da ich an der Goethe-Universität in Frankfurt am Main studiert habe, bekanntlich einer jungen und theorieinteressierten Universität, überzeugt mich selbst eine funktionierende Praxis nur dann, wenn sie auch in der Theorie funktioniert.

Was nun die Germanistik als universitäre Disziplin anbelangt, so ist die Situation ja einigermaßen klar: Die Germanistik zerfällt, ganz so wie das alte Gallien, in drei Teile, in die ältere deutsche Literaturwissenschaft, in ihr neueres Pendant und in die Linguistik. Zumindest hat man mir das zu Beginn meines Studiums so erklärt. Doch auch wenn man mir damals diese Vielheit als Einheit präsentiert hat, war die Germanistik schon zu dieser Zeit, im Jahr 2002, nur noch eine begriffliche Hülle für einen damals und auch heute noch ziemlich erfolgreichen Studiengang, der von unterschiedlichen (also hinreichend voneinander abgegrenzten) Fächern „bespielt" wird. Hinter diesem Studiengang standen drei sogenannte „Abteilungen", von denen in Frankfurt eine Abteilung bald zu einem eigenen Institut gehören sollte. Ulrich Wyss, neben Andreas Kraß einer der beiden mittelaltergermanistischen Professoren, bei denen ich studieren durfte, hat darüber einmal einen Aufsatz geschrieben mit dem schönen Titel „Entphilologisierung. Aderlaß in der Mediävistik und Neubegründung durch den Auszug der Linguisten". Er sieht die Situation entspannter als ich, der ich glaube, dass der Auszug der Linguistik wenigstens für die Germanistik in deutschsprachigen Ländern eine auch methodische Trennung markiert, die nicht überall so stark ausgeprägt sein mag wie in Frankfurt, die aber einschneidend war und ist – zumal hinzukommt, dass auch zwischen der "neueren" und der "älteren" Abteilung nicht mehr allzu viel an Kommunikation und Austausch stattfindet.

Die einzelnen Bestandteile der Germanistik haben sich, um es systemtheoretisch zu formulieren, einigermaßen erfolgreich ausdifferenziert. Zwischendurch, und auch das gehört zur Ausdifferenzierung, war die Germanistik im Rahmen der allgemeinen Expansion deutschsprachiger Universitäten sogar noch produktiv bei der Etablierung neuer Studiengänge und Institute – und konnte sich auf diese Weise weitgehend davon entlasten, beispielsweise Medien-, Film- und Theaterwissenschaft zu unterrichten. Auch die Ausweitung der sogenannten Deutschdidaktik und das Studium von "Deutsch als Fremdsprache", schließlich zum Teil auch die "allgemeine und vergleichende Literaturwissenschaft" gehören disziplingeschichtlich zu den Ergebnissen der Ausdifferenzierung der Germanistik. Abgesehen wohl von der Deutschdidaktik handelt es sich freilich um eine kurze Phase produktiver disziplinärer Erweiterungen und Neugründungen im Zuge des Ausbaus der Universitäten; eines Ausbaus, der zumindest in den sogenannten Geisteswissenschaften zum Ende des 20. Jahrhunderts hin weitgehend zum Erliegen kam – beziehungsweise auf temporäre Forschungsförderung und Forschungsverbünde umgestellt wurde.

Die zunehmende Aufsplitterung und Auflösung der Germanistik ist freilich hinsichtlich des Studiengangs kein ernsthaftes Problem. Es spricht – zumal im gegenwärtigen System einer Binnendifferenzierung in Bachelor und Master – überhaupt nichts dagegen, vielmehr sogar vieles dafür, einen Studiengang von drei unterschiedlichen Disziplinen bespielen zu lassen, zumal dann, wenn dieser Studiengang sehr erfolgreich ist. Allerdings wäre es für alle Beteiligten wohl besser, eine solche Organisation offenzulegen, anstatt mit nicht unerheblicher Anstrengung und nicht zuletzt wohl auch aus Gewohnheit die Illusion einer Einheit der Germanistik aufrechtzuerhalten.

Mit einer solchen Offenlegung sind allerdings nicht alle Probleme gelöst, zumal die Aufsplitterung in einander fremd gewordene Abteilungen auch innerhalb dieser Abteilungen mit gewissen Identitätsproblemen einhergehen kann. Was jedenfalls mich anbelangt, meine Standortbestimmung, so bin ich einigermaßen verwirrt. Bin ich Altgermanist? Gehöre ich zur "älteren deutschen Literaturwissenschaft"? Oder bin ich Philologe und dann vielleicht ein Teil der "älteren deutschen Philologie"? Vielleicht bin ich aber auch "Mittelaltergermanist" oder "germanistischer Mediävist". So ganz klar ist mir das schon seit einiger Zeit nicht mehr.

Die Bezeichnungen "Altgermanist" und "Altgermanistik" sind mir aus meinem Studium sehr vertraut. Für jemanden, der bewusst Germanistik studieren wollte, weil er sich für Literatur, Sprache und ganz grundsätzlich für Textualität interessiert (auch wenn ich diesen Begriff vor meinem Studium natürlich nicht verwendet hätte), ist es schließlich kein Problem, dass ein Teilbereich der Germanistik auch das Wort „Germanistik" im Namen trägt. Und da ich ja zu Beginn des Studiums gelernt hatte, dass „die Germanistik" aus drei Teilen besteht, war leicht einzusehen, dass sich einer der beiden literaturwissenschaftlichen Teile auf ältere und der andere auf neuere Literatur bezieht (auch wenn mich später, als ich zum ersten Mal davon hörte, die Idee einer „mittleren" Literaturwissenschaft dann doch ein wenig verunsichert hat). Dass man, wie manche meinen, das „Alt" in „Altgermanistik" abwertend verstehen könnte, dass die Altgermanistik mithin etwas Überholtes und Veraltetes sei, diese Assoziation will mir noch heute nicht so recht einleuchten.

Aber auch die Bezeichnung „ältere deutsche Literaturwissenschaft" ist mir noch aus dem Studium gut vertraut. Bei dieser Formulierung, bei der die ethnische Bezeichnung („germanisch") durch einen Nationalitätsmarker („deutsch") abgelöst wird, liegt es meiner Meinung nach schon etwas näher, an etwas Altes und dann vielleicht auch Überholtes zu denken, wobei allerdings durch diese Formulierung die Betrachtungsperspektive mit den betrachteten Objekten vermischt wird, denn „älter" sind ja die betrachteten Texte, nicht die Wissenschaft, mit deren Hilfe die Texte betrachtet werden. Abgesehen davon ist bei dieser Begriffsprägung vor allem die Formulierung „Literaturwissenschaft" interessant, worin sich ein Wissenschaftsanspruch mit dem wirkmächtigen Konzept der „Literatur" verbindet.

Von der (älteren deutschen) Literaturwissenschaft führt kein Weg mehr zur Germanistik zurück. Die jüngere Begriffsprägung ist einfach mit zu vielen Veränderungen zu eng verknüpft, die sich seit dem späten 19. Jahrhundert vollzogen haben, als dass man einfach wieder auf das ältere Modell umstellen könnte: Der Nationalitätsmarker reagiert auf den Aufstieg und die wechselseitige Abgrenzung der Staaten; der Literaturbegriff reagiert auf textuelle Innovationen, die sich im Laufe des 19. Jahrhunderts durchgesetzt hatten; und der Wissenschaftsbegriff reagiert auf die Ausdifferenzierung und Konkurrenz von Natur- und Geisteswissenschaften – eine binäre Opposition, die vom Ende des 19. Jahrhunderts an relevant ist.

Erst seit dem Ende des 20. Jahrhunderts werden Alternativen zu diesen Entwicklungen sichtbar. Staatenverbünde wie die Europäische Union und ganz allgemein die sogenannte Globalisierung schwächen das nationale Staatenmodell; ein klar gegliedertes soziales Feld der Literatur wird durch den Verlust des Druckprivilegs im Zuge der Digitalisierung und durch den Verlust verschiedener Kontrollinstanzen (vor allem Verlage, Zeitungen und Zeitschriften) zersplittert; die binäre Opposition von Natur- und Geisteswissenschaften verliert zunehmend an Erklärungswert und die Kulturwissenschaften öffnen den Raum für Hybriditäten, Überkreuzungen, Unbestimmtheiten, Zirkulationen; und die zukünftige Rolle der noch jungen „Digital Humanities" dürfte bis auf Weiteres unklar bleiben. All diese und weitere soziokulturelle Verschiebungen sind, wie mir scheint, ein guter Anlass, um nach den Potenzialen einer (mediävistischen) Textwissenschaft zu fragen, die eben keine ältere deutsche Literaturwissenschaft mehr sein muss und die dann auch nicht mehr zuerst einen Ausschnitt des textuellen Feldes zu ihrem Gegenstand macht, sondern vom gesamten textuellen Feld ausgeht, um sich dann erst zu überlegen, welche Textensembles der Untersuchung wert sind.

Während meines Studiums hatte ich noch einfach akzeptiert, dass es mehrere Bezeichnungen für den zeitlich früheren Teil der Germanistik gibt; Bezeichnungen, von denen ich annahm, dass sie sich auf das Gleiche bezögen. Mittlerweile indes glaube ich, dass das so einfach nicht ist. Die Begriffe einfach nebeneinander zu verwenden, und genau dies tut man ja, mag für Pragmatismus sprechen, für institutionelle Kontinuität, auch für eine gewisse Breite der Vorgehensweisen; ein solches Nebeneinander von Begriffen lässt sich jedoch auch als ein unbearbeitetes und deshalb auch unbewältigtes Problem verstehen, ein Problem, das dann andernorts zum Vorschein kommt, etwa hinsichtlich der schwierigen Frage nach dem gesellschaftlichen Ort einer Germanistik beziehungsweise Literaturwissenschaft beziehungsweise Philologie.

Als Philologe habe ich mich allerdings nie verstanden. Massiv, emphatisch und regelmäßig wurde ich mit dem Begriff der Philologie erst an der Universität Heidelberg konfrontiert, wo er aus verschiedenen Gründen institutionell noch immer sehr präsent ist und wo seine Relevanz deutlich wahrnehmbar behauptet wird. Präsent ist der Begriff in Heidelberg, weil es zahlreiche Personen gibt, die sich emphatisch als Philolog*innen verstehen und einiges an Anstrengung unternehmen, um den Begriff zu erhalten, zu aktualisieren und wirksam zu positionieren. Daran ist natürlich auch gar nichts auszusetzen, zumal der Begriff der Philologie über die Aura von Tradition verfügt und über den Vorteil einer sehr grundsätzlichen Gegenstandsbestimmung. Wer für Wörter im Allgemeinen zuständig ist, ist eben auch für Geschriebenes im Allgemeinen zuständig. Zugleich aber ist der Begriff auch als Kampfbegriff in Stellung gebracht worden, gegen den Poststrukturalismus, gegen die Kulturwissenschaft(en) – gegen alles, was angeblich textfremd und also philologisch irrelevant sei. Schon deshalb – noch vor Fragen von Habitus und Haltung – kann und will ich mich nicht als Philologe verstehen und positionieren. Eher schon bin ich Mediävist.

Dass ich mich als Germanist der Gruppe der Mediävist*innen mehr zugehörig fühlen könnte als der Gruppe der Germanist*innen oder Literaturwissenschaftler*innen, habe ich allerdings auch erst spät gelernt. Da es während meiner Studienzeit keine an den Universitäten institutionalisierte Mediävistik gab (und auch heute noch – trotz einzelner Masterstudiengänge – nicht gibt), habe ich dieses Feld nie als eine Disziplin verstanden, sondern eher als einen schwer überschaubaren Flickenteppich. Mich hat das lange nicht weiter gestört, zumal ich mit einer Arbeit zum späten 16. Jahrhundert promoviert wurde und mich deshalb von dem Begriff der Mediävistik ohnehin nicht umfassend angesprochen fühle. Eine ältere deutsche Literaturwissenschaft war und ist eben nicht deckungsgleich mit einer allgemeinen Mediävistik, was auch immer das sein könnte: Der Gegenstandsbereich der älteren deutschen Literaturwissenschaft beginnt gegenüber der üblichen Einteilung in Großepochen verspätet, nämlich erst im 8. Jahrhundert – und ragt dann auch noch über das Mittelalter hinaus. Insofern bin ich *auch* Mediävist, aber eben nicht nur.

Gerade hinsichtlich der Zusammenarbeit mit anderen Fächern, etwa mit der Geschichtswissenschaft oder auch mit Anglistik, Romanistik und anderen „Gebietswissenschaften" (wobei sich diese Fächer so freilich selbst nicht nennen), kann ich mich durchaus als Mediävist fühlen; und wenn es im institutionellen und politischen Raum um Allianzen geht, mag die Idee einer Mediävistik als Fächerverbindung sehr reizvoll und wichtig sein. In der Praxis wird eine solche Zusammengehörigkeit aber meist nur behauptet. Man ist dann eben doch zum Beispiel „germanistischer Mediävist" oder „romanistische Mediävistin" und so zeigt sich, dass es eine Mediävistik immer noch nur mit disziplinärem Adjektiv gibt. Das gilt dann auch für die Übersetzung des Begriffs „germanistische Mediävistik" in Form von „Mittelaltergermanistik"; eine Übersetzung, die mir zuerst in Heidelberg und also erst in jüngerer Zeit begegnet ist. Auch dieses Wort löst keine Probleme, hat aber immerhin den Vorteil, sehr kompakt und auch außerhalb der akademischen Sphäre einigermaßen verständlich zu sein.

Nun einmal probehalber von einer Textwissenschaft auszugehen, stellt auch einen Versuch dar, eine alternative Selbstbezeichnung auszuprobieren, die nicht auf das Konzept einer (erst spät so genannten) „Nationalphilologie" zurückgreift, auch nicht auf die Konzepte von Philologie und Literaturwissenschaft, sondern – mithilfe des Textbegriffs – auf einen Objektbereich: Es geht mir dabei, so lässt sich vielleicht vorläufig formulieren, um die Erschließung, Tradierung und Vermittlung der *textförmigen* Überlieferung.

Zwar dürfte auch der Textbegriff, wie er seit den 1960er-Jahren konzeptionalisiert wurde, keine perfekte Wahl sein, um das Forschungsfeld zu beschreiben, das mir vorschwebt; aber von allen Begriffen, die zur Verfügung stehen, scheint mir dieser am wenigsten problematisch zu sein. Zugleich ist dieses Buch jedoch auch fest in der Geschichte der Germanistik verankert, weil es seine Fragen und Aufgaben aus dieser Geschichte bezieht, ohne doch den Anspruch zu erheben, mit den Antworten stets innerhalb des disziplinären Rahmens zu verbleiben. Ich nenne ein solches Vorgehen „transdisziplinär", weil etablierte disziplinäre Grenzen als veränderbare Setzungen verstanden werden und deshalb überschritten werden können. In diesem Sinne ist Transdisziplinarität auch ein Gegenentwurf zur allgegenwärtigen Rede von Interdisziplinarität. Das Konzept der Interdisziplinarität nämlich stabilisiert Disziplinen, weil es sie zur Voraussetzung von Zusammenarbeit macht.

Wenn ich von Textwissenschaft spreche, dann ist freilich auch der zweite Begriffsteil, der Begriff der „Wissenschaft", nicht unproblematisch und ich blicke mit einem gewissen Neid auf die englische Sprache, die schlicht und einfach von „Studies" spricht, wenn eine Form akademischer Forschung gemeint ist, für die im Deutschen nur das vieldeutige Wort „Wissenschaft" zur Verfügung steht. Weder „Studien" noch „Forschung" können im Deutschen den Anspruch zum Ausdruck bringen, der mit dem Begriff der Wissenschaft verbunden ist. Wenn ich von Wissenschaft spreche, möchte ich damit allerdings nicht den Anspruch auf allgemeine, grundsätzliche und überprüfbare Welterklärung erheben. Wissenschaft meint, in meinem Sinne, vor allem eine akademische Verankerung, meint etablierte und stets kritisch überprüfbare akademische Anforderungen und Praktiken – eben das, was das englische „Studies" meint.

Die Auswahl der Themen, die ich in diesem Buch unter dem Etikett der Textwissenschaft diskutiere, hat einiges zu tun mit den Fragen, Theorien und Texten, mit denen ich in den letzten Jahren konfrontiert wurde und auf die ich gestoßen bin. Auf einige der Fragen glaubte ich Antworten zu haben, die ich nun, im Prozess des Schreibens und Argumentierens, überprüfen konnte. Andere Fragen haben sich überhaupt erst im Laufe des Schreibens und Nachdenkens konkretisiert. Einige der Theorien und Gegenstandsbereiche, mit denen ich hier umgehe, entstammen – einmal mehr, einmal weniger direkt – dem Heidelberger Sonderforschungsbereich 933 („Materiale Textkulturen. Materialität und Präsenz des Geschriebenen in non-typographischen Gesellschaften"), der ab dem Jahr 2013 meine akademische Heimat war.

Durch diesen Sonderforschungsbereich wurde meine Aufmerksamkeit auf Dinge und ihre Materialität gelenkt, auf erzählte Schriftlichkeit, zumal auf Inschriftlichkeit, und auf rezente und disziplinübergreifende Diskussionen rund um die Materialität von Geschriebenem. Auch der Begriff der Textwissenschaft ist mir in diesem Zusammenhang erstmals besonders aufgefallen, als ein Begriff nämlich, der die interdisziplinäre Erforschung schrifttragender Artefakte vergangener Gesellschaften bezeichnen kann und soll; und damit eine Aufgabe, die insofern nicht disziplinspezifisch ist, als sie für diesen Sonderforschungsbereich quasi erfunden wurde. Gerade weil dieser Begriff etwas Neues bezeichnen sollte, war er für mich der Anstoß, mich zu fragen, was und wie eine Textwissenschaft sein könnte, die sich mit älteren schrifttragenden Artefakten des deutschsprachigen Raums beschäftigt, ohne gleich all den Weichenstellungen zu folgen, die seit rund zweihundert Jahren den richtigen, den methodischen Weg zum Ziel festlegen.

Ein zweiter Begriff, der aus dem Sonderforschungsbereich 933 stammt und der im Folgenden nicht ganz unwichtig ist, ist der Begriff der Textkultur(en). Gemeint sind damit keine abgeschlossenen Räume; gemeint ist auch nicht eine Differenzierung zwischen (hoher) Kultur und dem Rest; gedacht ist daran, auf breiter

Basis und mit ausgedehntem begrifflichem Inventar zu beschreiben, was zu einer bestimmten Zeit und in einer bestimmten Gegend der Welt mit schrifttragenden Artefakten getan wurde – und auf welche Weise, zu welchem Zweck und mit welchem Ergebnis. Von Textkultur(en) zu sprechen, ist deshalb immer auch eine Möglichkeit, den routinisierten Perspektiven auf Geschriebenes zu entgehen, die wir seit der Etablierung einer Druckkultur, seit der Etablierung einer allgemeinen Schulpflicht und seit der Ausweitung medialer Übermittlungsformen einüben. Geschriebenes ist mehr als nur Gegenstand von Lektüre; Geschriebenes ist mehr als ein Medium von Sinn; und spätestens seit Jacques Derrida ist klar: Geschriebenes ist mehr als ein Ersatz für die Stimme.

Die Texte, die ich in diesem Buch diskutiere, gehören teilweise zum Kanon (*Nibelungenlied*, Lyrik der „Manessischen Liederhandschrift", Wolframs *Parzival*), stehen teilweise aber auch zwischen akademischen Disziplinen (*Die Kreuzfahrt Landgraf Ludwigs des Frommen*). Anhand der kanonischen Texte entwickle ich Lektüren, die mit einiger Konsequenz Erkenntnisse ernst nehmen, wie sie sich in den vergangenen rund 30 Jahren mehr und mehr durchgesetzt haben, ohne jedoch immer auch zu konsequenten Veränderungen der Forschung zu führen. Das betrifft insbesondere eine Neuausrichtung der Perspektive auf die Textkultur des Mittelalters, auf Phänomene der *mouvance* und *variance* – also der Beweglichkeit und Veränderlichkeit von Texten in einer Handschriftenkultur –, die zur Grundlage für das geworden sind, was man als „New Philology" und „Material Philology" bezeichnet hat. Bei den Texten, die zwischen akademischen Disziplinen stehen, interessiert mich genau dieses „Dazwischen" und damit auch die Geschichte und die Mechanismen solcher disziplinärer Abgrenzungen.

Nicht zuletzt deshalb habe ich mich bemüht, in diesem Buch eine disziplingeschichtliche Perspektive präsent zu halten. Die Germanistik – und also auch und zuerst die akademische Beschäftigung mit deutschsprachigen Texten des sogenannten Mittelalters – ist eine Innovation des frühen 19. Jahrhunderts, die wesentlich geprägt ist durch den Nationalismus, durch die Editionsphilologie und die kulturelle Bewegung der Romantik, durch die sogenannte Weimarer Klassik, durch den beginnenden Positivismus und überhaupt durch die philologische Tradition. All diese und weitere konstitutive und mitunter sehr beharrliche Grundlagen der Germanistik sind im Laufe von rund 200 Jahren analysiert, kritisiert, reformuliert und weiterentwickelt worden. Auf diese bereits geleistete Arbeit an und im disziplinären Feld bauen meine Überlegungen auf. Zugleich aber zielt mein Nachdenken darauf ab, an der einen oder anderen Stelle über die bisherige Diskussion hinauszugelangen, neue Vorschläge zu erarbeiten und Lektüren zu erproben, die neuartig sind und klare Konsequenzen ziehen aus jüngeren Diskussionen und Theorien.

Bevor ich nun aber dies alles in Angriff nehme, möchte ich noch ein zweites Mal beginnen, diesmal mit einem Ausschnitt aus dem im Jahr 2016 eingereichten

Exposé, das am Anfang dieses Buchs stand. In diesem Exposé habe ich versucht, einige der Themen und Fragen vor Augen zu stellen, die sich in den Kapiteln dieses Buchs wiederfinden, und ich habe diese Themen innerhalb des wissenschaftlichen Feldes verortet. Auch wenn es nicht alle Fragestellungen und Themenbereiche des Exposés letztlich in das fertige Buch geschafft haben und also noch einiges zu tun bleibt, kann und soll dieser Text zeigen und dokumentieren, von welchem Punkt aus ich die Überlegungen begonnen habe, die zu diesem Buch führten. Auf diese Weise möchte ich auch den Arbeits- und Denkprozess sichtbar machen, der im Fall einer Qualifikationsschrift in der Regel eben mit einem Exposé beginnt und über verschiedene Stufen dann zur Veröffentlichung führt (beziehungsweise, im Fall von Habilitationsschriften, führen kann). Zwar bemüht man sich bei Büchern normalerweise darum, Brüche und Inkonsequenzen zu verbergen, die im Rahmen der Arbeit am Buch entstanden sind; gerade aber Exposés eignen sich eigentlich sehr gut, um geradezu im Vorher/Nachher-Vergleich signifikante Veränderungen der Ideen, Thesen und Gegenstände zu markieren. Nicht alle Brüche und Inkonsequenzen sind uninteressant; aus manchen lässt sich durchaus lernen.

Im Gegensatz zu einer persönlichen Positionierung zum Forschungsgegenstand, die ich bewusst an den Anfang gestellt habe, geht es nun um deren wissenschaftliches Pendant. Ich beginne also noch einmal von vorne, nun aber mit Fußnoten und nicht mit der ersten Person Singular, sondern – so wie es sich gehört – in dritter Person.

****

Es gibt keine Kunst vor der Erfindung der Kunst und keine Literatur vor der Erfindung der Literatur.[1] Was aber gab es, bevor seit dem 18. Jahrhundert die Dispositive und Diskurse des Literarischen mehr und mehr hegemonial wurden?[2] Es gab Schrift, Schriftsysteme, Geschriebenes, schrifttragende Materialien, ver-

---

[1] Zu Ersterem siehe Belting 1991. Beltings Monografie ist auch eine Grundlage für Christian Kienings Nachdenken über „Texte vor dem Zeitalter der Literatur" (Kiening 2003, insbesondere S. 24 ff.). Grundlegende Erläuterungen Beltings finden sich auch in Belting 1995. Ursula Peters ist einmal mehr der Meinung, dass es das alles nicht braucht (Peters 2007). Zum Literaturbegriff vergleiche man Winko, Jannidis und Lauer 2009; Altgermanist*innen sind in diesem dicken Sammelband bedauerlicherweise nicht vertreten. Speziell zur Geschichte des Literaturbegriffs siehe Rosenberg 1990.

[2] Man vergleiche etwa Foucault 2000. Aufschluss- und hilfreich sind außerdem Arbeiten wie diejenige von Bernhard Siegert, der die Herausbildung „der Literatur" auf Grundlage „der Post" beschreibt (Siegert 1993), oder auch die Bücher von Frauke Berndt (Berndt 2011) und Ingo Stöckmann (Stöckmann 2001), die die Schwelle um 1750 in den Blick nehmen.

textete Narrative, Institutionen der Produktion, Distribution[3] und Rezeption von Geschriebenem und es gab Akteure, die auf verschiedene Art und Weise an dem partizipierten, was im Folgenden als „Textkultur"[4] firmiert – wobei der Singular nicht darüber hinwegtäuschen sollte, dass die Vorstellung „einer" Kultur eine vereinfachende und manchmal allzu bequeme Abstraktion ist. Hinter „der" Kultur lauern Transformationen, Differenzen, Traditionen und komplexe Verhandlungen[5] – und aus dem Gewirr der heute noch material fassbaren Textpraktiken dürften sich einige dieser „Textkulturen" beschreiben lassen. Mehr als eine solche Beschreibung muss auch gar nicht sein (und kann vielleicht auch gar nicht sein), weil es nicht darum gehen sollte, hermeneutischen Vorgaben mit einem hermeneutischen Anspruch zu begegnen: Beschreiben heißt eben nicht „verstehen". Auch eine systematische Analyse im Sinne des Strukturalismus sollte man nicht erwarten, weil es bei der beschreibenden Beobachtung der Textkultur, von der hier die Rede ist, nicht um eine logische oder chemische Zergliederung geht, sondern um einen Nachvollzug von Bewegungen, Verbindungen, Verknüpfungen, Überlagerungen und Verdichtungen. Es geht – man denke hier an Bruno Latour –[6] um eine netzwerkartige Beobachtung, die von irgendeinem Punkt ausgeht und dann interessiert und geradezu neugierig zusieht, wohin man von diesem Punkt aus kommt. Der Gegenstandsbereich der vorliegenden Beobachtungen sind deutschsprachige Texte von der Mitte des 8. Jahrhunderts bis zur massiven Ausweitung von Schriftlichkeit und der etwa gleichzeitigen Erfindung einer elaborierten Prosa in den Jahren um und nach 1400 (damit also endet der Untersuchungszeitraum vor der hinreichend diskutierten „Schwelle" der Etablierung des Drucks mit beweglichen Lettern). Von „Texten" ist die Rede, weil der Begriff schon etymologisch die Verknüpftheit zum Ausdruck bringt, um die es mir zu tun ist.[7] Außerdem sollen mithilfe des Begriffs Diskussionen des späten 20. Jahrhunderts aufgegriffen und fortgeführt werden – hat doch der Textbegriff gerade in den Theorien des Poststrukturalismus und der Postmoderne einen Aufschwung erfahren, der dazu geführt hat, dass der Begriff heute in aller Munde ist, eben weil man nicht so recht weiß, was genau damit eigentlich gemeint ist. Gerade zum Scheitern verurteilte

---

3 Dazu gehören etwa auch Bücherregale: Petroski 2000.
4 Zum Begriff siehe Ott und Ast 2015.
5 Zum Begriff der „Verhandlung" sind zuvorderst die Beiträge Stephen Greenblatts zu konsultieren, beispielsweise Greenblatt 1993.
6 Dazu beispielsweise Latour 1998.
7 Zu Begriff und Geschichte von „Text" siehe etwa Scherner 1996; Knobloch 2005; Knobloch 1990; Kuchenbuch und Kleine 2006; Kammer und Lüdeke 2005b. Durchaus interessant, in diesem Zusammenhang aber weniger hilfreich ist Morenz und Schorch 2007. Aus mediävistischer Perspektive zu berücksichtigen ist Dicke, Eikelmann und Hasebrink 2006.

Definitionsversuche wie derjenige des Linguisten Konrad Ehlich[8] (der ganz fonozentristisch die Mündlichkeit gegenüber der Schriftlichkeit privilegiert)[9] zeigen, dass die Unbestimmtheit vielleicht zu den wichtigsten Qualitäten des Begriffs gehört und dass die „substanzielle Unbestimmbarkeit ja nicht ein Manko ist, sondern im Gegenteil die Bedingung der Brauchbarkeit des Ausdrucks".[10] Hinzu kommt schließlich – und dies nicht zuletzt – die schon seit dem Poststrukturalismus erprobte Möglichkeit und Chance, den Textbegriff gegen den Literaturbegriff in Stellung zu bringen, denn: Vor der Literatur gab es Texte, aber Literatur, die gab es nicht. Kann man dies plausibel machen – und dies scheint mir möglich zu sein –, dann lässt sich auch darüber nachdenken, wie eine „Textwissenschaft" aussehen könnte;[11] eine Wissenschaft, die es nie gegeben hat, weil und obwohl die Germanistik im frühen 19. Jahrhundert zur Disziplin und damit auch zur Institution wurde –[12] und obendrein zu einer überaus erfolgreichen Institution, die wegzudenken schwerfällt. Eine Textwissenschaft hat es nie gegeben, *weil* die Germanistik innerhalb genau der historischen Konstellation institutionalisiert wurde, in der auch Literatur (als soziales System) sich fest etablieren konnte. Nach Goethe und Schiller sind Textkulturen immer aufgeteilt in „Literatur" und „den Rest" – und Ersteres wird gegenüber Letzterem privilegiert. Eine historische Textwissenschaft hat es aber auch nie gegeben, *obwohl* im frühen 19. Jahrhundert Begriffe und Konzepte zuhauf vorhanden waren, auf deren Grundlage man eine solche Wissenschaft hätte errichten können. Dies gilt etwa für das Modell eines „deutschen Altertums"; ein Modell, das deutlich sichtbar nach dem Muster der um 1800 eben erst institutionalisierten Altertumswissenschaft entworfen wurde. Ein deutsches Altertum ist mehr und etwas anderes als Literatur, nämlich ein schwer zu kontrollierendes Untersuchungsobjekt, das außer einer Begrenzung auf einen Sprachraum und einen Zeitabschnitt zumindest in einem ersten Schritt nicht weiter eingegrenzt ist. Dass sich in der Praxis dann schnell Schwerpunkte herauskristallisieren, muss nicht weiter erklärt werden; dass man allerdings das Modell, wie es scheint, einfach ohne weitere Diskussion ad acta legt, das hätte nun nicht unbedingt sein müssen – lässt sich aber natürlich rückblickend beschreiben (und damit auch, sofern man Beschreibungen für Erklärungen hält,

---

8 Man vergleiche etwa Ehlich 1994.
9 Derrida 1983 und außerdem Feldbusch 1985.
10 So Peter Strohschneider zum Kulturbegriff: Strohschneider 2005, S. 502 – mit Verweis auf Baecker 2001.
11 Das ZfdPh-Sonderheft 116 (Tervooren und H. Wenzel 1997) trägt zwar „Textwissenschaft" im Titel, befasst sich jedoch ausschließlich mit der sogenannten „New Philology".
12 Zur Disziplingeschichte der Germanistik siehe insbesondere Weimar 2003 und außerdem Fohrmann und Voßkamp 1994.

erklären).[13] Auch die ja durchaus vorhandenen Alternativen zum Editionsmodell Karl Lachmanns (das mit dem Anspruch einer disziplinierten Einfühlung in den Autor ja weit mehr war als nur ein Editionsmodell)[14] hätten nicht unbedingt mit einer derartigen Bestimmtheit und Wirksamkeit in der Versenkung verschwinden müssen, um erst in den 1980ern und 90ern im Zuge der „New Philology"[15] und deren Handschriftennähe wieder hörbar und unüberhörbar diskutiert zu werden. Auch dies lässt sich natürlich beschreiben und das Schwierige dabei ist, dass dann wohl deutlich würde, dass Lachmanns Erfolg für den Erfolg der Germanistik als institutionalisierte Disziplin grundlegend war, hat er doch mit seinem Editionskonzept dafür gesorgt, dass die Zeitgenossen das bekommen haben, was sie erwartet hatten, nämlich Ausgaben mittelalterlicher Werke, die so aussehen, wie man es von gedruckten Ausgaben gewohnt war. Freilich ist dem größten Rivalen Lachmanns, Friedrich Heinrich von der Hagen, damit nicht geholfen. Auch die Wörterbuchprojekte eines Benecke, Lexer, Schmeller und der Grimms waren Teil der Lösung *und* Teil des Problems, denn nach ihnen kam – lange nichts. Während andere Nationalphilologien kontinuierlich an ihren Wörterbüchern arbeiten,[16] hat es die Germanistik gerade einmal mit letzter Kraft geschafft, das Wörterbuch der Brüder Grimm fertigzustellen. Damit, also mit diesen lange unangefochtenen Forschungsdenkmälern, ließ sich das Fach stabilisieren – und das hat Vorteile –, aber eine solche Stabilität kann leicht in Erstarrung umschlagen. Dass wir noch heute den *Parzival* nach Lachmann (und also unkommentiert und mit ungenießbarem Apparat) sowie mithilfe von Lexer lesen, ist eigentlich niemandem ernstlich begreifbar zu machen, der oder die sich nicht bereits daran gewöhnt hat. Was also tun? Für den Moment schweben mir sieben Arbeitsfelder vor:

1. Die Geschichte des Textes vor dem Zeitalter der Literatur

   Im Anschluss an Hans Belting und dessen Geschichte des Bildes vor dem Zeitalter der Kunst ließe sich versuchen, eine Geschichte des Textes vor dem

---

13 „Die Erklärung erscheint", so hat es Bruno Latour einmal formuliert, „sobald die Beschreibung gesättigt ist" (Latour 2006, S. 396). Hinter der Unterscheidung von Erklären und Beschreiben lauert auch die (hermeneutische) Diskussion der Binarität von Verstehen und Erklären, etwa bei Wilhelm Dilthey – das muss hier aber nicht weiter interessieren.
14 Zu Lachmann siehe Weigel 1989.
15 Grundlegend zur „New Philology" ist das berühmte Speculum-Heft: Nichols 1990. Siehe dazu auch Tervooren und H. Wenzel 1997.
16 Das gilt etwa für die Romanistik, die gerade für das Mittelalter über eine lange und kontinuierliche lexikografische Tradition verfügt.

Zeitalter der Literatur zu schreiben.¹⁷ Zwar sind nicht alle Probleme, vor die Belting sich gestellt sieht, auf eine historische Textwissenschaft übertragbar, aber das Grundproblem ist ungefähr das gleiche – und eine historische Textwissenschaft kann und soll in meinen Augen durchaus das sein, was eine Bildwissenschaft für die Kunstgeschichte sein kann und soll, nämlich eine Abkehr von einem (via Kanonmodellen abgesicherten) Gegenstandsbereich und eine Hinwendung zum grundsätzlichen Phänomenbereich. Hinzu kommt, dass Beltings Überlegungen ein hohes Provokationspotenzial entfalteten, das sich in zahlreichen Stellungnahmen und Reaktionen äußerte. Auch von dieser Folgediskussion ließe sich sicherlich lernen.

Vor allem scheint mir in diesem Zusammenhang wichtig zu sein, „Literatur" nicht als einen gegebenen Phänomenbereich zu betrachten, also „Literarität nicht als Axiom, sondern als offenes Problem zu begreifen".¹⁸ Wichtig für die Textkultur weit vor dem 18. Jahrhundert ist etwa auch die Erfindung der Textlektüre als „Freizeitbeschäftigung", die Etablierung einer textuellen Konkurrenz zur Textkultur des Klerus, das Experimentieren mit der narrativen Produktion von Realitätseffekten oder auch die Etablierung eines nichtnormativen Redens über ethische Fragen im Rahmen der Liebeslyrik. Zu suchen sind derartige und weitere neue Perspektiven, um ausgeblendete Bereiche der mittelalterlichen Textkultur sichtbar werden zu lassen.

2. Eine radikale Ausweitung des Phänomenbereichs

Der zu untersuchende Phänomenbereich ist systematisch und/oder radikal auszuweiten – womit man auf zwei Herausforderungen stoßen dürfte: Zum einen hat die „Altgermanistik" (auch aus Gründen, die ich bereits erwähnt habe) insbesondere für die Phase des Althochdeutschen immer schon vieles beachtet, was sich unter „Literatur" schlechterdings nicht subsumieren lässt. Auf diese Forschungstradition ist (kritisch) aufzubauen –¹⁹ und es wird genau zu beobachten sein, inwiefern die Untersuchungen zu „nichtliterarischen" althochdeutschen Texten nicht doch auf die eine oder andere Art und Weise durch literaturwissenschaftliche Frage- und Problemstellungen geprägt waren und vielleicht noch sind. Zum anderen dürfte sich recht schnell die Frage

---

17 Man vergleiche Belting 1991. Aus altgermanistischer Perspektive vielleicht hilfreich ist Quast 2005.
18 Hohendahl 1985, S. 12.
19 Es scheint, als wäre die Altgermanistik in eine Phase eingetreten, in der die Forschung zu althochdeutschen Texten aufzuarbeiten ist. Man vergleiche etwa Herweg 2002 sowie Kössinger 2009 und außerdem Beck 2014.

stellen, wie denn ein wissenschaftliches Feld beherrschbar sein soll, wenn alle Texte (und Textualität überhaupt) zum Thema werden.[20] Diese Frage sollte man ernst nehmen; wie und ob sie zu „lösen" ist (was auch immer mit „lösen" genau gemeint sei), wird man sehen. Abschrecken lassen sollte man sich von dieser Frage jedoch nicht.

3. Vom Umgang mit der textförmigen Überlieferung

Mit den Stichworten „Materialität" und „Präsenz" akzentuiert der Heidelberger Sonderforschungsbereich 933 („Materiale Textkulturen"), dem ich angehören darf, zwei zentrale Frageperspektiven auf die Schriftlichkeit vor dem „Typographeum"[21], vor dem Druck mit beweglichen Lettern und all den Akteuren, Maschinen, Techniken, Praktiken und Diskursen, die damit zusammenhängen – wobei der Aspekt der „Materialität" außerdem in das Feld der zurzeit florierenden „Material Culture Studies"[22] hineinspielt. Der Umgang der Mittelaltergermanistik mit ihrem „Material" und dessen „Materialität"[23] ist von grundlegenden Entscheidungen der frühen Germanisten geprägt; Entscheidungen, die aus ihrer Zeit heraus durchaus verständlich gemacht werden können, die aber Folgen zeitigten, und diese Folgen beschäftigen die Disziplin bis heute – was etwa die sogenannte „Lachmann'sche Methode" anbelangt oder die Nichtberücksichtigung von Bildprogrammen mittelalterlicher Handschriften und früher Drucke. Auch hinsichtlich der Formen und Praktiken der Zugänglichkeit, Verfügbarkeit und Verbreitung

---

[20] Diese Frage nach den Möglichkeiten des Umgangs mit dem gesamten textuellen Feld stellt sich auch J. Wolf 2008. Man vergleiche auch Neddermeyer 1998. Außerdem (mit klarer Problembeschreibung) Cramer 1993, S. 96: „Der Anspruch auf ‚gesamthafte' Berücksichtigung des Schrifttums bräche auch selbst für das Mittelalter alsbald in sich zusammen, wenn man ihn ernst nähme: konsequent angewendet, bedeutete er, daß die Urkunden-, Akten- und Briefbestände jedes Archivs und jeder Bibliothek aufgearbeitet und berücksichtigt werden müßten. Das Resultat wäre eine absurde und unbrauchbare Materialanhäufung." Eventuell kann die Forschung des von 1986 bis 1999 an der Universität Münster beheimateten SFB 231 („Träger, Felder, Formen pragmatischer Schriftlichkeit im Mittelalter") Modelle zum Umgang mit dem Problem der Ausweitung des Gegenstandsbereichs zur Verfügung stellen.
[21] Zum Begriff siehe Giesecke 1991.
[22] Ich beschränke meine bibliografischen Hinweise auf drei neuere Handbücher und wenige Ergänzungen: Tilley u. a. 2006; Hicks und Beaudry 2010; Samida, Eggert und Hahn 2014. Grundlegend aus Sicht des Sonderforschungsbereichs 933 ist T. Meier, Ott und Sauer 2015. Zur „Dingtheorie" siehe Brown 2001. Aus literaturwissenschaftlicher Perspektive bahnbrechend war Gumbrecht und K. Pfeiffer 1988.
[23] Man vergleiche etwa den wichtigen editionsphilologischen Band von Schubert 2010 – sowie den zugehörigen editio-Band von Nutt-Kofoth, Plachta und Woesler 2008.

von Geschriebenem in der Volkssprache hat die Mittelaltergermanistik recht lange gebraucht, um Kategorien und Modelle zu entwickeln, die sich von dem seit dem 18. Jahrhundert eingeübten Literaturdispositiv hinreichend unterscheiden, um eine Textualität vor dem Zeitalter der Literatur adäquater zu beschreiben.[24] Hier (und nicht nur hier) hat die Germanistik etwa von der Ethnologie gelernt, die immer schon davon ausging, es mit fremden und fremdartigen Kulturen zu tun zu haben.

4. Was ließe sich von den „Area Studies" lernen?

Überhaupt darf von anderen Disziplinen gelernt werden, sei es von anderen Nationalphilologien, den Altertums- und Kulturwissenschaften sowie den sogenannten „Area Studies", den „Regionalstudien", zu denen die Germanistik in gewisser Weise gehört hat, noch bevor dieses disziplinäre Modell überhaupt erfunden wurde. Immerhin war die frühe Germanistik eben nicht eine Wissenschaft der deutschsprachigen Literatur, sondern ein kollektives Bemühen, aus philologischer, sprachwissenschaftlicher, rechts- und kunstgeschichtlicher Sicht ein deutsches Altertum zu ergründen und für weitere Forschung zugänglich zu machen. Die frühe Germanistik hat sich also, will man es mit modernen Begriffen beschreiben, aus interdisziplinärer Sicht mit (einem Zeitabschnitt) einer geografischen Region beschäftigt – und eben das tun „Area Studies" wie die Sinologie, Japanologie, Indologie, Afrikanistik und so weiter. Erst seit die Germanistik als Literaturwissenschaft zu einer gegenstandsbezogenen Wissenschaft wurde, ist das Modell der „Area Studies" – also die institutionalisierte, multidisziplinäre Auseinandersetzung mit einer Region – (vielleicht) wieder eine Alternative; und man kann dann fragen: Was können die „Area Studies", was eine historische Textwissenschaft auch können sollte?

---

[24] Ich denke etwa an die Diskussionen rund um Oralität/Literarizität sowie die Überlegungen zu Schrift und Bild (siehe zum Beispiel H. Wenzel 1995 und auch Curschmann 1992); aus editionsphilologischer Sicht seien die sogenannte „Würzburger Schule" sowie die „New Philology" erwähnt. Nicht in ausreichendem Maße wahrgenommen wurde meines Erachtens Stock 1983. Aus Sicht dieses Habilitationsprojekts überaus spannend ist Küsters 2012. Mit der „Urkundlichkeit" steht Küsters ein Begriff zur Verfügung, der unterschiedliche Diskurse, Praktiken, Akteure, Institutionen, Hermeneutiken, Texttraditionen und Materialien auf ungewöhnliche (weil Disziplingrenzen überschreitende) Weise miteinander verknüpft.

5. Das Verhältnis von Text- und Kulturwissenschaft(en)

Mit den „Kulturwissenschaften" ist ein wichtiges Stichwort gefallen, ist es doch deren Verdienst, die Literaturwissenschaften (und das meint in diesem Fall auch die Philologien) gründlich und produktiv verunsichert zu haben. Aus Sicht einer historischen Textwissenschaft stellt sich dabei auch durchaus die Frage, wie es die Kulturwissenschaften geschafft haben, ein normativ-ästhetisches Konzept von „Kultur" ad acta zu legen; davon nämlich könnte man vielleicht lernen, wenn es darum geht, „die Literatur" zu verabschieden. Wie sich eine historische Textwissenschaft zu den Kulturwissenschaften verhält, wird zu klären sein. Vielleicht darf man schon einmal vorsichtig den Verdacht äußern, dass eine historische Textwissenschaft ohne Kulturwissenschaften nicht denkbar ist und dass das Verhältnis wohl in einer produktiven und chaotischen Verknüpfung zu bestehen hätte – für die sogenannten Kulturwissenschaften ist dies ohnehin nichts Neues.

6. Über die Begriffe (neu) nachdenken

Zu diskutieren ist auch über grundlegende Begriffe und die damit verbundenen terminologischen Entscheidungen und Folgen, gerade bei den Begriffen, die in der Germanistik hegemonial geworden sind und deren Kritik eine Grundlage bieten könnte, um darüber nachzudenken, in welche Richtungen einen diese Begriffe geradezu unwillkürlich drängen. Ich denke etwa an das „Werk", an „Gattung", „Dichtung", „Poesie", „Denkmäler" – aber auch an grundlegende Begriffe wie „Schrift", „(Volks-)Sprache", „Schriftlichkeit", „Textualität", „Skripturalität", „Druckkultur"/„Handschriftenkultur", „Buch" und so weiter. Ich würde beispielsweise gerne verstehen, welche Rolle Gattungsdiskussionen disziplingeschichtlich gespielt haben. Und ich würde gerne erläutern, warum die Unterscheidung zwischen Minnesang und (Sang-)Spruchdichtung dazu geführt hat, dass man etwa über „politische Lyrik" (und vor allem auch über das Politische der Lyrik) eigentlich nicht sprechen kann. Überhaupt würde ich gerne lernen, mich von einigen fest gefügten Differenzierungen zumindest probehalber zu entfernen, um das textuelle Feld anders aufzuteilen, als dies üblicherweise geschieht.

7. Eine Textwissenschaft ist heute auch eine digitale Geisteswissenschaft

Schließlich und endlich sollten neuere Entwicklungen im Bereich der Digitalisierung und der Digital Humanities zumindest nicht außer Acht gelassen werden. Einer historischen Textwissenschaft stehen heute Instrumente zur

Verfügung, die noch vor wenigen Jahren entweder utopisch oder undenkbar waren. Abgesehen von den drastisch erhöhten Zugriffsmöglichkeiten auf Abbildungen von Handschriften und Drucken ermöglichen Volltextsuchen und Auswertungen großer Textkorpora neue Fragestellungen und generieren zuvor nicht realisierbare Antworten. Überhaupt könnte man argumentieren, dass in Zeiten solcher Möglichkeiten eine Literaturwissenschaft auf philologisch-hermeneutischer Basis nicht mehr als exklusives disziplinäres Standardmodell fungieren kann. Anders gesagt: Die Digital Humanities arbeiten textwissenschaftlich, nicht literaturwissenschaftlich. Es wird zu beobachten sein, was in den kommenden Jahren in diesem Bereich passiert.

Es gibt keine Literatur vor der Literatur; aber Texte gibt es, sogar viele. Nur ist halt zu klären, was wir damit anfangen, wenn wir einfach einmal so tun, als könnten wir jetzt, hier und heute, eine neue Disziplin entwerfen.

****

Nicht alles, was ich in meinem Exposé so vollmundig skizziert habe, findet sich auf den folgenden Seiten, aber der grundlegende Impuls des Fragens ist gleich geblieben und bei den mitunter tastenden Antworten dürften einige der ursprünglichen Überlegungen noch durchscheinen. Das Buch, so wie es geworden ist, besteht aus acht Kapiteln.

Im folgenden zweiten Kapitel befasse ich mich mit dem „Nibelungen-ABC", insbesondere mit der synoptischen Nibelungenausgabe, die Michael S. Batts in einem schwer handhabbaren Format 1971 herausgegeben hat, aber auch mit weiteren synoptischen Ausgaben und schließlich mit der Frage, wie eine synoptische Lektüre der *Nibelungenlieder* funktionieren und aussehen könnte. Diskutiert werden dabei nicht nur zentrale disziplingeschichtliche Entwicklungen und die Beziehung zur sogenannten „Auslandsgermanistik", sondern auch Aspekte der „New Philology"; und diskutiert werden – wenn auch nur oberflächlich – Möglichkeiten der noch jungen, digitalen Editionen. Für nicht unwichtig halte ich in diesem Zusammenhang auch die praxeologischen Probleme, die hinter dem Gebrauch kanonisierter Editionen lauern; denn wenn man erst einmal damit angefangen hat, sich auf eine Edition zu einigen, kommt man nur schwer wieder davon los. Das ist letztlich auch gar nicht schlimm, nur müssten wir uns daran gewöhnen, dass wir nicht Wolframs *Parzival* lesen, sondern Lachmanns *Parzival*.

Im dritten Kapitel geht es um den binären Gegensatz von Minnesang und (Sang-)Spruch(-dichtung). Ich versuche, die Geschichte dieses Binarismus zu rekonstruieren, und da mir der Gegensatz nicht so recht einleuchten will, mache ich anhand einer Lektüre eines Abschnitts des „Codex Manesse" den Vorschlag, das

Politische der Lyrik zu rekonstruieren. Dies ist ein Vorschlag, der die Binarität von Minnesang und (Sang-)Spruch(-dichtung) auch dann noch unterläuft, wenn man unbedingt an diesem Binarismus festhalten will. Eingearbeitet in dieses Kapitel ist eine kleine Laudatio auf Friedrich Heinrich von der Hagen, den allzu oft unterschätzten „Konkurrenten" der Gruppe um die Grimms und Lachmann. Einige der Ausgaben Friedrich Heinrich von der Hagens sind, wenn man sie aus heutiger Sicht betrachtet, weit anschlussfähiger für heutige Forschung als das, was sich auf lange Zeit weitgehend durchgesetzt hatte. Was in dieser Hinsicht freilich noch fehlt – und was auch dieses Buch nicht leistet –, ist eine Geschichte der Zeitschrift „Germania" (1836–1892) als Ausgangspunkt einer Konträrgeschichte zu all dem, was hegemonial und also disziplingeschichtswürdig geworden ist. Eine solche Konträrgeschichte würde ich gerne irgendwann einmal schreiben.

Das vierte Kapitel widmet sich Konzeptionalisierungen mittelalterlicher Schriftlichkeit, die in jüngerer Zeit in den Blick geraten sind, insbesondere „Inschriftlichkeit" und „Urkundlichkeit". Eher nebenbei geht es in diesem Kapitel auch um die Geschichte der „Datenhaltung" (wie man heute sagt) als Forschungspraxis, also um den Weg vom Zettelkasten zum Forschungsdatenrepositorium. Im Mittelpunkt des Kapitels stehen eine Auseinandersetzung mit der Habilitationsschrift Urban Küsters' sowie Überlegungen zu dem Feld, das man „Material Culture Studies" nennen kann; dem Feld also, in dem ich in den vergangenen Jahren zu tun hatte.

Im fünften Kapitel geht es um das Grenzgebiet zwischen Geschichtswissenschaft und Germanistik, am Beispiel der *Kreuzfahrt Landgraf Ludwigs des Frommen*, eines Texts, der weder so richtig zur Literaturwissenschaft noch so wirklich zur Geschichtswissenschaft gehört. Statt mich aber allzu sehr auf dieses Problem der Zugehörigkeit einzulassen, versuche ich, eine kleine (viel zu kurze) Verflechtungsgeschichte zu schreiben, um die *Kreuzfahrt* in ein Netz aus Erzählungen und Geschehnissen einzubetten, in das sie gehört. Dabei ist mir aufgefallen, dass ich viel zu wenig weiß über das Aufschreibesystem 1300; dieser Mangel ließ sich leider nur notdürftig und oberflächlich beheben. Auch schimmert an einigen Stellen des Kapitels die Sozialgeschichte noch zu stark durch: Es fällt mir nicht so ganz leicht, von den eingeübten Vorstellungen eines geschichtlichen Hintergrunds aus Haupt- und Staatsaktionen wegzukommen.

Das sechste Kapitel geht von den wohlbekannten organologischen Metaphern (Bäume, Wurzeln, Frühling, Herbst etc.) zu Netzwerken über und visualisiert anhand von Daten, die zuvor Texte waren, wie Textproduzenten durch gegenseitige Erwähnung für Prominenz sorgen. Dabei geht es nicht nur einmal mehr um eine Kritik an Binarismen, sondern auch um ein Nachdenken über den Umgang mit größeren Datenbeständen, die eben (man vergleiche das vierte Kapitel) entstehen, wenn man nicht mehr mit dem „Arbeitsspeicher" Zettelkasten, sondern mit vernetzten Datenbanken arbeitet. Näher analysiert wird schließlich mit Hadlaub ein

Verfasser, dessen „Prominenzarbeit" besonders erfolgreich war, hat er doch dafür gesorgt, dass die „Große Heidelberger Liederhandschrift" auch einen Personennamen trägt. Ein genauerer Blick auf das Prominenznetzwerk, das in einem von Hadlaubs Liedern entworfen wird, zeigt allerdings, dass dahinter problematische Macht- und Geschlechterverhältnisse stehen. Deshalb greife ich schließlich zu einer feministisch geprägten Lektüre.

Im siebten Kapitel befasse ich mich mit der Fiktionalitätsdiskussion vor allem seit den 1960er-Jahren. Da ich davon ausgehe, dass diese Diskussion einen historischen Ort und sich mittlerweile erledigt hat, schlage ich vor, stattdessen über Erzählwelten nachzudenken. Das hätte – und hier greife ich insbesondere auf Arbeiten Peter Strohschneiders zurück – den großen Vorteil, dass wir nicht mehr so sehr über Einzeltexte und Einzelautoren sprechen müssten, sondern ernst nehmen könnten, was ja auch der Fall ist: Die Akteure des 12. und 13. Jahrhunderts, die an einer volkssprachlichen Textzirkulation beteiligt sind, rezipieren und produzieren erzählte Welten. Am Beispiel der Parzival-Erzählwelt versuche ich dies am Schluss des Kapitels in groben Zügen zu plausibilisieren.

Um die binäre Unterscheidung von „Literatur" und „Text" geht es im letzten, im achten Kapitel, in dem sich auch – unter Rückgriff auf Jacques Derrida und Michel Foucault – eine Kritik des Literaturbegriffs nebst einiger Überlegungen zum Terminus „Textwissenschaft" findet. Dort denke ich außerdem über den gegenwärtigen Zustand der Germanistik nach, weil das dazugehört, wenn man formulieren will, was eine „Textwissenschaft" sein könnte. Damit kommt das letzte Kapitel wieder auf einige Themen zurück, die in der Einleitung und verstreut auch in anderen Kapitel angesprochen wurden. Recht prominent sind dabei erneut – wie auch im vorherigen Kapitel – Überlegungen Peter Strohschneiders, der, wenn ich das richtig verstehe, über ähnliche Fragen nachdenkt wie ich und der auch den Begriff der Textwissenschaft verwendet (auch wenn er ihn anders versteht und konzipiert als ich).

Alle Kapitel lassen sich separat lesen und die Reihenfolge, in der ich die Kapitel angeordnet habe, ist lediglich ein Vorschlag. Redundanzen und Wiederholungen habe ich nach Möglichkeit vermieden, sodass sich aus den selbstständigen Kapiteln hoffentlich ein einigermaßen einheitliches Argumentationssystem ergibt, bei dem sich die Argumente und Ansätze gegenseitig plausibilisieren und stützen.

Zuletzt vielleicht noch ein Hinweis vorab, um Missverständnisse zu vermeiden. Ich plädiere nicht für die Abschaffung der Germanistik; auch nicht für die Abschaffung der Literaturwissenschaft. Mir geht es um eine kritische Standortbestimmung. Und es gilt dabei, was Judith Butler einmal formuliert hat: „Eine Voraussetzung in Frage zu stellen ist nicht das gleiche, wie sie abzuschaffen [...]."[25]

---

[25] Butler 1997, S. 56.

2 Nibelungenlieder

Möglicherweise ist Ulrich Pretzel schuld. Er nämlich hat, im Jahr 1960, in der sechsten Auflage der fortgeführten *Nibelungenlied*-Ausgabe Karl Lachmanns, eine Aufgabe formuliert, die in der Theorie sehr sinnvoll klingt, in der Praxis aber eher seltsame Konsequenzen hatte. „Als Vorarbeit für eine kritische Ausgabe des Nibelungenliedes", so Ulrich Pretzel,

> und als eines der dringendsten Desiderata für seine Erforschung muß heute eine synoptische Ausgabe der vier wichtigsten Überlieferungszweige gelten, die neben den drei Haupthandschriften, dem sogenannten Nibelungen-ABC, die Gruppe I d enthält. [...] Erst auf der Grundlage einer solchen (im Format vierhändiger Klaviernoten herzustellenden) Ausgabe scheint heute der Versuch eines kritischen Textes möglich.[1]

Pretzels Wunsch und Vorschlag ist ganz und gar nachvollziehbar. Schon im Vorwort zur fünften Auflage aus dem Jahr 1948 hatte Pretzel erklärt, dass die „Handschriftenfrage seit über einem Menschenalter aus vielen Gründen nicht mehr so im Vordergrund des Interesses" stehe „wie in der ganzen zweiten Hälfte des 19. Jahrhunderts".[2] Mit der „Handschriftenfrage" meint er den mitunter erbittert geführten Streit darum, welche der drei sogenannten Haupthandschriften die beste, ursprünglichste, älteste, autornahste sei.[3] Da also nach Pretzels Meinung, und dieser Eindruck dürfte richtig gewesen sein, diese Diskussion weitgehend (wenn auch bis heute nicht vollständig) ad acta gelegt worden war, wäre damit der Weg frei gewesen für eine Ausgabe, die nicht mehr qua Textpräsentation den Vorrang *einer* Handschrift behauptet, sondern zumindest die drei wichtigsten Handschriften parallel abdruckt.

Doch nur weil etwas „nicht mehr so im Vordergrund des Interesses" steht, heißt das noch lange nicht, dass sich eingeübte Praktiken ändern und verändern lassen, zumal eine synoptische Ausgabe ganz erheblich gegen die Grundsätze verstößt, auf die Karl Lachmann mit einigen anderen die Germanistik als eine Editionsphilologie gegründet hatte. Auch 1960, zum Zeitpunkt des Vorworts zur sechsten Auflage der Lachmann'schen Edition, herrscht noch das fest eingeübte Prinzip vor, dass es nur einen Text geben kann, und so hat man sich eben zu entscheiden zwischen Lachmanns[4] Handschrift A, der von Karl Bartsch[5] bevorzugten

---

[1] *Der Nibelunge Noth und die Klage* 1960, S. XIV.
[2] Ebd., S. XIII.
[3] Kolk 1990.
[4] Lachmann 1826.
[5] Bartsch 1865.

Handschrift B sowie der Handschrift C, für die sich zuerst Friedrich Heinrich von der Hagen[6] und später, 1854, sowohl Adolf Holtzmann[7] als auch Friedrich Zarncke[8] ausgesprochen hatten. Immerhin – und darauf nimmt Pretzel Bezug, wenn er schreibt, dass die Handschriftenfrage nicht mehr so im Vordergrund steht – war mit Wilhelm Braunes im Jahr 1900 erschienenem monografischem Aufsatz „Die Handschriftenverhältnisse des Nibelungenliedes"[9] für lange Zeit (bis zu Helmut Brackerts wegweisender Monografie des Jahres 1963)[10] die Entscheidung für die Handschrift B gefallen.

Pretzel selbst verweist zu Beginn seines Vorworts von 1960 auf die Ausgabe nach der Handschrift B von Helmut de Boor, die erstmals 1956 erschienen war und mit der de Boor an die Edition von Karl Bartsch anknüpfte.[11] Diese Ausgabe ist ein gutes Beispiel dafür, wie einflussreich die Gestaltung einer Edition sein kann. Und einflussreich war de Boors Ausgabe in der Tat: Soweit ich sehe – und auch die hohe Zahl der Auflagen spricht dafür –, hat sich de Boors Ausgabe in Forschung und Lehre als überaus erfolgreich erwiesen. Nicht unwesentlich für diesen Erfolg dürfte gewesen sein, dass sich die Ausgabe de Boors von Lachmanns Edition – und überhaupt von allen Editionen Lachmanns – in zwei ganz wesentlichen Punkten unterscheidet: Zum einen enthält sie keinen Lesartenapparat und erweckt somit, wie Joachim Heinzle es einmal formulierte, „den beruhigenden Eindruck [...], der Herausgeber habe die originale Gestalt der Dichtung über jeden Zweifel festgestellt und damit der Interpretation eine sichere Basis gegeben".[12] Zum anderen, und dies ist nicht weniger wichtig, ist de Boors Ausgabe „gut kommentiert", wie Pretzel sagt.[13] Tatsächlich enthält die Edition vor allem sehr hilfreiche Übersetzungshinweise und folgt damit nicht dem von Lachmann vorgezeichneten Weg hin zu Ausgaben, die zwar Lesarten enthalten (müssen), aber keine Verständnishilfen enthalten (dürfen). Das ist ja der Grund, warum in der Mittelaltergermanistik im Gegensatz zu mediävistischen Textwissenschaften anderer Sprachräume bis heute die kanonisierten Texte in der Regel ohne Worterklärungen (wenn auch mittlerweile oft mit beigedruckten Übertragungen ins Neuhochdeutsche) gelesen werden: „Die deutschen Pfarrersöhne, die Philologen wurden wie Karl Lachmann", so hat Ulrich Wyss diesen Umstand einmal erklärt,

---

6 von der Hagen 1810.
7 Holtzmann 1854.
8 Zarncke 1854.
9 Braune 1900.
10 Brackert 1963.
11 Bartsch 1956. Die ursprüngliche Ausgabe: Bartsch 1870; Bartsch 1876; Bartsch 1880.
12 Heinzle 2003, S. 194.
13 *Der Nibelunge Noth und die Klage* 1960, S. XIV.

haben sich [...] für das Übersetzen herzlich wenig interessiert, oder besser, sie haben es ausdrücklich verpönt. Und nicht nur das Übersetzen: alles, was die Lektüre seiner Editionen erleichtert hätte, wurde für unvereinbar mit dem Tempeldienst am Text erklärt. [...] Worauf es ankommt, ist die Spekulation auf ästhetische Unmittelbarkeit, auf die absolute Präsenz des Textes. [...] Dieser Konstellation verdanken wir die Kalamität, daß es eine leicht zugängliche kommentierte Ausgabe von Wolframs ‚Parzival' lange nicht gegeben hat, von Gottfrieds ‚Tristan' ganz zu schweigen. Franz Pfeiffer (1815–1868) und Karl Bartsch (1832–1888) waren für ihre menschenfreundliche Bibliothek ‚Deutscher Classiker des Mittelalters' lange Zeit verachtet.[14]

Der Weg zum Verständnis muss steinig sein und steinig bleiben, weil Philologie eben immer auch Ethik ist und bei Lachmann eben protestantische Ethik. Deshalb beklagt sich – Thomas Cramer hat einmal auf diese Stelle hingewiesen – der Katholik Franz Pfeiffer, „ein entschiedener Gegner der maßgeblichen Schule um Lachmann und Haupt",[15] 1858 in der Zeitschrift „Germania", in einer Rezension von *Des Minnesangs Frühling*, über mangelnde Hilfestellungen:

Diese Unterlassung ist nicht etwa die Folge von Vergesslichkeit oder eines bei Gelehrten nur zu häufig vorkommenden Ungeschicks, nein, es ist vielmehr Grundsatz, nichts zur Bequemlichkeit der Leser zu thun [...] Alle solche Erläuterungen, die über gelegentlich beigebrachte Parallelstellen oder über metrische Feinheiten etwa hinausgehen, werden geflissentlich gemieden, aus Besorgniss, dadurch die angehenden Jünger, wenn man ihnen die Sache gar zu leicht macht, zur Trägheit zu verleiten und dem Dilettantismus Vorschub zu leisten [...].[16]

Es ist, Franz Pfeiffer hat das als Zeitgenosse schon klar gesehen, kein Zufall, sondern ein Strukturmerkmal der Germanistik des 19. Jahrhunderts, dass auf dem Feld der Ästhetik immer auch ethische Fragen verhandelt werden, gerne mit Bezug auf die zu bildenden und also zu erziehenden und also zu disziplinierenden Studenten.

Hinzu kommt, dass auch die Autorität der Lehrenden davon abhängt, dass sie die Texte schon auf einer ganz grundlegenden sprachlichen Ebene erklären können und müssen. Schon Karl Müllenhoff hat in einem Brief des Jahres 1869 (im Rahmen einer Auseinandersetzung mit Julius Zacher, dem Mitbegründer der „Zeitschrift für deutsche Philologie") eine wichtige und auf lange Zeit gültige Erkenntnis festgehalten: „Denn was bleibt für die Vorlesungen, wenn die Hauptwerke der

---

14 Wyss 2016, S. 329 f. [den Vornamen Pfeiffers habe ich korrigiert, M. O.]. Man vergleiche etwa auch Günther Schweikles am Beispiel der *Parzival*-Philologie erläuterte Forderung nach zielgruppenorientierten Editionen: Schweikle 1992.
15 Krohn 1994, S. 322. Bei Krohn auch weitere Informationen und Überlegungen zum schwierigen Verhältnis der philologisierten Germanistik zu einer breiteren Öffentlichkeit sowie Hinweise auf die einschlägige Forschung.
16 F. Pfeiffer 1858, S. 506. Der Hinweis bei Cramer 1991, S. 53.

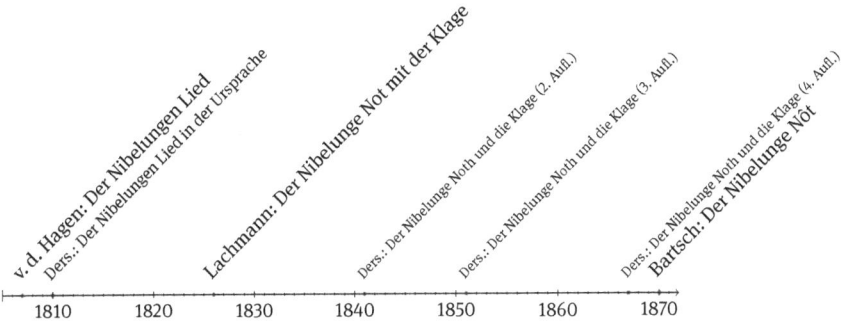

Abbildung 2.1: Chronologie einiger wichtiger *Nibelungenlied*-Ausgaben

mhd. Litteratur nach und nach so commentiert werden, wie die Leute wenigstens beabsichtigen?"[17] Ein paar Jahrzehnte später würde man antworten können, dass „die Literaturwissenschaft" bliebe; aber die war 1869 noch nicht erfunden.[18] Es gab ja noch nicht einmal Lehrstühle für die neuere und neueste Literatur – auch wenn sich dies bald, nach dem deutsch-französischen Krieg und der Reichsgründung, ändern sollte.[19]

Im Fall des *Nibelungenlieds* bliebe aber auch bei kommentierten Ausgaben zumindest die „textkritische Beschäftigung" und genau dafür braucht es, das macht Pretzel im Vorwort zur sechsten Auflage deutlich, eine Ausgabe mit Lesartenapparat, also eben Lachmanns Ausgabe:

> Ohne das Verdienst dieser Ausgabe [von Helmut de Boor, M. O.] irgendwie zu schmälern, muß gleichwohl darauf hingewiesen werden, daß für jede textkritische Beschäftigung mit dem Werk, die innerhalb der germanistischen Studien nicht aufhören darf, Lachmanns große Ausgabe weiterhin unentbehrlich bleibt.[20]

Die Feststellung, dass die „textkritische Beschäftigung" nie aufhören dürfe, klingt für heutige Ohren freilich ein wenig wie eine Drohung, zumal dann, wenn man diese Feststellung derart apodiktisch formuliert. Aber die „textkritische Beschäftigung" mit dem *Nibelungenlied* stellte nun einmal den Kernbereich der „Philologisierung" der Germanistik dar.[21]

---

17 Leitzmann 1937, S. 330 f. Zitiert nach Kolk 1990, S. 32.
18 Bis zur Erfindung ist es allerdings nicht mehr lange hin. Mehr dazu bei Weimar 2000.
19 Näheres dazu bei Weimar 2003.
20 *Der Nibelunge Noth und die Klage* 1960, S. XIV.
21 Das *Nibelungenlied* war, schreibt Jakob Norberg in einem jüngeren Aufsatz mit nordamerikanischer Perspektive, „significant as a locus for the philologization of Germanics" (Norberg 2018, S. 8).

Noch besser freilich als nur Lachmanns Ausgabe wäre aus Pretzels Sicht, um nun wieder zum ersten Zitat zurückzukommen, eine synoptische Ausgabe „im Format vierhändiger Klaviernoten", also etwa im (Quer-)Format DIN A4. Helmut Brackert, der zu dieser Zeit bei Pretzel promoviert, wird das in seiner grundlegenden Doktorarbeit zur „Handschriftenkritik des Nibelungenliedes" ganz ähnlich sehen. Hinsichtlich der handschriftlichen Überlieferung nämlich hält Brackert zusammenfassend fest:

> Wir können die Mischung, die der gemeinsame Text für uns bietet, nicht rückgängig machen; wir können nicht über den gemeinsamen Text zurück bis zu irgendeinem ‚Original' gelangen. Denn dieses fiktive ‚Original' ist eine Größe, zu deren Bestimmung uns sichere Hilfsmittel fehlen. Das heißt aber: Der Textkritiker kann nichts weiter tun, als den gemeinsamen Text, von allen Schreiberversehen gesäubert, darbieten.[22]

Deshalb, so Brackert weiter, wird sich der „Textkritiker bescheiden müssen" und wird

> lediglich den unterschiedlichen Text der verschiedenen Redaktionen gleichmäßig herstellen. Zu fordern wären mit anderen Worten parallele kritische Ausgaben der verschiedenen Redaktionen.[23]

Wenn Brackert mit ‚parallelen Ausgaben' synoptische Ausgaben meint, dann hat sich Michael S. Batts dieser Aufgabe angenommen – auch wenn er nicht, wie Brackert es sich wünschte, einen kritischen Text erarbeitet hat, sondern diplomatische Abdrucke der Handschriften. Im Jahr 1971 erscheint Batts' synoptische Ausgabe, die – Pretzels ausgefallenem Formatwunsch entsprechend – riesig ist (31,5 cm hoch, 27,5 cm breit, 7,5 cm tief), sehr schwer (4350 g) und mit 520 DM unglaublich teuer.[24] Einerseits also hat Michael S. Batts schon Handschriften diplomatisch und synoptisch abgedruckt, als eine derartige Forderung der „New Philology" noch viele Jahre entfernt war. Und zum Kern der „New Philology" gehört ja eben die Neukonfiguration der Mittelalterphilologie, die in Zeiten einer digitalen Reproduzierbarkeit von Handschriften und einer etablierten kulturwissenschaftlichen Forschung eben nicht mehr die Aufgabe hat, die Manuskriptkultur zugunsten einer etablierten Druckkultur zu überwinden (also aus Handschriften Editionen zu machen), sondern die Artefakte der Handschriftenkultur adäquat und vielfältig

---

22 Brackert 1963, S. 173.
23 Ebd., S. 173.
24 Batts 1971. Wenn man einmal von der Formatfrage absieht, ist eine synoptische Ausgabe allerdings etwas anderes als vierhändig Klaviernoten, denn die Klaviernoten bieten *eine* Notenfassung, eine Synopse hingegen bietet mehrere Textfassungen. Ich danke Herrn Prof. Wyss für die Erläuterungen zu dieser Differenz.

zu präsentieren. „New Philology" meint, dass wir die Handschriften nicht mehr verbergen (müssen).

Andererseits war und ist Batts' Ausgabe schon aus ganz materialen Gründen eigentlich unbenutzbar. Dementsprechend schlummert dieses Buch in den Bibliotheken, wird in der Lehre wohl kaum verwendet, in der Forschung nur vielleicht in einer Fußnote angeführt und ansonsten vor allem benutzt, um weiterhin Einzelausgaben zu produzieren, von denen es mittlerweile auch deshalb eine ganze Menge gibt, weil gerade seit der Jahrtausendwende auch Handschriften jenseits von A bis C in Einzelausgaben veröffentlicht werden.

Wenn ich recht sehe, begann diese Editionstätigkeit im Jahr 1977 –[25] und wohl nicht zufällig mit einer Ausgabe der Handschrift C, also derjenigen Handschrift, die aufgrund ihres angeblich höfischen Duktus (und auch aufgrund ihres frühen Fürsprechers: Friedrich Heinrich von der Hagen) als ‚richtige' Handschrift, auf die man *die* Edition baut, seit 1900 nicht mehr infrage gekommen war. Friedrich Heinrich von der Hagen, das sei an dieser Stelle zumindest erwähnt, hatte mit seiner 1807 erschienenen Ausgabe, die das Mittelhochdeutsche sprachlich in Richtung Neuhochdeutsch driften ließ,[26] eines der spannendsten Editionsprojekte der Zeit in Angriff genommen; ein Editionsprojekt, das ganz im Sinne der Romantik darauf ausgerichtet war, deutschsprachige „Literatur" des Mittelalters zu popularisieren und sie an die Literatur um 1800 anzuschließen.[27] Richtig gut funktioniert hat dieses Popularisierungsbestreben wohl eher nicht (auch wenn es dazu beigetragen haben mag, dem Herausgeber 1810 eine außerordentliche Professur in Berlin zu verschaffen). Wirklich erfolgreich, was das Bemühen um Popularisierung anbelangt, werden sowieso erst die „Übersetzungen" Karl Simrocks sein, der wiederum zu den „Dichter-Philologen"[28] gehört, die im 19. Jahrhundert eine ganz eigene Rolle spielten.[29]

---

25 Ich nenne nur (kritische) Ausgaben, keine Faksimiles der Handschriften: Hennig 1977; Göhler 1999; Vorderstemann 2000; Reichert 2005; Springeth 2007 (zuvor schon: A. Keller 1879); Kofler 2011; Kofler 2012; Eser 2015.
26 von der Hagen 1807. Zum Beispiel die zweite Strophe: „Es wuchs in Burigunden ein edel Magedein, / Daß in allen Landen nicht schöneres mochte sein; / Chriemhild war sie geheißen, die ward ein schönes Weib; / Darumme mußten Degene viel manche verlieren den Leib."
27 Grunewald 1988 und außerdem Poltermann 1995. Gemeinhin wird mit Blick auf den Übertragungsstil und die Wirkungsambitionen Friedrich Heinrich von der Hagens von einer „Erneuerung" gesprochen. Näheres dazu in der Monografie Grunewalds und auch bei Haustein 1989, S. 211–236, sowie bei Krohn 1994.
28 Dehrmann 2015.
29 Zu Simrock: Brüggen 2002. Die Forschung zu Karl Simrock scheint recht überschaubar zu sein; er hätte eine Biografie verdient, denke ich. Zum Vergleich mit der oben in einer Fußnote zitierten Version von der Hagens folgt hier nun die zweite Strophe bei Simrock: „Es wuchs bei den

Die zahlreichen Ausgaben einzelner Handschriften, die vor allem seit der Jahrtausendwende erschienen sind, lösen aber insofern kein Problem, als jeweils eine einzelne Handschrift im Fokus steht. Mit der etablierten Bartsch/de Boor-Ausgabe lässt sich auf diese Weise kaum konkurrieren und so werden die Ausgaben der einzelnen Handschriften, wenn ich recht sehe, kaum gelesen und eher selten werden aufgrund einzelner Handschriften Interpretationen und Lektüren zur Diskussion gestellt. Dies wiederum hat wohl mehrere Gründe. Zum einen dürfte viele Interpret*innen beim Umgang mit den Ausgaben einzelner Handschriften das ungute Gefühl beschleichen, es nicht mit dem „richtigen" Text zu tun zu haben. Der richtige Text, das ist der Text der etablierten Edition – und das heißt auch, wenn man diese Beobachtung ernst nimmt, dass der richtige Text eben nie die (Transkription der) Handschrift ist und sein darf, sondern immer das sein muss, was Editoren des 19. und 20. Jahrhunderts hergestellt haben. Darüber hinaus haben die Interpret*innen schon aus forschungspragmatischen und forschungsstrategischen Gründen das Interesse, mit den eigenen Analysen (beziehungsweise „Interpretationen" beziehungsweise „Lektüren")[30] an die bisherige Forschung anzuschließen, um der eigenen Beschäftigung mit dem *Nibelungenlied* Geltung und Objektivität zu verschaffen.

Es ist also, anders gesagt, unglaublich schwierig, von dem Modell der Standardedition auf das Modell handschriftennaher Lektüren umzustellen. Immerhin hatte ja die Ausrichtung der frühen Germanistik auf kritische Editionen mit Wahrheitsanspruch das kaum zu überschätzende Verdienst, dass, sobald sich eine Ausgabe als Standard herauskristallisiert hatte, klar war, welchen Text alle lesen, kommentieren und interpretieren sollten. Eben deshalb war die Editionsphilologie, die wir bis heute mit dem Namen Karl Lachmanns verbinden, ein Fundament, auf

---

Burgonden ein edel Mågdelein, / Wie in allen Landen kein schôn'res mochte sein; / Chriemhild war sie geheißen, sie ward ein schônes Weib, / Um das viel Degen mußten verlieren Leben und Leib." (Simrock 1827, S. 3)

30 Da ich in diesem Buch des Öfteren von „Lektüre(n)" sprechen werde, ist eine kurze Erläuterung wohl angebracht. Clemens Knobloch sieht das Konzept der „Lektüre" als Produkt der Textdefinition von Roland Barthes: „Barthes' Textdefinition", so Knobloch, „erzeugt einen neuen Gegenstand: die Lektüre." (Knobloch 2005, 42b) Virulent wird der Begriff spätestens im Dekonstruktivismus. So heißt es etwa in den Vorbemerkungen von Jacques Derridas „Grammatologie" im dritten Satz (der deutschen Übersetzung – das französische Original hat kürzere Sätze!), dass sich der zweite Teil des Buchs auf ein bestimmtes Beispiel konzentriere, das man „vielleicht eine Lektüre [une lecture] der *Epoche* Rousseaus nennen" könnte. (Derrida 1983) Näheres zum Begriff der „Lektüre" auch bei A. Assmann 1996. Eine „Lektüre" ist, so wie ich es verstehe, eine Art Interpretation, hinter der aber keine klassische hermeneutische Ideologie steht, sondern ein robustes Interesse derjenigen, die eine solche Lektüre unternehmen. Es steht also nicht mehr so sehr der Sinn des Textes im Vordergrund, sondern stärker die Perspektive der Interpret*innen.

dem sich – innerhalb einer weit fortgeschrittenen „Druckkultur"[31] – eine Disziplin gründen ließ. Wenn das *Nibelungenlied* nun einmal seit Jahrzehnten nach Bartsch/de Boor/Wisniewski[32] gelesen wird, wer will dann dagegen ihre oder seine Lektüren der Handschrift A oder C in Stellung bringen? Die Wahrscheinlichkeit, dass diese Arbeiten ignoriert werden, ist dann noch größer als ohnehin schon.

Kein Wunder also, dass wir uns heute vor das Problem gestellt sehen, einerseits eine Tradition kritischer Ausgaben zu haben, auf deren Grundlage wir literaturwissenschaftliche Forschung betreiben, und zum anderen seit jüngerer Zeit zahlreiche Ausgaben einzelner Handschriften zu haben, die in der Forschungspraxis zumindest bisher keine Rolle spielen, weil sich eine Abkehr von der Tradition nun einmal nicht so ohne Weiteres durchsetzen lässt. Für die synoptische Ausgabe, die Batts 1971 vorlegte, gilt diese Problembeschreibung in gesteigertem Maße.

Michael S. Batts gehört nicht zu den bekanntesten Altgermanist*innen des 20. Jahrhunderts, vielleicht noch nicht einmal zu den bekannteren. Das könnte auch mit seiner Herkunft und seinem Wirken als, wie man so schlecht sagt, „Auslandsgermanist" zu tun haben. Michael Stanley Batts wurde am 2. August 1929 in Mitcham, England, geboren. Nach einem Bachelor-Studium am Londoner King's College promovierte er im Jahr 1957 an der Albert-Ludwigs-Universität Freiburg bei Friedrich Maurer mit einer Arbeit über das *Nibelungenlied*.[33] Nach Stationen in Mainz, Basel, Würzburg und Berkeley wurde er 1959 Professor in Kanada, am „Department of German Studies" der University of British Columbia. Diesem Department stand er in der Zeit von 1968 bis 1980 vor. 1994 wurde er pensioniert; zwanzig Jahre später, im Januar 2014, ist er gestorben.

„Auslandsgermanist*innen" hatten und haben es nicht leicht, was die Wahrnehmung und Wertschätzung im deutschsprachigen Raum anbelangt. Die Germanistik außerhalb dieses Sprachraums ist ein anderes Fach; die Gründe hierfür sind vielfältig und leicht einzusehen: Konzentration auf den Spracherwerb, Vermittlung von Wissen über Land und Leute, Bindung an lokale, regionale und transregionale (zum Beispiel den englischsprachigen Raum umfassende) Trends und Entwicklungen etc. pp. Zwar ist es keineswegs so, als hätte es überhaupt keine Bemühungen

---

31 Der medienwissenschaftliche Basisbegriff „Druckkultur" – wie auch der zugehörige Binarismus Druck-/Manuskriptkultur – wurde prominent durch die frühe Medienwissenschaft. Die Begriffe finden sich beispielsweise bei McLuhan 1994, aber etwa auch prominent im Titel eines Buchs von Eisenstein 1986. Begriffsgeschichtliche Arbeiten zu diesem Binarismus scheinen zu fehlen oder sind meinen Recherchebemühungen entgangen.
32 Roswitha Wisniewski hat die Ausgabe mit der 21. Auflage übernommen: Bartsch 1979. Zuvor hatte Helmut de Boor (ab der 10. Auflage von 1940) den Text der Ausgabe von Karl Bartsch im Sinne der Überlegungen Braunes zu den Handschriftenverhältnissen überarbeitet.
33 Batts 1961.

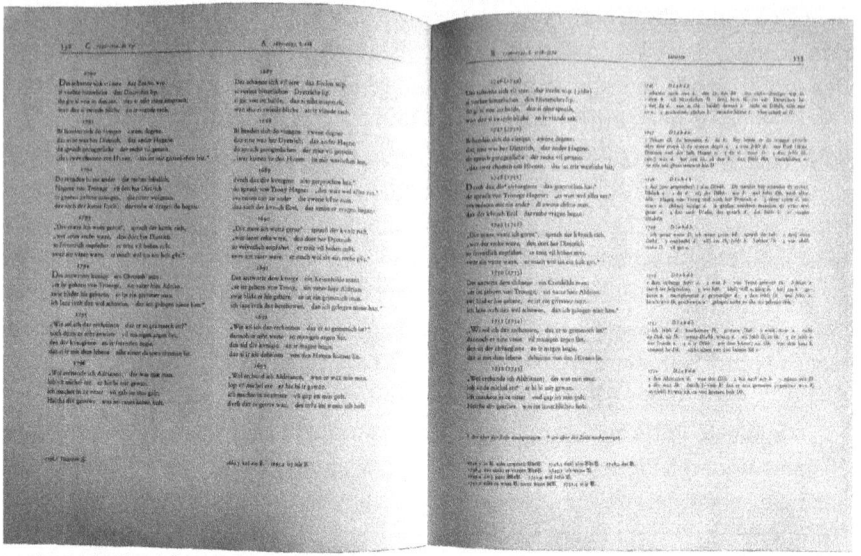

Abbildung 2.2: Doppelseite aus der *Nibelungenlied*-Edition von Michael S. Batts

im deutschsprachigen Raum gegeben, die „Auslandsgermanistik" zu stärken; man denke etwa an die „Internationale Vereinigung für Germanistik", der Michael S. Batts von 1990 bis 1995 vorsaß.[34] Aber trotz einzelner Kontakte, Vereinigungen und Bemühungen darf man wohl eine strukturelle und tief verwurzelte Diskrepanz feststellen. Dies äußert sich gerade auch in einer wenig ausgeprägten Wahrnehmung der wissenschaftlichen Publikationen der „Auslandsgermanist*innen" innerhalb des deutschsprachigen Raums.

Soweit ich sehe, wurde Batts' Ausgabe nur im englischsprachigen Raum rezensiert und auch dort nur in drei kurzen Rezensionen. Ich halte diesen Befund für signifikant, was die mangelnde Wahrnehmung von „Auslandsgermanist*innen" anbelangt. In zweien dieser Rezensionen wurden auch die Formatentscheidungen und der sich daraus ergebende Preis diskutiert.[35] Dennis Howard Green spricht von einem „awkward format" und einem „(excessively?) generous typographical layout"; er betont „especially the expense of this book" und schlägt eine Studi-

---

[34] Weitere Bemühungen um eine Verknüpfung mit der Germanistik im nicht-deutschsprachigen Raum ließen sich anführen, beispielsweise das „Anglo-German Colloquium". Auch internationale Gesellschaften wie die „Artusgesellschaft" weisen ein gewisses internationalisierendes Potenzial auf.

[35] Einzig George Fenwick Jones geht nicht näher auf Format und Preis ein: Jones 1973.

enausgabe vor.[36] Rosemary E. Wallbank fragt, ob man die Ausgabe nicht etwas weniger verschwenderisch („a little less lavishly") hätte veranstalten können, „at a price which would not have caused even libraries to think twice before ordering it".[37]

Begeisterung liest sich anders; und so kündigen die Rezensionen im Prinzip schon an, dass sich Batts' Ausgabe nicht wird durchsetzen können. Auch mag es sein, dass sich für die synoptische Ausgabe von Kanada aus nur schwer eintreten ließ; gut möglich zudem, dass es vielleicht eine zweite, günstigere und praktischere Auflage gegeben hätte, wenn Batts im deutschsprachigen Raum geblieben wäre und die Möglichkeit gehabt hätte, in der Lehre ausschließlich mittelalterliche Literatur zu vertreten. All dies sind freilich bloße Spekulationen. Sicher ist, dass es möglich gewesen wäre, die Ausgabe anders, weniger verschwenderisch, zu gestalten. Man hätte die vier Textspalten auch in einem kleineren Format unterbringen können, mit deutlich dünnerem Papier. Eine Studienausgabe sozusagen, die man problemlos mit sich herumtragen kann. Da sich aber nun einmal Ulrich Pretzels Wunsch nach einem Großformat erfüllt hat, vielleicht sogar übererfüllt hat, wurde die bis heute beste und avancierteste Ausgabe des *Nibelungenlieds* in einer materialen Gestalt veröffentlicht, die zwar für die Herstellung einer kritischen Ausgabe einzelner Handschriften geeignet und hilfreich sein mag, die aber eine Lektüre dieser Synopse effektiv verhindert hat.

Auch vergleichbare Projekte blieben aus. Fast dreißig Jahre hat es gedauert, bis nach Batts erneut eine synoptische Ausgabe für Aufsehen sorgte, diesmal interessanterweise eine Ausgabe der *Nibelungenklage*, also des mit dem *Nibelungenlied* fest verbundenen Nachbartextes. Joachim Bumke veröffentlichte diese Ausgabe im Jahr 1999, nachdem 1996 bereits eine vorbereitende, Ansätze der „New Philology" aufnehmende Monografie erschienen war.[38] Dort erläutert Bumke mit Blick auf die Forschungsgeschichte, es sei zwar bekannt, dass „die meisten Epen in mehreren Fassungen überliefert sind", es habe sich aber die Forschung „darum wenig gekümmert".[39] Der wichtigste Grund dafür sei die „Theorie der Textkritik", laut der es aufgrund der Annahme eines ursprünglichen Originaltextes „gleichwertige Parallelfassungen in der höfischen Epik gar nicht geben" dürfe.[40] Dementsprechend habe die „klassische Textkritik" den Textvergleich nur gekannt, „um echte

---

36 Green 1973.
37 Wallbank 1974, S. 57.
38 Bumke 1999; Bumke 1996b. Man vergleiche auch Bumke 1996a.
39 Bumke 1996b, S. 43.
40 Ebd., S. 43.

Textteile von unechten abzugrenzen".⁴¹ Daraus ergeben sich, so Bumke, ganz ernst zu nehmende begriffliche Folgen:

> Wo Textabweichungen innerhalb einer Werküberlieferung begegnen, stand man vor der Frage, welches der bessere und welches der schlechtere Text ist. Sobald man die Änderungsrichtung erkannt hatte, war klar, welche Lesart für die kritische Textarbeit von höherem Wert war. Aus diesem Frageinteresse erklärt es sich, daß praktisch alle Begriffe, die für die Beschreibung von Textabweichungen zur Verfügung stehen, von der traditionellen Betrachtungsweise geprägt sind. Ob man von Kürzungen oder Erweiterungen spricht, von Umstellungen oder Verschiebungen, von Ergänzungen oder Auslassungen, von Ersatz oder Neuformulierung: immer wird mit diesen Begriffen schon eine bestimmte Änderungsrichtung suggeriert und damit die Vorstellung von primären und sekundären Textteilen. Für die Beschreibung epischer Fassungen sind diese Begriffe untauglich. Es empfiehlt sich, dafür nur neutrale Begriffe zu verwenden.⁴²

Auch wenn man wohl festhalten muss, dass es schlechterdings keine neutralen Begriffe gibt (und genau darum geht es Bumke ja gerade), scheinen mir seine Hinweise von großer Bedeutung zu sein, weil sie nicht nur zur sorgfältigen und reflektierten Begriffsverwendung aufrufen, sondern auch zur kreativen Begriffsarbeit. Mit den Begriffen nämlich, die bisher verwendet wurden und werden, sind bereits Vorentscheidungen getroffen, die wir weitertragen, wenn und indem wir die Begriffe verwenden. Mit einer Neujustierung der Editionspraktiken im Zuge eines neuen Verständnisses mittelalterlicher Handschriftenkultur muss dementsprechend auch eine neue Terminologie einhergehen, die nicht immer schon hierarchisiert, privilegiert und linearisiert. Stattdessen benötigen wir ein Vokabular, das parallelisiert, egalisiert und hybridisiert. Synoptische Ausgaben dürften dazu beitragen können, die Notwendigkeit einer neuen Terminologie plausibel zu machen, und synoptische Ausgaben können einer zukünftigen Terminologie auch ein Spielfeld bieten.

Abgesehen von solchen terminologischen Schwierigkeiten geht Bumke auch auf die Herausforderungen synoptischer Ausgaben ein, zumindest insofern sie epische Texte betreffen. Diese Unterscheidung ist wichtig, denn während „in der Minnesang-Forschung der Zusammenhang zwischen Textkritik und Interpretation längst erkannt worden ist", sodass mitunter auch mehrere Fassungen abgedruckt werden,⁴³ „geht die interpretierende Epenforschung", so Bumke, „noch vielfach davon aus, daß die kritischen Ausgaben Werktexte bieten, die auf die Autorintentionen hin interpretiert werden können".⁴⁴ Dementsprechend sieht Bumke denn auch

---

41 Bumke 1996b, S. 51.
42 Ebd., S. 51 f.
43 Man vergleiche etwa die synoptische Ausgabe von Heinen 1989.
44 Bumke 1996b, S. 87.

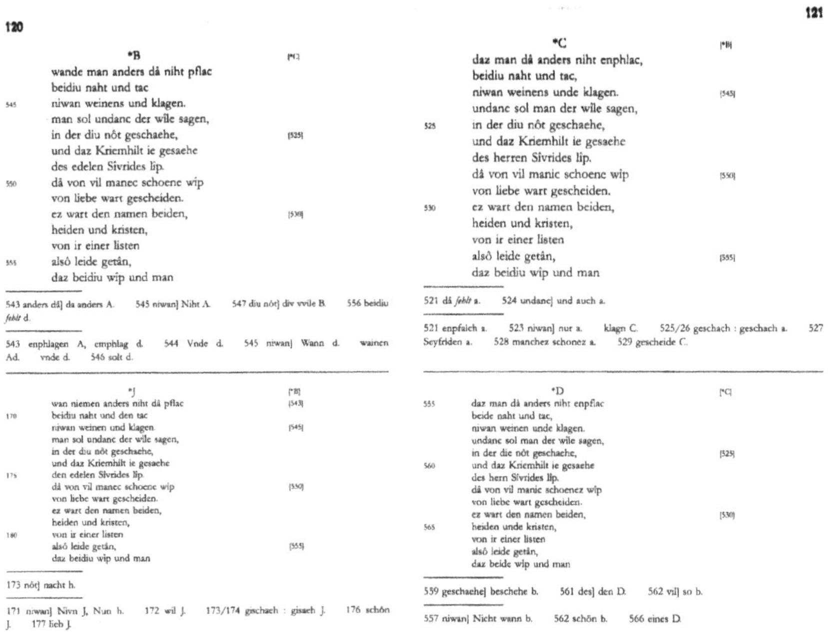

120

*B [*C]

wande man anders dâ niht pflac
beidiu naht und tac
niwan weinens und klagen.
man sol undanc der wîle sagen,
in der diu nôt geschaehe, [525]
und daz Kriemhilt ie gesaehe
des edelen Sîvrides lîp.
dâ von vil manec schoene wîp
von liebe wart gescheiden.
ez wart den namen beiden, [530]
heiden und kristen,
von ir einer listen
alsô leide getân,
daz beidiu wîp und man

543 anders dâ] da anders A. 545 niwan] Niht A. 547 diu nôt] div vvile B. 556 beidiu *fehlt* d.

543 enphlagen A, emphlag d. 544 Vnde d. 545 niwan] Wann d. wainen Ad. vnde d. 546 solt d.

*J [*B]

wan niemen anders niht dâ pflac [543]
beidiu naht und den tac
niwan weinen und klagen. [545]
man sol undanc der wîle sagen,
in der diu nôt geschaehe,
und daz Kriemhilt ie gesaehe
den edelen Sîvrides lîp.
dâ von vil manec schoene wîp [550]
von liebe wart gescheiden.
ez wart den namen beiden,
heiden und kristen,
von ir einer listen
alsô leide getân, [555]
daz beidiu wîp und man

173 nôt] nacht h.

171 niwan] Nivn J, Nun h. 172 wil J. 173/174 gischach : gisach J. 176 schôn J. 177 lieb J.

121

*C [*B]

daz man dâ anders niht enphlac,
beidiu naht und tac,
niwan weinens unde klagen. [545]
undanc sol man der wîle sagen,
in der diu nôt geschaehe,
und daz Kriemhilt ie gesaehe
des herren Sîvrides lîp.
dâ von vil manic schoene wîp [550]
von liebe wart gescheiden.
ez wart den namen beiden,
heiden und kristen,
von ir einer listen
alsô leide getân, [555]
daz beidiu wîp und man

521 dâ *fehlt* a. 524 undanc] und auch a.

521 enpfalch a. 523 niwan] nur a. klagn C. 525/26 geschach : geschach a. 527 Seyfriden a. 528 manchez schonez a. 529 gescheide C.

*D [*C]

daz man dâ anders niht enpflac
beide naht und tac,
niwan weinen unde klagen.
undanc sol man der wîle sagen,
in der die nôt geschaehe, [525]
und daz Kriemhilt ie gesaehe
des hern Sîvrides lîp.
dâ von vil manic schoenez wîp
von liebe wart gescheiden.
ez wart den namen beiden, [530]
heiden unde kristen,
von ir einer listen
alsô leide getân,
daz beide wîp und man

559 geschaehe] beschehe b. 561 des] den D. 562 vil] so b.

557 niwan] Nicht wann b. 562 schôn b. 566 eines D.

Abbildung 2.3: Doppelseite aus der *Klage*-Edition Joachim Bumkes

wenig Vorbilder, auf die er aufbauen könnte. Michael S. Batts wird überraschend und geradezu auffällig knapp und brüsk abgehandelt:

> Eine kritische Parallelausgabe ist im Bereich der höfischen Epik noch nie ernsthaft erprobt worden [...]. Im Erscheinungsbild ähnelt eine solche Ausgabe den parallelen Handschriftenabdrucken in Michael S. Batts' ‚Nibelungenlied'-Ausgabe. Die Zielsetzung ist jedoch eine ganz andere. Die parallele ‚Klage'-Ausgabe [also Bumkes Ausgabe, M. O.] will nicht die handschriftlichen Lesungen bieten, sondern den kritischen Text der verschiedenen Fassungen.[45]

Gerade weil es wenige vergleichbare Vorgängerprojekte gegeben hat,[46] hätte man erwarten können, dass Bumke zu Batts' Ausgabe mehr zu sagen hat, sie als innovativ würdigt und ihren forschungsgeschichtlichen Ort rekonstruiert. Zudem zeigt sich im eben angeführten Zitat eine bemerkenswert deutliche Differenzierung zwischen „Handschriftenabdruck" und „kritischem Text". Dass diese Abgrenzung ein Problem darstellt, darauf hat Peter Strohschneider in seiner Rezension der

45 Ebd., S. 598.

46 Peter Strohschneider weist in seiner Rezension der Monografie Bumkes (Strohschneider 1998, S. 111) noch hin auf Schröder 1982–1993. Ein jüngeres Beispiel einer synoptischen Ausgabe stammt von Hamano 2016.

Monografie Bumkes hingewiesen. Indem nämlich Joachim Bumke eben nicht handschriftennahe Texte abdruckt, sondern Fassungen, treten die Fassungen just an die Stelle, die zuvor die kritisch hergestellten autornahen Texte innehatten. Bumke ist also, gerade angesichts seiner oben zitierten Kritik an der klassischen editionsphilologischen Terminologie, nicht ganz konsequent, ist doch „im Konzept der ‚Fassungen' die historisch spezifische Konfundierung von Genesis und Geltung eines Textes nicht aufgebrochen [...], die der klassizistische Begriff der ‚Originalität' tradiert".[47] Bumke hat das Problem also verschoben, nicht gelöst. An die Stelle des kritischen, autornahen Textes tritt nicht die tatsächliche handschriftliche Überlieferung, sondern die Fassung – und die Fassung ist eben wiederum ein eigens hergestellter Text, der zwar philologische Arbeit zum Ausdruck bringt (und den Herausgeber als Philologen legitimiert), aber gerade nicht die Überlieferung abbildet. Will man jedoch diese Überlieferung in einer Ausgabe im Kontext sehen und lesen, dann spricht einiges für die Entscheidung Batts', handschriftennahe Texte nebeneinander abzudrucken.

Etwas ausführlicher geht Bumke auf eine andere Edition ein, die ähnlich singulär ist wie diejenige von Batts und weit unbekannter, nämlich die 1875 erschienene Ausgabe der *Klage* von Anton Edzardi.[48] Edzardi war im Jahr zuvor in Leipzig promoviert worden und hat sich im Folgejahr ebendort habilitiert. Er ist heute wenig bekannt, was vor allem daran liegen dürfte, dass er früh starb, nämlich bereits im Jahr 1882, mit 33 Jahren.[49] In Edzardis Ausgabe der *Klage*, so erläutert Bumke recht kritisch,

> stehen nicht nur die beiden Textkolumnen der Fassungen *B und *C nebeneinander, sondern zwischen ihnen steht als dritte Kolumne, größer gedruckt, der gemeinsame Text, soweit er von beiden Fassungen übereinstimmend bezeugt wird. Das hat zur Folge, daß man den ‚Klage'-Text in Edzardis Ausgabe in keiner der drei Kolumnen fortlaufend lesen kann, sondern gezwungen ist, ständig von der mittleren Kolumne zu einer der beiden Fassungen rechts oder links zu wechseln und wieder zurück. Für die drei Textkolumnen gibt es nur eine einzige Verszählung, und zwar sind der gemeinsame Text und die beiden Fassungen fortlaufend gezählt, was dazu geführt hat, daß die ‚Klage' in Edzardis Ausgabe 4740 Verse zählt: eine ‚Klage'-Fassung dieses Umfangs hat es mit Sicherheit nie gegeben. Dazu kommt, daß Edzardis ‚Klage'-Text nicht nur schwer lesbar, sondern auch kaum zitierbar ist. Der enorme Arbeitsaufwand, den seine Ausgabe erforderte, war weitgehend umsonst.[50]

Allerdings ist Edzardis Edition auch, so möchte ich gleich hinzufügen, kreativ, mutig und herausfordernd, gerade wenn man bedenkt, dass die damaligen Leser*in-

---

47 Strohschneider 1998, S. 115.
48 Edzardi 1875.
49 Meissner 2003.
50 Bumke 1996b, S. 132.

112 B = Lm. 269.	DIU KLAGE.	C = Lsb. 516.
590. alle da erslagen *ABd*. 270] 591. plut *Bd*. 592. dez *A*. beswært *AB* (æ e *A*). 593. fröden *A*.	590. die lâgen als daz vihe erslagen unt tôt gevallen in daz bluot. des was beswæret in der muot, die mit vreuden wânden leben:	590. sam daz vich *b*. 591. unt] hie *Ca*. [tot] alle. pluot *Db*. 592. da mit(e *C*) besweret (besweret *Db*) was der alle. 593. den die [e *a*] alle. wanten *Db*.
	die swære hêt in got gegeben; wande man dâ anders niht enpflac	diu gâbe was in dâ gegeben, [520 595. daz man dâ anders niht enpflac
596. bediu *AI*. und *Bd*, uñ [den *I*] *AI*. tack *A*. 597. wann *d*, niht *A*, niun *I*. wainen *AId*. und *Bd*, uñ *AI*. 598. man sol *fehlt nicht B*. solt *d*. wile] wil *I*. 599. not] wile *B*. gischæh *I*. 600. gisæh *I*. 275] 601. des] den *I*. edeln *A*. 602. mane *I*. schœn *AId*. 603. lieb *I*. gschæiden *A*. 604. bæden *I*. 605. und *Bd*, uñ *AI*.	beidiu naht unde tac niwan weinens unde klagen. man sol undanc der wîle sagen, in der diu nôt geschæhe, 600. unt daz Kriemhilt ie gesæhe des edelen Sivrides lîp, dâ von vil manec schœne wîp von liebe wart gescheiden ez wart den namen beiden, 605. heiden unde kristen, von ir einer listen alsô leide getân,	596. beide *Db*. und *Ca*, uñ *Db*. 597. nur *a*. weinen *Db*. unt *Ca*. klagn *C*. 598. undanch (und auch *a*) sol man alle. 599. geschach *a*, beschehe *b*. 601. des] den *D*. edelen] herren *Cab*, hern *D*. Seyfriden *a*. 602. manche(e *a*). schone(z *Da*) *CDa*. so mang schon *b*. 605. unt *Ca*. 606. eines *D*. 607. leid *ab*. [530
608. [beidiu] *d*, bediu *I*. und *ABd*, uñ *I*. 609. wil] went *Ih* (*Lm*.). diu mær *I*.	daz beidiu wîp unde man gelouben wil der mære,	608. beide *Db*. unt alle. 609. glauben *a*. die *D*. mer *b*.
280]	daz sî der helle swære habe von solchen schulden, daz sî gein gotes hulden geworben habe sô verre,	610. daz sî zer helle wære von der vil grôzen schulde: sî hêt wider gotes hulde geworben alsô verre,
615. sel *I*. enwolte *A*. 616. bewarn *B*, bewainen *d*, ervarn *A*. solte *A*. 617. muse *Bd*, muose *A*, muest *I*. zuo der alle.	daz got unser herre 615. ir sêle niht enwolde. der daz bewæren solde, der müese zer helle varn.	614. herr *a*. [540 615. enwollte *b*. 616. der] oder (?) *a*, *Hsm*. bewærn *Ca*, bewarn *Db*. sollte *b*. 617. muse(e *C*) *Ca*, muoz *D*, muos *b*. hin ver (ze *a*, zuo der *b*) helle (hell *a*) alle. varen *ab*.
594. geben *A*. 595. *I hebt hier wider an*. wan *AId*. niemen [da] *I*. anders da *Bd*. nit da *I*. pflach *BI*, enphlagen *A*. 610. swær *I*. 611. hab *I*. 612. gein] von *I*. 613. geworbn *Bd*. hab *AI*.		594. gegebn *CD*. gab *ab*. 595. [da] *a*. enpflælck *a*. 610. ze *a*] zuo der *b*. wer *b*. 612. si het(e *C*) *Ca*, und daz si wider *Db*. 613. also] het so *Db*.

610 ff. daz sî der helle swære
habe von solchen schulden.
daz sî wider (gein?) gotes hulde
geworben hêt sô verre, *s. einl. p.* 18.

590. *C ist anschaulicher; übrigens kehrt die wendung* als daz vihe (erslagen) *unten* 2302 *in beiden texten wider.* — 591. tôt gevallen) *s. anmkg. zu* 1887. — 594. *Die wendung mit der ironie des schmerzes (vgl. einl. p.* 41 *und* 60) *ist wol echt, während der text in* *B *an ähnliche wendungen erinnert, die nur* *B *hat, nämlich* 1464 B *und* 1468 B. — 597. klagen] *natürlich gen. pl. von* klage. — 602. schœne] *schwache form, s. einl. p.* 63. — 603. = 982. liebe = *freude, s. einl. p.* 69. — 604 f. *vgl.* Biter. 275 *f.* — 610 ff. *Für den reconstructionsversuch ist die zwischen* *B *und* *C *vermittelnde stellung von* *D *maßgebend gewesen.* — 617. *In beiden texten scheint aus metrischen gründen geändert zu sein.*

Abbildung 2.4: Eine Seite der *Klage*-Edition von Anton Edzardi

nen gewöhnt waren an den einen, kritisch hergestellten, korrekten, dichternahen, linear lesbaren Text. Edzardis Leistung ist nur angemessen zu bewerten, wenn man bedenkt, mit wie vielen fest etablierten Konventionen er gebrochen hat. Man kann denn auch Edzardis Ausgabe weit positiver beschreiben, als Joachim Bumke das getan hat, immerhin handelt es sich, um im Bild zu bleiben, um eine Art Partitur, um eine Vielzahl von alten und neuen Stimmen, die das abbilden, was die *Klage* sein kann. Edzardis Edition ist, wie auch die Editionen in der Tradition Lachmanns, eine nützliche und notwendige Fiktion, weil Manuskripte der Handschriftenkultur immer nur mit Informationsverlust in eine Druckkultur eingespeist werden können. Edzardi treibt die Möglichkeiten der Konstruktion eines Textes, den es nicht gab, zwar weiter als Lachmann; aber falsch ist das nur, wenn man an den Grundsätzen der Lachmann'schen Schule festhält und glaubt, mit einer Edition dem Autortext nahezukommen. Gibt man diesen Anspruch auf, eröffnen sich Möglichkeiten der bewussten und kontrollierten Konstruktion; Möglichkeiten, die Edzardi auslotet. Das ist bei Edzardi, wenn man so will, Postmoderne avant la lettre. Im Ergebnis müsste man dann aufhören, das edierende Subjekt möglichst hinter dem objektiven Text verschwinden zu lassen; man müsste dann konsequenterweise von „Edzardis *Klage*" sprechen, so wie man auch von „Lachmanns *Parzival*" sprechen müsste. Das mag den Germanist*innen schwer über die Lippen kommen; den Anglist*innen ist eine solche Rede gar nicht fremd: Sie sprechen schließlich von „Klaeber's *Beowulf*", wenn sie die Standardausgabe des Epos meinen.

Absurd und abweichend wirkt Edzardis Ausgabe also nur dann, wenn man sich auf jene Paradigmen von Wissenschaftlichkeit eingelassen hat, die Lachmann und andere erfolgreich propagierten. Wie unzureichend und inadäquat diese Paradigmen sind, hat die Diskussion gezeigt, die man meist mit dem Etikett „New Philology" aufruft; eine Diskussion, auf die sich Bumke ja durchaus beruft. Auch bei Joachim Bumke zeigt sich also letztlich, so absurd das angesichts seiner mutigen synoptischen Ausgabe auch klingen mag, eine Abneigung gegen avancierte textuelle Konzepte zur Abbildung und (Re-)Konstruktion einer mittelalterlichen Textkultur, die sich an die eingespielten Erwartungen einer Druckkultur nicht hält.

* * * * * * *

Batts' synoptische *Nibelungenlied*-Edition hat also nie den Zuspruch gefunden, den die Ausgabe zumindest aus heutiger Sicht verdient hätte. Der Status eines „Auslandsgermanisten" mag dazu beigetragen haben. Vor allem aber hat die Edition diesen Zuspruch, so habe ich argumentiert, schon aus materialen Gründen auch gar nicht finden können. Die Altgermanistik hat deshalb eine Chance verpasst, anhand dieser Ausgabe synoptisch lesen zu lernen.

Tatsächlich muss man dies erst lernen, weil ein solches Lesen ungewohnt und nicht eingeübt ist, denn, wie Joachim Bumke an einer Stelle schreibt, „das methodische Problem, wie epische Parallelfassungen interpretiert werden können, [ist] noch nicht ins Bewußtsein der Forschung getreten".[51] Das heißt freilich nicht, dass es in der Forschung nicht zahlreiche Darstellungen gäbe, in denen die Differenzen und Äquivalenzen der Nibelungenhandschriften beschrieben werden. Das aber ist nicht das Gleiche wie eine synoptische Lektüre, schon deshalb nicht, weil es nicht ganz leicht ist, einen Vergleich leicht verständlich und nachvollziehbar darzustellen. Eine simple Aufzählung von Differenzen und Äquivalenzen ist schließlich wenig übersichtlich und letztlich auch wenig aussagekräftig. Zudem stellt sich die ganz grundlegende Frage, nach welchen Kriterien all die Differenzen und Äquivalenzen gesammelt, präsentiert und analysiert werden.[52]

Das Gegenstück zu einer solchen philologischen Kärrnerarbeit stellen pauschale und begrifflich problematische Charakterisierungen dar, etwa wenn laut Hermann Reichert die Fassung C* „einer bewussten Umarbeitung des Werkes" entspricht, „die andere Gefühle im Publikum erwecken und andere Probleme diskutieren will als das Original".[53] Hier wird ein Zweig eines Handschriftenstemmas anthropomorphisiert und es wird ein Umgang mit Handschriften skizziert, der – mit Konzepten von (bewusster) Bearbeitung, Original, Gefühl und Problembearbeitung – eher in die Zeit um 1800 passt als in die Zeit um 1200. Wenn es dann im Folgesatz heißt, diese „Umarbeitung„ stelle sich „am reinsten in der Handschrift C dar", dann kommt zu den ohnehin schon problematischen Begriffen auch noch eine schwierige Reinheitsvorstellung hinzu, die mir in diesem Zusammenhang wenig hilfreich zu sein scheint.[54]

Anhand von vier jüngeren Beispielen (das heißt in diesem Fall: Beispielen seit dem Zweiten Weltkrieg) möchte ich zeigen, wie man bisher mit der Handschriftenvielfalt vergleichend umgegangen ist. Ich konzentriere mich auf Darstellungen und Charakterisierungen der Handschrift C und der ihr nahestehenden Handschriften. Ich beginne mit Überlegungen, die Friedrich Panzer 1955 veröffentlicht hat, bevor ich Aufsätze von Werner Hoffmann (1967), Harald Haferland (2003) und Florian M. Schmid (2015) näher betrachte. Andere und weitere Aufsätze und Monografien ließen sich heranziehen;[55] mir scheinen die vier gewählten Arbeiten aber recht

---

51 Bumke 1996b, S. 118.
52 Einige Überlegungen dazu: ebd., S. 390 ff. unter der Überschrift: „Exemplarische Beschreibung variierender Epenüberlieferung. Die ‚Klage'-Fassungen *B und *C".
53 Reichert 2005, S. 12.
54 Ebd., S. 12.
55 Nicht uninteressant sind Dieter Breuers Überlegungen zu Korrekturen in der Handschrift B, die die Handschrift in Richtung des Wortlautes in C verändern: Breuer 2006.

anschaulich und repräsentativ zu sein, zumal die Beiträge – wenn auch nur grob –
für unterschiedliche disziplingeschichtliche Phasen stehen können: Panzers Beitrag stammt aus der Nachkriegszeit, Hoffmanns Beitrag steht an der Schwelle
der Veränderungen rund um die Jahre 1966-1968, Haferland schreibt am Beginn
des neuen Jahrtausends und Schmids Beitrag schließlich ist erst wenige Jahre
alt und soll als ein Beispiel für neuere Bemühungen dienen. Zudem kann man
anhand dieser Forschungsbeiträge eine ganze Bandbreite an Herangehensweisen
und Strategien beobachten. Die Spannweite reicht von klaren, noch durchaus
autorzentrierten Aussagen Panzers über eine Erhöhung der Belegdichte und erste
Verunsicherung bei Hoffmann hin zu einer grundsätzlichen Infragestellung der
bisherigen Forschung bei Haferland und einer neopositivistischen Belegdichte bei
Schmid, die letztlich – wenn auch implizit und sicherlich ungewollt – geradezu
dekonstruktivistisch die bisherigen Vergleichsgewohnheiten ad absurdum führt.

Friedrich Panzer positioniert sein 1955 erschienenes Buch zum *Nibelungenlied* durchaus selbstbewusst gegen die für ihn insbesondere von Andreas Heusler verkörperte Tradition einer „Suche" nach älteren Liedern und mündlich zirkulierenden Vorstufen; einer Suche, die ja immer mehr Konstruktion war als Rekonstruktion. Mit einem Satz von Joseph Bédier – „Où sont les textes?" – zieht Panzer
die wissenschaftliche Plausibilität und Stichhaltigkeit dieser Tradition in Zweifel
und löst sich auf diese Weise von einer einflussreichen Frage- und Interpretationstradition.[56] Was er stattdessen anbietet, ist, durchaus im Gleichklang mit dem
textimmanenten Zuschnitt der Germanistik nach 1945, eine Beschäftigung mit
dem *Nibelungenlied* als „Kunstwerk hohen Ranges".[57] Zwar wird dieses Vorhaben
von Panzer nicht konsequent durchgehalten, aber man kann doch anhand seines
Buchs durchaus sehen, welche Perspektiven in der Nachkriegszeit nun mehr und
mehr denkbar sind und ausprobiert werden.

Ich konzentriere mich im Folgenden auf das Kapitel „Die Klage und die Bearbeitung C* des Liedes". Panzer hält sich an das Stemma von Braune und stellt fest,
dass es sich bei C* „offensichtlich" um „eine mit Bedacht vorgenommene Bearbeitung der Dichtung" handle, die „mit großer Aufmerksamkeit unter verschiedenen
Gesichtspunkten Abänderungen des ursprünglichen Textes durchgeführt hat. Sie
betrafen Inhalt und Form, den Strophenbestand wie den Wortlaut".[58] In formaler
Hinsicht stellt Panzer fest, dass die Fassung C* „darauf aus" sei, „den Vers im
Sinne einer jüngeren Metrik zu glätten".[59] Bezüglich des Wortschatzes weist Panzer
auf Wörter hin, „die im ursprünglichen Text nirgends begegnen, zum Beispiel *ge-*

---

56 Panzer 1955a, S. 9.
57 Ebd., S. 10.
58 Panzer 1955b, S. 91.
59 Ebd., S. 91.

loube, geschäfte, künnecrîche, künftic u. a.".[60] Hinsichtlich des Strophenbestands bemerkt Panzer zum einen Strophen, die „ausgelassen" wurden, weil sie „Nebensächliches enthalten" oder weil sie „dem Bearbeiter Anstoß" gaben. Zum andern verweist Panzer auf zahlreiche Strophen, die von C* eingeschoben worden seien; sie dienten „der Glättung [...], füllen kleine Lücken aus [...], führen einzelne Reden weiter, malen Vorgänge und Zustände aus" und oft „bereiten sie das Kommende sorgfältig vor".[61] Was die Figuren anbelangt, stellt Panzer fest, dass Kriemhild „immer wieder und mit Nachdruck entschuldigt" werde, während Hagen „völlig ins Schwarze gemalt" sei.[62]

Die Fassung C* ist also, in den Augen Friedrich Panzers, ein mit Blick auf die deutschsprachige Erzählkultur um 1200 modernisierter, perfektionierter und optimierter Text. Oder in seinen Worten:

> Sieht man auf das Ganze dieser Bearbeitung, so muß man zugestehen, daß sie in ihrer Art Bewunderung erregt. Ihr Verfasser hat seine Vorlage studiert wie ein Richter seine Kriminalakten: nicht die kleinste Lücke, nicht die geringste Unebenheit ist seinem Scharfblick entgangen. Und er hat buchstäblich viel hundertmal eingegriffen mit kleinen, kaum merkbaren, wie mit großen und tiefgehenden Abänderungen, mit Weglassen und Zufügen. Keine Frage, daß er einen glatteren, anstandsloseren Text hervorgebracht hat [...]. Gewiß ist manche Änderung, die er brachte, der bloßen Lust am Ändern überhaupt entsprungen; der Lust eines Mannes, der nicht mit Unrecht die Fähigkeit in sich fühlte, daß er auch etwas hervorzubringen vermöchte, das sich sehen lassen dürfte. In der überwiegenden Zahl der Fälle hat er durchaus diskutable Gründe für seine Beanstandungen gehabt. Freilich: konsequent ist er bei seinen sprachlich-stilistischen Änderungen keineswegs gewesen. [...] Der Bearbeiter folgte bewußt und tatkräftig einem anderen Schönheitsideal als der ursprüngliche Dichter, einem Kunstideal, das seiner Zeit moderner erscheinen mochte, indem es glatter und höfischer war; man kann es mit einiger Übertreibung das Ideal der klassischen Form nennen, die in Gottfried von Straßburg ihren Gipfel erreichte. [...] Man wird nicht verkennen, daß er [der „C*-Bearbeiter", M. O.] dafür in der Einebnung der Charaktere und der Handlungsmotive, wie es besonders bei der Schilderung Hagens und Kriemhilds geschah, Opfer brachte, die uns als peinliche Beeinträchtigung wahrer heroischer Größe und Tragik erscheinen.[63]

Womit dann auch klar wäre, wie Friedrich Panzers Antwort auf die altgermanistische Gretchenfrage („Wolfram oder Gottfried?") lautete. Tatsächlich ist die Entscheidung in diesem Fall gar nicht ganz ohne Relevanz, denn Gottfrieds von Straßburg Kritik an der hakenschlagenden Unverständlichkeit Wolframs von Eschenbach hat ja schon im frühen 13. Jahrhundert den Raum einer binären Opposition eröffnet zwischen schöner Klarheit auf der einen und exzentrischer Schwerverständlichkeit

---

60 Ebd., S. 92.
61 Ebd., S. 92.
62 Ebd., S. 95.
63 Ebd., S. 97f.

auf der anderen Seite. Panzer nun liest das C-Sternchen-*Nibelungenlied* vor dem Hintergrund dieses Binarismus. Das hat Folgen.

Panzer geht von einem selbstbewussten, wohlkalkulierenden Autor aus, der gezielt und anhand eines wohlerwogenen Plans eine Vorlage umarbeitet. Dementsprechend sieht sich Panzer auch in der Lage, diesen Umarbeitungsplan zu erkennen und dingfest zu machen. Zwar gibt Panzer einschränkend zu bedenken, dass nicht alle Änderungen konsequent seien; aber diese Einschränkung führt nicht zur Kritik an seiner Konzeption eines zielgerichtet arbeitenden Autors, sondern ist die Grundlage für ein Autorbild, das nicht nur Genialität und Schöpfungskraft umfasst, sondern auch den Anspruch auf ein modernes „Kunstideal". Mag sein, dass dafür hinsichtlich „heroischer Größe und Tragik" Opfer zu bringen waren, aber alles in allem steht hinter C*, aus Panzers Sicht, ein selbstbewusster und kunstfertiger Dichter.

Ein Dutzend Jahre nach Friedrich Panzer befasst sich Werner Hoffmann mit der Fassung C* – und damit mit der Handschrift C, denn, wie es erfrischend klar und deutlich gleich in der ersten Fußnote heißt, „die (nur erschlossene) Fassung" werde sowieso nur durch „die (tatsächlich überlieferte) Handschrift [...] greifbar".[64] Damit deutet sich eine Abkehr an von der philologischen, stammbaumerstellenden Suche nach der Verwandtschaft der Handschriften. So wie sich Panzer von Heuslers Theorien abgewendet hatte, lässt Hoffmann – vier Jahre nach Brackerts grundlegender Monografie – erahnen, dass die Fassungsdiskussion an Einfluss verliert. Ganz so weit ist es in Hoffmanns Fall freilich noch nicht. In einer Fußnote weist er darauf hin, dass er sich *nicht* mit der Monografie Helmut Brackerts auseinandersetzen werde – denn eine „Auseinandersetzung würde ein weites Ausholen bedingen"; so kann Hoffmann bei der seit 1900 eingeübten Privilegierung von B bleiben und in Ruhe nach den „Änderungen" der Handschrift C fragen.[65]

Zu den Besonderheiten des Aufsatzes gehört nun, gerade im Vergleich zu Friedrich Panzers Ausführungen, dass Hoffmann zahlreiche Parallelstellen der Handschriften C und B anführt und auflistet und dass er zahlreiche Textpassagen gegenüberstellt, um die Differenzen auch zu zeigen, die von Friedrich Panzer zusammenfassend vorgestellt wurden. Anders gesagt: Während Panzer noch eher in einer geistesgeschichtlichen Tradition steht und große Linien zieht, ohne immer gleich alles detailliert und explizit nachzuweisen, arbeitet Hoffmann evidenzbasiert; er trägt Beispiele, trägt Belege zusammen. Aus disziplingeschichtlicher Perspektive zeigt sich hier eine Umstellung der geistesgeschichtlich orientierten Wissenschaft seit der Jahrhundertwende hin zu den stärker evidenzbasierten, „ver-

---

[64] Hoffmann 1967, S. 109.
[65] Ebd., S. 111.

wissenschaftlichten" Geisteswissenschaften seit den 60er-Jahren; Formalismus und Strukturalismus stehen hierfür exemplarisch.

Auch für Hoffmann stellt sich freilich die Sachlage als uneinheitlich dar. Irgendwas ist seltsam; irgendwas läuft hier nicht so, wie es zu erwarten wäre, was Hoffmann schon gleich eingangs, am Beispiel der Metrik, vermerkt:

> Indes zeigt sich zugleich, daß von einer kompromißlosen Tendenz der Umarbeitung keine Rede sein kann, vielmehr durchkreuzt der Bearbeiter die vorherrschende Richtung seiner Feile am Text durch die gerade entgegengesetzte – eine Beobachtung, die auch für andere Änderungen gilt und die für die Art seines Arbeitens insgesamt bezeichnend ist. So vieles er in ein und derselben Richtung geändert hat: immer wieder hat er, aus nicht jedesmal einsichtigen Gründen, die gleiche Erscheinung unangetastet gelassen oder sie sogar selbst neu in die Dichtung hineingebracht.[66]

Ja, das ist irritierend, zumal dann, wenn man mit Panzer einen gottfriedartigen Dichter voraussetzt. Wie lässt sich das Problem nun erklären und aufklären? Hoffmann findet, im Anschluss an eine eher mäandernde Argumentation, die Lösung auf einer Metaebene, indem er einen Punkt starkmacht, der bei Panzer schon angelegt war (und sich am Ende des obigen Zitats nachlesen lässt): Das zentrale Ziel der Handschrift C, so Hoffmann, sei zu finden im

> Versuch der Auflösung tragischen Weltverhältnisses und Weltverständnisses, wie es sich in der Tragödie von *der Nibelunge nôt* sprachkünstlerisch bekundet, der Versuch seiner Auflösung ins Rational-Moralische und Christliche [...].[67]

Somit hält Hoffmann fest: „Der Bearbeiter nun ist auf dem Wege vom Tragiker zum Moralisten".[68]

Sechs Jahre nach Peter Szondis einflussreichem „Versuch über das Tragische" ist diese Position einerseits nicht allzu überraschend, denn das Tragische ist gerade en vogue.[69] Andererseits geht es ja gar nicht unmittelbar um das Tragische, sondern um die Idee einer Abkehr vom „Tragischen" hin zum „Christlichen". Was aber ist mit „dem Christlichen" gemeint? Folgt man dieser Frage, dann lohnt es sich, das Ende des Aufsatzes von Werner Hoffmann etwas näher zu betrachten, denn dieses Ende führt hin zu einer Diskussion, die in den ersten Jahrzehnten nach dem Zweiten Weltkrieg auch in der Mittelaltergermanistik breit geführt wur-

---

66 Ebd., S. 113.
67 Ebd., S. 130.
68 Ebd., S. 130. Zum Problem des Tragischen – beziehungsweise: zum Tragischen als Problem – siehe Toepfer 2013, zur Nibelungenliedforschung insbesondere S. 181 ff.
69 Szondi 1964.

de. Hoffmann schreibt, recht plötzlich und überraschend, ganz am Ende seines Aufsatzes:

> Alle die zuletzt berührten Fragen sind aber nicht nur möglicherweise nie endgültig entscheidbar, sondern die Antwort auf sie ist nicht einmal so dringlich. Viel wichtiger ist es, das Anliegen zu erkennen, das den Bearbeiter der Fassung C des Nibelungenliedes wie den Dichter der ‚Klage' leitete, als sie ihre Werke schufen, und zu erkennen, wie die Überarbeitung des Epos und die Dichtung der ‚Klage' Ausdruck einer anscheinend weitverbreiteten Deutung des Nibelungenliedes sind, die nicht wahrhaben wollte, daß es ein tragisches Geschehen in unenträtselbarer Verschlungenheit von schicksalhaftem Verhängnis und Schuld gäbe, sondern die darauf insistierte, daß der Mensch bewußt Schuld auf sich lädt und dafür früher oder später von der gerechten Strafe ereilt wird.[70]

Aus heutiger Sicht spricht Hoffmann geradezu Klartext und viel expliziter kann man zu dieser Zeit in Auseinandersetzung mit alten Texten nicht über das Problem nachdenken, ob der Nationalsozialismus auf tragisch-schicksalhafte Weise über die Menschen kam oder ob „der Mensch bewußt Schuld auf sich lädt und dafür früher oder später von der gerechten Strafe ereilt wird". Eine Lektüre des *Nibelungenlieds*, die der ersten Option folgt, macht aus einer Folge von Aktion und Reaktion in einer erzählten Welt eine nicht weiter „enträtselbare" tragische Handlungsfolge, bei der Fragen nach Schuld und Strafe nicht im Vordergrund stehen. Lektüren mittelalterlicher Texte gehen eben immer von aktuellen Fragestellungen aus – und so zeigt sich auch hier, wie bei den zahlreichen Schuld-Arbeiten der 50er- und 60er-Jahre,[71] dass jede Auseinandersetzung mit Texten eine Auseinan-

---

[70] Hoffmann 1967, S. 143.
[71] Wenn ich recht sehe, beginnt diese postnazistische Vergangenheitsbewältigung im Medium mittelalterlicher Erzähltexte mit Schwietering 1946. Das Büchlein geht laut Eintrag auf der Impressumsseite auf Vorträge zurück, die 1944 in Freiburg im Üechtland und in Basel gehalten wurden. Der Text wurde zuerst veröffentlicht in der (zu dieser Zeit von Schwietering herausgebenen) ZfdA 81 (1944). Die nächste wichtige Station dürfte dann Friedrich Maurer sein, mit seinem 1951 veröffentlichten Buch zum „Leid" (Maurer 1951). Auch dieses Buch baut auf früher erschienenen Aufsätzen auf, unter anderem auf Maurer 1950. Kurz nach Maurers Monografie erscheint Mohr 1951–1952. Mohr macht den Anlass recht explizit: „Ich gestehe, daß mein Bild von Wolframs Dichtung und von dem Menschen Wolfram, aus dem hier ein paar Züge gezeigt wurden, in der Arbeit mit der Kriegsgeneration der Studenten während der ersten Jahre nach dem Zusammenbruch entstanden ist. [...] Was wäre denn auch Dichtung, wieso lohnte es, sich mit solch vergangenen Dingen abzugeben, wenn sie uns nicht helfen könnte in unserer eigenen Not?" (Ebd., S. 160) Es folgen zahlreiche weitere Arbeiten zum Thema. Die Ausläufer reichen bis zu Ohly 1976. Alles, was danach kommt, ist, wie mir scheint, gedankenlose Routinisierung einer überkommenen Fragestellung aufgrund (disziplin-)geschichtlicher Unwissenheit. Andererseits freilich bietet die Frage nach der Schuld eine Perspektive auf grundlegende anthropologische Konstellationen. Solche Perspektiven weisen, weil Menschen eben Menschen sind, ein gewisses

dersetzung mit dem Eigenen ist; der eigenen Geschichte, der eigenen Kultur, den eigenen, gegenwärtigen Fragen.

Von Hoffmanns Aufsatz aus lässt sich der Weg des Handschriftenvergleiches eigentlich nicht weitergehen; und eben deshalb irritiert es mich, wenn dies – wie im Fall eines jüngeren Aufsatzes von Florian M. Schmid – dennoch versucht wird. Ich komme darauf zurück. Sinnvoller, als diesen Weg weiterzugehen scheint es mir zu sein, mit den Grundlagen zu brechen, auf denen Panzer und Hoffmann ihre Vergleiche errichtet hatten. Harald Haferland hat genau dies in einem Aufsatz aus dem Jahr 2003 getan. Er spricht in diesem Aufsatz ein zentrales Problem der älteren Diskussion an, wenn er anhand der Fassungen C* und B* darauf hinweist, dass es problematisch sei, angesichts von „buchstäblich Tausenden von um- und neu formulierten Halbversen" eine „Regelhaftigkeit oder gar einen übergeordneten Plan hinter den Änderungen" zu suchen.[72] Genau das hat die ältere Forschung getan, die den Autoren/Bearbeitern der Handschriften ja immer eine klare Bearbeitungshaltung und Folgerichtigkeit unterstellt hatte. Mit Blick auf ältere Arbeiten, darunter auch die hier diskutierten, zeigt Haferland, dass die scheinbare Inkonsequenz der „Bearbeitung" zwar erkannt wurde, dass man aber trotzdem daran festgehalten habe, dass es eine klar erkennbare Bearbeitungstendenz gebe.

Warum aber ist das so? Haferland dürfte recht haben, wenn er konstatiert, dass die „Überlegungen zum Zustandekommen und zur Entstehungssituation der Fassung *C [...] weithin bei Lachmanns Vorstellung von Schreibereingriffen und redaktionellen Umarbeitungen stehengeblieben" seien.[73] Anders gesagt: Man stellte und stellt sich Arbeit am Schreibtisch vor, Arbeit am und mit einem Manuskript. Haferland rät nun dazu, die Fassung C* als Produkt eines vortragenden Sängers zu verstehen, „der das *Nibelungenlied* in der Fassung *B weitgehend auswendig beherrschte" und „sich oder – wahrscheinlicher – einem Schreiber den Text aus dem Gedächtnis" diktierte.[74] Was auf diese Weise als neuer Text entsteht, sei „weniger Änderung[...] als einfach Abweichung[...]".[75]

Haferland schließt also an die Forschung zu Mündlichkeit und insbesondere an Forschung zu Gedächtnis und Memoria an, die seit den 1980er-Jahren dazu beitrugen, neue Perspektiven auf eine mittelalterliche Handschriftenkultur zu

---

(durchaus auch vortheoretisches) Faszinationspotenzial auf. Auch das mag ein Grund sein für die anhaltende Beliebtheit der Frage nach der Schuld.

72 Haferland 2003, S. 89. Man vergleiche zum Folgenden auch Haferlands Buch aus dem Folgejahr: Haferland 2004. Eine Diskussion der Thesen Haferlands findet sich beispielsweise bei J.-D. Müller 2005.
73 Haferland 2003, S. 95.
74 Ebd., S. 99.
75 Ebd., S. 100.

entwickeln, die ja in vielfacher Hinsicht als eine Übergangszeit zwischen Mündlichkeit und Schriftlichkeit zu verstehen ist.[76] Die Überlegungen, die Haferland anhand von einigen Beispielen und unter Rückgriff auf Forschung zum Gedächtnis vertritt, scheinen mir plausibel zu sein und sie bieten eine überzeugende Erklärung für die Differenzen der Handschrift C (nebst verwandter Handschriften) zu den übrigen Handschriften, insbesondere zu den Handschriften der Fassung B*. Haferlands Überlegungen funktionieren aber auch dann noch gut, wenn man sich die Entstehung der Handschrift C als eine Mischform von erinnertem Vortrag und unterstützender schriftlicher Textvorlage vorstellt – was Haferland auch explizit schreibt:

> Die Mündlichkeit, von der ich ausgegangen bin, schließt allerdings ein [...] Original gar nicht aus. Vielleicht hat der Dichter es als Gedächtnisstütze verwendet und sich des einmal niedergelegten Wortlauts dann und wann vergewissert, bis sich die Erinnerung festigte. Vielleicht hat er es auch zur Abfassung benötigt, um die weitgespannte Konstruktion in Ruhe entwerfen und dann auswendig lernen zu können. Ich möchte auch nicht ausschließen, daß er beim Diktat der Fassung *C nicht doch noch hier und da in eine Handschrift geschaut hat.[77]

Auf jeden Fall wäre die Handschrift C (nebst verwandten Handschriften) das geschriebene Ergebnis einer mündlichen Performanz im Rahmen schriftkultureller Möglichkeiten. Aus Geschriebenem wird Sprache und daraus wird wiederum ein neuer Text. Genau das, die Verschränkung von memorialer Mündlichkeit und transitorischer Schriftlichkeit, ist das Innovative an Haferlands Vorschlag.

In seinem Aufsatz aus dem Jahr 2015 hat Florian M. Schmid Haferlands Überlegungen nicht diskutiert, was auch kein Wunder ist, schließlich interessiert sich Schmid für die Handschriften.[78] Im Zentrum seiner Überlegungen steht zum einen die Frage nach der Kohärenz und Zusammengehörigkeit von *Nibelungenlied* und *Nibelungenklage* und zum anderen die Frage nach der Besonderheit der Fassung C*. Dabei konzentriert sich Schmid auf Plusstrophen und Plusverse, also auf Textpassagen, die zwar in C, nicht aber in A und B vorhanden sind. Schwierig und für die Leser*innen beschwerlich ist dieses Vorgehen, weil das Vorhaben von Anfang an zur Liste tendiert. Dies wird schon deutlich, wenn Schmid beginnt, das Zah-

---

[76] Wichtig waren unter anderem: Halbwachs 1985 (zuvor schon in deutscher Übersetzung 1966 im Luchterhand Verlag); Yates 1990; A. Assmann, J. Assmann und Hardmeier 1983; Carruthers 1990; J. Assmann 1992.
[77] Haferland 2003, S. 126.
[78] F. Schmid 2015. Der Aufsatz dürfte in engem Zusammenhang mit Schmids Dissertation stehen, die noch nicht erschienen war, als ich dieses Kapitel geschrieben habe.

lenmaterial auf oberster Ebene zu präsentieren. Die drei Haupthandschriften, so stellt er fest,

> weisen deutliche Unterschiede im Strophenbestand auf: A beinhaltet 2316, B 2376 und C 2439 Strophen. Auch die Anzahl der ‚Klage'-Verse unterscheidet sich mit 4360 in der Fassung *B gegenüber 4428 in der Fassung *C. Eine quantitative Bestandsaufnahme zeigt, dass in der Handschrift A zwei Strophen (1. Aventiure: A 3; 2. Av.: A 21) vorhanden sind, die keine der beiden anderen Handschriften überliefert, in B ist es eine Strophe (B 516), in C dagegen sind es 95. Die Handschriften A und B weisen gegenüber der Handschrift C 32 Plusstrophen auf, die Handschriften B und C gegenüber A 62, A und C gegenüber B dagegen allein die Prologstrophe (A 1/C 1). In der *B-‚Klage' finden sich 521 Verse ohne Entsprechung in *C, in der *C-‚Klage' dagegen 594 Plusverse gegenüber *B.[79]

Anhand des Zitates ist leicht einzusehen, dass die Analyse in dieser Form schwer nachzuvollziehen ist. Zwar mag es durchaus sinnvoll sein, im Rahmen der Arbeit an den Handschriften diese Zahlen zu erheben, aber man muss dann, wie mir scheint, das Material auch zum Sprechen bringen und es in einen verständlichen Text überführen.

Forschungsgeschichtlich gesehen geht Schmid somit den Weg weiter, den Werner Hoffmann 1967 anfing zu gehen: den Weg der Auflistung von Differenzen – nur dass das Sammeln von Differenzen nun fast schon zum Selbstzweck wird. Schmids Aufsatz mag denn auch als Gegenstück dienen zu einer synoptischen Lektüre, die sich auf die Komplexität der überlieferten *Nibelungenlieder* einlässt, ohne zu glauben, man könne die Probleme einer solchen Lektüre zählend aus dem Weg räumen. Und tatsächlich muss man, wie eben geschehen, von *Nibelungenliedern* sprechen, wenn man klar und deutlich markieren will, dass es in einer Handschriftenkultur in aller Regel den einen Text nicht gibt. Das mag ungewohnt sein (auch wenn man es schon bei Cerquiglini lesen kann)[80] und man mag sogleich nach Gegenargumenten suchen – mag vielleicht darauf hinweisen, dass die Unterschiede zwischen den *Nibelungenlied*-Handschriften so groß nun auch wieder nicht sind –, aber das sind Reaktionen, die auf eine eingeübte und seit Langem kultivierte Perspektive auf Handschriftenkulturen zurückgehen. Nicht ohne Grund und ganz zu Recht hat denn auch Ingrid Bennewitz schon vor einigen Jahren geschrieben, dass „es eigentlich schon zum jetzigen (!) Zeitpunkt nicht mehr möglich ist, z. B. über DEN Tristan oder DAS Nibelungenlied zu reden. Wir müssen deklarieren, welche der

---

79 Ebd., S. 175.
80 „Il est déjà pénible de se faire à l'idée qu'il y aurait plus d'une *Chanson de Roland*, toutes authentiques; faudrait-il souffrir encore de posséder, par exemple, plusieurs véritable *Perceval* de Chrétien de Troyes, le roman le plus célèbre du Moyen Age européen?" (Cerquiglini 1989, S. 63)

verschiedenen Fassungen zur Diskussion stehen".[81] Das stimmt; und mehr noch: Wir müssen synoptisch lesen lernen.

****

Wie aber liest man überhaupt die *Nibelungenlieder* synoptisch? Als Mittelaltergermanist*in hat man synoptisches Lesen eher nicht gelernt, weil man eben in aller Regel mit Textausgaben konfrontiert ist, die *einen* linearen Text bieten und Abweichungen zerstückelt in den Apparat am Fuß der Seite verbannen (oder, was immer häufiger vorkommt, auf einen Lesartenapparat ganz verzichten). Zwar mögen die mittlerweile verbreiteten „zweisprachigen" Ausgaben eine erste Einführung in die Praktiken des synoptischen Lesens bieten, aber das Nebeneinander von Mittelhochdeutsch und Neuhochdeutsch ist natürlich nicht das, was ich meine.

Solange kritische Ausgaben im Zentrum stehen, lernt man, den einen Text zu lesen, zu analysieren, zu interpretieren. Die Techniken, Herangehensweisen und Textsorten, die anhand kritischer Editionen eingeübt wurden und werden, sind aber vielleicht nicht schon diejenigen, die man für synoptische Lektüren benötigt. Was man auf jeden Fall benötigt, als Ausgangspunkt einer synoptischen Lektüre, sind synoptische Darstellungen der handschriftlichen Überlieferung. Dass (und warum) die Auswahl an solchen Editionen nicht allzu groß ist, habe ich auf den vergangenen Seiten versucht darzustellen. Es sind solche synoptischen Editionen, mit deren Hilfe man lernen kann, synoptisch zu lesen.

Dabei ist aufgrund der Diskussion rund um die sogenannte „New Philology" seit dem letzten Drittel des 20. Jahrhunderts längst klar, dass wir anders edieren müssen – und das heißt eben auch, dass wir andere Strategien der Textpräsentation ausprobieren und erproben müssen. Eine synoptische Lektüre scheint mir dabei eine geradezu zwingende Lektüreoption zu sein, zumal es sich in historischer Hinsicht bei dem aus der Theologie stammenden Modell der Synopse interessanterweise um eine noch gar nicht so alte Strategie handelt, die auch gar nicht (wie ich zuerst dachte) der Handschriftenkultur, sondern der Druckkultur entstammt.

Etabliert wurde die Textform der Synopse von dem Theologen Johann Jakob Griesbach, dessen *Synopsis evangeliorum Matthaei, Marci et Lucae* im Jahr 1776 veröffentlicht wurde.[82] Die Idee, die Evangelien nebeneinander und auf einer Seite zu präsentieren, war also bis zum späten 18. Jahrhundert gar nicht so naheliegend,

---

[81] Bennewitz 1997, S. 61.
[82] Griesbach 1776. Näheres dazu bei Weidner 2011, S. 182–191. Zu Vorläufern einer synoptischen Evangelienpräsentation und zum Verhältnis von Synopse und (Evangelien-)Harmonie siehe Wünsch 1983.

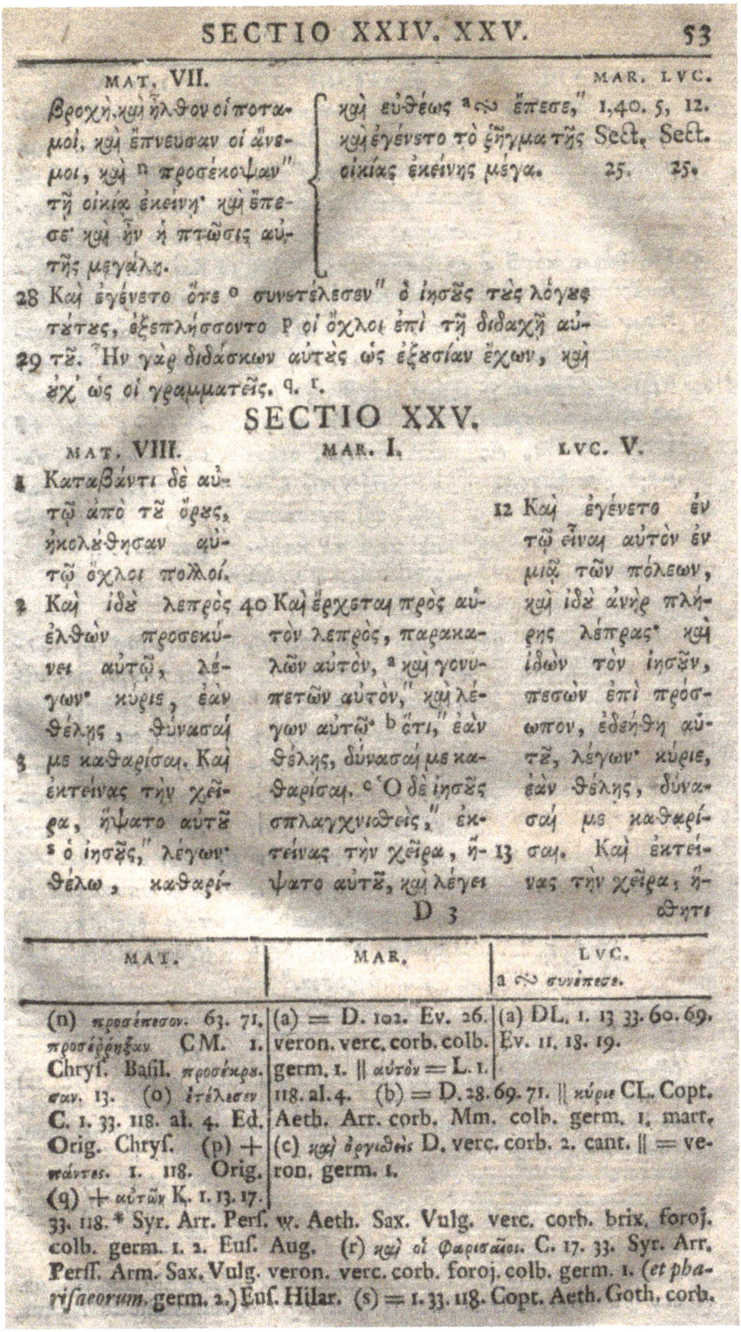

SECTIO XXIV. XXV. 53

MAT. VII. MAR. LVC.

βροχὴ, καὶ ἦλθον οἱ ποταμοί, καὶ ἔπνευσαν οἱ ἄνεμοι, καὶ ⁿ προσέκοψαν'' τῇ οἰκίᾳ ἐκείνῃ· καὶ ἔπεσε· καὶ ἦν ἡ πτῶσις αὐτῆς μεγάλη.

καὶ εὐθέως ᵃ ~ ἔπεσε,'' καὶ ἐγένετο τὸ ῥῆγμα τῆς οἰκίας ἐκείνης μέγα. 1,40. 5, 12. Sect. Sect. 25. 25.

28 Καὶ ἐγένετο ὅτε ᵒ συνετέλεσεν'' ὁ Ἰησοῦς τοὺς λόγους τούτους, ἐξεπλήσσοντο ᵖ οἱ ὄχλοι ἐπὶ τῇ διδαχῇ αὐτοῦ.
29 Ἦν γὰρ διδάσκων αὐτοὺς ὡς ἐξουσίαν ἔχων, καὶ οὐχ ὡς οἱ γραμματεῖς. q. r.

SECTIO XXV.

MAT. VIII. MAR. I. LVC. V.

1 Καταβάντι δὲ αὐτῷ ἀπὸ τοῦ ὄρους, ἠκολούθησαν αὐτῷ ὄχλοι πολλοί.
2 Καὶ ἰδοὺ λεπρὸς ἐλθὼν προσεκύνει αὐτῷ, λέγων· κύριε, ἐὰν θέλῃς, δύνασαί με καθαρίσαι.
3 Καὶ ἐκτείνας τὴν χεῖρα, ἥψατο αὐτοῦ ˢ ὁ Ἰησοῦς,'' λέγων· θέλω, καθαρί-

40 Καὶ ἔρχεται πρὸς αὐτὸν λεπρός, παρακαλῶν αὐτόν, ᵃ καὶ γονυπετῶν αὐτόν,'' καὶ λέγων αὐτῷ· ᵇ ὅτι,'' ἐὰν θέλῃς, δύνασαί με καθαρίσαι. ᶜ Ὁ δὲ Ἰησοῦς σπλαγχνισθείς,'' ἐκτείνας τὴν χεῖρα, ἥψατο αὐτοῦ, καὶ λέγει

12 Καὶ ἐγένετο ἐν τῷ εἶναι αὐτὸν ἐν μιᾷ τῶν πόλεων, καὶ ἰδοὺ ἀνὴρ πλήρης λέπρας· καὶ ἰδὼν τὸν Ἰησοῦν, πεσὼν ἐπὶ πρόσωπον, ἐδεήθη αὐτοῦ, λέγων· κύριε, ἐὰν θέλῃς, δύνασαί με καθαρίσαι.
13 Καὶ ἐκτείνας τὴν χεῖρα, ἥ-ψατο

D 3

MAT. | MAR. | LVC. a ~ συνέπεσε.

(n) προσέπεσον. 63. 71. προσέῤῥηξαν CM. 1. Chrys. Basil. προσέκρουσαν. 13. (o) ἐτέλεσεν C. 1. 33. 118. al. 4. Ed. Orig. Chrys. (p) + πάντες. 1. 118. Orig. (q) + αὐτῶν K. 1. 13. 17. 33. 118. * Syr. Arr. Pers. w. Aeth. Sax. Vulg. verc. corb. brix. foroj. colb. germ. 1. 2. Eus. Aug. (r) καὶ οἱ Φαρισαῖοι. C. 17. 33. Syr. Arr. Perss. Arm. Sax. Vulg. veron. verc. corb. foroj. colb. germ. 1. (et pharisaeorum. germ. 2.) Eus. Hilar. (s) = 1. 33. 118. Copt. Aeth. Goth. corb.

(a) = D. 102. Ev. 26. veron. verc. corb. colb. germ. 1. || αὐτὸν = L. 1. 118. al. 4. (b) = D. 28. 69. 71. || κύριε CL. Copt. Aeth. Arr. corb. Mm. colb. germ. 1. mart. (c) καὶ ὀργισθεὶς D. verc. corb. 2. cant. || = veron. germ. 1.

(a) DL. 1. 13 33. 60. 69. Ev. 11. 18. 19.

Abbildung 2.5: Seite aus der Evangeliensynopse des Johann Jakob Griesbach

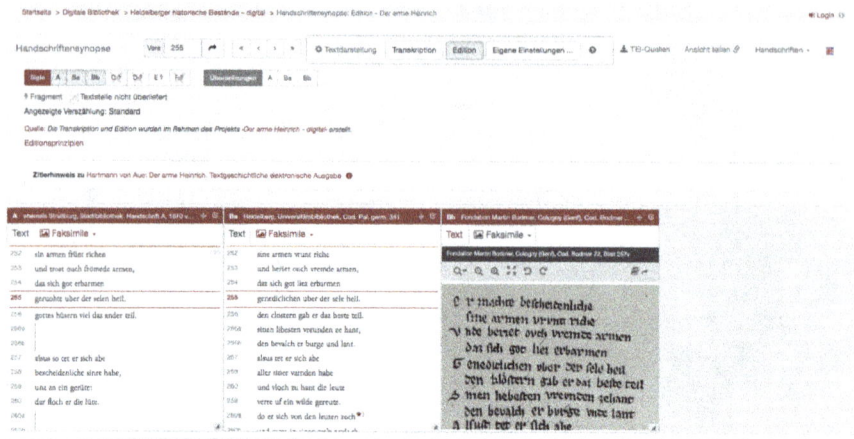

Abbildung 2.6: Bildschirmfoto der digitalen Ausgabe des *Armen Heinrich*

wie man vielleicht meinen könnte.[83] Hier dürften „die Aufklärung" und auch der Prozess der Etablierung einer neuzeitlichen Philologie zusammengespielt haben. Hinzu kommt, dass das Modell der Synopse damit auch in zeitlicher Nähe zur Herausbildung der Germanistik steht – und also in zeitlicher Nähe zur Romantik, zur Etablierung des Literaturdispositivs und zu einer neuartigen Historisierung, für die vor allem Johann Gottfried Herder oft stellvertretend genannt wird.

Ich gehe diesen Entwicklungen hier nicht näher nach und möchte nur die vielleicht nicht ganz unwichtige Beobachtung festhalten, dass das theologische Modell der Synopse zur Verfügung stand, als Lachmann – selbst ja auch Herausgeber einer Bibelausgabe – nebst anderen das Modell des *einen* autornahen Textes durchgesetzt hat. Die Synopse als Editionsform ist deshalb, so möchte ich zumindest als These formulieren, eine abgewiesene Alternative der frühen Germanistik.

Heutzutage würde man eine Synopse natürlich nicht mehr unbedingt wie noch Batts auf Papier drucken. Digitale Editionen, wie diejenige des *Welschen Gastes*[84] oder des *Armen Heinrichs*[85], bieten den Leser*innen zahlreiche synoptische Möglichkeiten: Digitalisate, skalierbare Transkriptionen und Übersetzungen lassen sich flexibel nebeneinander anordnen und ermöglichen ganz neue, handschriftennähere Möglichkeiten des Lesens und Vergleichens.

---

83 Mehrsprachige Bibelausgaben, sogenannte Polyglotte, sind freilich älter. Die beiden ältesten sind die „Complutensische Polyglotte" (1514–1517) und die „Antwerpener Polyglotte" (1568–1572).
84 Šimek 2018.
85 Riva und Millet 2018.

Auch mit diesen neuen Rezeptionsmöglichkeiten wird sich die Mittelaltergermanistik näher auseinandersetzen müssen, um neue Praktiken zu erlernen, denn: Das Erstellen einer Synopse ist das eine; synoptisch lesen zu lernen ist etwas anderes. Wie also liest man synoptisch, wenn man nicht Theolog*in ist, sondern Mittelaltergermanist*in, und sich mit einer Ausgabe wie derjenigen von Michael S. Batts konfrontiert sieht? Synoptisch lesen, so wie ich es hier meine, meint eben nicht, zu lesen, um fleißig alle Differenzen zu notieren; synoptisch lesen (lernen) heißt, geduldig und angesichts redundanter Textmengen die Vertikale und die Horizontale zu beobachten, das Neben- und Nacheinander, um nach Besonderheiten der einzelnen Handschriften und nach Differenzen zu suchen, ohne dabei die Übereinstimmungen ganz aus den Augen zu verlieren. Ziel sollte es sein, in den Diskurs hineinzufinden, den die Texte vertikal und horizontal führen.

Das Ergebnis einer solchen Lektüre kann keine Zusammenfassung sein, sondern die Verschriftlichung eines Denk- und Lektüreprozesses, der durch das synoptische Lesen angestoßen wird. Eines Denk- und Lektüreprozesses, der, weil er eben prozesshaft verläuft, nicht abschließbar ist; eines Prozesses, der Beobachten, Beschreiben und Verstehen verbindet. Synoptisches Lesen fordert deshalb eine spezifische Blickgestaltung, ein beständiges Wandern und Springen des Blicks, der sich stärker an der Horizontalen auszurichten hat, als dies bei linearen Einzeltexteditionen der Fall ist. Weil man versuchen muss, abseits der eingeübten Modi zu lesen, weil man parallel lesen muss, abseits der Linearität der einen Zeile und des auf einer Seite fortlaufenden Informationsstroms, sind Leseprozesse einzuüben, die zwar für eine Druckkultur ungewohnt sind, nicht aber für eine Digital- und Bildschirmkultur, die mit Hypertexten umzugehen gelernt hat – und schon gar nicht für eine mittelalterliche Handschriftenkultur, die es – insbesondere in juristischen und theologischen Texten – mit Glossen, Kommentaren und komplexen Formen des *mise-en-page* zu tun hatte und bei der das Glossieren von Texten zum Lesen dazugehörte.[86]

Das Mittelalter (man verzeihe mir die pauschale Aussage) las anders, als wir dies in Zeiten vor dem Hypertext gelernt haben. Die Seite als flächiger Zeichenträger kann mehr sein als nur eine Grundlage für die Abbildung eines einigermaßen fortlaufenden Zeichenstroms. Synoptisches Lesen hat es mit anderen, variableren Spatialitäten zu tun, mit einer komplexeren Anordnung von Textfolgen, mit einer anderen Art von Sequenzialität und mit polyfonen Texten. Ein solches Lesen geht,

---

86 Zum Lesen, Schreiben und Glossieren im Mittelalter siehe etwa Salomon 2012. Dort einige Hinweise auf relevante Forschungsliteratur. Lesenswert ist in diesem Zusammenhang der vielleicht schon klassisch zu nennende Aufsatz von R. Rouse und M. Rouse 1982. Ich danke Bernd Bastert für seine Anregung, über ‚nichtlineares' Lesen im Mittelalter nachzudenken (auch wenn ich dieser Spur hier nicht weiter nachgehe).

zumindest im Fall des *Nibelungenlieds*, wohl aber auch bei den meisten anderen geeigneten mittelalterlichen Texten, mit Redundanzen einher. Über weite Strecken sind die Handschriften gleich, ähnlich, nahe beieinander – und noch nicht jeder Unterschied ist relevant. Gerade das Phänomen, das Karl Stackmann einmal „iterierende Varianten"[87] nannte, bereitet Mühe bei der Gewichtung von Unterschieden. Gemeint sind Worte, die, strukturalistisch gesprochen, auf einer paradigmatischen Achse liegen und die deshalb gegeneinander ausgetauscht werden können, ohne dass sich hierdurch notwendig eine substanzielle Veränderung des Textes ergeben muss.

Vielleicht sind Vorstellungen von Substanzialität aber sowieso problematisch, weil es gerade wichtig sein könnte, auf Unauffälligkeiten zu achten. Wenn nämlich, wie Peter Sloterdijk in seinem Buch über „Schäume" schreibt, „auf den modernen Theorien und den Theorien der Moderne der lange Schatten des Substanzdenkens [liegt], das dem Akzidentiellen so wenig Geschmack abgewinnt"; und wenn wir es mit einer „Verachtung des Unsubstantiellen" zu tun haben, dann könnte es (für eine „postheroische Theorie") wichtig sein, „dem Flüchtigen, Unwichtigen, Sekundären die Aufmerksamkeit" zu widmen, „die in der heroischen Theorie für das Immerseiende, Substantielle, Primäre reserviert war".[88] Überträgt man dies auf das Lesen von Synopsen, dann stellt sich die Aufgabe, die Unauffälligkeiten und Kleinigkeiten nicht nur zu registrieren, sondern sie zu relevanten Gegenständen der Lektüre zu machen.

Um nun synoptisch lesen zu lernen, lese ich einmal versuchsweise in Batts' Ausgabe hinein und erprobe eine synoptische Lektüre zur synoptischen Edition. Ich gehe dabei von robusten Textkenntnissen aus, beschränke mich auf die ersten fünf Âventiuren und konzentriere mich (was angesichts der Beschränkung auf die ersten fünf Âventiuren vielleicht wenig überrascht) auf die beiden Hauptfiguren, Kriemhild und Siegfried. Und weil ich eine Synopse lese – und synoptisch lese – präsentiere ich auch meine Lektüre synoptisch. Die Spaltenanordnung bei Batts behalte ich bei. Zu lesen ist seitenweise – aber auch eine Lektüre anhand der Spalten ist möglich, also zunächst die erste Spalte über alle Seiten hinweg, dann die zweite, schließlich die dritte Spalte (was freilich zum Hin- und Herblättern zwingt, aber das sind Buchleser*innen ja gewohnt).

---

[87] Stackmann 1997.
[88] Sloterdijk 2004, S. 36 f.

Tabelle 2.1: 1. Âventiure: Kriemhild, die Familie, das Begehren

C	A	B
Eine *Auenture von den Nibelungen* wird zu Beginn der Handschrift C angekündigt und auch wenn Kriemhild in der ersten Âventiure im Vordergrund steht, deutet schon diese Überschrift an, dass die junge Frau fest eingebunden ist in eine Gemeinschaft von Menschen. Im Anschluss an die einleitende Strophe bleibt denn zuerst auch wenig Zeit für Kriemhild, die in der zweiten Strophe vor allem mit Hinweis auf ihre Schönheit eingeführt wird. Schon in der dritten Strophe rücken Gunther, Gernot und Giselher in den Fokus und bei diesen dreien verweilt der Blick kurz, bevor in der sechsten Strophe Kriemhilds Eltern und dann die Inhaber der Hofämter vorgestellt werden. Erst die zwölfte Strophe rückt Kriemhild wieder in den Vordergrund, um von ihrem Traum zu erzählen, der in den Folgestrophen dann dialogisch im Zweiergespräch von Mutter und Tochter ausgedeutet wird. In den letzten beiden Strophen schließlich leitet die Erzählinstanz zur nächsten Âventiure über, indem Kriemhilds zukünftiger Mann als der Falke enthüllt wird, von dem Kriemhild geträumt hat.	Sieht man von den ersten drei Strophen ab, so ist die erste Âventiure in den drei Handschriften sehr einheitlich überliefert. Zwar fehlt in A eine Überschrift, sodass ein erstes Orientierungsmoment fehlt, aber diese Abwesenheit einer Überschrift am Texteingang sollte man wohl nicht überbewerten. Was den Strophenbestand anbelangt, gibt es in der ersten Âventiure (abgesehen von der nur in C und A überlieferten Eingangsstrophe) nur eine deutlich sichtbare Differenz, nämlich die dritte Strophe in A, die in den beiden anderen Handschriften fehlt. Die Strophe schließt direkt an die Vorstellung der schönen Kriemhild (und die Präfiguration der wegen ihr sterbenden Krieger) an: *Der minnechlichen meide trv̊ten wol gezam / in mv̊te kv̊ner recken. niemen was ir gram. / ane mazen schône so was ir edel lip. / der ivnchfrŏwen tugende zierten anderiv wip.* Die Kriemhild der Handschrift A wird durch diese Strophe Objekt des Begehrens, noch bevor sie im Folgenden durch Siegfried dazu gemacht wird. Genau dies nämlich ist der Effekt dieser nur in A überlieferten Strophe.	Die Handschrift B kennt keine Überschriften und die erste Strophe sorgt gleich auch noch für einen holprigen Beginn: *En Bvrgonden ein vil edel magedin / daz in allen landen niht schoners mohte sin.* Fast scheint es, als habe sich der Schreiber mit diesem im Vergleich zu den anderen beiden Handschriften unmittelbaren Einstieg in die Vorstellung Kriemhilds etwas überhastet. Dass der Satz syntaktisch nicht korrekt ist, ist kaum von der Hand zu weisen – und da es sich um den ersten, mit einer Initiale eingeleiteten Satz handelt, sollte man eigentlich davon ausgehen können, dass der Schreiber mit einer gewissen Aufmerksamkeit bei der Sache ist. Warum wurde der Fehler nicht korrigiert? Vielleicht passt ja gerade dieser hastige, Worte verschluckende Einstieg zur Unmittelbarkeit, mit der Kriemhild in B eingeführt wird.

Tabelle 2.2: 2. Âventiure: Siegfried, der schöne, umherziehende Krieger

C	A	B
Eine kleine Überraschung bietet die 21. Strophe der Handschrift C, die in den beiden anderen Handschriften nicht überliefert ist. Es ist in C die dritte Strophe der zweiten Âventiure und in dieser Strophe stellt die Erzählinstanz fest, dass Siegfried, noch bevor er erwachsen war, solche Wundertaten vollbracht hat, dass man *da von [...] immer mere mac singen vñ sagen*; diese Taten werden allerdings, so heißt es weiter, *in disen stunden* nicht erzählt. Es wird also an dieser Stelle eine Aussparung in der Narration angedeutet, die erst später, im Bericht Hagens, gefüllt werden wird. Dass Siegfried schon als Kind bei Damen und jungen Frauen beliebt ist, erfährt man im Gegensatz zu den Handschriften A (Str. 25) und B (Str. 22) nicht. Was es mit dieser Lücke auf sich hat, wird klarer, wenn man weiß, dass C ganz am Schluss der zweiten Âventiure eine Strophe überliefert, die die beiden anderen Handschriften nicht kennen: *In dorfte niemen schelten; sit do er wafen genam, / ia gerwete vil selten der reche lobesam / svchte niwan striten. sin ellenthaftiv hant / tet in zallen ziten in vremeden richen wol bekant.* (C 43) Die Handschrift etabliert und profiliert den umherziehenden Krieger. Ob es an dieser Vorstellung des umherziehenden Kriegers liegt, dass die Handschrift C auf eine Strophe (A 25, B 22) verzichtet, in der vom jungen Siegfried erzählt wird, dass er nun *so gewachsen* sei, dass er *ze hove reit* (B 22, 1)? Die Erwähnung der höfischen Sphäre passt vielleicht nicht so recht zum Recken, den die Handschrift entwirft.	Die Handschrift A betont die Schönheit. Schon die dritte Strophe der ersten Âventiure in A hatte ja (im Gegensatz zu den anderen Handschriften) Kriemhilds Schönheit hervorgehoben; in der 21., nur in Handschrift A überlieferten Strophe wird nun (neben seiner Stärke und seinem Mut) Siegfrieds Schönheit betont: *Ich sage iv von dem degne, wie schone der wart. / sin lip vor allen schanden was vil wol bewart. / starch vnde mere wart sit der kůne man. / hey waz er grozer ern ze diser werlde gewan!* Wegen dieser Vorstellung des *degne* ist die Handschrift A auch die einzige, die im folgenden Vers vom *selbe[n] degen* spricht und nicht vom *snelle[n] degen* wie die beiden anderen Handschriften. So viel Kohärenz muss sein.	Im Vergleich zu den anderen beiden Handschriften ist die zweite Âventiure in Handschrift B recht unauffällig und so lässt sich eine Aussage über B in diesem Fall vor allem ex negativo treffen, also dadurch, dass man betont, dass B bestimmte Auffälligkeiten nicht zeigt, die die beiden anderen Handschriften aufweisen. Weder profiliert B den umherziehenden Krieger noch wird Siegfrieds Schönheit betont. Die Handschrift bietet in dieser Âventiure, wenn man so will, ein nicht speziell markiertes Bild des jungen, gerade zum Ritter gewordenen *degen* aus den *Niderlanden*.

Tabelle 2.3: 3. Âventiure: Siegfried, die Arbeit und Hagens Entscheidung

C	A	B
Ob es am Bild des umherziehenden Kriegers liegt, dass in der 48. Strophe der Handschrift C Siegfrieds Verwandte und Dienstleute (*mage vn̄ genvge sine man*) ihm zu *minne* raten, während in den beiden anderen Handschriften zu *stæte[r] minne* (B 46, 2) geraten wird? Auch die Strophe C 132 lässt sich in diese Richtung lesen. In dieser Strophe, die nur C überliefert, ist davon die Rede, dass schöne Damen am Wormser Hof sich fragen, *wer der stolze vremde reche wêre*; und sie erhalten von vielen die Antwort: *„ez ist der chunic von Niderlant."* (C 132, 2/4) Das mag zwar sachlich falsch sein, denn dieser Titel gebührt doch wohl Siegfrieds Vater, aber es zeigt deutlich den Versuch, Wissen über den Recken zu erlangen. Anders gesagt: Dass er ein umherziehender Krieger ist, das kann man sehen; über seine Position im Gefüge des Hofes aber muss man sich informieren. *(Fortsetzung auf der nächsten Seite)*	Gegenüber C bevorzugt A (wie auch B) schon in der ersten Strophe der dritten Âventiure die Freude gegenüber der Mühe – und betont in der fünften Strophe der dritten Âventiure *stete minne* (C 49, 2), wo in C nur von *minne* die Rede ist. Ganz entsprechend ist Kriemhild in A *vnmazlich schŏne* (A 50, 2), während in C lediglich von ihrer *grozen schone* (C 49, 2) die Rede ist. Auch wenige Strophen später betont Siegfrieds Vater, der gerade über Hagens Jähzorn und Leidenschaftlichkeit spricht, die Schönheit Kriemhilds (A 55, 4), während in C noch weiter von Hagen die Rede ist. Schließlich wird in A 102, 3 die Schönheit Siegfrieds betont, während in C von seiner Kühnheit die Rede ist (ähnlich auch A 04). All das müssen aber nicht unbedingt signifikante Unterschiede sein. Einzelne Worte, insbesondere beschreibende Adjektive, tauchen mal bei C und mal bei A auf. *(Fortsetzung auf der nächsten Seite)*	Die Handschrift B steht in der dritten Âventiure manchmal näher bei C und manchmal näher bei A. So nennt C in Strophe 94 den Schwertnamen *Palmvnch* und verkündet frühzeitig, dass Siegfried den Hort erobert. Diese Strophe fehlt sowohl in A als auch in B. Der Schwertname erscheint aber in B kurz darauf, in der 93. Strophe (und genau an dieser Stelle auch in A) – und diese Strophe fehlt wiederum in C. *(Fortsetzung auf der nächsten Seite)*

C	A	B
Weil also die Handschrift C den Krieger hervorhebt, heißt es auch gleich in der ersten Strophe der dritten Âventiure, dass Siegfried durch Kriemhild *vil arebeit vn̄ ovch frevden gewan* – während die anderen Codices die Reihenfolge umdrehen und zuerst von Freuden und dann erst von Mühen sprechen. In der Handschrift C kommt erst die Arbeit, dann das Vergnügen.	Die Strophe A 102 bildet das Ende des ausführlichen Berichts Hagens über Siegfried und dessen Taten. Hagen schlägt vor, den *iungen herren [...] dester baz* (A 102, 1) zu empfangen, um sich nicht dessen Hass zuzuziehen. Die folgende Strophe, A 103, beginnt mit einer Inquit-Formel (*Do sprach der kunige des landes*) und der Feststellung Gunthers, dass er bereit sei, den *edel[en] vnde kůne[n]* (A 103, 2) Gast zu empfangen. Daran ist nichts irritierend; allerdings haben die beiden anderen Handschriften an dieser Stelle zwei weitere Strophen. In der ersten (C 102/B 100) spricht Gunther, und aus dem Gesagten geht hervor, dass er an erhöhter Stelle auf Siegfried und dessen Männer hinabblickt: Er schlägt vor, hinabzugehen, den Fremden entgegen. In der darauffolgenden Strophe antwortet Hagen, der Gunther in seinem Handeln bestärkt, und betont, dass es keine Kleinigkeit sei, wegen der Siegfried den Weg nach Worms auf sich genommen habe. Die Handschrift A kennt diese Interaktion nicht; welche Folgen hat das für die Figur des Gunther? Ich stelle mir vor, dass die Handschrift A eine Figur darstellt, die sich voll und ganz auf Hagen verlässt und einfach die Entscheidung trifft, die Hagen vorschlägt.	Nun könnte man aufgrund dieses Beispiels meinen, B sei der Handschrift A sehr nahe. Allerdings enthält die Handschrift B nur wenig später (B 100 und 101) zwei Strophen, die sich auch in C finden, nicht jedoch in A.

Tabelle 2.4: 4. Âventiure: Siegfried, sein Schwert und seine Hand

In der vierten Âventiure, dem Krieg gegen Dänen und Sachsen, gibt es keine differierenden Strophen und auch deshalb hinterlässt die Âventiure bei der Lektüre einen sehr kohärenten Eindruck. Zwar gibt es ab und an Differenzen auf der Ebene einzelner Verse, aber es fällt schwer, aus diesen Differenzen auf ein Profil der einzelnen Handschriften zu schließen. Dieser Lektüreeindruck ist auch deshalb beeindruckend, weil es sich um eine lange Âventiure handelt und man eigentlich erwarten könnte, auf signifikante Unterschiede zu stoßen.

Aus dieser Beobachtung ergibt sich natürlich sogleich die Frage, warum das so ist. Bietet die Âventiure wenig Möglichkeit zur Profilierung? Sind die dargestellten Geschehnisse so elementar und zentral, dass daran nichts geändert werden kann?

C	A	B
Zu den wenigen Auffälligkeiten, die ich finde, gehören Variationen, die mit Händen und Schwertern zu tun haben. Beispielsweise lässt sich beobachten, dass die Handschrift C an einer Stelle Siegfrieds Schwert nicht mit dessen Namen nennt (wie es die anderen beiden Handschriften tun), sondern als *daz vil scharpfe wafen* (C 208, 3) bezeichnet. Etwas später heißt es dann über Ortwin, dass er im Kampf alle Gegner verwundet hatte, die er erreichen konnte, mit *den handen sin* (C 232, 2). In allen anderen Handschriften ist an dieser Stelle statt von den Händen von Ortwins Schwert die Rede.	Nach der Schlacht beschließen Siegfried und die Burgunden, die Waffen auf dem Rhein fortzuschaffen, und direkt im Anschluss betont die Erzählerstimme, dass Siegfried *wol geworben* habe, *mit den henden sin* (A 220, 2). In den beiden anderen Handschriften stehen nicht Siegfried und dessen Hände im Vordergrund, sondern Siegfried und seine *rechen* (C 222, 2) beziehungsweise seine *helden* (B 219, 2). Die Handschrift A legt an dieser Stelle den Fokus auf Siegfried und blendet dessen Krieger aus.	Hat man erst die Aufmerksamkeit auf die Hände gerichtet, fällt auch die Strophe B 216 auf. Dort heißt es, nachdem der Kampf beendet wurde: *dvrchel vil der helme vnd ŏch der schilde wit / si leiten von den handen. swaz so man der vant, di trv̊gen blv̊tes varwe von der Bvrgonden hant.* Das ist so weit klar und verständlich, setzt den Fokus jedoch anders als die beiden anderen Handschriften, die aus dem letzten *hant* ein *lant* machen. Während in B also die Schilde mit dem Blut der Feinde besprizt sind, sind die Schilde in den Handschriften A und C vom Blut der Burgunden bedeckt. Ein naheliegender Grund für diese Varianz ist die zweifache Verwendung der Hand in B 216, 3 (*von den handen*) und B 216, 4 (*von der Bvrgonden hant*). Die Handschriften C und A haben diese Doppelung nicht und also ein anderes Reimwort – und deshalb einen anderen Fokus. Bedenkt man indes, dass an mehreren Stellen dieser Âventiure gerade im Zusammenhang mit Händen Varianzen auftreten, ließe sich daraus vielleicht folgern, dass gerade die Hände, Siegfrieds Hände zumal, in diesem Textbereich für Komplikationen sorgen.

Tabelle 2.5: 5. Âventiure: Siegfried und Kriemhild und eine Frage an Gunther

C	A	B
In der fünften Âventiure (in der erzählt wird, wie Siegfried zum ersten Mal Kriemhild gesehen hat) gibt es im Strophenbestand nur eine Abweichung, nämlich die Zusatzstrophe C 274, die sich nicht in den beiden anderen Handschriften findet. In der vorherigen Strophe schildert die Erzählinstanz, dass Gunther wisse, wie sehr seine Schwester von Siegfried begehrt werde, obwohl Siegfried sie noch nie gesehen habe. In der zusätzlichen Strophe bittet nun Gunter seine *mage* und *man* (C 274, 1) um Rat, wie man das anstehende Fest so ausrichten könne, dass man dafür gelobt und nicht gescholten werde. Darauf antwortet in der Folgestrophe Ortwin, der Truchsess. Zum einen sorgt die Plusstrophe für einen fließenderen Übergang, da der König nicht ungefragt Ratschläge erhält, sondern explizit um Rat bittet. Zum anderen hält der Gunther der Handschrift C an dieser Stelle die Fäden in der Hand: Er weiß, dass seine Schwester von Siegfried begehrt wird; er fragt nach, wie man das Fest zu gestalten habe; und er bekommt dann von Ortwin genau den Ratschlag, der auf das Problem reagiert: „welt ir mit vollen eren zer hochgecite sin, / so svlt ir lazen schowen div wnneklichen kint, / die mit so vollen eren hie zen Burgonden sint. (C 275, 2–4) Am Übergang zur sechsten Âventiure zeigt sich, dass das Interesse für Rat und Hilfe kein Einzelfall war. C ist die einzige Handschrift, in der Gunther nicht selbst und für sich auf die Idee kommt, sich nach einer Frau umzusehen. Vielmehr ist in C die Passage umgearbeitet: Die höchsten Verwandten fragen Gunther, warum er keine Frau eheliche (C 327), und daraufhin entschließt sich Gunther, nicht länger zu warten und sich darüber zu beraten, welche Frau infrage käme.	Mit Blick auf die erste Begegnung zwischen Siegfried und Kriemhild hat Joachim Heinzle einmal davon gesprochen, dass die Handschrift A „einen kleinen Minne-Roman im Stil der höfischen Dichtung" entwerfe. (Heinzle 2003, S. 200) Liest man die Handschriften synoptisch, zeigt sich indes, dass die Unterschiede nicht allzu groß sind und dass alle Handschriften die Begegnung zwischen Kriemhild und Siegfried mit dem Vokabular und dem Handlungsrepertoire des zeitgenössischen Liebeskonzepts beschreiben. Die einzigen beiden signifikanten Differenzen, die ich entdecken kann, finden sich in Handschrift A in den Strophen 292, 2 (*si twanch gen ein ander der seneden minne not*) und 293, 4 (*zwei minne gerndiv herze heten anders missetan*). In den beiden anderen Handschriften ist weder von der sehnsuchtsvollen Liebe noch von *minne gerndiv herze* die Rede. Ob aber diese beiden Stellen schon ausreichen, um für die Handschrift A ein explizites Profil in Sachen höfischer Liebe anzunehmen?	Die Handschrift B verhält sich einmal mehr unauffällig und wenn ich bedenke, dass ich bisher, den Gepflogenheiten entsprechend, die Bartsch/de Boor-Ausgabe nach der Handschrift B gelesen habe, dann kann ich nur feststellen, dass ich von den *Nibelungenliedern* die unauffälligste der drei Handschriften gelesen und studiert habe.

3 (Sang-)Spruch(dichtung)

Die deutschsprachige Lyrik des 12. und 13. Jahrhunderts bildet keinen fest gefügten Raum künstlerischer Produktion und Rezeption, sondern ein weites, vielfältiges und dynamisches textuelles „Feld"[1]. Innerhalb dieses Feldes bewegen sich verschiedene Akteure mit unterschiedlichen Ressourcen, Bedürfnissen, Interessen und Zielsetzungen. Diese Akteure partizipieren an zahlreichen Diskursen und Praktiken und sie sind eingebunden in die zeitgenössischen Machtstrukturen – womit nicht nur Aspekte von persönlicher und institutioneller Herrschaft gemeint sind, sondern etwa auch die Geschlechterbeziehungen sowie die zielsichere und selbstverständliche Zuordnung von Menschen zu einem sozialen Stand und damit zu einem festen gesellschaftlichen Ort. Mittelalterliche Lyrik hat eine performative Seite, zu der Musik, Gesang sowie eine je spezifische Interaktion zwischen Publikum und Vortragendem gehören. Weil die Lyrik eine solche performative Seite hat, ist mit spezifischen Aufführungssituationen zu rechnen, die sich anhand der textuell fixierten Überlieferung allerdings – wenn überhaupt – nur mühsam, annäherungsweise und als ein Kontinuum von Möglichkeiten rekonstruieren lassen.[2] Nicht weniger bedeutsam ist der Aspekt der Virtuosität, der Aspekt von Wortkunst und -handwerk; Hugo Kuhn hat vom „,artistischen' Meistertum" und von „,artistische[r]' Kompetenz" gesprochen.[3] Darüber hinaus hat mittelalterliche Lyrik textkompositorische Bezüge, insofern sie mit Verschriftung und Verschriftlichung einhergeht.[4] Und wahrscheinlich hat es einigen Leuten auch einfach Freude bereitet, die kunstvollen Sprachgebilde zu hören und den Inszenierungen beizuwohnen.

Blickt man auf die diskursiven Leistungen und Funktionen, so lässt sich etwa festhalten, dass mittels der Lyrik Ideologien, Praktiken und höfische Repräsentationsformen vorgestellt, diskutiert, verbreitet und propagiert werden. Zudem trägt die Lyrik dazu bei, die Beziehung von Menschen zu sich selbst, ihren Affekten und ihrer Religiosität zu thematisieren und bestimmte epistemologische Perspektiven einzuüben, also zu lernen, worüber man etwas zu wissen hat und wie dieses Wissen zu artikulieren ist. Dabei geht es aus Sicht der Lyrikproduktion um Variation innerhalb eines vorgegebenen Rahmens, also um eine nicht gerade hastige textuelle Transformation durch punktuelle Variation und Innovation – die

---

[1] Zum Begriff siehe die Überlegungen Bourdieus, beispielsweise Bourdieu 1999. Ich habe allerdings nicht vor, den Begriff zu einem theoretischen Kernkonzept meiner Überlegungen auszubauen.
[2] Strohschneider 1993.
[3] Kuhn 1980, S. 54.
[4] Oesterreicher 1993.

systemtheoretische Evolutionstheorie würde wohl von „Involution" sprechen.[5] Anders gesagt: Die Produktion kurzer, singbarer strophischer Gefüge ist eher ein Handwerk als eine Form von innovativer und disruptiver Kreativität.

Anstatt diese hier nur sehr kurz und grob skizzierte Komplexität ernst zu nehmen, wurde das textuelle Feld der hochmittelalterlichen Lyrik im 19. Jahrhundert von einer auf Eindeutigkeit drängenden älteren Germanistik in zwei Bereiche unterteilt – und diese konstruierte Dichotomie wird bis in die Gegenwart tradiert. Ein Blick in gängige Lehr- und Studienbücher zeigt denn auch, dass die binäre Opposition von Minnesang und (Sang-)Spruch(dichtung) vorherrscht;[6] aber auch anhand der jüngeren Forschung sieht man schnell, dass das komplexe Feld der hochmittelalterlichen Lyrik auch weiterhin routinemäßig in zwei Bereiche geteilt wird – auch dann noch (beziehungsweise: gerade dann), wenn von Interferenzen zwischen Minnesang und (Sang-)Spruch(dichtung) die Rede ist.[7] Das Interferenzkonzept funktioniert ja nur vor dem Hintergrund vorgegebener Strukturierungen.

Wo es Abweichungen von dieser Zweiteilung gibt, wird die Binarität nicht zugunsten von Alternativen infrage gestellt – werden nicht Rhizome oder etwa Netzwerke beschrieben –, vielmehr wird die Binarität schlicht um ein Drittes erweitert. Hugo Moser unterscheidet für die deutsche Lyrik des 12. und 13. Jahrhunderts zwischen „Minnesang", „Kreuzlyrik" und „Spruchdichtung"; eine Unterscheidung, die sich schon deshalb nicht durchgesetzt hat, weil auch die sogenannte „Kreuzlyrik" im Regelfall die „Assoziation" (Liebe) und „Dissoziation" (Trennung

---

[5] Stöckmann 2001. Stöckmann zitiert in Sachen Involution an einer Stelle Luhmann: „Vorhandene Formen und Mittel werden wiederverwendet, abgewandelt, diversifiziert und verfeinert und werden bis an die Grenze des existenziell Möglichen [...] getrieben. Anpassung wird im Rahmen wahrnehmbarer Probleme vollzogen, die sich an den bekannten Strukturen und in den durch sie dirigierten Sensibilitäten abzeichnen." (Luhmann 1980, S. 87 f. Zitiert nach Stöckmann 2001, S. 227 [Auslassung im zitierten Text, M. O.])

[6] „Die Lieddichtung des Mittelhochdeutschen manifestiert sich in zwei prägnanten Ausformungen, der Spruchdichtung (auch Gnomik genannt) und dem Minnesang", so heißt es klar und deutlich bei Heinz Sieburg, der sich dann ganz auf den Minnesang konzentriert (Sieburg 2010, S. 163). Recht kurz kommt auch Dorothea Klein auf den Sangspruch zu sprechen: „Von der Minnelyrik unterscheidet sich die zweite lyrische Hauptgattung, der Sangspruch, durch thematische Heterogenität, räsonierenden, belehrenden oder preisenden Redegestus und, bis etwa 1350, durch prinzipielle Einstrophigkeit." (Klein 2006, S. 166) Thomas Bein unterscheidet zwischen Lied, Sangspruch und Leich; er geht außerdem auf die Forschungsdiskussion ein und beschäftigt sich auch ausführlicher mit dem Sangspruch, als andere dies tun. (Bein 2005) Hilkert Weddige befasst sich in seiner klassischen Einführung recht eingehend mit der Forschungsdiskussion. (Weddige 2001, S. 277–285) Weddige erläutert die Abgrenzungsprobleme zwischen „Spruch" und „Lied" und letztlich fällt er keine klare und eindeutige Entscheidung, wie das Feld der Lyrik aufzuteilen sei. Mir leuchtet das sehr ein.

[7] Beispielsweise Brem 2003.

der Liebenden) von Menschen zum Thema hat, so wie eben der „Minnesang" auch.[8] Überraschend wenig präsent bei den Untergliederungsbemühungen ist die religiöse volkssprachliche Lyrik, die zudem bis heute editorisch vernachlässigt wird. Das Berliner „Repertorium der mittelalterlichen deutschen Übertragungen lateinischer Hymnen und Sequenzen"[9] versucht in dieser Hinsicht seit Kurzem Abhilfe zu schaffen. Häufiger findet sich der „Leich" als dritte Kategorie,[10] also die oft als „Prunkform" bezeichnete komplexe lyrische Form, für die eine signifikante formale Eigenständigkeit ins Feld geführt wird, womit dann schließlich drei Bezeichnungen in trauter Unterschiedlichkeit nebeneinanderstehen: eine thematische (Minnesang), eine performative (Sangspruch) und eine zeitgenössische Bezeichnung (Leich), die auf eine sichtbare formale Differenz abhebt.

Für die essenzialistische Festschreibung eines Sangspruch-Minnesang-Dualismus lassen sich freilich kulturelle und epistemologische Gründe ins Feld führen: Zumindest im westlichen Denken ist die Tendenz zu Binarismen grundlegend; und auch aus epistemologischer Sicht liegt es geradezu nahe, die Welt in Zweier-Einheiten zu denken, denn dies ist die einfachste Form der Unterscheidung und sie schafft schnell Klarheit und Übersichtlichkeit. Binäre Schemata sind, so formuliert es Albrecht Koschorke in wünschenswerter Deutlichkeit,

> die Grundbausteine jeder stabilisierten kulturellen Semantik. Was den Aufwand an intellektueller Arbeit betrifft, ist es ökonomisch, in glatten Gegensätzen zu denken; sie liefern zu den geringsten Kosten die größte Trennschärfe [...].[11]

Allerdings kommt man, spätestens nach dem Poststrukturalismus des späten 20. Jahrhunderts, nicht umhin, diese kulturellen und epistemologischen Traditionen und Mechanismen kritisch zu sehen sowie ihre Effekte zu beobachten und zu beschreiben. Gleiches gilt hinsichtlich der inhaltlichen, formalen und philologischen Argumente, die für die Lyrik-Dichotomie in Stellung gebracht wurden: Macht es wirklich Sinn, zu behaupten, dass es bei der hochmittelalterlichen Lyrik entweder um Liebe geht oder nicht um Liebe? Ist die Liebeslyrik tatsächlich formal anders gestaltet als ihr Gegenstück, die (Sang-)Spruchdichtung? Kennen wirklich schon die frühen Lyrik-Codices eine einigermaßen klare Unterscheidung zwischen Minnesang und (Sang-)Spruch(dichtung)?

---

8 Moser 1972a, S. IX.
9 *Online-Repertorium der mittelalterlichen deutschen Übertragungen lateinischer Hymnen und Sequenzen (Berliner Repertorium)* 2021.
10 Etwa bei Bein 2005.
11 Koschorke 2012, S. 21.

All diese Argumente sind umstritten und so ist es denn auch plausibel, dass Helmut Tervooren in einem schmalen, 2001 erschienenen Überblick zur „Sangspruchdichtung" feststellt, dass

> der Sangspruch keine ‚Naturform' ist, sondern eine wissenschaftliche Setzung des 19. Jahrhunderts, die von der Literaturgeschichtsschreibung als eigenständige Gattung niemals ganz akzeptiert wurde. Das heißt: Der Gegenstand des Bändchens ist in der Gattungstheorie nicht hinlänglich abgesichert, wiewohl immer wieder Versuche gemacht wurden.[12]

Dennoch betont Tervooren sogleich, dass sich die Unterscheidung nicht nur in der „Literaturgeschichtsschreibung eingebürgert", sondern in der „gattungstheoretischen Diskussion" auch „als fruchtbar erwiesen" habe.[13] Damit ist das anfänglich geschilderte Problem eingehegt und nicht weiter von Interesse. Nur wenige Sätze später findet sich denn auch die Lyrik-Dichotomie in ihrer Reinform, wenn Tervooren für eine pragmatische und negative Definition votiert: „Sangspruch ist im Rahmen der Lieddichtung alles, was nicht Liebesdichtung ist".[14] Ganz entsprechend und folgerichtig heißt es an anderer Stelle, bei Hugo Moser: „Am einfachsten ist die negative Definition, und an sie hält man sich in der Praxis meist: alles, was nicht Minnesang und Kreuzlyrik ist, gehört zur ‚Spruchdichtung'."[15]

Allzu zufriedenstellend sind derartige Definitionen ex negativo wohl eher nicht – zumal man in diesem Fall, Ludger Lieb hat auf diesen meist vergessenen Aspekt einmal hingewiesen, auch eine sehr klare Vorstellung davon haben müsste, „was Minnesang ist".[16] Auch diese Seite der binären Opposition hat nämlich so ihre Tücken.

Wenn man nun, so wie ich, skeptisch ist ob der üblichen Differenzierungsbemühungen; wenn man skeptisch ist ob der schlichten, binären Abgrenzung zwischen Minnesang und (Sang-)Spruch(dichtung), bleibt einem wenig anderes übrig, als die Genese des Binarismus nachzuzeichnen. Ein solches Bemühen führt, wenig überraschend, bis in die Anfangszeit eines zuerst aufklärerischen und dann romantischen Interesses am Mittelalter zurück.

Am Beginn der Ausarbeitung dieser Lyrik-Dichotomie stand – rückblickend gesehen – eine doppelte Aufgabe: Zum einen war der Bereich der Liebeslyrik als Gegenstandsbereich zu etablieren; zum anderen galt es, das Gegenstück zur Liebeslyrik zu plausibilisieren. Letzteres beginnt mit Beobachtungen zum Lyrikkorpus Walthers von der Vogelweide. Ersteres lässt sich paradigmatisch nachvollziehen

---

[12] Tervooren 2001, S. 1.
[13] Ebd., S. 1.
[14] Ebd., S. 2.
[15] Moser 1972a, S. IX.
[16] Lieb 2000, S. 39.

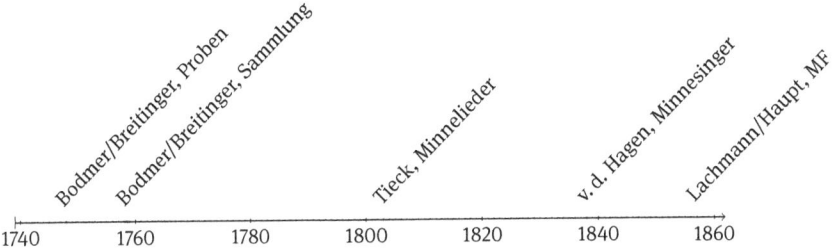

Abbildung 3.1: Chronologie der Minnesang-Ausgaben zwischen 1748 und 1857

anhand von Ludwig Tiecks „Minnelieder aus dem Schwäbischen Zeitalter"[17] – einem Buch, das grundlegend ist für die Minnesang-Rezeption um 1800.[18] Mit Tiecks Sammlung werden Weichen gestellt, die bis hin zu den vielen Auflagen von „Des Minnesangs Frühling"[19] reichen und damit bis zur noch heute üblichen Präsentationsform hochmittelalterlicher Liebeslyrik. Zwar muss man unterscheiden zwischen der „vorphilologischen"[20] Ausgabe Tiecks und der philologischen Ausgabe von „Des Minnesangs Frühling", aber thematisch legt Tieck den Fokus anthologischer Lyrik-Ausgaben fest. Daran wird sich in der Folgezeit nichts mehr groß ändern. Der Wille, eine spezifisch mittelalterliche Form der Liebeslyrik zu konstruieren, hat zu einer hegemonialen Perspektive auf Liebesdichtung geführt, die trotz vielfacher Rekonfigurationen und theoretischen Verfeinerungen nie über das Kernproblem einer als essenzialistisch gedachten ‚Gattung' hinweggekommen ist. Es ist deshalb geradezu aussichtslos, heute noch über „den" „Minnesang" zu sprechen.

Die sich an Tieck anschließende Konventionalisierung betrifft schon die grundlegenden Auswahlprinzipien, die durch die prominenten Handschriften nicht gedeckt sind. Die „Manessische Liederhandschrift" beispielsweise (die für die ebenfalls vorphilologische(n) Lyrikedition(en) Johann Jakob Bodmers und Johann Jakob Breitingers das Vorbild gewesen war)[21] vereint mehr als nur Lyrik mit Liebes-

---

17 Tieck 1803.
18 Koller 1992. Ein Überblick über die Lyrik-Übersetzungen seit Johann Wilhelm Ludwig Gleims „Gedichte nach den Minnesingern" bei Grosse und Rautenberg 1989, S. 363 ff.
19 Zuerst Lachmann und Haupt 1857; zuletzt Moser und Tervooren 1988. Bleibt zu fragen, ob es noch weitere Auflagen geben wird oder ob sich die Ausgabe als Vehikel der Forschung erledigt hat; als Hilfsmittel in der Lehre dürfte die Edition aus Gründen der Tradition und Bequemlichkeit noch längere Zeit Verwendung finden. Näheres zur Editionsgeschichte nebst Vorschlägen für zukünftige Auflagen bei Klein 2017.
20 Der Begriff bei Herweg und Keppler-Tasaki 2012, S. 8.
21 Bodmer und Breitinger 1748; Bodmer und Breitinger 1758–1759. Allerdings fehlen „gut achthundert Strophen der Handschrift" (Debrunner 1996, S. 59) – wobei die genauen Kriterien der

thematik in einem engeren Sinne.²² Auch die Rede von „Minnelieder[n]" im Titel der Tieck'schen Sammlung verweist auf eine Entscheidung mit großer Tragweite. Zwar hatten auch Bodmer und Breitinger im Titel ihrer Ausgabe von „Minnesingern" gesprochen, aber Tieck macht aus der Bezeichnung der Vortragenden (Minnesinger) einen Gattungsbegriff (Minnelieder). Zudem sind „*Minne*lieder", wenn man die terminologische Markierung mithilfe des mittelhochdeutschen Begriffs ernst nimmt, offenbar nicht das Gleiche wie „Liebeslieder" oder „Liebesgedichte" – obwohl es Tieck aufgrund der Vorstellung einer Universalpoesie ja doch eigentlich darum gehen müsste, die mittelalterliche Liebeslyrik in eine (mindestens) europäische Tradition der Liebeslyrik einzuordnen. „*Minne*lieder" sind, so kann man vielleicht sagen, etwas Besonderes, etwas Außergewöhnliches, und der Titel der Tieck'schen Sammlung trägt zu dieser Idee einer radikalen Alterität der mittelalterlichen deutschsprachigen Liebesdichtung bei.

Während also Bodmer und Breitinger (1748 und 1758/59) sich noch an einer Handschrift orientiert hatten (wenn auch mit Auslassungen), grenzt Tieck (1803) das Feld der Lyrik auf die Liebeslyrik ein. Auf diese Weise bereitet er den Boden für die bis heute maßgebliche Anthologie „Des Minnesangs Frühling" (1857), die im Titel noch den Gattungsbegriff führt, den Tieck etabliert hatte, wenn auch, durch die Rede vom „Sang", mit einer anderen Akzentuierung.

„Des Minnesangs Frühling" indes ist – auch noch in der Ausgabe von Hugo Moser und Helmut Tervooren – eine in hohem Maße konstruierte Anthologie, die einen handschriftennahen Blick auf die Überlieferung mittelalterlicher deutschsprachiger Lyrik mithilfe verschiedener Mittel effektiv verstellt, etwa durch die Präsentation von rekonstruierten Autorkorpora und durch rekonstruierte („autornahe") Einzeltexte, denen mitunter exzessive Texteingriffe vorausgehen. Gerade diese Präsentation des je einen Textes machte die Anthologie so effektiv und die Textmengen handhabbar – zumal im Zuge der Editionen des Minnesangs weitere Ausschlussverfahren hinzukamen, insbesondere die Unterscheidung zwischen frühem und spätem „Sang" sowie zwischen deutschen und Schweizer Minnesängern. Auf diese Weise konnte sich die Anthologie mit ihrem heute nun wirklich untragbaren, einem organologischen Denken des 19. Jahrhunderts verhafteten Titel in Forschung und Lehre durchsetzen und dazu beitragen, ein Bild mittelal-

---

Auswahl zu untersuchen wären; offenbar war es nicht so (auch wenn man dies hin und wieder liest), dass Bodmer und Breitinger Strophen gestrichen haben, die ihnen irgendwie anstößig zu sein schienen. Friedrich Heinrich von der Hagen erfährt 1808 von der ‚Ungenauigkeit' der Ausgabe von Bodmer und Breitinger und beauftragt seinen Freund Georg Wilhelm Rassmann, der sich gerade in Paris aufhält, mit einem Vergleich von Ausgabe und Handschrift. (Grunewald 1988, S. 186–188)

22 Man vergleiche etwa Holznagel 1995, insbesondere S. 186 ff.

terlicher Liebeslyrik zu präsentieren, das anschlussfähig war an die Textkultur des 19. Jahrhunderts; ein Bild mittelalterlicher Liebeslyrik, das mit der mittelalterlichen Handschriftenkultur, mit den Text-Dingen, wie wir sie spätestens seit der sogenannten „New Philology" zu sehen gewohnt sind, wenig zu tun hat.

Zwar diente „Des Minnesangs Frühling" immer wieder auch als Probierstein für editionsphilologische Diskussionen und Innovationen, so dass man anhand der verschiedenen Auflagen der Anthologie auch eine kleine, wertschätzende Geschichte der germanistischen Lyrikphilologie erzählen könnte; aus heutiger Sicht aber würde ich sagen, dass das Innovationspotenzial der Anthologie an ein Ende gekommen ist. Erst das jüngst begonnene Projekt einer digitalen, handschriftennahen und editorisch skalierbaren Präsentation mittelalterlicher Liebeslyrik („Lyrik des deutschen Mittelalters") wird einige der Probleme lösen, die „Des Minnesangs Frühling" zementiert hat (wenn auch wohl nicht die strikte Trennung zwischen Liebeslyrik und ihrem Anderen).[23]

Dass es zur Etablierung von „Des Minnesangs Frühling" eine Alternative gab, lässt sich anhand eines frühen Germanisten sehen und beobachten, der in vielen seiner Editionen kreative Lösungen entwickelt hat, die sich allerdings allesamt gegen Karl Lachmann und dessen Kreis und Einfluss nicht haben durchsetzen können. Friedrich Heinrich von der Hagen hatte in seiner 1838 erschienenen monumentalen Ausgabe der „Deutsche[n] Liederdichter des zwölften, dreizehnten und vierzehnten Jahrhunderts" versucht, alle zu seiner Zeit bekannte und ihm zugängliche Lyrik zu sammeln. Vor dem Hintergrund der jüngeren Diskussion um eine handschriftennähere Beschäftigung mit der mittelalterlichen Textkultur ist die Ausgabe von der Hagens heute die einzige große Ausgabe mittelalterlicher deutschsprachiger Lyrik, die einigermaßen akzeptabel ist. Dass die Edition den Obertitel „Minnesinger" trägt, zeigt indes, dass sich die Fokussierung auf die Liebesdichtung bereits fest etabliert hatte – auch wenn von der Hagen nicht dem Tieck'schen Gattungsbegriff folgt.[24]

Die Ausgabe von der Hagens näher in Augenschein zu nehmen, lohnt wegen ihrer relativen Folgenlosigkeit hier nicht. Ich komme deshalb zurück zu Ludwig Tieck. Tiecks „Minnelieder aus dem Schwäbischen Zeitalter" liegt die Ausgabe der „Manessischen Liederhandschrift" von Bodmer und Breitinger zugrunde.[25] Während diese beiden sich eng an der Handschrift orientieren (und also nicht lediglich Liebeslyrik zum Druck bringen), korrespondiert Tiecks Sammlung in vielerlei

---

23 Braun, Glauch und Kragl 2017.
24 von der Hagen 1838. Näheres zur Edition bei Grunewald 1988, S. 185–222.
25 „Tieck beschäftigte sich", darauf weist Volker Mertens hin, „gründlich mit Bodmers Sammlung, wie eine handschriftliche Vorform der ‚Minnelieder' in dem Berliner Autograph Ms. germ. oct. 283 zeigt". (Mertens 2007, S. 161)

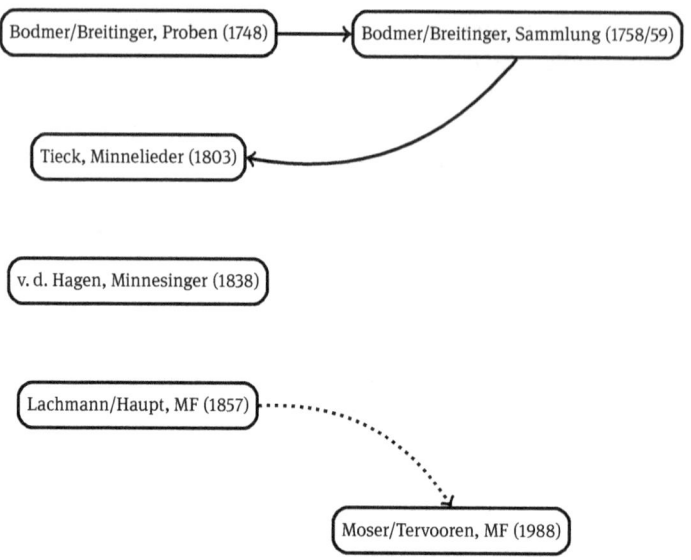

Abbildung 3.2: Beziehungen zwischen Minnesang-Ausgaben: zuerst die „vorphilologischen", dann von der Hagen, schließlich „Des Minnesangs Frühling" (MF)

Hinsicht mit der sich gerade entwickelnden romantischen Welt- und Literaturkonzeption. Das gilt nicht nur für die bloße Tatsache der Sammlung mittelalterlicher „Literatur", sondern etwa auch für die Versuche, die alten Texte durch verschiedene Mittel und Strategien an die Gegenwart heranzuführen, sie zu popularisieren. Dazu zählen Kürzungen, Texteingriffe, sprachliche Aktualisierung, die typografische Gestaltung und nicht zuletzt einführende und erläuternde Bemerkungen, die den Leser*innen den Umgang mit dem erklären, was sie in Händen halten. In der „vielgerühmten" Vorrede Tiecks zu seinen „Minneliedern" zeigt sich, so Ulrich Wyss,

> das Bedürfnis, der Poesie den Vorrang vor dem geschichtlichen Leben zu behaupten. Tieck entwickelt sein Konzept zielstrebig und mit erstaunlicher Umsicht. Was nicht in den Zusammenhang paßt, wird konsequent beiseitegeschoben. So zunächst alle didaktische und raisonnierende Lyrik – das, was wir Spruchdichtung zu nennen gewohnt sind: sie dokumentiert bereits einen Verfall jenes Zeitalters, in welchem Poesie ‚ein allgemeines Bedürfnis des Lebens und von diesem ungetrennt' war.[26]

Tiecks Präsentation von Texten der „Manessischen Handschrift" geht also mit einem recht klar konturierten Auswahlprozess einher. Zwar wird nicht ausschließ-

---

[26] Wyss 2015a, 97 f. Man vergleiche Tieck 1803, S. XIX.

lich nach dem Thema Liebe ausgewählt – auch religiöse Lyrik schafft es in die Anthologie –,[27] aber es ist klar, dass die Liebeslyrik in Thema, Form und Ausdruck am ehesten dem entspricht, was für Tieck als Poesie zu gelten hat. Ein solches Vorgehen ist auch gar nicht auf die Lyrik beschränkt, wie man anhand der 1807 erschienenen Bearbeitung des *König Rother* sehen kann: In Tiecks Ausgabe fehlen die letzten rund 400 Verse, in denen es um Thronfolge, Herrschaftssicherung und Herrschaftsübertragung geht.[28] Solche Dinge sind einfach nicht poetisch.

Dabei darf man nicht übersehen, dass es für die Auswahl gute Gründe gab, die etwa auch darin zu suchen sind, dass sich das bisherige Interesse an mittelalterlicher deutschsprachiger Lyrik, dass sich also die bisherigen Nachdichtungen und Übersetzungen der mittelalterlichen „Poesie", so Tieck in seiner Vorrede,

> immer auf die moralischen Gedichte gewandt haben, indem man sich für Sitten, Gewohnheiten, Anspielungen auf die damalige Geschichte, Nachrichten von politischen Vorfällen, oder satirische Winke von dem Verderbniß der Geistlichkeit und dergleichen, ausschließlich interissirte [!].
> Diese Gedichte sind aber fast alle schon aus der spätern Periode, und so geschah es, indem man diese für die einzigen merkwürdigen Produkte ansah, daß das mehr poetische Zeitalter der Deutschen darüber vernachlässiget und endlich gar vergessen wurde.[29]

Tiecks Auswahl ist also in seinen Augen ein Gegenkonzept zur bisherigen Aufmerksamkeit auf geschichtlich-politische Themen. Diese geschichtlich-politischen „Gedichte" aber zählen für Tieck nicht zum Feld der Poesie.

„Poesie" ist der Begriff, der das textuelle Feld beschreibt, um das es Tieck geht. Das poetische Feld wiederum ist eng verbunden mit dem menschlichen ‚Geist' und ‚Gemüt' – hat also eine anthropologische Wertigkeit und Bindung, die in Mitleidenschaft gezogen wird, wenn sich Texte auf eine wie auch immer geartete Realität beziehen. Wenn Tieck also von „moralischen Gedichte[n]" spricht, dann geht es ihm um eine aus seiner Sicht problematische Interferenz von Kontexten und solchen Texten, die zwar äußerlich wie Gebilde des poetischen Feldes aussehen mögen, sich aber durch heteronome Bezüge für dieses Feld nicht qualifizieren können.

Einen Sonderstatus innerhalb des poetischen Feldes nimmt die Heldenepik ein, die von Tieck in die Vor- und Frühzeit eines „Epischen Zeitalters" gesetzt wird und deren „Schilderungen" (das *Nibelungenlied* ausgenommen) als „rauh und bar-

---

[27] Dies gilt für die Strophen 136–140, die unter den Namen Gottfried von Straßburg, der Marner, Bruder Eberhard von Sax, Raumsland und Walther von der Vogelweide geführt werden.
[28] Meves 2011, S. 213.
[29] Tieck 1803, S. V f.

barisch" eingestuft werden.³⁰ Weiter entwickelt, im Sinne einer anthropologisch geprägten Wachstums- und Bildungstheorie, sind dann die höfischen Romane, die „die eigentliche Blüthenzeit der Romantischen Poesie"³¹ bilden, während demgegenüber die Romane, die sich mit Karl dem Großen befassen, in die Nähe der Heldenepik gestellt werden.

Die Akteure einer höfischen Textkultur agieren in Tiecks Vorstellung in einer harmonischen, selbstbezüglichen Welt:

> [...] große Kriegsbegebenheiten, prächtige Hofhaltungen, Fürsten und Kayser, welche der Dichtkunst gewogen waren, eine triumfirende Kirche, die Helden kanonisirte, alle diese günstigen Umstände vereinigten sich, um dem freien unabhängigen Adel und den wohlhabenden Bürgern ein glänzendes wunderbares Leben zu erschaffen, in welchem sich die erwachte Sehnsucht ungezwungen und freiwillig mit der Poesie vermählte, um klarer und reiner die umgebende Wirklichkeit in ihr abgespiegelt zu erkennen. Gläubige sangen vom Glauben und seinen Wundern, Liebende von der Liebe, Ritter beschrieben ritterliche Thaten und Kämpfe, und liebende, gläubige Ritter waren ihre vorzüglichsten Zuhörer. Der Frühling, die Schönheit, die Sehnsucht, die Frölichkeit, waren die Gegenstände, welche nie ermüden konnten, grosse Waffenthaten und Zweikämpfe musten alle Hörer hinreissen [...].³²

Es sind Passagen wie diese, die Resonanzen aufweisen zur zeitlich parallelen, vor allem von Weimar ausgehenden Etablierung eines literarischen Dispositivs³³ (und damit auch eines literarischen Feldes): adelige Gönner, die sich um die „Dichtkunst" bemühen; gesellschaftlicher Wohlstand; umfassendes, standesübergreifendes Interesse für die „Dichtkunst"; eine ‚poetische' Repräsentation der Wirklichkeit; Dichtung als Ausdruck persönlichen Erlebens und persönlicher Betroffenheit – und so weiter. Was Tieck vor dem Hintergrund einer sich über Jahrhunderte hinweg entfaltenden Poesie beschreibt, ist nicht das textuelle Feld des Mittelalters, sondern die Arbeit am Literaturdispositiv, wie sie an der Wende zum 19. Jahrhundert stattfindet.

Für die Poesie des Mittelalters imaginiert sich Tieck eine Dichtkunst, die „kein Kampf gegen etwas" sei, „kein Beweis, kein Streit für etwas",³⁴ sondern sozusagen ganz bei sich – von aller außerpoetischen Referenz entlastet. Zwar gesteht er zu, dass es auch unter den ‚lyrischen Gedichten' solche mit religiösen und „moralische[n] Betrachtungen, oder Einfälle[n]" gebe, „die sich auf die Zeitumstände

---

30 Tieck 1803, S. VII.
31 Ebd., S. VIII.
32 Ebd., S. X.
33 Zum Dispositiv-Begriff lese man nach bei Foucault, beispielsweise Foucault 2003, S. 392 f.
34 Tieck 1803, S. XI.

beziehen" – aber das sei vor allem „in der leztern Zeit" der Fall.[35] Wie es zu diesem Niedergang hat kommen können, schildert Tieck folgendermaßen:

> Diese schöne Zeit der Poesie konnte nicht von langer Dauer sein, und sie wurde auch bald von politischen Begebenheiten gestört, wenn auch nicht die Zeit selbst sie vernichtet hätte. Die Fürsten entzogen sich den Dichtern und der Adel gab die Beschäftigung mit der Poesie auf; wir finden sie nach einiger Zeit fast ganz aus dem Leben verschwunden, als ein zunftmäßiges Handwerk wieder.[36]

Derartige Bemerkungen erklären, warum es der sogenannte „Meistersang" – mit dem angeblich die (Sang-)Spruchdichtung fortgeführt worden sei – in der Germanistik lange schwer hatte. Wenn Poesie zum Handwerk wird, das nach festen und strikten Regeln gelehrt und gelernt wird, dann fehlt es ihr an der Natürlichkeit und an der spezifischen Verbindung mit dem eigenen Erleben und Ausdruck des Dichters, die Tieck an der hochmittelalterlichen Liebeslyrik lobt. Da nun allerdings die Überlieferung (und das heißt in diesem Fall: der „Codex Manesse") der Vorstellung Tiecks nicht entspricht, greift er entsprechend ein und lässt weg,

> was nur den Gelehrten interessiren kann, alles, was sich auf die Geschichte der Zeit bezieht, und ich habe lieber einigemal den Nahmen von Städten und Ländern unterdrückt, um das Gedicht allgemeiner zu machen.[37]

Es „allgemeiner zu machen" heißt, die Referenzen auf textexterne Wirklichkeit zu streichen und auf eine raumzeitliche Situierung zu verzichten. Was dann bleibt, sind hochgradig konventionalisierte und oft topische Versatzstücke heterosozialen Begehrens, die in verschiedenen metrischen Verlaufsformen rekombiniert werden.

Und so wird denn bei Tieck deutlich, wie es gelang, den Bereich der Liebeslyrik als *einen* Bereich der hochmittelalterlichen Lyrik zu konstituieren: Zwar hatten schon Bodmer und Breitinger ihre (gekürzte) Ausgabe der „Manessischen Liederhandschrift" unter den Titel „Minnesinger" gestellt, aber darin enthalten waren – wie eben im Codex auch – Texte unterschiedlicher Form und Thematik. Tiecks Ausgabe machte aus den Akteuren eine Textsorte – machte aus „Minnesingern" nun „Minnelieder". Durch eine entsprechende Auswahl der Texte und die Konzeption eines poetischen Feldes sowie durch die Abwertung der Texte mit textexternen Bezügen war auf diese Weise eine lyrische Textkategorie des deutschsprachigen Mittelalters etabliert. Was nun noch fehlte, war ihr binäres Pendant.

---

35 Ebd., S. XI.
36 Ebd., S. XX.
37 Ebd., S. XXV.

Um die Genese dieses Pendants zu rekonstruieren, bietet es sich an, auf eine Sammlung von Forschungsbeiträgen zurückzugreifen, die Hugo Moser im Jahr 1972 herausgegeben hat. Unter dem Titel „Mittelhochdeutsche Spruchdichtung" versammelt dieser Band einige für die Herausbildung des Begriffs „(Sang-)Spruch(dichtung)" zentrale Dokumente, auf die ich mich im Folgenden konzentrieren werde.[38]

Mosers kurze Einleitung ist in vielerlei Hinsicht aufschlussreich. Abgesehen von der problematischen Definition, auf die ich schon hingewiesen habe („alles, was nicht Minnesang und Kreuzlyrik ist, gehört zur ‚Spruchdichtung'"),[39] stellt Moser auch fest, dass der Begriff der „Spruchdichtung" eine recht große Menge unterschiedlicher Texttypen umfasse:

> zunächst die Gnomik, also Spruchdichtung im heutigen eigentlichen Sinn, sodann Lob- und Tadeldichtung, d. h. Preislyrik, Totenpreisklage, Rüge- und Spottlyrik, außerdem Heischelyrik, Scherzlyrik, Gebetslyrik und Erfahrungslyrik außerhalb des erotischen Bezirks.[40]

All diese Begriffe sind selbst natürlich Konstrukte einer Forschung, die Wert darauf legt, Texte möglichst klar verorten und benennen zu können. Offenbar aber ist es für Moser nicht vorstellbar, den Oberbegriff zugunsten einer diffusen Menge von Bezeichnungen fallen zu lassen. Stattdessen diskutiert er kurz Alternativen: „politische Lieder" (ein Begriff Friedrich Maurers, auf den ich noch genauer zu sprechen komme), „gnomisch-kritische Lyrik", „sonstige Lyrik", „vermischte Gedichte", „Gebrauchslyrik" – um anhand des letzten Begriffs darüber nachzudenken, die „Kreuzlyrik" aufzuteilen in „Minnelyrik" und „Gebrauchslyrik".[41] All diese Überlegungen führen allerdings nirgendwohin, solange man eindeutige Textsortenunterscheidungen sucht.

Schließlich ist noch eine dritte Beobachtung Mosers relevant:

> Bei der für diesen Band getroffenen Auswahl muß berücksichtigt werden, daß die Untersuchungen zur mittelhochdeutschen Liebeslyrik, insbesondere zum Phänomen des hochmittelalterlichen Minnesang, viel zahlreicher sind als die zur mittelhochdeutschen Gebrauchslyrik; abgesehen von den besonderen formalen und gehaltlichen Problemen, die der Minnesang bietet, hat offenbar die Liebe auch die Forschung mehr gelockt als die Lehre, als Lob und Rüge und was die Gebrauchslyrik sonst an Themen und Haltungen bietet. Die vorhandenen Untersuchungen beziehen sich außerdem zu einem großen Teil auf die „Spruchlyrik" Walthers von der Vogelweide.[42]

---

38 Moser 1972b.
39 Moser 1972a, S. IX.
40 Ebd., S. X.
41 Ebd., S. XI.
42 Ebd., S. XI.

Viel klarer kann man nicht sagen, dass sich die Forschung eigentlich nur mit Minnesang und ansonsten fast ausschließlich mit dem Walther'schen Œuvre beschäftigt hat. Das ist – um das Jahr 1970 herum – eine eindringliche Problembeschreibung, die allerdings nicht als Problembeschreibung gemeint ist, sondern als sachliche Beschreibung der Situation.

Um nun besser zu verstehen, wie (Sang-)Spruch(dichtung) als Gegenbegriff zur Liebeslyrik konstituiert, etabliert und plausibilisiert wurde, möchte ich vier Stationen unterscheiden: (1) Begriffs- und Problemeinführung, (2) Verfestigung des Konzepts, (3) Kritik am Konzept, (4) Gleichzeitigkeit von Kritik und Tradierung.

(1) Am Beginn der Begriffsgeschichte stehen einige kursorische Bemerkungen Karl Simrocks, der in seiner 1833 erschienenen Ausgabe der „Gedichte Walthers von der Vogelweide" bemerkt, dass es einerseits „Töne" gebe, deren Strophen „verschiedene Gegenstände" betreffen, während es andererseits Töne gebe, deren Strophen „ein einziges Gedicht" bilden.[43] Jene Texte – also diejenigen mit verschiedenen Gegenständen – möchte Simrock

> Sprüche nennen, ein Ausdruck, der bei Walther mehrmals vorkommt, und nicht wohl auf anderes bezogen werden kann. Ihr Inhalt ist gewöhnlich politisch oder geistlich. Daß sie gesungen worden, ist allerdings wahrscheinlich [...]; vielleicht wurden sie aber mehr recitativ oder parlando vorgetragen, so daß sie wohl als Sprüche bezeichnet werden konnten.[44]

Bei den Tönen, deren Strophen ein einheitliches Gedicht bilden, handele es sich, so Simrock, „fast immer" um „Minnelieder", sodass in aller Regel „jedes Minnelied seinen eigenen Ton" habe, „der sonst nie wiederkehrt".[45] Allerdings fügt er einschränkend hinzu, dass es auch bei den von ihm so genannten Sprüchen „nicht selten eine Art innere Verwandtschaft" gebe, insofern sie sich „auf dieselbe Zeit, denselben Herren, oder gleichartige Verhältnisse" bezögen.[46] Eine gewisse inhaltliche Nähe gibt es also mitunter auch bei den Texten, die nicht zur Liebeslyrik gehören.

Diese Beobachtung, die der ursprünglichen Unterscheidung zwar nicht zuwiderläuft, sie aber doch relativiert, wird von Simrock in später erschienenen

---

43 Simrock 1972, S. 26. Zu vergleichen ist Walther von der Vogelweide 1833, S. 175. Mein Durchgang durch die Forschungsgeschichte bis Friedrich Maurer basiert auf dem Forschungsbericht von Helmut Tervooren (Tervooren 1972), der wiederum auf dem ersten Kapitel seiner Dissertation beruht (Tervooren 1967). In der Dissertation finden sich forschungsgeschichtliche Zwischenschritte, die ich im Folgenden ignoriere, weil es mir nicht um Vollständigkeit zu tun ist, sondern um das Nachzeichnen einer forschungsgeschichtlichen Bewegung.
44 Simrock 1972, S. 26.
45 Ebd., S. 26.
46 Ebd., S. 27.

Auflagen seiner Gedichtausgabe noch vertieft. Hatte er in der Ausgabe des Jahres 1833 die „Sprüche" noch nach den Kapiteln „Frauendienst", „Herrendienst" und „Gottesdienst" unterteilt, wird diese Unterscheidung später aufgehoben, weil Simrock nun die Zusammengehörigkeit einzelner Spruchstrophen stärker gewichtet und sie deshalb nicht mehr auf unterschiedliche Themengebiete verteilt. Sprüche, zu denen nur wenige Strophen überliefert sind (Simrock unterscheidet zwischen Sprüchen mit mehr als drei und Sprüchen mit weniger als drei Strophen), komme zwar „eine größere Selbständigkeit […] als den Strophen der Lieder" zu; aber dennoch gehören, so Simrock, auch diese Strophen (wie die Strophen der Liebeslyrik) zusammen, sodass sie „ohne Schaden nicht getrennt werden können".[47]

Zu den Schwierigkeiten der Simrock'schen Differenzierung gehört nicht nur die strikte Binarität zwischen Spruch und Lied, sondern überhaupt die Einführung des Begriffs des Spruchs, der ja eine performative Haltung meint, sodass sogleich die Frage auftaucht, auf welche Art und Weise ein sogenannter Spruch denn aufgeführt worden sei. Auf diese Weise eröffnet Simrock einen neuen Diskussionsraum, der in der Folge mitunter von der Beobachtung einer vor allem formalen Differenz wegführt. Zu den weiteren Schwierigkeiten gehört, dass Simrock seine Unterscheidung am Beispiel Walthers von der Vogelweide entwickelt und damit anhand eines Korpus, das kaum stellvertretend für das gesamte Feld der Lyrik einstehen kann. Indes: Simrocks Unterscheidung hat wohl auch deshalb so gut „funktioniert", weil er sie am Korpus Walthers von der Vogelweide entwickelt hat.

(2) Auf Simrocks abwägende und räsonierende Überlegungen folgt eine Phase der Verfestigung des Konzepts. Helmut Tervooren hat in einem einschlägigen Forschungsüberblick Wilhelm Wackernagel als denjenigen ausgemacht, der „Simrocks vorsichtige Definition starr und gleichsam lehrbuchgemäß" gemacht habe, indem er

> in seiner Literaturgeschichte Sprüche als „einzeln stehende, meistens größere, aus langen Versen und wohl auch unteilig aufgebaute Strophen" definierte und Simrocks Ansicht über die Vortragsweise verkehrte, wenn er behauptete: „Sprüche […] wurden mehr sprechweise vorgetragen, mehr gesagt als gesungen, weshalb auch ihr metrischer Bau minder kunstvoll geregelt und musikalische Begleitung bei ihnen nirgend erwähnt ist".[48]

Man kann an Wackernagels Überlegungen geradezu paradigmatisch sehen, auf welche Weise Thesen und Beobachtungen, die offen sind für Kritik und die Karl Simrock selbst fortwährend verfeinert hat, systematisiert und vereindeutigt wer-

---

47 Simrock 1972, S. 30.
48 Tervooren 1972, S. 2 f. [Auslassung im zitierten Text, M. O.]. Zu vergleichen ist Wackernagel 1879, S. 301, 304 f.

den. Freilich dürfte auch die Wahl des Begriffs „Spruch" ein Übriges getan haben, indem der Begriff dazu verführt, konsequenterweise vom Sprechen auszugehen. Dass aus der Feststellung, man hätte „mehr gesagt als gesungen", dann aber die Schlussfolgerung gezogen wird, dass die Texte metrisch weniger kunstvoll seien, dürfte wohl eher der grundsätzlichen Privilegierung der Liebeslyrik geschuldet sein, der ganz grundsätzlich ein höherer Grad an Komplexität zugesprochen wird.

Als einen nächsten Schritt hat Tervooren eine Stellungnahme Wilhelm Scherers ausgemacht, der entgegen der Positionierung Wackernagels betonte, dass der Spruch „gesungene Poesie" sei; allerdings, so Tervooren: „An der Einstrophigkeit als Gattungsmerkmal glaubte er [...] festhalten zu müssen [...]."[49] So bleibt also das Gattungsmerkmal „Einstrophigkeit" stabil, während man sich bei der Art der Performanz eher für den Gesang entscheidet. Die Erweiterung der Bezeichnung „Spruchdichtung" um das Präfix „Sang" hat diesen Diskussionsstrang beenden können.[50] Übrig blieb als möglicher Diskussionsgegenstand die Kritik an der Einstrophigkeit, die schon Simrock vorsichtig formuliert und dann auch vorsichtig revidiert hatte. Es dauerte dann aber bis in die späten 1950er-Jahre, bis begonnen wurde, diesen zentralen Bestandteil des Konzepts der „Sangspruchdichtung" breiter und intensiver zu diskutieren.

(3) Ausgangspunkt dieser Phase der grundlegenden Kritik, die bis in die 1970er-Jahre reichte, war eine im Jahr 1954 erschienene Monografie Friedrich Maurers mit dem Titel „Die politischen Lieder Walthers von der Vogelweide".[51] Maurer schlägt vor, Strophen des gleichen Tons als „liedhafte Einheiten"[52] zu verstehen, also eben nicht als Einzelstrophen. Dass in dieser Forderung – die ja anhand des am stärksten kanonisierten mittelhochdeutschen Lyrikers erhoben wurde – einiges an Sprengstoff steckt, zeigt sich in der intensiven Diskussion, die auf die Veröffentlichung folgte (und die auch mit einer vertieften Beschäftigung mit der sogenannten Sangspruchdichtung einherging).[53] „Maurer leugnete", so liest man in Tervoorens Handbuch, „die klassische Dreiteilung der mhd. Lyrik und damit die Existenz einer eigenständigen Gattung, die seit Simrock ‚Spruch' geheißen hatte."[54] Damit stand nun also Grundsätzliches auf dem Spiel – und zur Disposition.

---

49 Tervooren 1972, S. 3. Zu vergleichen ist Scherer 1870, S. 45.
50 Der Vorschlag stammt (laut Tervooren 2001, S. 83) von Schneider 1928–1929, S. 288. Dieser Beitrag ist wieder abgedruckt in Moser 1972b.
51 Maurer 1954.
52 Ebd., S. III.
53 Zu den prominenteren Beispielen für eine vertiefte Beschäftigung zählen Stackmann 1958; Kibelka 1963; Bertau 1964; Wachinger 1973; Brunner 1975.
54 Tervooren 2001, S. 86.

Die Kategorie des „Politischen" indes, die so prominent im Titel der Monografie platziert ist, bietet nicht viel mehr als einen Ersatz für den Begriff des Spruchs und ist somit nichts anderes als ein thematischer Platzhalter, der geeignet ist, einige „liedhafte Einheiten" Walthers von der Vogelweide zu versammeln. Die aus heutiger Sicht doch recht naheliegende Frage, inwiefern genau diese Texte politisch seien, kümmert Maurer nicht. Wenn er von „politischen Liedern" spricht, geht es ihm vor allem um das Substantiv, um das „Lied", und also um die Mehrstrophigkeit; das Adjektiv „politisch" benötigt er nur als thematische Eingrenzung, die nicht weiter erläutert werden muss.

Helmut Tervooren, auf den ich ein weiteres Mal zurückkommen möchte, hat die Begriffswahl Maurers folgendermaßen kommentiert und kritisiert:

> Der Begriff ‚politisch' bedarf noch eines kurzen Kommentars. Seit Friedrich Maurer Walthers Sangsprüche unter dem programmatischen Titel ‚politische Lieder' (1954) herausgegeben hat und damit Sangspruch und politische Lieder gleichsetzte, hat der Begriff im Rahmen der Sangspruchforschung an Eindeutigkeit verloren. Man sollte ihn aber wieder als inhaltliche Kategorie mit Bezug auf identifizierbare politische Ereignisse verwenden. Gebraucht man ihn nämlich als Oberbegriff für die Fülle der Themen, die etwa Walther in seinen Sangsprüchen anreißt (so ist er ja bei Maurer zu verstehen), wird er nichtssagend, und man verfährt zudem noch anachronistisch. (So konnte ihn nämlich erst das 19. Jahrhundert benutzen. ‚Religiöse Dichtung' träfe die mittelalterlichen Verhältnisse dann schon eher, da alles Wirken letztlich auf die Heilsgeschichte bezogen wurde.)[55]

Einerseits ist dies ein sehr berechtigter Kommentar, weil Maurer sich nicht darum bemüht hatte, genauer zu erklären, was er unter dem Politischen verstand. Insofern ist die Begriffswahl tatsächlich nicht viel mehr als ein Oberbegriff für eine Fülle von Themen. Andererseits ist dies ein in vielerlei Hinsicht problematischer Kommentar. Das sieht man schon daran, dass Tervooren den Begriff der Politik als anachronistisch ablehnt, zugleich aber fordert, der Begriff müsse einzig in Bezug auf „identifizierbare politische Ereignisse verwendet" werden. Bei dieser Kritik aber handelt es sich um eine Vermischung von Objekt- und Metasprache, denn die Feststellung, dass ein Begriff nicht zur Objektsprache gehört, schließt keineswegs aus, dass der Begriff metasprachlich verwendet wird. Zudem würde der Alternativvorschlag, von religiöser Dichtung zu sprechen, genau dem Vorwurf ausgesetzt sein, den Tervooren zuvor aufgeworfen hat, nämlich dem Vorwurf, begriffliche Eindeutigkeit zu verlieren, wenn eine Bezeichnung als Oberbegriff für eine Fülle von Themen verwendet wird.

So einfach lässt sich das Politische nicht aus dem Spiel nehmen. Dies zeigte sich, als zwanzig Jahre nach Friedrich Maurers Monografie mit der Habilita-

---

[55] Tervooren 2001, S. 51.

tionsschrift Ulrich Müllers noch einmal ein Versuch unternommen wurde, die deutschsprachige Lyrik des Mittelalters unter dem Aspekt des Politischen zu fassen. Müllers „Untersuchungen zur politischen Lyrik"[56] gehörten – gemeinsam mit den beiden zugehörigen Textbänden –[57] zu den großen Leistungen im Bereich der Aufarbeitung der mittelalterlichen Lyrik. Dass sich seine Bücher indes als wenig anschlussfähig erwiesen, hat Gründe, auf die ich noch zurückkommen werde.

(4) Zuvor gilt es allerdings, noch einen Ausblick auf die Gegenwart zu werfen. Es zeigt sich, wie ich meine, anhand des Feldes der mittelalterlichen deutschsprachigen Lyrik wie auch anhand von anderen Textfeldern eine geradezu beunruhigende Gleichzeitigkeit von Kritik auf der einen sowie Tradierung und Tradition auf der anderen Seite:[58] Man kritisiert das Bestehende, hält aber zugleich daran fest.[59]

Auch im Bereich der (Sang-)Spruchdichtung hat man die Kritik, die schon bald nach der Einführung des Konzepts geäußert wurde, stets mittradiert, ohne dass dies zu einer dauerhaften und anerkannten Abkehr von der binären Opposition geführt hätte. Es scheint sogar, als trage die mitgeführte Kritik zur Stabilisierung und Aufwertung der Textsortendifferenzierung noch bei – und so zeigt sich zumindest in diesem Fall, dass sich eine literaturwissenschaftliche Dignität von Konzeptionalisierungen gerade auch dadurch sichtbar machen lässt, dass man die Kritikwürdigkeit eines Begriffs und Konzepts explizit und beständig betont und mitführt und dennoch/deswegen daran festhält.

Dies gilt etwa auch für Helmut Tervooren, der in seinem Handbuch verschiedene Argumente für eine Trennung von Minnesang und Sangspruchdichtung referiert und kommentiert – und zugleich einige gewichtige und grundsätzliche Bedenken ins Spiel bringt, was die Dichotomie anbelangt. Da wäre etwa die Feststellung, dass der Terminus „Spruch" der Forschung zu Walther von der Vogelweide entstamme und dass es „methodisch fragwürdig" sei, „an seinem Werk gewonnene Erkenntnisse für die gesamte Gattung zu verallgemeinern".[60] Auch sei das

> Minnelied [...] die Folie, vor welcher der Begriff ‚Spruch' gewonnen wurde – und zwar in einer Art dichotomer Definition und nicht aus einem Überblick einer historischen Reihe ‚Sangspruch' bzw. aus einer definitorischen Einkreisung des Phänomens.[61]

---

56 U. Müller 1974b.
57 U. Müller 1972; U. Müller 1974a.
58 Zu einer möglichen Differenzierung zwischen Tradition und Tradierung: F. Wenzel 2012, S. 30.
59 Gleiches lässt sich beispielsweise auch bei der „Spielmannsepik" konstatieren: Trotz der plausiblen Kritik an diesem Begriff und Konzept hat die Kritik nicht dazu geführt, dass beide aufgegeben werden, sondern man behilft sich mit Anführungszeichen oder Distanzierungen – und spricht dann eben von der „sogenannten ‚Spielmannsepik'". Zu Kritik und Tradierung/Tradition in der „‚sogenannten' Spielmannsepik" siehe Brandt 2005.
60 Tervooren 2001, S. 83.
61 Ebd., S. 83 f.

Diese Feststellung entspricht dem, was ich eben schon ausführlicher dargestellt habe. Am Beginn der Forschung und Begriffsprägung steht nicht die sorgfältige Auseinandersetzung mit den handschriftlich überlieferten Textsammlungen, sondern mit Editionen, die Texte thematisch auswählen (und also andere Texte streichen). Auf dieser Grundlage ist eine Beschäftigung mit dem zugrunde liegenden Phänomenbereich kaum möglich.

Tervooren verweist weiterhin darauf, dass Simrock das mittelhochdeutsche Wort *spruch* bei Walther von der Vogelweide fälschlich als Fachbegriff verstanden habe;[62] dass mit der Bezeichnung Spruch „thematisch heterogene Texte" zu einer Kategorie zusammengefasst würden; Texte, „die zudem in ihrer überstrophischen Organisation mehrdeutig sind";[63] dass die Grenzen zum Minnelied fließend seien;[64] dass auch bei den Minneliedern die Strophen in den Handschriften mitunter selbstständig überliefert seien;[65] und dass auch die musikwissenschaftliche Forschung (bisher) nicht habe weiterhelfen können.[66]

Entscheidende und eindeutige Argumente für eine Differenz von Minnesang und Sangspruchdichtung sieht Tervooren in der Überlieferung, namentlich in der „Jenaer Liederhandschrift", die „von Dichtern, die in der Hs. C auch als Minnedichter ausgewiesen sind", nur die Sangsprüche aufnehme. Auch dieses Argument ist allerdings nicht unproblematisch, da ein Teil der „Jenaer Liederhandschrift" verloren ist, sodass unklar bleibt, inwiefern vielleicht auch (die vereinzelt durchaus vertretene) Liebeslyrik einmal ein größerer Teil des Codex war.[67] Zudem ist bei Tervoorens Argument zu bedenken, dass die „Manessische Liederhandschrift" nur geringfügig weniger Sangspruchstrophen enthält als die „Jenaer Liederhandschrift", nämlich laut Franz-Josef Holznagel 863 Strophen im Vergleich zu (je nach Zählung) 884 bis 940 Sangspruchstrophen in der Jenaer Liederhandschrift.[68] Auch der Verweis auf die Jenaer Handschrift hilft somit nicht wirklich weiter.

Tervoorens Diskussion gipfelt in einer Ebenentrennung, einer Trennung zwischen Systematik und Pragmatik, zwischen Theorie und Praxis:

> Die Befunde, so kann man zusammenfassend sagen, sind nicht eindeutig. Man mag auf einer reinen Theorieebene zu dem durchaus einsichtigen Schluß kommen, daß eine „strikte Zweiteilung [...] etwas Zusammengehöriges terminologisch auseinanderreißt". Man wird aber andererseits kaum leugnen können, daß in der konkreten literaturwissenschaftlichen und

---

[62] Tervooren 2001, S. 84 f.
[63] Ebd., S. 86.
[64] Ebd., S. 87.
[65] Ebd., S. 89. Man vergleiche Henkel 2001.
[66] Tervooren 2001, S. 90.
[67] Näheres zur Jenaer Liederhandschrift bei Haustein und Körndle 2010.
[68] Holznagel 1995, S. 189.

literaturvermittelnden Arbeit eine Unterscheidung zwischen Lied und Sangspruch praktisch und produktiv ist. Mit anderen Worten: Für die Beschreibung und für die wissenschaftliche Kommunikation leistet die (terminologische) Zweiteilung ihre Dienste, nicht hingegen für eine strenge Systematik.[69]

Das aber ist keine überzeugende Argumentation. Eine unsystematische und untheoretische Praxis ist auch dann noch unsystematisch und untheoretisch, wenn trotzdem Kommunikation stattfindet. Es ist nicht überzeugend, verweist vielmehr auf ein Problem, wenn über mehrere Seiten Argumente und Beobachtungen gegeneinander abgewogen werden, um dann am Ende lediglich festzustellen, dass alles so, wie es ist, eigentlich ganz gut funktioniert. Wenn Helmut Tervooren an der binären Differenz von Minnesang (respektive Minnelied) und Sangspruchdichtung festhält, dann tut er dies trotz der Argumente, die er vorstellt, nicht wegen dieser Argumente.

Die binäre Opposition von Minnesang und (Sang-)Spruch(dichtung) ist also eine bereits ältere und erstaunlich hartnäckige Konstruktion der Forschung und sie ist dem textuellen Feld der deutschsprachigen Lyrik der Jahrzehnte um 1200 nicht angemessen. Zwar sind die Entstehungsweise des Binarismus und seine Wirkungsweise bekannt und wurden kritisiert und reflektiert, allerdings haben diese kritischen Bemühungen nicht dazu geführt, dass man sich von dem Binarismus hat lösen können. Die einmal getroffenen terminologischen Entscheidungen, die ja immer auch epistemologische Vorgaben machen, sind deshalb bis heute wirksam. Mir scheint es allerdings nicht sinnvoll, diese doppelte Bewegung des Kritisierens und Tradierens weiterzuführen. Man sollte des Feld der Lyrik nicht durch begriffliche Entscheidungen vorformatieren, sondern sich dieses Feld durch je neue kritische Interventionen jeweils neu zurechtlegen. An die Stelle klarer Gattungsvorstellungen und verschiedenster Typologisierungsmodelle[70] sollte eine je neue und je unterschiedliche Zuschreibung der lyrischen Texte treten; statt scheinbar vorhandene Aussagen der Texte zusammenzutragen, sollten die Texte mit Fragen und Theorien konfrontiert werden – und stärker als die Anthologien und Autoreditionen sollten die Handschriften berücksichtigt werden. Statt Analysen und Interpretationen brauchen wir mehr „Lektüren" – also kritische und kulturwissenschaftlich avancierte Annäherungen an die Texte.

---

[69] Tervooren 2001, S. 91. Tervooren zitiert U. Müller 1990, S. 512.
[70] Man vergleiche etwa U. Müller 1979. Mit ihm stimme ich darin überein, dass die „ausschließlich formal versuchte Unterscheidung" zwischen „Lied" und „Spruch" ein „Irrweg" ist, „auf dessen Diskussion die Altgermanistik aber verbissen über ein Jahrhundert lang viele Kräfte verschwendet hat". (Ebd., S. 59)

* * * * * * *

Nun ist es jedoch keineswegs so, als hätte es nicht Versuche gegeben, das mit vielfältigen Texten gefüllte Behältnis namens (Sang-)Spruch(dichtung) zu öffnen. Ein Beispiel hierfür ist der Versuch, über „politische Dichtung" des Hochmittelalters zu sprechen, und für diesen Versuch steht insbesondere Ulrich Müller mit seiner Habilitationsschrift „Untersuchungen zur politischen Lyrik des deutschen Mittelalters".[71]

Sein Versuch, sich unter dem Aspekt des Politischen der mittelalterlichen deutschsprachigen Lyrik zu nähern, ist schon deshalb bemerkenswert, weil das Politische zuvor, etwa bei Friedrich Maurer, kaum konturiert war. Wenn man, was selten genug geschah, von politischer Dichtung sprach, ging man offenbar davon aus, dass klar sei, was man unter dem Politischen zu verstehen habe. Als politisch, so lässt sich rekonstruieren, galten insbesondere Auseinandersetzungen mit weltlicher und geistlicher Herrschaft. Für diese Ansicht gibt es Gründe. Im Vergleich zu anderen gesellschaftlichen Bereichen in einer (mit Luhmann gesprochen) vorwiegend segmentären, noch kaum funktional ausdifferenzierten Gesellschaft sind weltliche und geistliche Herrschaft vergleichsweise sichtbar und stabil. Dass man dies aus Sicht des 20. Jahrhunderts zum Anlass nimmt, diese Protoinstitutionen für das Politische zu halten, ist deshalb naheliegend. Gleichwohl gewinnt man auf diese Weise weder ein Modell der für die Jahrzehnte um 1200 spezifischen Form des Politischen noch ein Modell, das gerade auch die Lyrik betrifft.

Auf der anderen Seite ließe sich – und dies ist ja auch geschehen –[72] überhaupt argumentieren, dass der Begriff der Politik nicht für das Mittelalter anwendbar sei, weil es die Institutionen und Regeln, die in der Neuzeit und Moderne das Feld der Politik prägen, noch gar nicht gab. Ich komme auf dieses Argument zurück, wenn ich anhand des zu Recht umstrittenen Carl Schmitt versuchen werde zu verstehen, was das Politische (und eben nicht „die Politik") im 12. und 13. Jahrhundert ausmacht. Zuvor aber zurück zu Ulrich Müller und dessen Auseinandersetzung mit politischer Dichtung.

Müllers Monografie besteht zu großen Teilen aus Aufzählungen einzelner Texte nebst Kommentar sowie einem diachron angelegten Überblick. Im Prinzip erstellt er ein Repertorium mit Sachkommentar und fügt eine Auswertung dieses Repertoriums an, die die einzelnen Texte allerdings kaum in den Blick zu rücken vermag. So stellt denn auch Klaus Grubmüller in einer Rezension fest, dass die

---

[71] U. Müller 1974b.
[72] In den „Geschichtlichen Grundbegriffen" beginnt der Beitrag zur Politik mit Platon, geht dann zu Aristoteles über, fährt fort mit Cicero, kommt kurz zu Augustinus, springt schließlich zur Aristoteles-Rezeption des 13. Jahrhunderts und macht dann bei Luther weiter: Sellin 1978.

„Vielfalt der Einzelheiten [...] nicht nur für den Leser das organisierende Prinzip dessen [verdeckt], was als politische Lyrik im Mittelalter behandelt wird, sie scheint schon den Autor bei der Frage danach behindert zu haben".[73]

Es dürfte denn auch im Wesentlichen dieser Präsentationsform geschuldet sein, dass sich die Monografie zwar als wichtige Materialsammlung, ansonsten aber als wenig anschlussfähig für weitere Forschung erwies. Was bei Müller fehlt, sind lesbare Lektüren einzelner Texte, die – unter Berücksichtigung der Beziehung von Text und Kontext – deutlich werden lassen, auf welche Weise mittelalterliche deutschsprachige Lyrik sich gegenüber den politischen Protoinstitutionen positioniert. Erst solche Lektüren dürften es ermöglichen, den textuellen Bereich, den Müller sichtbar zu machen sucht, effektiv in die literaturwissenschaftliche Diskussion einzuspeisen; denn (auch wenn dies in den seltensten Fällen offen gesagt wird) die Qualität einer literaturwissenschaftlichen Arbeit ist auch daran zu messen, ob es ihr gelingt, ihren Gegenstand und die je spezifische Auseinandersetzung mit diesem Gegenstand zum disziplinären Thema zu machen. Das aber ist Ulrich Müller mit seiner Habilitationsschrift, wenn ich recht sehe, nur in Ansätzen gelungen.

Das Ausgangsproblem der Sammlung von Ulrich Müller scheint mir freilich darin zu liegen, dass er von einer Vorstellung von Politik ausgeht, die sich an neuzeitlichen Gegebenheiten einer ausdifferenzierten Gesellschaft orientiert. Er definiert politische Lyrik folgendermaßen:

> Lyrik, die wertend und mit Tendenz (d. h. z. B.: preisend, tadelnd, klagend, mahnend, auffordernd, ablehnend, parteilich-berichtend) aktuelle und bestimmte Ereignisse, Probleme, Orte und Personen der geistlichen und weltlichen Macht zum Thema hat; der Nachdruck liegt dabei auf ‚aktuell' und ‚bestimmt': es müssen Personen und Ereignisse beim Namen genannt werden oder sonst irgendwie als aktuell gekennzeichnet sein. Klagen über die Verderbnis der Zeit, die allgemeinen schlechten Zustände im Reich, die allgemeine Simonie und den Wucher, die mangelnde ‚milte' der Herrschenden sind in diesem Sinne nicht ‚aktuell'; derartige Zeit- und Gesellschaftskritik soll im folgenden (von Ausnahmen abgesehen) nicht oder nur nebenbei behandelt werden: sie ist zwar oft auch ‚politisch' gemeint, doch würde ihre Einbeziehung das Thema zu sehr ausweiten; sie soll daher im Hintergrund bleiben.[74]

Mit dieser Definition bewegt sich Müller im Bereich des Üblichen: Zu untersuchen sind ‚engagierte' Auseinandersetzungen mit der weltlichen und geistlichen Macht – und zwar nicht allgemein, sondern auf bestimmte „Personen und Ereignisse" bezogen; so und so ähnlich kennt man das auch von anderen Definitionsversuchen

---

73 Grubmüller 1976, S. 291.
74 U. Müller 1974b, S. 8 f.

der 1960er- und 1970er-Jahre.[75] Was man aufgrund dieser Forderung nach Referenz ausklammern muss, wird von Müller klar benannt, nämlich all die allgemeinen Reflexionen und Beschäftigungen mit der Art und Weise, wie die Gesellschaft strukturiert ist. Dass dies freilich schon irgendwie zur politischen Dichtung gehört, ist auch Müller klar, wenn er den Ausschluss nichtreferenzieller Texte nicht mit einem Sachargument begründet, sondern mit einem pragmatischen Argument („zu sehr ausweiten"). Dieses Argument allerdings ist in der Definition ein Fremdkörper. Hinzu kommt das Problem der Auswahl, das sich Müller schafft, wenn er Referenz erwartet, denn dann sind alle Texte zuerst auf diese Referenz hin zu untersuchen und schließlich – aufgrund dieser Untersuchung – entweder Teil der politischen Dichtung oder eben kein Teil davon. Schließlich ist zu fragen, wie hoch die Aktualitätserwartungen waren, zumal dann, wenn mittelalterliche Lyrik nur mittels Textsammlungen zu fassen ist – steht doch zu vermuten, dass die Textsammlungen weniger an Aktualität interessiert gewesen sein dürften als vielmehr an Dauerhaftigkeit, an nicht konkret referenzialisierbarer Gültigkeit des zu Archivierenden.

Eine Fokussierung auf „aktuelle und bestimmte Ereignisse, Probleme, Orte und Personen der geistlichen und weltlichen Macht" geht zudem davon aus, dass sich Politik geregelt und institutionell vollzieht, dass sie an Personen, Orte und Ereignisse gebunden ist. Anstatt aber nach Texten zu suchen, die solchen neuzeitlichen und modernen Kriterien für „politische Lyrik" genügen, ist es (schon aus konstruktivistischer Sicht) sinnvoller, sich zu fragen, was denn das Politische der Lyrik sein könnte. Dann nämlich versucht man nicht, bestimmte Texte mit dem simplen Etikett „politisch" zu stempeln, sondern man hat die Möglichkeit, in ganz unterschiedlichen Texten unterschiedliche Grade „des Politischen" zu identifizieren.

Um dies zu erreichen, müssen wir grundsätzlich unterscheiden zwischen „der Politik" als einem System einer ausdifferenzierten Gesellschaft und „dem Politischen" als einer grundlegenden Konfiguration menschlichen Handelns und menschlichen Zusammenlebens. Was aber ist „das Politische"?[76] Beim Nachdenken über diese Frage kommt man nicht umhin, sich mit Carl Schmitt zu beschäftigen und mit dessen Überlegungen zum „Begriff des Politischen".[77] Ich schicke, um Missverständnissen vorzubeugen, voraus, dass ich Schmitts Buch, insofern es selbst politisch ist, wenig abgewinnen kann. Sein republikfeindlicher Angriff auf den Liberalismus der Zwischenkriegszeit arbeitet mit an den Grundlagen für

---

75 Man vergleiche etwa Hinderer 1978.
76 Eine ausführlichere Antwort, als ich sie geben werde, bei Marchart 2010.
77 Ich lese die Ausgabe von 1932: Schmitt 2015.

den Nationalsozialismus und also für ein Regime, das ganz wesentlich auf die Freund-Feind-Unterscheidung aufbaut, die Schmitt in seinem Buch diskutiert. So kann denn auch ich mich der Feststellung Jacques Derridas anschließen, der schreibt, dass eine „unleugbare Verbindung [...] zwischen diesem Denken des Politischen [...] und jenen Verstrickungen Schmitts [...] besteht, die zu seiner Verhaftung und Verurteilung nach dem Krieg geführt haben [...]".[78] In normativer Hinsicht ist Schmitts Konzept des Politischen weder für das 20. noch für das 21. Jahrhundert zu gebrauchen; dennoch kann man, wie etwa die des Nazismus unverdächtige Politikwissenschaftlerin Chantal Mouffe in einem vielgelesenen Buch gezeigt hat, in deskriptiver und heuristischer Hinsicht auf Schmitts Überlegungen zurückgreifen, um auch heute die Situation der jeweiligen Gegenwart zu diskutieren.[79]

Zugleich könnte es sein, dass Schmitts Überlegungen gerade auch hilfreich sind, um über vorneuzeitliche Gesellschaften zu sprechen – ich würde sogar sagen, dass Schmitts Konzeption gerade für die Gesellschaften vor dem 17. Jahrhundert von Interesse ist, weil dort eben kein dicht formierter Staat und keine nationalistische Nation zu finden sind, sondern verschiedene, unterschiedlich große Gemeinschaften, die mitunter – etwa hinsichtlich der Vorstellung eines (katholischen) Christentums oder einer übergeordneten Herrschaftsinstanz – durchaus auch imaginiert sein können.[80] Vielleicht könnte man sogar so weit gehen zu sagen, dass Schmitt eigentlich versucht, mit vorneuzeitlichem Werkzeug gegen den Liberalismus der Weimarer Republik anzuschreiben.

Dieser Gedanke ist anschlussfähig an Christian Meiers Überlegungen zur „Entstehung des Politischen bei den Griechen".[81] Auch der Althistoriker Meier greift auf Schmitt zurück und warnt davor, das substantivierte Adjektiv („das Politische") mit eben diesem Adjektiv („politisch") auf die gleiche Stufe zu stellen. „Das Adjektiv *politisch*", so Meier, „und der Begriff des Politischen meinen nicht etwa auf verschiedener Abstraktionsstufe das Gleiche".[82] Während das Adjektiv „recht verschiedenes" meine, „je nachdem, auf welche Substantive es sich bezieht",[83] sei mit dem Politischen ein „potentiell das ganze Leben durchdringende[s] *Hand-*

---

78 Derrida 2000, S. 123. Über den anschließenden Vergleich mit Heidegger („in mehr als einer Hinsicht, schwerwiegender und abstoßender [...] als diejenigen Heideggers") lässt sich diskutieren. Ich halte wenig von derartigen Vergleichen; aber die französische Heidegger-Rezeption der zweiten Hälfte des 20. Jahrhunderts ist ein (schwieriges) Thema für sich.
79 Mouffe 2007. Dass sich bei Carl Schmitt linke und rechte Denker mitunter treffen, hat auch Jacques Derrida bemerkt, und er hat Hegel als Kreuzungspunkt ausgemacht: Derrida 2000, S. 193.
80 B. Anderson 2006.
81 C. Meier 1980.
82 Ebd., S. 34.
83 Ebd., S. 35.

lungsfeld[...]" gemeint.⁸⁴ Darauf bezieht sich schon der erste Satz der Abhandlung Schmitts, wenn er apodiktisch feststellt: „Der Begriff des Staates setzt den Begriff des Politischen voraus."⁸⁵ Das aber heißt, dass das Politische das Allgemeine ist, worauf der (neuzeitliche) Staat als Institution überhaupt erst aufbauen kann. Wo es (noch) keinen Staat gibt, keine auf diesen Staat ausgerichtete Politik, dort gibt es doch das Politische.

Das spezifische Kriterium des Politischen ist laut Schmitt „die Unterscheidung von *Freund* und *Feind*".⁸⁶ Allerdings ist diese binäre Opposition gerade nicht als eine strikte Opposition zu verstehen, sondern als eine Skala, an deren Ende sich die Pole der Freund- und Feindschaft befinden. Deshalb schreibt Schmitt:

> Die Unterscheidung von Freund und Feind hat den Sinn, den äußersten Intensitätsgrad einer Verbindung oder Trennung, einer Assoziation oder Dissoziation zu bezeichnen [...].⁸⁷

Es ist diese Definition, an die ich anknüpfen möchte, um das Politische der Lyrik der Jahrzehnte um 1200 zu diskutieren. Die Frage lautet deshalb, wie die Texte an der Assoziation oder Dissoziation von Menschen mitwirken, wie sie diese Bewegung der Annäherung und Verbindung beziehungsweise Entfremdung und Trennung textuell umsetzen. Dabei geht es mir nicht unbedingt – ja, noch nicht einmal in erster Linie – um die beiden äußeren Pole der Skala, um (extreme) Freund- und Feindschaft. Mich interessieren vielmehr die Taktiken, Rhetoriken und narrativen Szenerien, die Menschen zusammen- und auseinanderbringen. Das allerdings bedeutet, dass potenziell alle lyrischen Texte Anteil haben am Politischen, ganz egal, ob diese Texte gemeinhin als Minnesang, (Sang-)Spruch(dichtung), Leich oder sonst wie bezeichnet werden. Derartige Unterscheidungen sind dann nicht vonnöten und werden, wenn man so will, unterlaufen. Anstatt also bestimmte Texte anhand neuzeitlich-moderner Kriterien als „politisch" zu etikettieren (wie bei Ulrich Müller), geht es mir darum, in den Texten verschiedene Grade des Politischen zu identifizieren.

Eine solche Konzeption des Politischen kann wohl auch an die Überlegungen des 2012 beendeten Bielefelder Sonderforschungsbereichs 584 („Das Politische als Kommunikationsraum in der Geschichte") anschließen. Dort orientierte man sich, so kann man es noch auf der Homepage nachlesen,⁸⁸ an einem „heuristischen Begriff des Politischen"; „Praktiken, Diskurse und Grenzziehungen" hätten

---

84 C. Meier 1980, S. 34.
85 Schmitt 2015, S. 19.
86 Ebd., S. 25.
87 Ebd., S. 26.
88 SFB 584 2017. Näheres zum Beispiel bei Frevert 2005.

dann als politisch zu gelten, wenn sie über Breitenwirkung, Nachhaltigkeit und Verbindlichkeit verfügten. Für die Lyrik um 1200 dürften diese Kriterien für die gesellschaftliche Elite (und nur über diese können wir sprechen, weil nur diese Elite spricht und sprechen lässt) zumindest weitgehend erfüllt sein. Mittels mittelhochdeutscher Lyrik werden von zahlreichen Beteiligten „Regeln des Zusammenlebens ausgehandelt"; die etablierten Diskurse und diskursiven Strukturen wirken nachhaltig und es werden nicht nur „kollektive Klassifikationsschemata problematisiert", sondern auch „Möglichkeiten und Grenzen des Sag- und Machbaren" ausgelotet.[89] Weltliche Lyrik dürfte schließlich in aller Regel in der höfischen Sphäre stattgefunden haben, also innerhalb eines dezentralen Netzwerks adeliger Repräsentation und Administration.[90] Mittels der volkssprachlichen Lyrik werden Personenbeziehungen, -hierarchien und Handlungsmacht ausgehandelt, insbesondere (und mittels) Geschlechterbeziehungen und Geschlechterrollen. Diese Aushandlung geschieht öffentlich und hat auch aufgrund der artistischen „Involution" das Potenzial für Subversion und Destabilisierung von Personenbeziehungen. Das anthropologische Medium der Aushandlung ist insbesondere das Sprechen über Liebe und Freude, über Leid, Kampf und Tod.

Bevor ich aber zu exemplarischen Lektüren komme, möchte ich noch eine Herausforderung ansprechen, die sich ergibt, wenn man auf Grundlage von Carl Schmitt über den Intensitätsgrad der Assoziation oder Dissoziation von Menschen nachdenkt. Es ist nämlich so, dass Schmitt nur über Feindschaft nachdenkt, nicht über Freundschaft. Ein Problem, das bereits Leo Strauss in einer frühen Auseinandersetzung mit Schmitts Traktat bemerkt hat.[91] Dieses Problem wurde wieder aufgegriffen von Jacques Derrida in seinem Buch über die „Politik der Freundschaft" – und dieses Buch ist in diesem Zusammenhang zu wichtig, als das man es einfach übergehen könnte.[92]

Mit Carl Schmitt befasst sich Derrida vor allem im vierten, fünften und sechsten Kapitel. Dort identifiziert Derrida einige der Risse, die sich in Schmitts Argumentation auftun. Da ist zum einen die Sorge – vielleicht sollte man sogar von Angst

---

89 Siehe den Abschnitt „Konzeption und Grundbegriffe des SFB" auf der SFB-Homepage: https://web.archive.org/web/20100712130627/http://www.uni-bielefeld.de/geschichte/forschung/sfb584/research_program/conception.html.
90 Geistliche Lyrik lasse ich im Folgenden außen vor; auch sie hat sicherlich eine politische Dimension, aber ich verstehe zu wenig davon, um sie hier mit einzubeziehen.
91 H. Meier 1988, S. 104: „Von den beiden Momenten des Gesichtspunktes Freund-Feind hat nun das Feind-Moment offenbar den Vorrang [...]. Man kann sagen: jede ‚Gesamtheit von Menschen' sieht sich erst darum nach Freunden um, sie *hat* erst darum Freunde, weil sie je schon Feinde hat [...]."
92 Derrida 2000.

sprechen – angesichts des angeblich entpolitisierenden (also, im Sinne Schmitts, Feindschaft auflösenden) Liberalismus den Feind zu verlieren. Dies wäre, so referiert Derrida die Schmitt'sche Sorge,

> nicht notwendig ein Fortschritt, eine Versöhnung, der Eintritt in ein Zeitalter des Friedens und der Brüderlichkeit. Es wäre schlimm: eine nie gekannte Gewalt, das Böse einer Bosheit ohne Maß und Grund, die inkommensurable, weil nie dagewesene und also monströse Formen annehmende Entfesselung einer Gewalt, mit der verglichen alles, was man Feindschaft, Krieg, Konflikt, Feindseligkeit, Grausamkeit, selbst Haß nennt, mit einem Mal beruhigende und im Grunde befriedende, weil *identifizierbare* Umrisse annähme.[93]

Im Gegensatz zu diesem „Zeitalter des Friedens und der Brüderlichkeit" – eine Imagination, die Schmitt dem Liberalismus unterstellt – hätte der klar identifizierbare Feind den Vorteil, ein „verläßlicher und also vertrauter Feind zu sein": „Ein Nächster im Grunde, fast könnte man ihn lieben wie sich selbst [...]".[94] Der Feind, den Schmitt für seine Konzeption des Politischen braucht, ist also – folgt man Derridas Lektüre – nicht nur Feind, sondern zugleich ein Objekt der Verlässlichkeit, der Zurechenbarkeit, mithin ein Objekt der Zuneigung.

Ein zweiter Riss im Schmitt'schen Argumentationsgang zeigt sich laut der Lektüre Derridas in der Differenz von Privatheit und Öffentlichkeit. Nach Schmitt nämlich gebe es keinen privaten Feind, könne es keinen privaten Feind geben, weil der Feind stets ein öffentlicher sei. „Feind ist nur", so schreibt Schmitt, „eine wenigstens eventuell, d. h. der realen Möglichkeit nach *kämpfende* Gesamtheit von Menschen, die einer ebensolchen Gesamtheit gegenübersteht".[95] Derrida liest diesen Satz genau und macht auf die Brüche aufmerksam zwischen der Eventualität, der (realen) Möglichkeit und der Wirklichkeit einer bereits ‚kämpfenden' Gemeinschaft. Das sind Brüche, die Schmitt übergeht und überspielt. „Sobald der Krieg möglich ist", so Derrida zu diesem Satz,

> ist er auch schon ausgebrochen, jetzt und hier, in der Gegenwart einer Kampfgesellschaft, in einer Gemeinschaft, die sich gegenwärtig schon im Kriegszustand befindet, da ihre Selbstpräsenz als Gemeinschaft durch den Bezug auf diesen möglichen Krieg sich allererst konstituiert. [...] Der Krieg findet statt: Sobald er eventuell ausbricht [...], ist er vor seinem Ausbruch bereits ausgebrochen.[96]

Dieser vor seinem Ausbruch bereits ausgebrochene Krieg bezieht sich nun bei Schmitt ausdrücklich nicht, wie Derrida weiter ausführt, auf den Feind im Sinne des

---

93 Derrida 2000, S. 122 f.
94 Ebd., S. 123.
95 Schmitt 2015, S. 27.
96 Derrida 2000, S. 128.

lateinischen „inimicus", sondern auf den Feind im Sinne des lateinischen „hostis". Der Feind ist also nicht derjenige, der ‚un-freundlich' ist, sondern derjenige, der ein Fremder ist, ein Angreifer und Gegner. „Daher", so Derrida,

> rührt eine [...] Möglichkeit der semantischen Verschiebung und Umkehrung. Der Freund (*amicus*) kann ein Feind (*hostis*) sein. Ich kann meinem Freund öffentlich als Feind (*hostis*) entgegentreten; und ich kann umgekehrt meinen Feind (privat) lieben. All das folgt in geregelter, folgerichtiger Weise aus der Unterscheidung von Öffentlichem und Privatem. Und das ist nur eine andere Formulierung dafür, daß überall dort, wo diese Grenze bedroht, zerbrechlich, durchlässig, anfechtbar ist [...], der Diskurs Schmitts in sich zusammenbricht.[97]

Diese Grenze zwischen Öffentlichem und Privatem ist auch bei der folgenden Analyse im Blick zu behalten, gerade weil hochmittelalterliche Lyrik auf vielfältige Weise Formen privilegierter Nähe (Intimität) mit Formen der für viele erlebbaren Präsenz (Öffentlichkeit) überblendet. Deshalb – und weil nicht nur Feindschaft, sondern auch Freundschaft zu untersuchen ist – lässt sich in den Bereich des Politischen auch die Geschlechtlichkeit integrieren, deren Abwesenheit bei Schmitt auch Derrida feststellt (der schließlich nicht gerade als Theoretiker der Geschlechtlichkeit gilt, auch wenn er wesentliche Grundlagen für die Gender Studies gelegt hat).[98] Überhaupt kann es im Folgenden nicht darum gehen, die Reinheitsbestrebungen – die Bestrebungen nach sauberer Trennung –, die für Schmitt so wichtig sind, zu reproduzieren.[99] Wenn es um das Politische der Lyrik geht, sind auch Hybriditäten zu denken, Mischverhältnisse, schwierige Konstellationen von Freund-Feindschaft und paradoxe Szenerien; zudem könnte es sein, dass, wie Christian Meier schreibt, „politische Assoziation und Dissoziation in derart vielfältigen Weisen sich überkreuzt, daß es in nennenswertem Ausmaß sogar die Einzelnen in sich spaltet [...]".[100]

* * * * * * *

Die Aufgabe also besteht nun darin, das Politische der Lyrik vor dem Hintergrund von Freund/Feind-Konfigurationen zu lesen, wobei diese Konfigurationen skalierbar sind. Auf diese Weise ist dann auch eine binäre Unterscheidung wie diejenige zwischen Minnesang und (Sang-)Spruch(dichtung) nicht relevant. Ich beschränke mich bei meiner exemplarischen Lektüre auf die „Manessische Liederhandschrift", und zwar auf die Korpora Ottos von Botenlauben, des Markgrafen von Hohenburg

---

97 Ebd., S. 130.
98 Ebd., S. 214.
99 Ebd., S. 163 f.
100 C. Meier 1980, S. 21.

und Heinrichs von Veldeke.[101] Für Letzteren habe ich mich vor allem deshalb entschieden, weil ich auf diese Weise an Forschung anknüpfen kann, die sich mit der „Mischung von Minne- und Sangspruchstrophen" beschäftigt. Die Korpora der beiden anderen, die sich direkt vor Veldeke finden, habe ich hinzugenommen, um die Analysebasis ein wenig zu erweitern, auf dass die Lektüre damit etwas repräsentativer werde. Zudem ist Otto von Botenlauben der letzte in der Reihe der Grafen; der Markgraf von Hohenburg der letzte der Markgrafen. Die von mir ausgewählte Passage rückt also einen Übergangsbereich ins Zentrum.[102] Ich beginne mit den ersten beiden Strophen:

> *Dú aventúre spottet min.*
> *was wolte si mir so getvret.*
> *da von ich mv̌s geswachet sin.*
> *si hat ir sůsse wol gesvret.*
> *wie hat si svs zemir getan.*
> *si gab mir des ich niht enhan.*
> *was tǒg mir golt in indyan.*
>
> *Karfvnkel ist ein stein genant.*
> *von dem saget man wie liehte er schine.*
> *der ist min vnd ist das wol bewant.*
> *zoche lit er in dem reine.*
> *der kúnic also den weisen hat.*
> *das ime den nieman schinen lat.*
> *mir schinet dirre als im tůt der.*
> *behalten ist min frowe als er.* (Sp. 45, Z. 4–18)

Die ersten beiden Strophen Ottos von Botenlauben befassen sich noch nicht unmittelbar mit Fragen der Organisation von Paarbeziehungen, sondern öffnen die Szenerie am Beispiel wertvoller Güter (*golt*, *Karfvnkel*) mit einer Diskussion von Gaben und dem Entzug von Gaben. Die *aventúre* des ersten Verses ist hier wohl als Instanz des Schicksals zu verstehen, die die Sprechinstanz mit etwas ausstattet, das weit entfernt und also nicht verfügbar ist. Eben diesen Entzug bringt mit einer gezielt überraschenden Wendung der letzte Vers der ersten Strophe zum Ausdruck. Während auf diese Weise einerseits schon Fragen der Trennung und des mangelnden Zugangs diskutiert werden, die auch für die Diskussion von Paarbeziehungen relevant sind, wird zum anderen deutlich, dass Reichtum als Reichtum bei Otto

---

101 Ich lese die Transkription von Friedrich Pfaff in der zweiten Auflage des Jahres 1995 (*Codex Manesse [Pfaff, Hrsg.]* 1995, Sp. 45–69). In Zitaten verzichte ich darauf, das Schaft-S zu übernehmen; Nasalstriche werden aufgelöst.
102 Zu Otto von Botenlauben siehe Weidisch 1994. Interpretationen der Lyrik bei Huschenbett 1994 sowie Hausmann 2002. Zum Markgrafen von Hohenburg siehe Mertens 1983.

von Botenlauben zwar das Potenzial für eine überraschend-witzige Wendung hat, als Diskursthema jedoch keine Rolle spielt.

Verglichen wird der *Karfvnkel* der zweiten Strophe mit dem „Waisen" in der Kaiserkrone, der dem Kaiser gehöre, aber für ihn zum gegenwärtigen Zeitpunkt nicht zugänglich, nicht präsentierbar sei. Beide, die Sprechinstanz und der Kaiser, hätten also, so fasst der vorletzte Vers den Vergleich bündig zusammen, gleich viel von ihrem Edelstein: *mir schinet dirre als ime tůt der.* Wiederum ist es der letzte Vers, der noch einmal eine witzige Wendung nimmt, indem festgestellt wird, dass die Dame der Sprechinstanz ebenso sicher verwahrt sei wie die Krone des Kaisers. Nachdem nun zuerst der Reichtum und anschließend die repräsentative Sphäre herrscherlicher Machtausübung zur Seite geschoben wurden, ist mit dem letzten Vers der zweiten Strophe das zentrale Thema Ottos von Botenlauben angesprochen: Wie organisiert man Paarbeziehungen? Und diese Frage wird mithilfe mehrerer Stimmen verhandelt: der Stimme der Frau, des Mannes und vor allem derjenigen des Wächters.

Im Wächtertagelied der Strophen drei bis fünf wird eine ausführliche Reflexion darüber angestellt, wie eine gemeinsame Nacht einer Dame und eines Ritters nach außen hin abgesichert und also verheimlicht werden kann – auch wenn in den Texten selbst nicht klar gesagt wird, worin die Gefahr konkret besteht. Als Leser*in und Hörer*in erfährt man zwar, dass es Grund zu Angst und Sorge gibt, aber nicht, wodurch diese Empfindungen verursacht werden. Die allein durch den Wächter vermittelte Gefahr bleibt abstrakt, bleibt ein diffuses Außen, während der Fokus auf der Angst des Paares liegt; *naht git senfte we tůt tag* (Sp. 54, Z. 22), heißt es in einer späteren Strophe, in der die Stimmen des Wächters, des Ritters und der Dame aufeinander folgen.

Das Leitmotiv der Strophen drei bis fünf ist der Gesang der Vögel, der den neuen Tag ankündigt und sich mit dem Gesang des Wächters verbindet, der sich an die Dame richtet, die dann wiederum den Ritter aufwecken soll, der schließlich in der letzten Strophe selbst zu Wort kommt. Dass sie den Ritter, wie aus seiner Rede hervorgeht, nicht aufgeweckt hat, dürfte auch mit ihrem *zorn gegen tage* (Sp. 45, Z. 40) zu tun haben, von dem der Wächter spricht. Wenn die Nacht die Zeit der Zweisamkeit ist, dann ist der Tag die Gefahr, der mit Zorn begegnet wird.

Der Wächter ist nicht nur eine Figur der Lyrik, die die Lizenz zur Rede hat, sondern auch ein intradiegetisches Mittel der Sicherung und Sicherheit, eine Stimme, deren kulturelle Leistung mit der Natürlichkeit des Vogelgesangs parallel geht und insofern auch den Vogelgesang um ein kulturelles Signal ergänzt – ein Signal, das Intimität gerade dadurch ermöglicht, dass Intimität beendet wird. Der Wächter ist die Instanz, die Menschen zusammenbringt, indem sie sie trennt; eine Instanz, die Freude ermöglicht, indem sie sie beendet. Eine Instanz, die gibt, indem sie entzieht.

Bei Otto von Botenlauben ist der Wächter eine zentrale Figur. Als Teil einer Dreierkonstellation, als eine „Figur des Dritten",[103] übernimmt er Aufgaben für Ritter und Dame; Aufgaben, die in den Texten als Dienstverhältnis figuriert werden, sodass der Treue und Verlässlichkeit des Wächters eine wichtige Rolle zukommt. Als Beobachter – und Beobachter der Beobachter – hat er eine herausgehobene Position inne und als Signalgeber am Übergang von Nacht zu Tag ist er es, der diese Differenz verstärkt und kulturell codiert. Und schließlich ist der Wächter die Instanz, anhand derer sichtbar wird, dass es ein Begehren gibt, das wegen eines diffusen Außen nicht frei ausgelebt werden kann (und eben deshalb – so viel Paradoxie muss sein – frei erzählt werden kann). Insofern bildet der Wächter auch eine Möglichkeit zur Verhandlung gesellschaftlicher Normen und heterosozialen Begehrens.

Auf das Wächtertagelied folgen verschiedene Männer- und Frauenstrophen, weitere Wächterlieder und auch ein Leich mit männlicher Sprechinstanz. Stets werden verschiedene Situationen des Wiedersehens und der Trennung thematisiert; ebenso die Angst, vergessen worden zu sein, und die Hoffnung auf Wohlwollen und Zuneigung der Dame. Die Liebe, die in diesen Texten diskutiert wird, ist – wenn sie nicht sowieso schon zur Paarbeziehung geführt hat – trotz aller Schwierigkeiten und Probleme eine mögliche; und so durchzieht auch die Texte, die ihre Spannung aus der Absenz des oder der Geliebten gewinnen, ein Ton der Zuversicht. Selbst in den Strophen 17 und 18, die den Auszug des Ritters zum Kreuzzug thematisieren, gibt es keinen grundsätzlichen Dissens, was die Notwendigkeit des Kreuzzuges anbelangt, sondern lediglich die Sorge der Dame, dass der Ritter nicht zurückkommen werde (Sp. 53, Z. 36 f.).

Zugleich aber scheinen in diesen beiden Strophen mit dem Kreuzzug ein Diskurs und eine Praktik auf, die außerhalb der engeren höfischen Sphäre von Ritter und Dame liegen und ihr gegenüber politisch sind. Der Kreuzzug ist dies insofern, als er eine legitime Möglichkeit der Trennung des Paares bietet; eine Möglichkeit, die nicht grundsätzlich beklagt werden kann und darf. Anders gesagt: Zwar kann und darf die Dame Angst haben, dass ihr Ritter nicht vom Kreuzzug zurückkommt und dann ihre *spilnde frôide* (Sp. 53, Z. 36 f.) verloren sei; die Dame kann und darf aber nicht grundsätzlich den Kreuzzug ablehnen, weil die Verbindung mit Gott der Bindung an sie übergeordnet ist.

So viel zu Otto von Botenlauben, bei dem schon in den ersten beiden Strophen Aspekte der Gabe und des Entzugs eingeführt werden; Aspekte, die sowohl weltliche Güter und Reichtümer als auch Paarbeziehungen betreffen. Dinge wie Edelsteine und die Kaiserkrone positionieren menschliche Akteure in Nähe- und Distanzrelationen, die am Ende der zweiten Strophe (*mir schinet dirre als im tût*

---

103 Grundsätzlich zu dieser Konstellation: Eßlinger u. a. 2010.

der) auch zu einer Annäherung von Sprechinstanz und Kaiser führen – mittels einer gemeinsamen Dingbeziehung, die im folgenden Vers dann auch mit einer Personenbeziehung verschränkt wird (*behalten ist min frowe als er*). Die Relation zu Dingen – die Assoziation und Dissoziation von Ding und Person – lässt sich bei Otto von Botenlauben also in eine Beziehung zur *frowe* überblenden.

Assoziation und Dissoziation lassen sich darüber hinaus rahmen, beispielsweise durch den Tages- und Zeitverlauf, den der Wächter anzeigt. Im Kontrast zu einer diffusen, äußeren Gefahr, ist der Wächter eine Figur, die körperliche Nähe durch deren stets drohenden und dann auch stattfindenden Entzug garantiert. Insofern steht der Wächter auch für zeitliche Rhythmen, für den Wechsel von Tag und Nacht, und somit für Rhythmen von Nähe und Ferne, von Bindung und Trennung. Als eine Instanz des Politischen ist der Wächter Schauplatz der Verhandlung von Normen und Begehren, ist der Wächter Freund und Feind zugleich.

Demgegenüber erweist sich der Kreuzzug als eine Praxis des Politischen – und im Vorfeld der Praxis dann auch als ein Diskurs des Politischen. Als stets mögliche Handlungsoption der männlichen Akteure legitimiert der Kreuzzug Trennung und Ferne; und der Kreuzzug organisiert um diese potenziell endgültige Trennung herum Affekte und Möglichkeiten der Rede angesichts einer Hierarchie zwischen der Beziehung zu Gott und der Beziehung zwischen männlichen und weiblichen Akteuren.

Das Korpus des Markgrafen von Hohenburg, wie es die „Manessische Liederhandschrift" überliefert, ist mit 13 Strophen recht überschaubar. So lassen sich die Diskurse und Akteure des Politischen denn auch rasch skizzieren. Zu den Akteuren zählen neben der obligatorischen Mann-Frau-Beziehung der Wächter, von dem bei Otto von Botenlauben schon die Rede war, sowie der Papst und das Publikum. Um das Publikum geht es gleich zu Beginn, in der ersten Strophe, in der unterschieden wird zwischen den *wolgemůten* (Sp. 55, Z. 10), an die sich der Gesang der Sprechinstanz richtet, und den *verzagten* (Sp. 55, Z. 14), für die das Singen verlorene Liebesmüh' wäre. Mit dieser Unterscheidung wird das Feld der Rezipient*innen von Beginn an vorformatiert und auf die *frôide* (Sp. 55, Z. 12, 14, 17) ausgerichtet, die sich auch begrifflich wie ein Leitmotiv durch die erste Strophe zieht. Während die Funktion dieser Anfangsstrophe unmittelbar plausibel erscheint, bleibt die Funktion des Papstes in der siebten Strophe reichlich opak. Erwähnt wird er, nachdem die männliche Sprechinstanz in der sechsten Strophe beklagt, von der Dame und damit auch von der Freude sich trennen zu müssen. In den letzten beiden Versen der sechsten Strophe wünscht sich die Sprechinstanz den Tod herbei und einen göttlichen Richterspruch über sich und die Dame:

nv kvme vil grimmeclicher tot.
vnd rihte gote von vns beiden. (Sp. 56, Z. 11 f.)

Der unmittelbar folgende Beginn der siebten Strophe ist wohl in Verbindung mit diesem Todeswunsch zu lesen, der ja im Rahmen einer christlichen Morallehre verwerflich ist – und deshalb nicht so ohne Weiteres stehen bleiben kann:

> *Do ich dem bapste des veriach.*
> *vnd aller miner missetete.*
> *vnd er an minem brieve sach.*
> *ich minne ein wib mit ganzer stete.*
> *âne wandel ist ir lib.*
> *got der was vil senftes mv̊tes.*
> *do er geschv̊f so reine ein wib.*
> *in gesach nie niht so gv̊tes.* (Sp. 56, Z. 13–20)

Der einleitende Gedanke – die Beichte (des Todeswunsches?) und aller anderen Sünden – geht fließend über in ein Lob der Dame, sodass ab dem vierten Vers der Papst als Akteur aus dem Blick gerät. In dem Moment also, in dem er, der Papst, erkennt, dass die Sprechinstanz eine Frau treu und beharrlich liebt, in eben jenem Moment ist alle Aufmerksamkeit auf die Frau gerichtet und der Papst ist ein bloßes Medium des Sehens. Die ideologische Konstruktion, die an dieser Stelle zumindest aufscheint, ist keineswegs trivial, wird doch die Kirche mittels ihres höchsten Vertreters auf die Perspektive der Sprechinstanz festgelegt. Auf diese Weise gerät nicht nur die Kirche als Institution der Konstruktion von und des Umgangs mit Sünde und Buße aus dem Blick; die Kirche wird außerdem auf den Minnediskurs eingeschworen, an dem der Markgraf von Hohenburg partizipiert.

Allerdings hilft es kaum weiter, angesichts der 13 Strophen schlicht und unspezifisch von einem Minnediskurs zu sprechen. Die zentrale diskursive Figur der Strophen ist – das zeigte sich schon anhand der eben diskutierten Passage – der „Frauenpreis", also das Lob der Frau – beziehungsweise: der Dame. Die Interaktion und die Annäherung, die in Form des Frauenpreises diskursiv in Szene gesetzt wird, gehört zu den zentralen Aspekten der Assoziierungsbewegungen, die in der Lyrik der Jahrzehnte um 1200 in Szene gesetzt werden. Zum Beispiel die achte und neunte Strophe des Markgrafen von Hohenburg:

> *Ich han ie gedaht wie ein wib wesen solte.*
> *so dc ich mv̊se wúnschen ir libes vnd ir sitte.*
> *vnd ich si danne mir selben haben wolte.*
> *so dc ich mine wnne hete da mitte.*
> *so weis ich ein wib also gar minneclich.*
> *dc minem wnsche nie wib wart so gelich.*
> *sich hat got wol an ir schŏne beweret.*
> *swie ich doch si von ir minne vnsanfte erveret.*

Ir lip vnd ir ere das ist alles reine.
o we das ich si frŏmden mv̊s vnd sol.
welt ir das min herze dc niht weine.
so man der gv̊ten gedenket also wol.
so kvme ich vor liebe in so we tv̊nde not.
das man mich vil dike siht bleich vnd rot.
so dvnket mich wie si mir ste vor den ougen.
so sŭfte ich mit lachendem mvnde also tŏgen. (Sp. 56, Z. 21–41)

Das Geschehen vollzieht sich in einer geradezu zwangsläufigen Folgehaftigkeit, die durch die repetitiv eingesetzte Anapher *so* markiert wird. Am Anfang steht die Imagination eines weiblichen Idealbildes, das direkt ein Begehren aufseiten der Sprechinstanz zur Folge hat – ein Begehren, das bis hin zum Wunsch reicht, das Begehrte zu besitzen (*ich si danne mir selben haben wolte*) und es zu genießen (*mine wnne hete da mitte*). Im Abgesang der ersten Strophe wird die Imagination zur Wirklichkeit, der Wunsch zum Wissen – doch das Begehren wird enttäuscht; und zwar „irgendwie" enttäuscht: Schließlich umfasst das mittelhochdeutsche Verb „erværen" einen semantischen Bereich, der von „überlisten", „betrügen", „überraschen" und „in Gefahr bringen" bis hin zu „erschrecken", „betrüben", „erzürnen" und „fürchten" reicht. Nicht viel mehr ist somit klar als die Entfernung (*frŏmden*) zwischen dem wirklich seienden Idealbild der Frau und der Besitz begehrenden Sprechinstanz. Ein Lob der Frau induziert aufseiten der Sprechinstanz Traurigkeit (*we tv̊nde not*), die sich äußerlich und also körperlich zeigt (*mich vil dike siht bleich vnd rot*). Im Falle eines Aufeinandertreffens führt diese Bewegung der imaginativen Konstruktion, realweltlichen Annäherung, Entfernung und erneuten Annäherung zur Ambivalenz von nach außen gekehrter Fröhlichkeit (*mit lachendem mvnde*) und innerer Traurigkeit (*so sufte ich*) – und so ermöglicht der Diskurs des Frauenpreises ein immer wieder neu anhebendes Sprechen und Nachdenken über die geradezu zwangsläufigen Mechanismen und Prozesse der Assoziation und Dissoziation.

An- und eingebunden sind diese Mechanismen und Prozesse an und in einen Rahmen, der eben auch das Publikum umfasst, das nah (die *wolgemv̊ten*) oder fern (die *verzagten*) sein kann. Assoziation und Dissoziation umfassen eben nicht nur intradiegetische Akteure, sondern ebenso einen extradiegetischen Raum der Rezeption. Hinzu kommen dann multidimensionale Akteure wie der Papst, dessen intradiegetische Funktion durch die extradiegetische Position des Papsttums definiert wird. Beim Markgrafen von Hohenburg ist der intradiegetische Papst adressierbar und somit als Medium der Verhandlung von Paarbeziehungen verfügbar und das heißt in diesem Fall auch, dass sich die Perspektive des Papstes auf die Perspektive der Sprechinstanz ausrichten lässt. Vereinfacht gesagt: Die Sprechinstanz nutzt den Papst als Akteur, um die eigene Position zu stärken.

Dass hinter derartigen, durchaus wagemutigen Konstruktionen komplexe Imaginationen lauern, wird dann klar, wenn ganz direkt ein weibliches Wunschbild imaginiert wird – ein Wunschbild, das Begehren weckt und einen extremen Pol des Begehrens markiert. Gegenüber diesem Wunschbild sind reale Frauen immer nur ein Abklatsch, ganz egal wie nahe sie dem Idealbild auch kommen mögen. Durch diese Konstellation einer immer schon und immer wieder enttäuschten Wunscherfüllung entstehen psychologische Energien, die letztlich dazu beitragen, dass immer wieder über Assoziation und Dissoziation zu sprechen ist.

Auf das Korpus des Markgrafen von Hohenburg folgen 61 Strophen, die Heinrich von Veldeke (genauer gesagt: „Heinrich von Veldig") zugeschrieben werden. Die formale und thematische Bandbreite dieser Strophen ist beachtlich und das Korpus wurde in der Forschung auch bereits auf die Differenz von Minnesang und (Sang-)Spruch(dichtung) hin untersucht. So beschäftigt sich etwa Ludger Lieb in einem Aufsatz mit der Möglichkeit der „Modulation" von Sangspruch zu Minnesang – und umgekehrt; also mit der Möglichkeit, je nach performativem Kontext und Anlass einmal mehr in die eine, einmal mehr in die andere Richtung zu variieren, sodass Minnesang und Sangspruchdichtung als „zwei Seiten einer Medaille" und als „Kipp-Figur" erscheinen.[104]

Ausgangspunkt für diese Analyse ist die Feststellung, dass die Lyrik Heinrichs von Veldeke ein gutes Beispiel sei „für die noch schwache Ausdifferenzierung von Minnesang und Sangspruchdichtung".[105] Dies ist freilich – von einer grundsätzlichen Kritik am Binarismus einmal abgesehen – teleologisch gedacht: Lieb geht von einer irgendwann später erreichten klaren Differenz aus und projiziert dann eine „schwache Ausdifferenzierung" auf einen früheren Zustand zurück. Mit gleichem Recht könnte man im Rahmen dieses argumentativen Arrangements sagen, dass es eine Differenz zwischen Minnesang und Sangspruchdichtung zu Veldekes Zeit schlechterdings nicht gab.

Abgesehen von dieser grundsätzlichen Kritik, die sich aus meiner Skepsis gegenüber der binären Unterscheidung von Minnesang und (Sang-)Spruch(dichtung) ergibt, besteht die Leistung des Aufsatzes von Ludger Lieb – ganz in meinem Sinne – darin, die Grenzen zu destabilisieren zwischen lange eingeübten und scheinbar trennscharfen Kategorien des Lyrischen – und dies tut Lieb, aus guten Gründen, anhand der handschriftlichen Überlieferung (auch wenn „Des Minnesangs Frühling" als ordnendes Raster präsent bleibt). Damit kann der Aufsatz auch stellvertretend gelesen werden für eine ganze Reihe von Forschungsbeiträgen, die

---

[104] Lieb 2000, S. 42.
[105] Ebd., S. 38.

sich mit „Minne" in der (Sang-)Spruchdichtung beschäftigen oder grundsätzlicher mit „Interferenzen" zwischen den beiden „Gattungen".[106]

Ich konzentriere mich bei meiner Lektüre der unter Veldekes Namen überlieferten Strophen auf Reflexionen über die Art und Weise der Verbindung – der „Assoziation" – von Menschen, was im Regelfall anhand der Verbindung von Mann und Frau exemplifiziert wird. Eine solche Perspektive dürfte sich insofern anbieten, als einige Bindungsmotive und -konstellationen zur Sprache kommen, die das Begehren soziokulturell überformen und auf diese Weise soziokulturelle Potenziale und Handlungsmöglichkeiten aktivieren. Diese soziokulturellen Aspekte werden im Mittelpunkt stehen und somit nicht die Aspekte der Natur und des jahreszeitlichen Wechsels, die in mehreren Strophen präsent sind und ebenfalls hinsichtlich der Assoziation von Menschen einiges leisten. Bei der gewählten Perspektive sind vor allem drei Aspekte und damit auch drei Strophen von Interesse: Tristans Liebestrank als Pharmakon (Str. 10), der Eid als juristisches Bindungsgelöbnis (Str. 28) sowie das Kaisertum als Machtressource (Str. 29).

Die zehnte Strophe sucht ihre Überzeugungskraft durch einen Vergleich mit Tristan zu gewinnen. Zu diesem Zweck wird der Beziehung zwischen Tristan und Isolde jede Ambivalenz genommen: Das Begehren, das Tristan auf Isolde gerichtet hat (und nur diese Richtung des Begehrens wird in der Strophe thematisiert), geschieht *svnder sinen dank* (Sp. 59, Z. 43), widerspricht also seinem eigenen und eigentlichen Willen. Grund für das Begehren ist vor allem der *poysvn* (Sp. 59, Z. 45), das Pharmakon, das Tristan stärker (*mere*) bezwingt *dan dû kraft der minne* (Sp. 59, Z. 46). Als Pharmakon ist der Trank Gift und Heilmittel zugleich – und weil er mit der *kraft der minne* rivalisiert und dieses natürliche Begehren überformt, zählt er nicht einfach nur zur Sphäre der Natur, sondern ebenso zur Sphäre der Kultur. Vor dem Hintergrund dieser Konstellation einer pharmazeutischen Personenbindung wird in der Strophe ein Gegenmodell exponiert, ein Modell der Freiwilligkeit, das auf Gegenseitigkeit ausgerichtet ist und mit Gegenseitigkeit rechnet:

des sol mir dû gûte danc.
wissen das ich solken tranc.
nie genam vnd ich si doch minne.
bas danne er vnd mac das sin.
wol getane.
valsches ane.
la mich wesen din.
vnd bis dv min. (Sp. 59, Z. 47, bis Sp. 60, Z. 6)

---

[106] Man vergleiche etwa: Egidi 2002; Brem 2003; Haustein 2007; Baldzuhn 2007.

Während Tristan *svnder sinen dank* lieben muss, erwartet die Sprechinstanz *danc* von der Angesprochenen, eben weil es kein Pharmakon gibt, dem das Begehren zuzurechnen ist. Durch die Kontrastierung von pharmazeutischer Liebe und Liebe ohne Pharmakon wird Letztere aufgewertet und so führt diese Argumentationsfigur nicht nur einfach auf die abschließende Identitätsformel des „ich bin du und du bist ich" hin,[107] sondern sorgt dafür, dass die Identitätsformel überhaupt plausibel wird. Diese wiederum ist im Rahmen des unter dem Namen Veldeke überlieferten Korpus insofern außergewöhnlich, als ein tatsächliches Zusammenkommen der Liebenden nur selten imaginiert wird (Ausnahmen bilden insbesondere die Strophen 14, 29/30 sowie 55–57). Heinrich von Veldekes Lyrik gewinnt ihre Themen, Motive und narrativen Konstellationen aus der Trennung und der Distanz. Es ist, im Fall der zehnten Strophe, der Trank, der die Hoffnung auf ein Zusammensein legitimiert, sodass die grundsätzliche Trennung und schwermütige Stimmung überwunden wird, die ansonsten in den Strophen vorherrscht. Im Zeichen des Pharmakon gewinnt also die Verbindung der Liebenden – und damit überhaupt die Assoziation von Menschen – an Plausibilität.

Die 28. Strophe entwirft zuerst eine Situation, in der eine Entscheidung gegen die Frau, gegen ihr Lob und gegen ihre Nähe, denkbar ist:

> *Got sende ir zemv̊te.*
> *das si es meine ze gv̊te.*
> *wan ich vil gerne behv̊te.*
> *das ich ir iht spreche zeleide.*
> *vnd iemer von ir gescheide.* (Sp. 63, Z. 15–19)

Die Drohung, die hinter diesen Versen steckt, erweist sich jedoch als leer. Weder kann die Sprechinstanz schlecht über „sie" sprechen, noch erweist es sich als möglich, sich für immer von „ihr" zu trennen:

> *mich bindent so vaste die eide.*
> *minne vnd trůwe beide.*
> *des fůrhte ich si als das kint die růte.* (Sp. 63, Z. 20–22)

Was hier in Sachen Bindungsenergie thematisiert wird, liegt auf unterschiedlichen Ebenen. Während *minne* und *triuwe* auf individuelle Entscheidungen und Dispositionen zurückgehen, ist der Eid Teil eines sozialen Arrangements, verbunden mit einem gewissen Maß an Öffentlichkeit und mitunter verbunden mit rituellen Handlungen und zugehörigen Gegenständen. Eben deshalb hat der Eid eine besondere Bindungskraft, von der im sechsten Vers (*mich bindent so vaste*) die

---

[107] Zur Identitätsformel Ohly 1974.

Rede ist. Zugleich ist der Eid ein freiwilliger, autonomer Akt, um sich selbst zu binden und festzulegen. Einen Eid zu leisten heißt, sich verbindlich zu verpflichten und also in der Zukunft verpflichtet zu sein. Der in dieser Strophe entwickelte Effekt einer Selbstbindung erster Stufe (*minne vnd trúwe*) und einer Selbstbindung zweiter Stufe (*eide*) bietet sich für psychoanalytische Analysen geradezu an: Die Sprechinstanz fühlt sich in die Rolle eines Kindes versetzt, das Angst vor Prügel hat, und zwar Prügel von „ihr", die hierdurch zu einer elterlichen Autoritätsinstanz erklärt wird, der zu strafen erlaubt ist und die deshalb zu fürchten ist. Somit ist die Bindung, die in dieser Strophe thematisiert wird, nicht nur strafbewehrt, sondern auch ausgestattet mit den familiären Autoritäts- und Erziehungsstrukturen, die aus der scheinbar selbstbewussten Sprechinstanz der ersten fünf Verse in den letzten drei Versen ein ängstliches Kind werden lassen.

In der folgenden 29. Strophe geht es erneut um eine Selbstverpflichtung, in diesem Fall um ein Gelöbnis. Angesichts „ihrer" Vortrefflichkeit und Schönheit gelobt die Sprechinstanz:

solt ich ze rome tragen die crone.
ich sastes vf ir hopt. (Sp. 63, Z. 25 f.)

Diese Imagination, so einfach sie auf den ersten Blick auch aussehen mag, generiert verschiedene Beziehungsaspekte und Beziehungsvektoren in Form von Macht-, Geschlechter- und Dingverhältnissen. Indem die Sprechinstanz sich in die Position des Kaisers versetzt, stattet sie sich zugleich mit der größtmöglichen weltlichen Macht aus. Auf diese Weise wird „ihre" Krönung zu einer Handlung, die aus großer Machtfülle heraus erfolgt. Die personale Bindung, die hierdurch evoziert wird, ist eine Bindung, die auf Macht basiert und das Gegenüber geradezu dazu zwingt, die Bindung einzugehen. Zugleich spielt die Vorstellung einer Weitergabe der kaiserlichen Macht durch die Weiter- und Übergabe der Krone mit den etablierten Geschlechterverhältnissen, die Macht in der Regel männlich codieren – und in deren Rahmen ein weibliches Kaisertum schlechterdings nicht vorgesehen ist. Der Bruch mit den etablierten Geschlechterverhältnissen führt denn auch in der Strophe unmittelbar zu einer Reaktion: *maniger spreche seht er tobt* (Sp. 63, Z. 27). Durch die Übergabe der Krone schließlich wird, wie bei einer Liebesgabe,[108] eine dingliche Verbindung zwischen „ihr" und der Sprechinstanz etabliert: eine Verbindung, die eine materiale Existenz hat, somit in der Welt ist und Fakten schafft.

Ich breche meine Lektüreskizze hier ab. Zeigen wollte ich, wie es aussehen könnte, wenn man es unternimmt, das Politische der deutschsprachigen Lyrik

---

[108] Egidi u. a. 2015.

des Mittelalters zu erkunden. Man kann dann über die Rolle von Reichtum und Herrschaft sprechen, über die Hierarchisierung zwischen der Paarbeziehung und der Beziehung zu Gott sowie über die Rolle des Wächters. Man kann nachdenken über die Diskurse und Akteure des Politischen, beispielsweise den Diskurs des Frauenpreises und das auf diese Weise institutionalisierte, immer wieder neue Nachdenken über die Mechanismen der Assoziation und Dissoziation. Und man kann, wie zuletzt bei Heinrich von Veldeke, den soziokulturellen Überformungen des Begehrens nachspüren, also dem Liebestrank als Pharmakon, dem Eid als juristischem Bindungsgelöbnis und dem Kaisertum als Machtressource zur Regulierung von Macht-, Geschlechter- und Dingverhältnissen.

Eine der Lektüre vorhergehende Formatierung des lyrischen Feldes anhand von Minnesang, Sangspruchdichtung (Leich, Kreuzlied und so weiter) scheint mir ebenso wenig notwendig zu sein wie eine Neuorganisation des in den Liederhandschriften vorgegebenen Textflusses. Man muss die Lektüre dann natürlich nicht unbedingt, wie ich das getan habe, auf Aspekte der Assoziation und Dissoziation ausrichten; es könnte aber hilfreich sein, nach Perspektiven zu suchen, die nicht von Anfang an vorgegebenen und tradierten Rastern und Ordnungen entsprechen, sondern diese Vorgaben unterlaufen oder quer zu diesen Vorgaben stehen. Eben dies habe ich mit meiner Suche nach dem Politischen der Lyrik versucht. Mit derartigen Perspektiven lassen sich vielleicht neue Lektüren der hochmittelalterlichen Lyrik entwickeln, die dann auch nicht mehr die Ordnungs- und Sortierungsbemühungen des 19. Jahrhunderts benötigen.

4 Schriftlichkeitsforschung

Forschung hat viel mit Sammeln, Notieren und Ordnen zu tun und es ist eine nicht ganz unwichtige Frage, wie man solche Forschungsprozesse organisiert. Heutzutage greift man ab einer gewissen Datenmenge zu einer Datenbank, die man zuerst selbst nutzt und dann vielleicht irgendwann auch anderen Interessierten online zur Verfügung stellt. Solche elektronischen Datensammlungen sind erfahrungsgemäß (und wir haben noch wenig Erfahrung in diesem Bereich) nur dann längerfristig zugänglich, wenn sich um die Daten eine Institution kümmert, die auf lange Dauer ausgerichtet ist. Universitäten bieten sich dafür an. Mit sogenannten „Forschungsdaten" macht man es seit einiger Zeit so, dass man sie auf Servern der Universitätsbibliotheken und Hochschulrechenzentren hinterlegt, denn diese Institutionen sind, so die historisch durchaus plausible Annahme, auf Dauer ein- und ausgerichtet und außerdem technisch hoffentlich einigermaßen in der Lage, sich langfristig um die elektronischen Daten zu kümmern.

Informationen, die gesammelt, notiert und geordnet wurden, werden auf diese Weise – durch das Ablegen auf frei zugänglichen Servern – seit Kurzem zu eigenständigen, nichtnarrativen wissenschaftlichen Publikationen und also zu eigenständigen wissenschaftlichen Leistungen, sodass man in den sogenannten Geisteswissenschaften dann auch gar nicht mehr unbedingt die Daten in Form einer Materialsammlung, Edition oder Monografie aufbereiten muss. Das ist das endgültige Ende von, zum Beispiel, thematischen bibliografischen Sammlungen in Buchform, und das wurde auch höchste Zeit. So könnte etwa die Datenbank des Teilprojekts C05 des SFB 933 („Materiale Textkulturen"), dem ich angehöre, nach dem Ende der Projektlaufzeit als ein strukturierter Datensatz auf den Servern der Universitätsbibliothek Heidelberg gespeichert werden, sodass dann auch andere mit diesen Daten etwas anfangen können.

Die Datenbank, die schon während der Projektlaufzeit für die Öffentlichkeit freigeschaltet wurde,[1] versammelt erzählte Inschriften der europäischen Literatur des Mittelalters sowie der (frühen) Frühen Neuzeit. Es geht also nicht um reale Inschriften, sondern um Inschriften, von denen erzählt wird, ohne dass diese Inschriften notwendigerweise auch existiert haben müssen. Der Titel des Teilprojekts lautet dementsprechend: „Inschriftlichkeit. Reflexionen materialer Textkultur in der Literatur des 12. bis 17. Jahrhunderts".

Diese Datenbank irgendwann auf den Servern der Heidelberger Universitätsbibliothek zu sichern, das wäre auch in historischer Hinsicht konsequent. Das Inschriftenprojekt des SFB kann schließlich an eine Heidelberger Tradition an-

---

[1] Siehe SFB 933, TP C05 2018.

https://doi.org/10.1515/9783110734362-004

schließen, für die vor allem der Germanist Friedrich Panzer (1870–1956) steht. Panzer war, ich habe das an anderer Stelle genauer ausgeführt,² wesentlich beteiligt an der Einrichtung des Akademienprojekts zu den „Deutschen Inschriften"; eines Projekts, das bis heute besteht und dessen Ergebnisse mittlerweile selbstverständlich auch nicht mehr nur gedruckt, sondern auch online zu bestaunen sind.³ Friedrich Panzer hatte sich indes nicht nur für die realen Inschriften interessiert, die das Akademienprojekt sammelt. Vielmehr hatte Panzer eine breite Vorstellung einer „Inschriftenkunde", zu der etwa auch, aber nicht nur, erzählte Inschriften gehören. Eben deshalb steht das SFB-Teilprojekt in der Tradition Friedrich Panzers.

Panzer hatte, das ist klar, keine elektronischen Datenbanken zur Verfügung, dafür aber Zettel und Zettelkästen.⁴ Im Normalfall gehen solche Zettel und Zettelkästen verloren; sie waren der Arbeitsspeicher der Wissenschaftler*innen und ein solcher Arbeitsspeicher wird gelöscht, wenn er nicht mehr benötigt wird. Dennoch können auch solche Zettelsammlungen natürlich archiviert werden, wenn sich das ergibt, und auch hierfür bieten sich die Universitätsbibliotheken an. Im Nachlass Friedrich Panzers, den die Universitätsbibliothek Heidelberg aufbewahrt, finden sich denn auch einige Zettel „Zu den deutschen Inschriften".⁵ Diese Zettel sind, wenn man diese Traditionslinie ziehen will, die Vorgängerdatenbank der heutigen Inschriftendatenbank des Teilprojekts C05; einer Datenbank, die ihrerseits wohl in nicht allzu ferner Zukunft im (digitalen) Archiv der Universitätsbibliothek landen wird.

Es handelt sich bei Panzers Zetteln um eine Sammlung für den Gebrauch, die fortwährend und ad hoc ergänzt wurde. Die Zettel selbst bestehen oft aus wiederverwendetem Papier; Papier, das ursprünglich etwa für Einladungskarten und Werbematerial oder auch für Briefumschläge verwendet worden war. Die beschrifteten Zettel folgen keiner strikten Beschreibkonvention. Eine Fundstelle aus dem *König Rother* etwa ist notiert als

Ringinschrift
Rother   3869 Rother nam ein guldin
vingerin Unde gaf der Koningin Dar
stunt gebochstavet ane Des richen Koningis
name.

---

2 Ott 2014. Siehe außerdem Ott 2017a.
3 *Deutsche Inschriften Online* 2018.
4 Allgemein zu Zetteln und Zettelkästen siehe Krajewski 2002.
5 UB HD (Hs. 3824), Nr. B 8.9: „Zu den deutschen Inschriften". Siehe auch *Verzeichnis des Nachlasses Friedrich Panzer* 1984.

Und auf einem anderen Zettel findet sich die gleiche Textstelle, diesmal etwas sorgfältiger:

Inschrift auf Ring
Roth 3869 Rother
nam ein guldîn vingerîn
Vnde gaf der Koningin
Dar stunt gebochstavet ane
Des rîchen Koningis name

Mitunter steht auf den Zetteln aber auch einfach nur:

Zeltinschriften
Lanz. 4850ff

Friedrich Panzer hat, das lässt sich natürlich auch anhand seiner entsprechenden Publikationen sehen,[6] einige wichtige erzählte Inschriften zusammengetragen. Die beiden Zettel zur Ringinschrift im *König Rother* und den Hinweis auf die Zeltinschriften im *Lanzelet* des Ulrich von Zatzikhoven habe ich eben zitiert. Panzers Zettelkasten kennt aber außerdem: die Helminschrift im *Rolandslied* des Pfaffen Konrad; eine Inschrift auf einem Schild im *Orendel* (1243),[7] einem Helm im *Jüngeren Titurel* (1650); eine Textstelle aus Strickers *Karl* (4037); zwei Grabinschriften im *Apollonius* (15575); Inschriften im *Wigalois* (8254, 8261 ff.); Inschriften bei *Walther von Chatillon*; eine Inschrift auf einem Gürtel im *Meleranz* des Pleier (689 f.); verschiedene Inschriften in Wolframs *Parzival* (254,12; 479,20; 490,20; 781,15); eine Kranzinschrift im mittelniederländischen *Lancelot* (43484 ff.); eine Inschrift in Konrads von Würzburg *Engelhard* (2625); eine Inschrift bei Morungen (MF 129,36); eine Inschrift bei Heinrich Kaufringer (VII 203 ff.) sowie einige Inschriften in Heinrichs von Veldeke *Eneasroman* (2512, 8278 ff., 8330 ff., 9493).

Die zugehörigen Zettel finden sich im Zettelkasten in der Abteilung „Mhd. Dichtung". Dass es Panzer um ein weit größeres Feld von Inschriftlichkeit ging, sieht man gut anhand der übrigen Abteilungen. Da gibt es unter anderem zum Beispiel „Schriftkunde", „Abkürzungen" (gemeint sind Abkürzungen innerhalb von Inschriften, also etwa „mr" für „mater"), „Antike", „Bauinschriften", „Bibel", „Burgen", „Chronogramm", „Fälschungen", „Friedhofsinschr[iften]", „Gerät", „Glocken", „Grabinschriften", „Hausinschriften Hist[orisch]", „Jüdische Inschr[iften]", „Latein", „Maße u[nd] Preise", „Merkwürdiges", „Münzen", „Rätsel", „Rathaus", „Recht", „Inschr[iften]-Sammlungen" (also ältere Publikationen, in denen Inschrif-

---

6 Siehe insbesondere Panzer 1952.
7 In Klammern gebe ich hier und im Folgenden die jeweilige Textstelle an.

ten gesammelt wurden), „Scherz u[nd] Spott", „Schmuck", „Schriftgeschichte", „Siegel", „Technik", „Waffen", „Wortkunde".

Damit ist ein Feld von Inschriftlichkeit beschrieben, das von Artefakten und textuellen Traditionen bis hin zu Textsorten und Institutionen reicht. Eben deshalb hat Panzer über eine „Inschriftenkunde" nachgedacht, die in der Lage sein sollte, erzählte, reale und kopial überlieferte Inschriften sowie eine große Bandbreite an Artefakten, Textsorten und Funktionen miteinander zu verknüpfen. Panzers Herangehensweise an diesen Phänomenbereich ist eher geistesgeschichtlich geprägt und steht zudem durchaus noch in der Tradition einer Germanistik, die immer auch Altertumskunde war und sein wollte. Einen solchen komplexen Phänomenbereich – ein solches komplexes Feld von Schriftlichkeit – würde man heute freilich nicht geistesgeschichtlich, sondern kulturwissenschaftlich untersuchen.

Wichtige Vorarbeiten zu einer solchen kulturwissenschaftlichen Herangehensweise gibt es, von Peter Strohschneider etwa sowie insbesondere von Urban Küsters, auf dessen 2012 erschienene Habilitationsschrift zu mittelalterlicher „Urkundlichkeit" ich gleich etwas näher eingehen werde.[8] Dieser Begriff der „Urkundlichkeit" und Küsters' Monografie insgesamt sind wichtig, scheint mir, weil sie quer stehen zu älteren Diskussionen, die vor allem anhand der Dichotomien Mündlichkeit/Schriftlichkeit, Text/Bild, Lesen/Schreiben sowie Handschriften-/Druckkultur organisiert waren. Ich möchte versuchen, das etwas genauer zu erzählen, bevor ich dann im dritten Abschnitt dieses Kapitels von der „Urkundlichkeit" zur „Inschriftlichkeit" zurückkomme und zu skizzieren versuche, in welche Richtung sich eine Auseinandersetzung mit diesen Formen von Schriftlichkeit in nächster Zeit bewegen könnte. Und bei der Gelegenheit blicke ich dann auch gleich auf die Überlegungen zu erzählten Inschriften zurück, die ich in den letzten Jahren angestellt habe.

****

Die Wege und Wandlungen der Mittelaltergermanistik von der romantisch-philologischen Prägung des frühen 19. Jahrhunderts bis hin zur Literatur- und dann Kulturwissenschaft des 20. und 21. Jahrhunderts gehen mit zahlreichen, durchaus wechselnden Ein- und Ausschlüssen einher. Während sich etwa die Germanisten des 19. Jahrhunderts gerade angesichts der frühen Jahrhunderte volkssprachlicher Schriftlichkeit noch ohne Weiteres für ein weites Spektrum an Geschriebenem interessieren konnten, konzentriert sich eine altgermanistische Literaturwissenschaft auf diejenigen Texte, die einem neuzeitlich-modernen Verständnis von

---

[8] Küsters 2012.

Literatur zumindest einigermaßen entsprechen. Andere Texte und Diskurse können herangezogen werden, um den literarischen Text zu „erhellen", aber diese anderen, nichtliterarischen Texte können eher nicht zum zentralen Gegenstand der Untersuchung werden.

Aus der Perspektive einer „Textwissenschaft", so wie ich sie verstehe, ist ein solcher Fokus dann problematisch, wenn er nicht vor dem Hintergrund der gesamten textuellen Überlieferung und der damit verbundenen Diskurse, Praktiken und Techniken erst entwickelt wird. Ein Literaturverständnis der Neuzeit und Moderne vorauszusetzen, um sich dann bestimmte mittelalterliche Texte anzusehen, das mag vor dem Hintergrund eines etablierten Gesellschaftssystems „Literatur" sinnvoll sein; vor dem Hintergrund des historischen textuellen Feldes aber, so wie es halt jeweils ist, ist eine solche Voraussetzung unplausibel.

Notwendig sind deshalb Fragestellungen, Konzepte und Begriffe, die quer stehen zu neuzeitlich-modernen Perspektiven auf die mittelalterliche Textkultur. Fragestellungen, Konzepte und Begriffe, die eingeübte und routinisierte Lektüre- und Interpretationsweisen irritieren. Da jedoch unser heutiges disziplinäres System, das wir an den Universitäten fest etabliert haben, hervorragend funktioniert, sind irritierende Perspektiven eher selten. Geschichtswissenschaftler*innen beschäftigen sich mit Urkunden, Chroniken, Briefen, Geschichtsschreibung; Mittelaltergermanist*innen beschäftigen sich mit Epik, performanzorientierter Lyrik und für die Zeit nach 1300 auch mit dramatischen Texten; und sie beschäftigen sich auch schon mal mit religiösen Texten, etwa mit Predigten, oder auch mit legendarischen Kurzerzählungen sowie mit mystischen Texten – aber immer als säkulare Wissenschaft von der „Literatur".[9] „Interdisziplinarität", ein Modebegriff seit den 1980er-Jahren, bietet bei dieser Aufteilung des Textfeldes wenig Abhilfe, denn Interdisziplinarität setzt Disziplinarität immer schon voraus und dient letztlich – und das ist das Perfide – der disziplinären Stabilisierung durch temporäre Kommunikation über die Disziplinarität der jeweiligen Disziplin. Gefragt aber sind, meine ich, postdisziplinäre Programme und Strukturen, wie sie beispielsweise die Kulturwissenschaft(en) und die Geschlechterstudien bieten.[10]

Arbeiten der Forschung, Monografien zumal, die quer zu den disziplinären Grenzen stehen und deshalb abgeschattete Felder ins Licht rücken, sind eher rar und deshalb sehr wichtig. Aus diesem Grund sticht Urban Küsters' im Jahr 2012 veröffentlichte Habilitationsschrift zur „Urkundlichkeit" hervor.[11] Mit dem

---

9 Hasebrink und Strohschneider 2014.
10 Der Begriff „post-disciplinary" und die beiden Beispiele bei A. Anderson und Valente 2002, S. 1.
11 Küsters 2012.

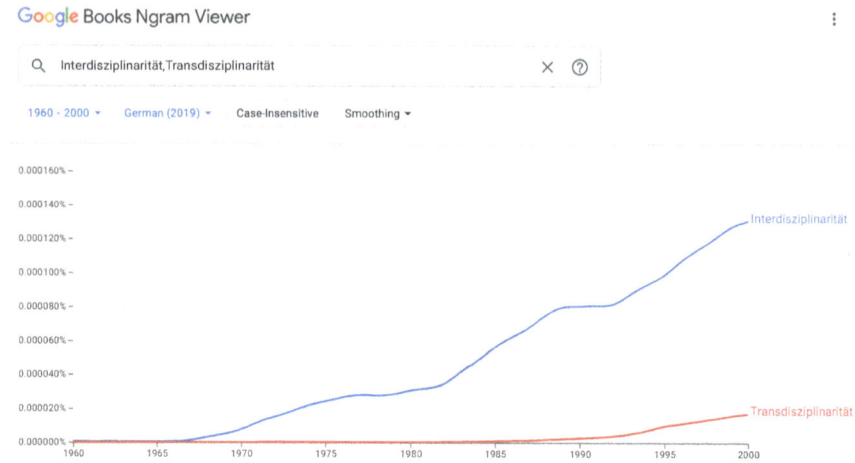

Abbildung 4.1: Eine Erfindung der 60er-Jahre? „Interdisziplinarität" (und zum Vergleich auch „Transdisziplinarität") in Googles Ngram-Viewer

Begriff „Urkundlichkeit"[12] steht Küsters ein Wort zur Verfügung, mit dessen Hilfe unterschiedliche Diskurse, Praktiken, Akteure, Institutionen, Hermeneutiken, Texttraditionen und Materialien auf ungewöhnliche (weil Disziplingrenzen überschreitende) Weise miteinander verknüpft werden. Ein wenig fühle ich mich an das wunderbare Buch von Cornelia Vismann zu „Akten" erinnert, dem Ähnliches gelang.[13]

Küsters' Habilitationsschrift baut auf zahlreichen seiner Aufsätze auf.[14] Das Buch verknüpft, wie es im Vorwort programmatisch heißt, „Ergebnisse der Diplomatik, Rechtsgeschichte" sowie der „Mediengeschichte und Wissensgeschichte",

---

12 Küsters hat das Wort von Fichtenau 1971, zum Beispiel: „Man wird niemals die Zahl der Verleihungen aus der Zahl der erhaltenen Urkunden erschließen können, aber doch vermuten dürfen, daß die ‚Urkundlichkeit' gewachsen ist [...]." (Ebd., S. 96) Frühere Verwendungen lassen sich natürlich aufstöbern; zum Beispiel bei Friedrich Heinrich von der Hagen: „Im Übrigen habe ich die alte Handschrift b u c h s t ä b l i c h in den Druck gegeben, auch hinsichtlich des *u* und *v*, und selbst zum Theil der Abkürzungen, wie bei den Anmerkungen nachgewiesen ist. Einen solchen buchstäblichen Abdruck habe ich bei einigen Handschriften immer für räthlich, ja für nothwendig erachtet: man ist es der Urkundlichkeit schuldig, zumal bei Werken, die auch der Geschichte angehören, wie das vorliegende." (von der Hagen 1854, S. XXXVII [Hervorhebung im Original, M. O.])

13 Vismann 2000. Auch Kittlers „Aufschreibesysteme" sollte man an der Stelle zumindest erwähnen (Kittler 2003).

14 Ich notiere lediglich exemplarisch drei Aufsätze: Küsters 1996; Küsters 1999; Küsters 2002.

um diese Bereiche „für die Interpretation mittelalterlicher Literatur fruchtbar zu machen".[15] Dass Küsters hier von „Literatur" spricht, verweist freilich auf ein Problem. Küsters tradiert das Konzept der Literatur weiter, bräuchte es aber nicht unbedingt; eher im Gegenteil: Mir scheint, seine Überlegungen wären noch präziser und überzeugender, wenn man die Vorstellung von Urkundlichkeit genutzt hätte, um nicht immer schon zwischen klar konturierten Textsorten, nicht immer schon zwischen „Literatur" und „Quellen" zu unterscheiden.

Den kulturellen Hintergrund des Buchs bilden Fragen der Wahrheit und Authentizität, der (Un-)Gewissheit und des Beweises, der Wahrnehmung und Zeichenhaftigkeit – Fragen, die spätestens seit dem 12. Jahrhundert mehr und mehr anhand von Praktiken, Diskursen und Techniken des Schreibens verhandelt werden. Küsters erwähnt etwa Konrads von Mure Urkundenlehre *Summa de arte prosandi* (1275/76), die sich an „den seit 1198 unter Innozenz III. fixierten Richtlinien des discrimen veri ac falsi" orientiert und ausführt, wie man das Geschriebene zu prüfen hat:

> Zu beachten sind Größe, Form, Oberfläche und materiale Beschaffenheit der Siegel, die richtige oder fehlerhafte Anbringung von Siegel und Siegelschnur. Im Fokus des Betrachters stehen die eingeprägten graphischen Zeichen, vor allem Bild (ymago) und Schrift (litterae), aber auch die bestimmte Anzahl der Punkte an den Rändern der Papstsiegel, welche auf subtile Weise Echtheit garantieren und Fälschungsversuche verhindern sollen. Die charakteristischen graphischen Zeichen auf den Siegeln müssen mit den Angaben im titulus der Salutationsformeln übereinstimmen; wer sich im Urkundentext als Bischof oder Abt vorstellt, darf nicht mit Reiterbild (sub ymagine militis armati) oder Löwen-Signet (sub ymagine leonis), also Bildzeichen, die einem weltlichen Herrn, etwa einem Grafen zukommen, siegeln.[16]

Wenn es erst eine solche Beobachtungslehre des Umgangs mit urkundlichen Textartefakten gibt, hat dies – so lernt man bei Küsters – ganz grundsätzlich Auswirkungen auf Praktiken des Lesens und Schreibens sowie auf Weisen des Sehens und Beobachtens. Dies auch deshalb, weil Schriftlichkeit im juristischen Feld des 12. bis 14. Jahrhunderts zunehmend an Bedeutung gewinnt und damit ältere Formen und Praktiken der Mündlichkeit und Präsenz zunehmend an Bedeutung verlieren. Dies betrifft etwa Rituale, Dingzeichen, Eide und Gottesurteile. Gleichzeitig fällt diese Entwicklung jedoch interessanterweise auch mit einer zunehmenden Relevanz volkssprachlicher Urkunden und Rechtstexte zusammen. Diese tief greifende Transformationsbewegung betrifft nicht nur den Bereich der gerichtlichen Rechtsprechung, der Sicherung von Rechten sowie der Regelung von Personenbeziehungen; diese Transformationsbewegung betrifft auch den volkssprachlichen

---

15 Küsters 2012, S. 15.
16 Ebd., S. 22.

Wortschatz und das Erzählen in verschiedenen textuellen Feldern der Zeit, in der Mystik etwa, aber auch im Bereich der Hagiografie sowie nicht zuletzt auch im Bereich der höfischen Lyrik und der höfischen Erzähltexte. Berühmt-berüchtigt ist etwa der spöttische Umgang mit dem Gottesurteil im *Tristan* Gottfrieds von Straßburg.

Es ist also, das zeigt das obige Zitat, einiges zu beachten im Schriftverkehr und bei dem Versuch, die Ordnung der Dinge schriftlich zu fixieren. Zugleich werden das Geschriebene und die Textträger zu einem komplexen semiotischen Artefakt, in dem etwas von dem Wissen schon gespeichert ist, das für den Umgang mit diesen Artefakten notwendig ist. Dieses Wissen zirkuliert zwischen den Höfen, den Kanzleien, den Klöstern, den Städten, den Klerikern, den Schreibern, den Juristen, den Universitäten – und etabliert auf diese Weise ein tief- und weitreichendes Netz an Diskursen, Praktiken und Techniken. Der Begriff der „Urkundlichkeit" erlaubt es, diese Personen, Institutionen, Orte (und einiges mehr) miteinander zu verschalten. Man kann dies recht gut an einer Passage ablesen, in der Küsters zusammenfasst, welche Phänomene und soziotextuellen Bereiche er auf rund 800 Seiten diskutieren wird:

> Die folgende Untersuchung zielt auf die Entwicklung von Urkundlichkeit und Schriftbeweis und die damit verbundene grundlegenden [!] Umstrukturierung von Wahrnehmungs- und Beglaubigungsformen vom 12.–14. Jahrhundert vor dem Hintergrund mittelalterlicher Zeichensysteme. Dabei möchte ich literarhistorische Aspekte mit Ansätzen der Kultur- und Rechtsgeschichte, der Wissenschaftsgeschichte und der Diplomatik verknüpfen. [...] Gefragt wird nach einem mittelalterlichen Neubegriff von ‚Authentizität' und Gewissheit, nach neuen Weisen der Produktion, Ermittlung und Sicherung von Wahrheit in einer Epoche eines grundlegenden Strukturwandels von Wissen, Recht und Macht. Dabei werden die in magischen bzw. rechtssymbolischen Formen und Ritualen wurzelnden Zeichenvorstellungen einer im Kern oralen Adelskultur zunächst ergänzt, teilweise verändert und allmählich abgelöst durch Semiotechniken, Beglaubigungsmethoden und Wahrnehmungsmodelle, die unter der Vorgabe neuentdeckter Rationalität im Umkreis von Urkundlichkeit und gelehrtem Recht entwickelt werden.[17]

Urkundlichkeit meint also einen Phänomenbereich, der von einer distinkten Form von Schriftlichkeit ausgeht und von dort aus weitergeht, etwa zu Fragen der Echtheit, Wirksamkeit, Beglaubigung, der Verbindung von Mensch und Text, der Formelhaftigkeit und textuellen Visualität. Der Begriff der Urkundlichkeit macht auf diese Weise eine Eigenschaft sichtbar, die zwischen Textualität (Urkunden werden geschrieben und unterschrieben), Materialität (Urkunden sind konkrete, materiale Artefakte) und Praktiken (Rituale, Rechtsgewohnheiten – überhaupt rechtliche

---

17 Küsters 2012, S. 24.

und verrechtlichte Strukturen) steht. Der Begriff durchkreuzt und verbindet somit unterschiedliche disziplinäre und diskursive Felder. Das ist der Grund für seinen Reiz.

Küsters baut dieses Forschungsprogramm auf eine Vielzahl von Texten, die von päpstlichen Dekreten und Konzilsbeschlüssen über einzelne Briefe und Urkunden bis hin zu höfischen Romanen sowie legendarischen und historischen Erzählungen reichen. Diese breite, Disziplingrenzen resolut überschreitende Text- und Materialbasis ist beeindruckend. Zwar gilt bei Küsters meist noch die Idee von geschichtlichem Hintergrund und literarischem Text, der von dem geschichtlichen Hintergrund her zu erhellen ist; aber das Forschungsdesign lässt grundsätzlich auch ein komplexeres Verhältnis der Texte zueinander zu. Nicht mehr zeitgemäß ist allerdings die strikte Trennung von geschichtlichem Überblick und Interpretationskapiteln. So hat man das zuletzt im Rahmen der Sozialgeschichte gemacht – und die Probleme, die dadurch entstehen, sind mittlerweile einigermaßen klar: Auf diese Weise fällt es sehr schwer, Intensitäten, Verbindungen und Überkreuzungen deutlich zu machen. Überhaupt bewegt sich Küsters, was sein Vorgehen anbelangt, auf theoretisch schwachem Grund. Hier und da wird ein wenig aus der Diskussion um Mündlichkeit und Schriftlichkeit zur Kenntnis genommen; es wird auch schon mal Marshall McLuhan erwähnt und auch mal Michel Serres, aber eine solide theoretische Grundlage schafft Küsters sich nicht. Von der Materialitätsforschung der letzten Jahre findet sich sogar überhaupt keine Spur, was auch daran liegen mag, dass Küsters seine für die Habilitationsschrift thematisch einschlägigen Arbeiten in den 90er- und frühen Nullerjahren geschrieben hat. So fehlt denn leider eine stringente theoretische Konzeption und Küsters' Arbeit ist, wenn man so will, Avantgarde der 1990er-Jahre, also 15 bis 20 Jahre zu spät erschienen, um noch Avantgarde zu sein. Außerdem arbeitet Küsters daran, Diskussionen zu schließen, statt sie zu öffnen. Er sagt, wie die Dinge zu verstehen sind, und nicht, woran man forschen sollte und welche Phänomenbereiche er gerne besser verstehen würde. Auch das konnte man in den 1990er-Jahren noch so machen; auch da sehe ich allerdings von heute her, aus dem Jahr 2018, Probleme.

Küsters' Kapitel zu den Tristan-Erzählungen ist gut geeignet, um seine Herangehensweise und Argumentation zu veranschaulichen.[18] Er möchte, wie er schreibt, „die Tristan-Texte von den Dingen her interpretieren", von all den „aus der Rechtsarchäologie bekannte[n] Ding- und Leibzeichen" her, die die Leser*innen der Erzählungen gut kennen:

> Ring und Segel in Thomas' Text, das rote Wegkreuz bei Berol, der Haselstock bei Marie de France, das Frauenhaar und das Schwert in der Brautwerbungsgeschichte Eilharts und

---

18 Ebd., Kapitel 9, S. 561 ff.

Gottfrieds, Handschuh und Eisen, Mehlstreu und Späne, Fußspuren und Blutstropfen in den Intrige-Episoden am Marke-Hof, der Schlüssel in der Napotemis-Episode bei Eilhart und den Gottfried-Fortsetzern.[19]

Das ist eine beeindruckende Liste. Ich werde mich an ihr orientieren und ein paar Argumentationslinien Küsters' nacherzählend skizzieren.

Der Ring, den bei Thomas (und in der Saga) Tristan zum Abschied Isolde reicht, ist in Küsters' Lesart Teil einer rechtsgültigen Vereinbarung und besiegelt das Treueversprechen. In dieser Funktion erinnert der Ring Tristan in der Hochzeitsnacht mit Isolde Weißhand an sein gegebenes Versprechen; und in dieser Funktion wird der Ring am Ende des Romans zum „Erkennungszeichen", das – wie die „Sicherungsmittel aus dem mittelalterlichen Briefverkehr" – dazu dient, den Boten gegenüber Isolde als authentisch auszuweisen.[20] Das Segel, das Tristan die frohe Botschaft der nahenden Isolde bringen soll, liest Küsters mit Blick auf die Differenz von Sehen und Hören, auf die er in seinem Buch mehrfach zu sprechen kommt. Während das Hören elementar zu älteren Rechtsformen gehört, bei denen der Stimme und Rede der Anwesenden eine zentrale Rolle zukommt, ist das Sehen die Wahrnehmungsform, die durch die zunehmende Schriftlichkeit des Rechtshandelns mehr und mehr in den Vordergrund tritt. Es gibt also eine Bewegung „vom Phonischen zum Graphischen", wie es an einer Stelle des Buchs heißt.[21] Während der Ring etwa als sichtbares Erkennungszeichen eingesetzt wird, kann Tristan das Segel nicht sehen und muss sich auf Isolde Weißhands Aussage verlassen.[22]

Hinsichtlich des beschrifteten Haselstocks aus dem Geißblatt-Lai der Marie de France verweist Küsters auf den rechtssymbolischen Hintergrund, denn dem „Hasel wird magischer Schutzzauber" zugeschrieben und „Haselstangen markieren deshalb Gräber, Schlachtfelder bzw. Plätze zum Zweikampf". So kommt dem beschrifteten Stock eine rechtssymbolische Bedeutung zu, die das Geschriebene aufwertet; eine rechtssymbolische Bedeutung, die der Lai gegenüber einem zeitgenössischen Publikum nicht extra ausweisen muss.[23] Die beschrifteten Holzspäne wiederum vergleicht Küsters mit den urkundlichen Zeichen, mit denen die Authentizität und der Bezug zwischen Schriftstück und Absender beglaubigt und gesichert werden, insbesondere auch dann, wenn es sich um geheime Kommunikation handelt. Die Zeichen, die Tristan in die Holzspäne schnitzt (ein Kreuz bei Eilhart und ein Monogramm aus „T" und „I" bei Gottfried), versteht Küsters dementsprechend

---

19 Küsters 2012, S. 563.
20 Ebd., S. 568.
21 Ebd., S. 604.
22 Ebd., S. 571.
23 Ebd., S. 580.

als „Urkundenzeichen, die vor allem im Bereich der Unterfertigung, Beglaubigung und Besiegelung von Urkunden bekannt sind".[24]

Das Frauenhaar bei Eilhart ist in Küsters' Augen ein wirkmächtiges Dingzeichen, womit dem Brautwerber ein „Rechts- und Besitzanspruch über die unbekannte Frau" zufällt, denn in Eilharts Erzählwelt, „die noch magisch-mythischen und rechtssymbolischen Vorstellungen verpflichtet ist, stehen die Dinge in einem schicksalhaften Wirkungszusammenhang".[25] Dementsprechend sieht Küsters beim späteren Verfahren, bei dem der Truchsess die Tötung des Drachen für sich reklamiert, zwei ältere Beweisverfahren am Werk. Während sich nämlich der Truchsess auf Eid und Eidhelfer verlässt, nimmt Isolde wiederum die Situation sorgsam in Augenschein und folgt den Spuren. „Die Beweisform der leiblichen Beweisung", so Küsters hinsichtlich Isoldes Verfahren, „ist der Klageform durch Eid oder selbstsiebenden Eid (mit 6 Eidhelfern) überlegen".[26] Bei Gottfried von Straßburg verläuft dann die Verhandlung schon deshalb anders, weil nicht nur Tristan mit der Drachenzunge seinen Anspruch beweisen kann, sondern auch der Truchsess mit dem Haupt des Drachen eine *urkünde* seines Anspruchs ins Spiel bringt.[27]

Gerichtliche Verfahren, Zeugen und Zeugenschaft, auditive und visuelle Wahrnehmung – all das spielt bekanntlich in Gottfrieds *Tristan* eine zentrale Rolle, am prominentesten sicherlich im Rahmen des Gottesurteils, dessen Schwächen Isolde mit einer wahren, jedoch ambivalenten Aussage entlarvt und sich zunutze macht. Die „Wahrheit" (mhd. *warheit*), um die es in Gottfrieds *Tristan* immer wieder geht, ist allerdings, so Küsters, nicht im modernen, ontologischen Sinne, sondern oft noch im Sinne eines „Wahrheitszeugnisses" zu verstehen, „das von der *bewaerde*, dem Beweismittel, und seiner Glaubwürdigkeit gar nicht zu trennen ist".[28] Doch zeichnen sich bei Gottfried laut Küsters auch „Ansätze einer Veränderung des Wahrheitsbegriffs ab, wenn von der Ermittlung der ‚waren geschicht', also der veritas rerum gestarum, die Rede ist".[29] Und so gilt: „Die Wahrheitskrisen des ‚Tristan' sind in erster Linie Anzeichen des epochalen Umbruchs des mittelalterlichen Beweissystems."[30] So überrascht es auch nicht, dass bestimmte „Reden von beteiligten Figuren noch einmal im nachhinein von Berichterstattern an die Adresse einer dritten, zunächst unbeteiligten Person mündlich referiert" werden, denn diese genauen Wiederholungen orientieren sich laut Küsters „an neu gesetzten

---

24 Ebd., S. 665.
25 Ebd., S. 584.
26 Ebd., S. 586.
27 Ebd., S. 594. Zu vergleichen ist Gottfried von Straßburg 2004, V. 9820.
28 Küsters 2012, S. 623 [Kursivierung ergänzt, M. O.].
29 Ebd., S. 623.
30 Ebd., S. 623.

Maßstäben von Genauigkeit, Glaubwürdigkeit und Erinnerung", die sich etwa auch auf die Notwendigkeit genauer Protokolle bei Gerichtsverfahren auswirken.[31] Wenn also etwa der Jägermeister gegenüber Marke von Tristans Jagdkunst und Herkunftsgeschichte erzählt, dann profitiert dieses mündliche Protokoll nicht nur von neuen Anforderungen an die Wiedergabe von Aussagen, sondern zusätzlich auch von dem Widerspruch, den der Jäger ausmachen kann zwischen Tristans Erzählung und Tristans Handlungen: Wer so gut jagen kann, kann nicht der Sohn eines Kaufmanns sein.[32] Was er sieht, überzeugt den Jägermeister mehr als das, was ihm erzählt wird.

Die Sichtbarkeit wird freilich in der Mehlstreu-Episode zum entscheidenden Problem, denn Marke sieht gerade nicht das, was zum Beweis taugt, sondern die Abwesenheit der entscheidenden Spuren. Zumindest ist dies bei Gottfried so. Bei Eilhart berührt Tristan den Boden und sorgt so für den augenscheinlichen Beweis. Tristan wird am Tatort gefasst und gefesselt – und mit sieben Zeugen („die Siebenzahl hat gewiss ihre rechtssymbolische Bedeutung")[33] ist Tristan überführt. Bei Gottfried schafft es Tristan, den Boden nicht zu berühren. Zwar findet sich Blut bei Isolde und bei Tristan selbst, aber dieser Befund ist für Marke eher irritierend:

> Der zurückkehrende Marke wird [...] wider Erwarten nicht fündig [...]. Allerdings erblickt er das Leibzeichen des Blutes auf Isoldes Bett [...], gibt sich mit ihrer Entgegnung, es sei ihr eigenes Blut, verursacht durch den Aderlass, nicht zufrieden und ‚entdeckt' unter Tristans Laken ebenfalls Blut [...]. Denken und Verstand [...] werden ihm durch die Entdeckung schwer, er denkt und denkt und kommt doch nicht von der Stelle. Denn die Zeichenordnung erscheint ihm ambivalent [...].[34]

Und aus Ambivalenzen resultiert bei Gottfried nun definitiv kein Schuldspruch.

Ich breche die Zusammenfassung hier ab, auch wenn es noch einiges zusammenzufassen gäbe. So überzeugend mir die Tristan-Lektüren insgesamt zu sein scheinen, überzeugen doch die Verbindungslinien, die Küsters zwischen den Erzählungen und den rechtlichen Textpraktiken zieht, nicht immer. Mancher Bezug wirkt forciert und manche Beziehung eher erzwungen. Das liegt aber auch daran, dass Küsters trotz seiner Ausgangsthese einer umfassenden Urkundlichkeit recht stark trennt zwischen einer rechtlichen Schriftlichkeit auf der einen und den Erzählungen auf der anderen Seite. Diese Trennung erinnert – ich hatte bereits darauf hingewiesen – an die Vordergrund/Hintergrund-Metaphorik sozialwissenschaftlicher Ansätze. Besser wäre es wohl, wie es der New Historicism vorgemacht

---

[31] Küsters 2012, S. 636.
[32] Ebd., S. 637.
[33] Ebd., S. 675.
[34] Ebd., S. 678.

hat, über Zirkulation, Austausch und Verhandlungen zu sprechen. Auf diese Weise könnte man ein Beziehungsgeflecht rekonstruieren und eine große Bandbreite von Texten in ein lebhaftes Verhältnis zueinander setzen. Beispiele, die dies ermöglichen, hat Urban Küsters zur Genüge zusammengetragen. Von dort aus kann es weitergehen.

****

Urban Küsters hat eine recht klare Vorstellung von „Urkundlichkeit", aber nur eine recht grobe Vorstellung von „Inschriftlichkeit". Das ist auch wenig verwunderlich. Wenn er sich mit erzählten Inschriften beschäftigt – und das tut er recht häufig –, bezieht er diese Inschriften auf die Fragen, die ihn vor allem interessieren, also insbesondere auf Fragen der Zeugenschaft, Wahrheitsermittlung, Wahrnehmung und öffentlichen Sichtbarmachung. Sein wesentlicher Gewährsmann für Fragen der Inschriftlichkeit ist Jan Assmann und dessen Vorstellung einer „inschriftlichen Gewalt".

Erwähnt hat Assmann dieses Konzept in einem Aufsatz aus dem Jahr 1993.[35] In diesem Aufsatz beschäfig sich Assmann mit „Fluchkatalogen" des alten Nahen Ostens, also mit einer „listenförmige[n] Anhäufung von Unheil".[36] Solche Fluchkataloge sind, so Assmann, ein „rein schriftliches bzw. ‚inschriftliches' Ereignis",[37] um die Missachtung von Regeln zu bestrafen, die weder Staat noch Gesellschaft sanktionieren und durchsetzen können oder wollen. Anders gesagt: Die inschriftlichen Fluchkataloge etablieren dauerhafte Regeln (und Strafen für deren Übertretung), unabhängig davon, ob diese Regeln in einer Zukunft noch anerkannt werden.

Jan Assmann unterscheidet weiterhin zwischen vertraglichen und monumentalen Flüchen.[38] Dass sich vertragliche Flüche gut einfügen in ein Konzept von Urkundlichkeit, ist beim Lesen der Ausführungen Assmanns leicht einzusehen:

> Die Gattung ‚Fluchkatalog' bildete einen integrierenden Bestandteil antiker Verträge. Ein Vertrag wurde durch einen Eid besiegelt. Der Eid unterwirft die Parteien den göttlichen Mächten, die zu Wächtern des Vertrages eingesetzt sind. Einen Vertrag brechen, heißt einen Eid brechen und sich den Flüchen aussetzen, die mit dem Eid in Kraft gesetzt werden. Man kann ein Gesetz oder eine vertragliche Bestimmung brechen und gleichwohl im Rahmen des Vertrages und der konnektiven Gerechtigkeit verbleiben. Man zahlt dann die vertraglich festgesetzte Strafe. Man kann aber auch den Vertrag insgesamt brechen, etwa durch Übertritt

---
35 J. Assmann 1993.
36 Ebd., S. 236.
37 Ebd., S. 237 [Hervorhebung getilgt, M. O.].
38 Ebd., S. 238.

ins Lager des Feindes. Dann stellt man sich außerhalb des Vertrages und ist nicht mehr den innervertraglich vereinbarten Strafen, sondern den außer-vertraglichen Flüchen unterworfen, die den Vertrag als Ganzes schützen und die Partner davon abhalten sollen, ihn zu brechen.[39]

Vertragliche Flüche sind also Teil eines Netzwerks von Vertrag, Gesetz, Eid, göttlichen Mächten, innervertraglichen Strafen und bestimmten Handlungsoptionen, die verschiedene Folgen zeitigen. Monumentale Flüche wiederum sind „sichtbares und ewiges Zeichen", angebracht an einem bestimmten Ort, innerhalb eines bestimmten räumlichen Arrangements.[40] Insofern sind diese inschriftlichen, monumentalen Flüche auf eine ungewisse Zukunft ausgerichtet und darauf, die Leser*innen in einem bestimmten Sinne zu beeinflussen. Auf diese Weise erhält die Schrift eine gewisse Handlungsfähigkeit. Dies ist es, was Assmann unter „inschriftlicher Gewalt" versteht:

> In bestimmten Zusammenhängen, darunter Verträge, Grenzstelen, Gräber und Stiftungen, versucht die Schrift, den Leser zu beeinflussen, zu modellieren und in die gewünschte Rezeptionsform zu zwingen. Sie verstrickt ihn im Akt des Lesens selbst in einen Vertrag, der ihn automatisch der dilemmatischen Situation von Segen und Fluch aussetzt und den vielfältigen Folgen, wie sie die Formeln spezifizieren. Dieses Prinzip nenne ich ‚inschriftliche Gewalt'.[41]

Man mag diesen Begriff in einem allgemeineren Sinn auch für mittelalterliche Inschriften und auch für erzählte Inschriften verwenden, aber der spezifische Zusammenhang, den Assmann ausführt, lässt sich nicht so ohne Weiteres auf spätere (Zeit-)Räume übertragen. Abgesehen davon aber ist Assmanns Begriffsprägung schon deshalb innovativ, weil er von einem allgemeinen Konzept von Inschriftlichkeit ausgeht und nach Kriterien sucht, die diese spezifische Form von Schriftlichkeit ausmachen. Damit war Assmann weiter als die Mittelaltergermanistik dieser Zeit, die noch dabei war, zu sammeln und Vergleiche zu ziehen zwischen Realität und Fiktion.

Dies gilt insbesondere für Nikolaus Henkel, der 1992 eine Sammlung deutschsprachiger erzählter Inschriften veröffentlicht und damit die Sammlung Friedrich Panzers deutlich vermehrt. Henkel fragt sich vor allem, welchen Nutzen diese erzählten (fiktionalen)[42] Inschriften hinsichtlich realer Inschriften haben können.[43] Wenig überraschend kommt er zum Schluss, dass erzählte (fiktionale) Inschriften

---

[39] J. Assmann 1993, S. 238 f.
[40] Ebd., S. 240.
[41] Ebd., S. 252.
[42] Ich verwende den Fiktionalitätsbegriff in diesem Kapitel unkritisch; eine Diskussion folgt im siebten Kapitel dieses Buchs.
[43] Henkel 1992.

für die Auseinandersetzung mit realen Inschriften eigentlich keinen Wert haben. Das ist insofern nicht überraschend, als Henkel nicht über Theorien und Konzepte verfügt, die es ermöglichen, über das Phänomen der Inschriftlichkeit im Allgemeinen nachzudenken. Die einzigen Kategorien, die Henkel hat, sind „real" und „fiktional" – und „fiktionale" Zeugnisse sind im Rahmen seiner Fragestellung nur relevant, wenn man mit ihrer Hilfe Aussagen über die Wirklichkeit treffen kann. Dass erzählte Inschriften natürlich insofern Teil einer vergangenen Wirklichkeit sind, als von ihnen in der Vergangenheit erzählt wurde, kommt Henkel schon deshalb nicht in den Sinn, weil in seiner Konzeption Wirklichkeit das ist, was die Geschichtswissenschaft rekonstruiert.

Gleichwohl muss man Henkel das Verdienst zugestehen, das Thema der erzählten Inschriften nach Friedrich Panzer wiederentdeckt zu haben. Zwar gab es Forschung zu einzelnen prominenten Inschriften – zum „Gral" natürlich, selbstverständlich auch zum Brackenseil im *Titurel* oder auch zu Grabmälern –, aber ein allgemeines Phänomen von erzählter Inschriftlichkeit war als Forschungsthema nicht existent. Das ist, im Nachhinein gesehen, überraschend, denn man hatte sich schon seit Längerem durchaus mit Kommunikation und Medialität in erzählten Welten der vor allem höfischen Romane beschäftigt. Was nun allerdings die erzählten Inschriften anbelangt, standen keine Fragestellungen und Theorien zur Verfügung, die über einen Abgleich mit realen Inschriften hinausgeführt hätten. Nikolaus Henkel hatte denn auch wenig Forschungsansätze zur Verfügung, auf die er hätte aufbauen können. Zudem, und auch das prägte wohl Henkels Fragestellung, erschien sein Aufsatz in einem Sammelband des Akademienprojekts zu den deutschen Inschriften; auch dadurch war die Frage nach dem „Quellenwert" erzählter (fiktionaler) Inschriften quasi vorgegeben.

Im Vergleich zur Sammlung von Nikolaus Henkel bettet Ulrich Ernst in einer 2006 erschienenen Monografie erzählte Inschriften in einen weiten Bereich mittelalterlicher „Schriftkultur" ein.[44] Ihm geht es neben Inschriften um Briefe, um Schreib-, Lese- und Botenszenen, um Text-Bild-Beziehungen und vieles mehr. Zwar gelangt auch Ulrich Ernst nicht weit über eine Aufzählung mit Hinweisen auf den Erzählzusammenhang hinaus, aber immerhin kommt erzählten Inschriften bei Ernst ein Eigenwert zu, der nicht lediglich von realen Phänomenen abhängt. Zugleich fällt aber auf, dass es auch ihm um „Inschriften" geht und nicht allgemeiner um „Inschriftlichkeit"; das heißt: Auch ihm geht es um einen klar abgegrenzten (und in seiner Sicht auch klar abgrenzbaren) Bereich von erzählten schrifttragenden Artefakten, nicht aber um ein komplexes, wucherndes Feld von Inschriftlichkeit, bei dem – ganz wie bei der Urkundlichkeit – Diskurse, Prakti-

---

44 Ernst 2006.

ken, Techniken und Institutionen miteinander verknüpft werden. Da Ernst von einzelnen Artefakten ausgeht, fällt es ihm auch leicht, diese zettelkastenartig zu sammeln. Dass man aber letztlich ohne Theorien, Konzepte und Begriffe zwar durchaus Differenzierungen zwischen verschiedenen Phänomenbereichen vornehmen kann, über eine kontextualisierende Aufzählung aber nicht hinausgelangt, sieht man auch gut an einem materialreichen Buch von Elisabeth Martschini aus dem Jahr 2014. Ähnlich wie Ernst sammelt Martschini Textbeispiele, die sie dann verzeichnet und inhaltlich kontextualisiert; viel mehr aber nicht.[45]

Für eine „Inschriftlichkeitsforschung" sind nicht nur Zettelkästen notwendig, sondern mindestens ebenso sehr Theorien, Begriffe und Konzepte, die ein einfaches Aufzählen verhindern und die zugleich auch einige der eingefahrenen Binarismen zu überwinden oder zumindest zu verkomplizieren helfen. Zu diesen Binarismen zählen die Differenz von Lesen und Schreiben, Handschriften- und Druckkultur, Mündlichkeit und Schriftlichkeit, Text und Bild, Körper und Schrift. Solche Binarismen im Blick zu behalten, ist wichtig, weil sie komplexe Zusammenhänge derart simplifizieren, dass einfache Darstellungen möglich werden.

Wo aber wären geeignete Theorien, Konzepte und Begriffe zu suchen und zu finden? Ich möchte auf Grundlage meiner Auseinandersetzung mit erzählten Inschriften während der vergangenen sechs Jahre im Folgenden zusätzlich zu den Arbeiten Urban Küsters einige Ansätze hervorheben, die mir wichtig zu sein scheinen für die „Inschriftlichkeitsforschung" der kommenden Jahre, bevor ich abschließend meine eigenen Überlegungen der letzten Jahre zu erzählten Inschriften (kurz) resümiere.

Lernen lässt sich sicher von einigen Aufsätzen Peter Strohschneiders, die er (nebst vorher Unveröffentlichtem) vor nicht allzu langer Zeit in seinem Buch „Höfische Textgeschichten" gesammelt hat.[46] Die Arbeiten, die über rund zehn Jahre hinweg entstanden, sind für eine Auseinandersetzung mit erzählter Schriftlichkeit durchaus einschlägig und so ist es verwunderlich, dass Urban Küsters auf Strohschneiders Überlegungen kaum zurückgreift, obwohl es in Strohschneiders Aufsätzen immer wieder um den Stellenwert und die Funktion von Schreiben, Lesen und Schriftträgern im komplexen Feld volkssprachlichen Erzählens geht.

Es gehört zu den Stärken der Aufsätze, dass die Beziehung der Narrationen zum Geschriebenen und zu den Textträgern nicht nur stets in den Kontext von Texttraditionen eingebettet wird, sondern dass die Auseinandersetzung mit Textualität in den volkssprachlichen Erzählungen grundsätzlich als etwas Irritierendes, Ungewöhnliches und zugleich Innovatives gilt. Auch wenn man als Leser*in der

---

[45] Martschini 2014. Zu vergleichen ist Martschini 2009.
[46] Strohschneider 2014.

Aufsätze dieser Irritations- und Innovationsbehauptung vielleicht nicht immer folgen möchte, eröffnet sie doch heuristisch den Raum für ein Nachdenken über narrative Potenziale des Textuellen; einen Raum, der versperrt bleibt, wenn man Schriftlichkeit als eine recht stabile Tätigkeit konzipiert, von der – ab und an – auf unterschiedliche Art und Weise in volkssprachlichen Narrationen erzählt werden kann. Wenn aber Schriftlichkeit „für das neue höfische Erzählen konstitutiv und [...] im gleichen Maße unselbstverständlich" war,[47] dann bieten sich Erzählungen als Spielfeld zur Erprobung des Umgangs mit schrifttragenden Artefakten an; und dann lässt sich erzählte Schriftlichkeit als ein Medium des grundlegenden Nachdenkens über die medialen und materialen Möglichkeiten von Schrift und Schriftlichkeit fassen.

Auf Grundlage dieser Perspektivierung geraten in den Aufsätzen dann eine Vielzahl von Phänomenen und Schriftszenen in den Blick. Dabei geht es zwar nicht ausschließlich um Inschriften; gleichwohl spielen Inschriften als ausgezeichnete Form von Schriftlichkeit immer wieder eine wichtige Rolle. Ausgezeichnet sind erzählte Inschriften, weil sie sich in materialer Hinsicht von der Form von Schriftlichkeit unterscheiden, die für die Tradierung der Erzählungen verantwortlich ist.[48] Inschriften sind gerade nicht Tinte auf Pergament, sondern unterscheiden sich von dieser „Standardschriftlichkeit" durch den Textträger oder den Beschreibstoff. Erzählte Inschriften können deshalb mit einem größeren Aufwand einhergehen, was ihre Produktion anbelangt. Solche Inschriften können aber auch Teil eines außergewöhnlichen räumlichen Arrangements sein – oder Teil der Kleidung und Ausrüstung. Schließlich können *erzählte* Inschriften, ganz im Sinne der Irritationsbehauptung Strohschneiders, Eigenschaften und Funktionen besitzen, die real nicht oder kaum möglich waren, indem etwa von Schriftträgern erzählt wird, die normalerweise nicht beschrieben sind oder indem die erzählten Inschriftentexte das übliche Maß überschreiten. Auf diese Weise können erzählte Inschriften dazu dienen, Grenzbereiche der Schriftlichkeit auszuloten.

Dieser besondere Status von Inschriften lässt sich mit Peter Strohschneiders Ansatz recht gut in den Blick bekommen. Was den Aufsätzen indes fehlt, ist ein Interesse an Text-Kontext-Beziehungen, an sozialgeschichtlichen Hintergründen und überhaupt an der kulturellen Integration von Schriftlichkeit innerhalb eines weiten Feldes von Phänomenen. Anders gesagt: Mir fehlt ein wenig von dem, was Urban Küsters macht, wenn er mithilfe des Konzepts der „Urkundlichkeit" von Gerichtsverfahren zu Veränderungen der Wahrnehmungsformen und weiter zu Gottfrieds

---

47 Ebd., S. 4.
48 Ich greife hier und im Rest dieses Absatzes auf Ansätze zurück, die im Teilprojekt C05 des SFB 933 diskutiert und formuliert wurden.

Tristan springt. Strohschneiders Lektüren sind demgegenüber im Wesentlichen textimmanent. Ein Außerhalb der jeweiligen Texte wird nur schemenhaft deutlich.

Will man Text-Kontext-Beziehungen stärker in den Blick rücken, dann scheinen mir zwei Forschungsperspektiven wichtig und sinnvoll zu sein. Zum einen müsste man versuchen, reale und erzählte schrifttragende Artefakte besser miteinander zu verknüpfen. Hinsichtlich der höfischen Romane scheinen mir dabei vor allem die vielfältigen realen Artefakte wichtig zu sein, die auf die Erzählwelten der Romane zurückgreifen. Diese Artefakte stehen für eine Ausweitung der erzählten Welt, für ein Übergreifen in die Welt des Erzählens; und die Artefakte stehen damit auch für eine dingliche „Realisierung" schriftbasierten Erzählens, so dass das Erzählte eine Form gewinnt und anders fass- und sichtbar wird. Darauf gehe ich gleich noch näher ein. Zum anderen bräuchte man Ansätze, um artefaktzentriert zu schreiben und zu denken. Was ich damit meine, werde ich versuchen, anhand eines jüngeren Buchs von Jeffrey Jerome Cohen zu erklären.

Dass sich das Akademienprojekt zu den „Deutschen Inschriften" ausschließlich für reale Inschriften interessiert, ist in vielerlei Hinsicht verständlich, insbesondere vor dem Hintergrund der disziplinären Differenzierung zwischen Literatur- und Geschichtswissenschaft. Zugleich aber verhindert eine solche Differenzierung einen Blick auf das Phänomen der Inschriftlichkeit. Das ist ja der Grund, warum ich an Friedrich Panzers Projekt einer „Inschriftenkunde" erinnere, glaube ich doch (ganz im Einklang mit dem Forschungsprojekt, an dem ich mitwirken darf), dass man den Phänomenenbereich der „Inschriftlichkeit" in seiner Gänze in den Blick nehmen müsste.

Interdisziplinarität ist hierfür nur zum Teil hilfreich, weil Interdisziplinarität, ich habe bereits darauf hingewiesen, die disziplinären Differenzierungen stabilisiert. Statt Interdisziplinarität bräuchte es Transdisziplinarität, und zwar in dem Sinne, dass die Grenzen und Begrenzungen der Disziplinen nachhaltig infrage gestellt und verunsichert werden.[49] Das gilt, aus inschriftlicher Perspektive, etwa für den gesamten Bereich von schrifttragenden „Alltagsgegenständen", die, wie Gertrud Blaschitz einmal in einem Aufsatz erklärt hat, „mit wenigen Ausnahmen [...] nicht in die großen Sammelwerke der österreichischen und deutschen Inschriftenkommissionen aufgenommen" werden.[50] Das ist mehr als bedauerlich, denn das Phänomen der Inschriftlichkeit lässt sich kaum fassen, wenn man einen großen Bereich einfach ausblendet.

Aus germanistischer Perspektive ist in diesem Zusammenhang vor allem auch das Feld der Artefakte interessant, die auf mittelhochdeutsche Erzählungen und

---

49 Man vergleiche etwa auch Mittelstraß 2000.
50 Blaschitz 2003, S. 264.

Lyrik reagieren und deren Figuren, Themen und Motive aufgreifen. Das ist ein Phänomenbereich, der sich immer nur in Teilen bearbeiten lässt, wenn man schlicht zwischen den Aufgaben und Vorgehensweisen von Kunstgeschichte und Germanistik trennt. Wenn es um Dinge geht wie den Iwein-Zyklus auf Schloss Rodenegg, das Krakauer Kronenkreuz, die Tristan-Malereien auf Schloss Runkelstein, die Fresken im Haus zur Kunkel in Konstanz sowie all die Teppiche, Kästchen sowie die Darstellungen an Kirchenbauten; – wenn es um solche Dinge geht,[51] dann hat man es mit einer komplexen kulturellen Erscheinung zu tun, auf die man mit einer Vielzahl von Theorien, Begriffen und Herangehensweisen reagieren sollte. Das gilt insbesondere auch für die wissenschaftliche Darstellung. Wenn ich etwa den auch schon wieder etwas älteren Überblicksartikel von Michael Curschmann lese, bin ich erschlagen von der Vielfalt der Phänomene, die er aufzählt; und enttäuscht darüber, dass es weitgehend bei einer Aufzählung bleibt.[52] Um sich den Phänomenen zu nähern; um die Phänomene Leser*innen nahezubringen, benötigt man historische Mikroanalysen, inspirierende Bildbeschreibungen, Wissen über Materialien und materiale Praktiken, Wissen über die Erzählwelten und anderes mehr. Und all dies ist dann so zu verschränken und zu kombinieren, dass am Ende eine Darstellung steht, die weder lediglich in die Kunstgeschichte noch lediglich in die Geschichtswissenschaft (nebst ihrer verschiedenen Grundwissenschaften) noch lediglich in die Archäologie noch lediglich in die Germanistik passt.

Aus der englischsprachigen Forschung lässt sich, was die Erzählformen anbelangt, einiges lernen. Man nehme nur ein jüngeres Buch von Jeffrey Jerome Cohen. In „Stone. An ecology of the inhuman" macht er das Material Stein als etwas lesbar, das eine Geschichte hat und eine bis heute andauernde kulturelle und phänomenologische Relevanz, gerade weil die meisten Menschen heute wohl eher eine distanzierte Beziehung zu diesem allgegenwärtigen Material haben.[53] Dabei geht es Cohen um eine geologische Langzeitperspektive, vor deren Hintergrund die Erwartung an Dauerhaftigkeit, die Menschen traditionell mit Stein verbinden, eher mickrig wirkt; es geht ihm aber auch um mittelalterliche Lapidarien und die dort versammelten Informationen über die Wirkung von Steinen; es geht ihm um ein mittelalterliches Vokabular für Stein und auch um die Rolle, die Steine in der biblischen Geschichte spielen; es geht ihm um eindrucksvolle steinerne Monumente einer lang vergangenen Zeit wie etwa die Stonehenge-Steinkreise, um Kirchen und Kathedralen, um Skulpturen und Monumente und um Landschaften – auch um Erzähllandschaften.

---

51 Ein Überblick in den Bänden zu „Literatur und Wandmalerei": Lutz, Thali und Wetzel 2002; Lutz, Thali und Wetzel 2005.
52 Curschmann 1999.
53 Cohen 2015.

Weil Cohen von einem Material ausgeht, aus dem mitunter Artefakte werden, kann er ganz unterschiedliche Aspekte und das Wissen ganz unterschiedlicher Disziplinen zusammenbringen. Manche Kapitel sind eher an Texten unterschiedlicher Zeitschichten orientiert; andere Kapitel eher am Material und an Artefakten; wieder andere Kapitel reflektieren Cohens eigene Beziehung zu Stein und bringen auf diese Weise eine eher phänomenologische Perspektive ein, durch die auch deutlich wird, woher das Interesse des Autors am Thema stammt.

Auf diese Weise gelingt es Cohen in seinem Buch, gegenwärtige Interessen und Perspektiven mit älteren Vorstellungen zu kontrastieren. Das Buch richtet sich dabei nicht nach einem positivistischen Verständnis der Präsentation wissenschaftlicher Ergebnisse. Cohens Buch ist komponiert. Er erzählt verschiedene Geschichten, aus verschiedenen Blickwinkeln, mit verschiedenen Ausgangssituationen. Einen klaren Zeitstrahl, an den sich die Argumentation hielte, gibt es nicht. Anekdoten und persönliche Erlebnisse wechseln mit historischen Analysen und textorientierten Diskussionen. Hierdurch entsteht ein komplexes Bild des Materials und seiner Beziehung zu den Menschen in Vergangenheit und Gegenwart. Das, was Cohen mit Stein macht, geht auch mit anderen Materialien und es geht auch mit Artefakten, von denen ausgehend man erzählt. Eine starre Unterscheidung zwischen fiktional und real ist dann ebenso wenig notwendig wie eine Aufteilung von Gegenständen nach wissenschaftlichen Disziplinen.

Freilich, wenn man wie Cohen schreiben will, muss man sich mit neueren Theorien beschäftigen. In diesem Fall mit den Material Culture Studies, mit Ansätzen Bruno Latours, mit dem Ecocriticism, dem Anthropozän und anderem mehr. Wenn man dies aber tut, kann man auch von den Präsentationsweisen lernen, die in diesen Feldern relevant sind und die dazu beitragen können, Dinge und Zusammenhänge vielschichtig und multiperspektivisch darzustellen. Deshalb gilt es, um noch einmal zum Thema „Inschriftlichkeit" zurückzukommen, nach Wegen zu suchen, um Status, Funktion und soziopsychische Position von Schrift, Schreiben und Geschriebenem auf möglichst breiter Basis zu beschreiben und, vor allem, zu präsentieren.

Besonders gut gelungen ist mir das in den vergangenen Jahren zwar nicht, aber das Feld der Material Culture Studies ist auch noch jung und heftig in Bewegung. Meine Schwerpunkte lagen, wenn ich so zurückblicke, in acht Bereichen: (1) Gemeinsam mit Ludger Lieb habe ich in einem Aufsatz (insbesondere auch unter Rückgriff auf Überlegungen Konrad Ehlichs) anhand von schrifttragenden Artefakten in deutschsprachigen Texten über Aspekte von Mobilität, Transport, Portabilität und Mobilisierung nachgedacht.[54] Die genannten Aspekte sind inso-

---

54 Lieb und Ott 2014.

fern zentral, als sie eine Bandbreite von Möglichkeiten beschreiben, um Dinge und Inschriften in einem Netzwerk von Akteuren und Praktiken zu verorten. (2) Eines der Beispiele aus diesem Aufsatz, die Tafel des Gregorius, habe ich in einem Beitrag näher in Augenschein genommen,[55] in dem ich mich intensiv mit dem einschlägigen Aufsatz von Edith und Horst Wenzel befasse.[56] Edith und Horst Wenzel diskutieren die Tafel vor dem Hintergrund der in den 1990er-Jahren sehr präsenten Ansätze zu Memoria und Gedächtnis und ich stelle diesem Ansatz Überlegungen und Analysen gegenüber, die stärker von der Materialität und dinglichen Potenz ausgehen, die einem schrifttragenden Artefakt wie der Tafel des Gregorius zukommen. Bei meiner Gegenüberstellung geht es nicht darum – und das hätte ich im Aufsatz vielleicht deutlicher sagen sollen –, den Ansatz von Edith und Horst Wenzel zu kritisieren, sondern es geht mir darum, durch den Kontrast deutlich zu machen, was man in Hartmanns von Aue *Gregorius* erkennen kann, wenn man eine andere Perspektive einnimmt und andere Fragen stellt. (3) Ausgehend von einem solchen kontrastierenden Ansatz ist der Weg nicht weit, sich einige grundlegende Gedanken zur theoriegeschichtlichen Position der Material Culture Studies zu machen. In einem Rezensionsessay habe ich das versucht und habe das jüngere Interesse an Materialität und Dinglichkeit als Gegenbewegung zum „Linguistic Turn" verstanden.[57] Das klingt, wenn ich es so aufschreibe, reichlich unspektakulär, hat mir aber sehr geholfen, mir den theoretischen Ort der Auseinandersetzung mit erzählten schrifttragenden Artefakten deutlicher zu machen.

(4) Neben der aktuellen theoretischen Verortung hat mich von Anfang an die disziplingeschichtliche Perspektive interessiert, die das Heidelberger SFB-Projekt mit Heidelberg, dem Akademienprojekt zu den „Deutschen Inschriften" und also auch mit Friedrich Panzer verknüpft. In zwei Aufsätzen bin ich dieser Spur gefolgt, die auch noch für das vorliegende Kapitel wichtig war.[58] (5) Inspiriert durch jüngere technische Entwicklungen und eine zunehmende Verschmelzung und Hybridisierung von Mensch und Technik haben Ludger Lieb und ich in einem weiteren Aufsatz den „Schnittstellen" nachgeforscht, die Menschen und Artefakte miteinander koppeln.[59] Die durchaus etwas gewöhnungsbedürftige Fragestellung lenkt den Blick wiederum auf Potenziale schrifttragender Artefakte im Rahmen einer Interaktion menschlicher und dinglicher Akteure. (6) Ein weiterer Arbeitsbereich betraf etwas, das im Mittelalter anscheinend weitgehend fehlt, nämlich erzählte Bauminschriften, die es in der Antike durchaus gab und in der Frühen

---

55 Ott 2015.
56 E. Wenzel und H. Wenzel 1996.
57 Ott 2017c.
58 Ott 2014; Ott 2017a.
59 Lieb und Ott 2015.

Neuzeit allüberall gibt. Ein erster Aufsatz ist mehr noch eine Bestandsaufnahme mit einigen Ideen und Thesen.[60] Ein zweiter Aufsatz, der noch nicht erschienen ist, wird der Sache mit Fokus auf die Schäfererzählungen der Frühen Neuzeit näher nachgehen und die Bauminschriften medienwissenschaftlich verstehen als eine Utopie einer Kommunikation über Poesie von Angesicht zu Angesicht. (7) Ein weiterer noch nicht erschienener Aufsatz befasst sich mit der Frage, ob Inschriften ein Geschlecht haben; eine Frage, die ich anhand einiger Textbeispiele bejahe, sind erzählte Inschriften doch verschiedentlich eingebunden in vergeschlechtlichte Beziehungen. (8) Schließlich entsteht seit einiger Zeit ein englischsprachiger Sammelband zu erzählten Inschriften in mittelalterlichen Literaturen, für den ich an mehreren Beiträgen mitwirken konnte, in denen ich auf frühere Ideen und Ansätze aufbaue, aber auch neue Perspektiven entwickle, insbesondere mit Blick auf ein mehrsprachigeres Textkorpus und auf neuere englischsprachige Forschung.

Das ist alles noch nicht so gut wie Cohens Buch und weit weniger umfassend als Küsters' Habilitationsschrift; aber es ist ein Anfang.

---

60 Ott 2017b.

5 Geschichtsgermanistik

Irgendwas ist ja immer. 1184 zum Beispiel, zu Pfingsten, beim prächtigen und berühmten Mainzer Hoffest, einem Fest von kontinentaler Dimension, bricht eine „mit ungemeiner Pracht aus Holz errichtete Capelle [...] infolge eines plötzlichen Sturmwindes" zusammen und erschlägt „Einige vom Volke", die sich darin aufhalten.¹ Und als der König (der eigentlich auf dem Weg nach Polen ist, um dort Krieg zu führen) etwas später nach Erfurt kommt und dort versucht, einen Streit zu schlichten zwischen dem Erzbischof Konrad I. von Mainz und dem Landgrafen Ludwig III. von Thüringen, geht schon wieder etwas schief. „Als er", der König,

> bemüht den Frieden zwischen denselben herzustellen, von Vielen umgeben in einer Oberstube zu Rath saß, brach plötzlich das Gebäude zusammen und Viele stürzten in die darunter befindliche Abtrittsgrube, deren einige mit Mühe gerettet wurden, während andere im Morast erstickten.²

Und als der König, der diesen sogenannten „Erfurter Latrinensturz" überlebt, etwas später nach Halle kommt, verstummen plötzlich die Glocken, „da die Stricke zerrissen".³

Das sind alles keine guten Zeichen, aber so ist das manchmal, wenn man unterwegs ist und es ständig mit einem komplexen Geflecht von Gebäuden, Dingen und Menschen zu tun hat. Immerhin reißt die Kette an schlechten Nachrichten nach den gerissenen Stricken ab, denn es kommen, so die Erfurter Chronik, nach der ich berichte, polnische Gesandte an und bitten den König um Frieden. Es war also nicht, wie man romanerprobt hätte denken können, eine hochsymbolische Unglückssträhne, die am Ende gar noch auf den Tod des Königs und späteren Kaisers hinführt. Nein, es war einfach nur die ganz normale Banalität von potenziell bedeutungstragenden Ereignissen, die man für aufschreibenswert hielt.

* * *

---

1 Grandauer 1881, S. 51.
2 Ebd., S. 51 f. Im lateinischen Original heißt es: „Basilica eximio cultu de lignis erat constructa, in qua cum ipso sancto die penthecostes divina misteria fuissent celebrata, ante solis occasum repentino turbine tota corruit et quosdam vulgi introrsum manentes extinxit. [...] Heinricus rex Poloniam iturus Erphordiam divertit, ubi Cûnradum Magontinum et Lodewigum provincialem ob illatas episcopatui clades graviter inter se dissidentes invenit. Inter quos pacem reformare studens dum in cenaculo vallatus multis resideret, repente pavimento disrupto plures in cloacam subtus latitantem ceciderunt; quorum alii vix educti, alii in ceno sunt suffocati." (Holder-Egger 1899, S. 192 f.) Man vergleiche zur Chronik Tebruck 2001.
3 Grandauer 1881, S. 52.

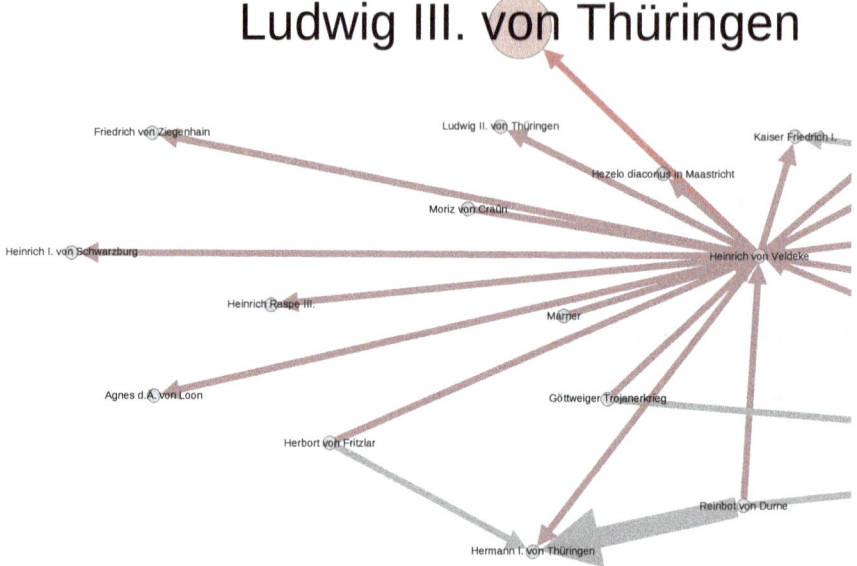

Abbildung 5.1: Netzwerk rund um Ludwig III. von Thüringen, Ausschnitt aus der Abbildung von Seite 153

Das hier ist ein Kapitel über Landgraf Ludwig III. – genannt „der Fromme" – von Thüringen (1151/1152–1190); und es ist auch ein Kapitel über Schwierigkeiten, die entstehen, wenn man aufgrund akademischer Grenzziehungen Texte auf unterschiedliche Disziplinen aufzuteilen hat, wenn man also zum Beispiel gehalten ist, sich zwischen einer historischen und einer literaturwissenschaftlichen Perspektive zu entscheiden. Häufig sind solche Entscheidungen in der Praxis unproblematisch, weil es eingeübte Traditionen gibt und eine etablierte Aufgabenverteilung, an die man sich halten kann und meist ja auch hält. Zwar mögen hinter diesen Traditionen und Aufgabenverteilungen problematische Regeln und Gewohnheiten stehen, aber darum ist es mir hier gar nicht so sehr zu tun. Mir geht es in diesem Kapitel um Texte, die schon seit Längerem, mitunter schon immer, ein Zuordnungsproblem aufwerfen, weil sie sich ganz grundsätzlich gegen die Ordnungsbemühungen sperren, mit denen man Verantwortlichkeit für diese Texte zuordnen möchte. Derartige Texte scheinen mir ein guter Probierstein zu sein, um über wissenschaftliche Ordnungsbemühungen nachzudenken und um Gegenmodelle zu erproben. Das zentrale Beispiel, das ich mir ausgesucht habe, ist die (von Friedrich Heinrich von der Hagen)⁴ so genannte *Kreuzfahrt Landgraf Ludwigs des Frommen*, entstanden in den Jahren um 1300, vermutlich in Schlesien, im Umkreis Bolkos I., des Herzogs von Schweidnitz. Zeit und Raum sind in diesem Fall wichtig, wie sich noch zeigen wird; nicht deshalb, weil sie uns erlauben, den Text klar der Geschichts- oder klar der Literaturwissenschaft zuzuweisen, sondern weil diese Informationen es ermöglichen werden, die Verschränkungen und Verknüpfungen zu beschreiben und zu erzählen, die diesen Text so besonders machen. Deshalb ist dies nicht nur ein Kapitel über Ludwig III. sowie über Geschichts- und Literaturwissenschaft, sondern es ist auch ein Kapitel über Verflechtungen und Verbindungen.

Der Protagonist dieses Kapitels, Ludwig III., ist natürlich ebenfalls in Mainz, auf dem berühmten Hoffest, und dort hatten „nur der König von Böhmen und der Kölner Erzbischof ein zahlreicheres Gefolge als der Landgraf, den tausend und mehr Ritter begleitet hatten".⁵ Dies, das große Gefolge, spricht für die Bedeutung des Landgrafen. Ludwig III. überlebt auch, so wie König Heinrich VI., den Latrinensturz in Erfurt. In der Mittelaltergermanistik ist Ludwig sowieso gut bekannt, wenn auch eher indirekt. Es geht dabei um das Abhandenkommen eines Manuskripts, desjenigen des *Eneasromans* Heinrichs von Veldeke. In den Versen 13429–13490 wird nämlich berichtet, dass, so heißt es im Eintrag des Verfasserlexikons,

> das Manuskript der Gräfin Margarete von Kleve, der er [Heinrich von Veldeke, M. O.] es zu lesen gegeben hatte, bei ihrer Hochzeit mit dem Landgrafen (Ludwig III. von Thüringen), also in Kleve im März 1174, von einem Grafen Heinrich entwendet [wurde], der es nach Thüringen mitnahm.⁶

Erst neun Jahre später, so heißt es im *Eneasroman*, habe Heinrich von Veldeke das unfertige Manuskript zurückerhalten und es fertigstellen können.⁷ So weit die in der Mittelaltergermanistik recht berühmte Kriminalgeschichte.

Bernd Bastert hat vor einigen Jahren in einem Aufsatz erläutert, dass die Sache so einfach leider nicht ist.⁸ Für die Ehe Ludwigs mit einer Gräfin aus Kleve existiert kein weiteres Zeugnis; und auch eine Hochzeit für das Jahr 1174 lässt sich nicht nachweisen. Freilich, so führt Bastert weiter aus, ergeben sich die im Verfasserlexikon geschilderten Zusammenhänge aus der konkreten Textpassage sowieso nicht ohne Weiteres. Im Text nämlich heißt es, Heinrich von Veldeke habe die Vollendung des Buchs *dorch einen zoren* sein lassen müssen:

---

4 von der Hagen 1854.
5 Wenck 1884, S. 594.
6 L. Wolf und Schröder 1981, Sp. 901 [Abkürzungen aufgelöst, M. O.].
7 Heinrich von Veldeke 2004, V. 13464.
8 Bastert 1994.

> *her hete das bûchelîn verloren.*
> *her liez ez einer frouwen*
> *ze lesene und ze schouwen,*
> *ê danne manz wol schreve,*
> *daz was diu grâvinne von Cleve*
> *diu milde und diu gûte*
> *mit dem frîen mûte,*
> *diu konde hêrlîche geben.*
> *vil tugentlîch was ir leben,*
> *als ez frouwen wol gezam.*
> *dô si der lantgrâve nam,*
> *dô wart daz bûch ze Cleve verstolen*
> *einer frouwen, der ez was bevolen.*
> *des wart diu grâvinne gram*
> *dem grâven Heinrîch, der ez nam*
> *unde ez dannen sande*
> *ze Doringen heim ze lande.*[9]

„Den Worten", so Bastert, „kann man wohl nur den Diebstahl des Manuskripts *ze Cleve* entnehmen, daß gleichzeitig die Heirat dort stattfand, ist damit noch nicht gesagt".[10] Aber nicht nur der Anlass des Diebstahls ist gar nicht so sicher; es ist auch gar nicht so ganz klar, wer eigentlich der Dieb war. Die Forschung votierte in der Regel für den 1180 gestorbenen Bruder Ludwigs III., allerdings ist, wie Bastert erläutert, in mehreren Handschriften davon die Rede, dass ein Graf Heinrich von Schwarzburg das Manuskript genommen habe. Und dieser Heinrich, Heinrich I. von Schwarzburg – der, nach allem, was wir wissen, kein Freund Ludwigs III. war –, starb 1184 beim schon erwähnten Erfurter Latrinensturz. Das wiederum bewegt Bastert zu einer Neudatierung, die das Datum des Diebstahls in die Jahre 1171/72 verlegt. Nach dem Tod Heinrichs von Schwarzburg

> könnte möglicherweise sein Bruder Günther von Schwarzburg, dem das gesamte Erbe des ohne Nachkommen Verstorbenen zufiel, und der nicht an der Fehde Heinrichs gegen den Landgrafen beteiligt, im Gegenteil vor längerem Lehnsmann Ludwigs III. geworden war und sich in dessen Schutz begeben hatte, seinem Lehnsherrn das einst von Heinrich geraubte Manuskript wieder zugänglich gemacht haben.[11]

Das ist natürlich Spekulation, aber das lässt sich in diesen Fällen auch kaum vermeiden, wenn man ein bisschen mehr erfahren und erzählen will von der Einbettung einer schriftgebundenen höfischen Erzählkultur in die Lebens- und Erlebniswelt

---

9 Heinrich von Veldeke 2004, V. 13443–13460.
10 Bastert 1994, S. 259.
11 Ebd., S. 265.

der hochadeligen Elite, die allem Anschein nach ihre Auseinandersetzungen und ihren Wettbewerb auch auf Ebene der Textproduktion austrägt. Es ist denn auch kein Wunder, wenn einzelne Adelsnamen und einzelne Ereignisse ab und an in die Erzählungen hineinragen, durch Erwähnungen, Anspielungen oder auch durch das Lob, das denjenigen zukommt, die insbesondere das Übertragen französischer Texte in deutsche Verse initiiert haben. Veldekes *Eneasroman* ist für solche hineinragenden Realitätssplitter auch wegen einer anderen Textpassage ein gutes Beispiel, in der die Hochzeit Eneas' und Lavinias mit dem Mainzer Hoffest des Jahres 1184 in Beziehung gesetzt wird.[12]

Überhaupt sollte man die Bedeutung der Roman- und Lyrikproduktion nicht unterschätzen, wenn es um die adeligen Rivalitäten und Machtkämpfe geht, für die sich die Geschichtswissenschaft traditionell sehr und die Germanistik traditionell nicht so sehr interessiert. Höfische Romane und höfische Lyrik sind – auch – eine Ressource, ein Ausweis von Macht und Ansehen, ein Mittel der fürstlichen Statusbehauptung und Auseinandersetzung. Die englischsprachige Forschung habe dies besser im Blick als die deutschsprachige, schreibt Stephen Jaeger, der das sicherlich sehr gut einschätzen kann, im Jahr 2010, zum 25-jährigen Jubiläum seines „Origins of Courtliness"-Buchs.[13]

Vielleicht ließe sich von dieser englischsprachigen Diskussion etwas lernen, wenn es darum geht, die politische Funktion und überhaupt das Politische der höfischen Textproduktion zu beschreiben. Sieht man sich nämlich zum Beispiel das Mainzer Hoffest und die deutschsprachigen höfischen Romane an, zeigen sich durchaus vergleichbare Anliegen, nämlich die entschiedene Aufwertung des Rittertums mit allem, was damit zusammenhängt. Die „Normen der Ritterlichkeit", so erklärt es der Historiker Gerhard Lubich am Beispiel des Mainzer Hoffestes, speisten sich

> aus alten christlichen Herrschertugenden, hatte[n] neue Impulse aus dem Kreuzzugsgedanken erhalten und sich mit dem politischen Aufstieg des Rittertums zu einer vorherrschenden Ideologie entwickelt. Bei aller Verankerung im christlichen Gedankengut stellt der ‚Tugendadel' letztlich auf das Subjekt bezogene Verhaltens- und Wertmaßstäbe dar, die nicht mehr von der Kirche – und schon gar nicht vom Papsttum – vorgeschrieben wurden.[14]

---

12 Heinrich von Veldeke 2004, V. 13221 ff.
13 „The English school has a much sharper conception of the social and political function of courtliness and chivalry in the realities of noble life, certainly than German scholarship, where there is still a strong conviction of the pure literariness of courtliness, chivalry, and especially of courtly love." (Jaeger 2010, S. 211) Der Aufsatz blickt zurück auf Jaeger 1985.
14 Lubich 2010, S. 282.

Und von der Kirche und dem Papsttum wollen ja auch die höfischen Romane eigentlich nichts wissen, eher schon – weil es da ja um Ritterschaft geht – von Heidenkämpfen und Kreuzzügen. Da trifft es sich – irgendwas ist ja immer –, dass in dieser Zeit des Mainzer Hoftags, an „diesem Höhepunkt des staufischen Imperiums", wie Friedrich Wilhelm Wentzlaff-Eggebert erzählt, „die Unglücksbotschaft aus dem heiligen Land" eintrifft, dass im Jahr 1187, in der Schlacht bei Hattin (gelegen zwischen Akkon und dem See Genezareth)

> die christliche Ritterschaft vernichtend geschlagen worden sei, und daß nach der Zusammenfassung aller islamischen Kräfte unter dem Sultan Saladin auch das fränkische Königreich Jerusalem in höchster Gefahr sei. Jetzt muß sich der Kaiser als Beschützer der christlichen Kirche bewähren. Er muß den uralten Ruhm eines defensor ecclesiae christianae erneuern. Die Entscheidung, die er zu treffen hat, ist eine im echten Sinne abendländische. Noch aber ist die Erinnerung an den unglücklichen Ausgang des zweiten Kreuzzuges von 1147 in aller Munde. Die glaubenstreue, aber politisch verfrühte Entscheidung Konrads III. zur Kreuznahme wirkt abschreckend nach. [...] Eine Entscheidung muß schnell fallen. Nur der Kaiser kann sie treffen, dessen weltliche Macht und dessen Verbundenheit mit dem abendländischen Rittertum in Mainz so sichtbar erschienen war. Diese weltgeschichtliche Entscheidung fällt 1188 auf der Curia Christi in Mainz.[15]

Spannender kann man das nicht erzählen (auch wenn ich das heute nicht mehr ganz so formulieren würde). Auf dieser „Curia Christi" (wiederum, wie schon das Hoffest, in Mainz) kündigt der Kaiser, Friedrich I., seinen Kreuzzug an und natürlich ist auch Landgraf Ludwig III. in Mainz dabei, ‚nimmt das Kreuz',[16] wie man so sagt, und zieht dann in denjenigen Kreuzzug, der in der Geschichtswissenschaft die Drei als Ordnungszahl erhalten hat. Während jedoch der Kaiser auf dem schwierigen Landweg in einem Fluss ertrinkt, schafft es Ludwig (auf dem Seeweg) in das Land, das den Christen heilig ist, und er kann dort an der Belagerung Akkons teilnehmen. Im Jahr 1190, auf der krankheitsbedingten vorzeitigen Rückreise von diesem Kreuzzug, stirbt Ludwig auf der Schifffahrt nach Zypern. Die Eroberung Akkons im folgenden Jahr, 1191, hat er also nicht mehr miterlebt.

* * * * * * *

Wir bleiben bei Landgraf Ludwig III., springen aber rund ein Jahrhundert vorwärts. Im Jahr 1291, hundert Jahre nach der Eroberung durch die Kreuzfahrer, fällt Akkon

---

15 Wentzlaff-Eggebert 1975, S. 31.
16 Grandauer 1881, S. 54: „Ludewig, Landgraf von Thüringen, Poppo, Graf von Henneberg, Adelbert von Grumbach, Adelbert von Hildenburg und viele andere Fürsten, Grafen und Herren, aber auch eine unzählbare Menge aus verschiedenen Reichen und Ländern, sowohl Kleriker als Laien, wurden mit dem Kreuze des Herren bezeichnet."

zurück in die Hand der Muslime. Für den christlichen Teil Europas scheint dies ein einschneidendes Ereignis gewesen zu sein, zumal in der Folge des Verlusts Akkons die Kreuzfahrerstaaten im östlichen Mittelmeer untergehen. Damit endet, wenn man so will, eine zweihundertjährige Geschichte des bewaffneten Kampfes zur Herrschaftseroberung und -sicherung desjenigen Gebiets, dem man aufgrund der Geschehnisse des Neuen Testaments einen besonderen Stellenwert zumaß.

Während die Niederlage bei Hattin im Jahr 1187 der Kreuzzugsbewegung noch „einen außerordentlichen Schub"[17] verliehen hatte, war die Lage nun jedoch, rund einhundert Jahre später, eine andere. Spätestens mit dem Verlust Akkons war das europäische Interesse an Kreuzzügen in das Heilige Land, das schon im Laufe des 13. Jahrhunderts mehr und mehr nachgelassen hatte, endgültig erlahmt.[18] Zwar schreibt man gerade jetzt, in der Zeit um 1300, zahlreiche Memoranden und Traktate,[19] die für einen neuen Kreuzzug werben; aber das Konzept hatte sich ganz offenbar weitgehend überlebt und erledigt (und vielleicht beschreibt man genau deshalb so viel Pergament). Das ist ein guter Moment, so könnte man vielleicht sagen, um nicht nur Traktate, sondern auch Erzählungen zu schreiben. In Ottokars sogenannter *Steirischer Reimchronik* etwa gibt es ein ganzes Buch, in dem ausführlich die christliche Niederlage in Akkon erzählt wird.[20] Und wie fulminant dort erzählt wird! Das zweite Buch der *Reimchronik* schildert detailliert nicht nur die Belagerung und Kämpfe bis zum (aus christlicher Sicht) traurigen Ende. Es geht in der Erzählung auch um päpstlich-kirchliche Intrigen, einen verhängnisvollen und geradezu kriegslüsternen päpstlichen Legaten, um schwierige diplomatische Verhandlungen und schließlich um eine aufwendige Belagerung, einen entbehrungsreichen Abwehrkampf, um herausragende Krieger (die mitunter auch die Seiten wechseln) und um die Flucht einiger verbliebener christlicher Kämpfer sowie um den Umgang der Muslime mit denjenigen, die zurückbleiben und den Eroberern in die Hände fallen.[21]

Auch dieses zweite Buch der *Steirischen Reimchronik* lässt sich nicht so ganz sauber zuordnen, wenn es um die Frage geht, ob es sich um eine „Quelle" oder um „Literatur" handelt – wobei man sich in diesem Fall vielleicht ganz gut darauf einigen kann, dass der Text beides ist (was immerhin besser, weil leichter zu

---

17 Jaspert 2013, S. 47.
18 Stickel 1975.
19 Nikolas Jaspert (Jaspert 2013, S. 55) zählt einige auf. Wer weiterlesen will, lese Paviot 2008.
20 Hatheyer 2005.
21 Und dann gibt es noch eine Nachgeschichte, die durch keine anderen historischen Dokumente gestützt wird und allem Anschein nach keine dokumentarische Funktion erfüllt, sondern auf etwas anderes abzielt. Ich gehe auf diese „Nachgeschichte" nicht weiter ein; Bernd Bastert hat dazu Überlegungen angestellt, die mir plausibel zu sein scheinen: Bastert 2016, S. 261f.

handhaben ist, als wenn der Text nichts von beidem wäre). Noch schwieriger aber scheint diese Frage bei der *Kreuzfahrt Landgraf Ludwigs des Frommen* zu sein, die etwa zur gleichen Zeit entsteht wie die *Steirische Reimchronik*, also in der Zeit eines sich deutlich abkühlenden Interesses an Kreuzzügen in das östliche Mittelmeer angesichts des „Verlusts" der Kreuzfahrerstaaten in Übersee. Während die *Steirische Reimchronik* jedoch den „Verlust" Akkons erzählt, erzählt *Ludwigs Kreuzfahrt* die Eroberung Akkons, einhundert Jahre früher. Überhaupt sind das die beiden einzigen deutschsprachigen „Geschichtsdichtungen", in denen, wie Bernd Bastert schreibt, „mehr oder weniger eindeutig identifizierbare Ereignisse und Figuren aus der Epoche der Kreuzzüge ins Heilige Land und der Kreuzfahrerstaaten den Referenzrahmen bilden und im Fokus stehen".[22] Das, dieser Ausnahmestatus, ist bemerkenswert.

Die Schwierigkeit, die *Kreuzfahrt* entweder der Literatur- oder der Geschichtswissenschaft zuzuordnen, ist oft festgestellt worden und gehört zum Topos der nicht allzu breiten Forschung zu dieser Erzählung.[23] Während Historiker*innen dem Text in der Regel wenig abgewinnen können, weil er letztlich keine ordentliche Datengrundlage bietet, wissen Literaturwissenschaftler*innen in der Regel nicht so recht, was sie mit einer Erzählung anfangen sollen, die nicht den ästhetischen Ansprüchen einer „höfischen Klassik" entspricht und deren Erzählwelt und Erzählstrategien mit dem literaturwissenschaftlich Gewohnten wenig zu tun haben.

Ludwigs Kreuzfahrt ist in einer einzigen Handschrift überliefert und wurde zuerst von Friedrich Heinrich von der Hagen ediert. Die neueste Ausgabe stammt aus dem Jahr 1923, von Hans Naumann. Naumann, das ist hier nicht unwichtig, weil es ja um disziplinäre Zuordnungsfragen geht, wurde 1921 Nachfolger Friedrich Panzers in Frankfurt am Main, erhielt also einen germanistischen Lehrstuhl; und überhaupt war er mehr Germanist als Historiker. Naumann entwickelte sich früh zu einem überzeugten und begeisterten Nationalsozialisten – aber das ist eine andere Geschichte.[24] Seine Ausgabe der *Kreuzfahrt* erschien in den „Monumenta Germaniae Historica", was auch ein Zeichen der Zwischenstellung des Textes ist (auch wenn es wahrlich nicht der einzige Text in den MGH ist, dem eine solche Zwischenstellung zukommt).

Auch Naumann selbst stellte bereits fest, dass der Text nicht so ohne Weiteres der Literatur oder Geschichte zugeordnet werden kann; dass er sogar eigentlich weder als „Quelle" noch als „Literatur" etwas tauge. „Der unmittelbare historische

---

22 Bastert 2016, S. 254 f.
23 Man vergleiche etwa Groll 1972, S. 13, oder auch Hirt 2012, S. 86.
24 Ehrismann 2003.

wert unseres gedichtes ist sehr gering", schreibt Naumann in alt-germanistischer Kleinschreibung, „aber der dichter wollte auch kein geschichtschreiber sein, was man ihm weniger übelnähme, wenn er ein besserer dichter wäre".[25]

Naumann hat das Ganze offenbar persönlich, weil übel genommen. Immerhin schafft er es, dem Ganzen doch noch eine positive Wendung zu geben:

> Der historische wert ist ein indirekter, mehr geistesgeschichtlicher, vielleicht also bedeutenderer. Er besteht darin, daß das gedicht gewissermaßen die beurteilung des kreuzzuges im deutschen volke, die öffentliche meinung über die ereignisse widerspiegelt.[26]

Dieses Argument trifft durchaus einen Punkt, denke ich. Tatsächlich geht es bei der Erzählung nicht nur um eine Dokumentation eines lange vergangenen Ereignisses, das durch den „Verlust" Akkons an Aktualität gewonnen hat, sondern insbesondere um die Situation der Zeit der Entstehung des Textes. Es geht also nicht nur um Vergangenheit, sondern auch, und sogar ganz wesentlich, um die Gegenwart, aus der heraus und für die erzählt wird. Die Erzählung macht das auch durchaus deutlich. Die *Kreuzfahrt* nämlich ist – und das ist auch leicht zu erkennen – in zwei Teile geteilt. Der erste Teil bietet einen kurzen „Abriss zur Geschichte des Königreichs Jerusalem"; die Erzählung reicht, so Helmut Beifuss in einem jüngeren Aufsatz,

> von der Inthronisation Gottfrieds von Bouillon bis zur Eroberung Jerusalems durch Saladin im Jahre 1187. [...] Der Verlauf ist so faktentreu dargestellt, dass allgemein von einer oder mehreren zu Grunde liegenden lateinischen Quellen ausgegangen wird.[27]

Gerade diese anfängliche Faktentreue hat Historiker*innen verwirrt. Aber diese Treue gilt eben nur für den ersten Teil.

Die Zweiteiligkeit hat auch stilistische Folgen, denn während im ersten Teil die Geschehnisse „in einer trockenen, fast distanziert wirkenden Weise" berichtet werden,[28] bei der sich die Reimpaarverse schon in Richtung Prosa schieben und so jegliche Stilerwartungen, die von der höfischen Epik herkommen, enttäuschen, ändert sich das mit der Nennung der Jahreszahl 1187 (V. 464 f.). Nun nähern sich die Reimpaarverse stilistisch der höfischen Epik an; nun werden Figurenreden und Schlachtenschilderungen erzählt; nun werden nicht mehr genealogische Ketten, sondern die Folge von Ereignissen geschildert; nun treten auch Nebenfiguren auf, die eine bestimmte Funktion übernehmen.

---

25 Naumann 1923, S. 201.
26 Ebd., S. 202.
27 Beifuss 2011, S. 170.
28 Ebd., S. 173.

Dieser zweite Teil stellt die Eroberung Akkons und insbesondere die Rolle Ludwigs III. in den Vordergrund, denn der Landgraf ist, zwischen Königen und dem Kaiser, der große, unangefochtene Held. Der Landgraf genießt das Vertrauen von Königen, Fürsten und Gefolgsleuten; der Landgraf ist mutig und tapfer; er ist aber auch gerecht und weise und klug und vorausschauend; er hilft den Tapferen in der Schlacht; er kümmert sich nach der Schlacht um die Verletzten; er hört auf seine Ratgeber (und sie auf ihn); er ist aufmerksam und vorbildlich. Ludwig ist zudem noch ein begnadeter Redner, insbesondere vor der Schlacht, wenn er zu seinem Heer spricht; und er ist ein gefragter Ratgeber, dem man vertraut; er ist auch bescheiden und demütig; er erweist Gnade, wenn Gnade angebracht ist; er versucht, die *nationes* zu versöhnen (die immer wieder in Streit geraten); und überhaupt stiftet er Zusammenhalt, wo er nur kann.

Aus Sicht der Historiker*innen geht dabei freilich einiges durcheinander: Friedrich I. Barbarossa ist in *Ludwigs Kreuzfahrt* gar nicht im Fluss ertrunken, sondern kämpft vor Akkon mit, wo er sich bereitwillig Ludwigs Oberbefehl unterstellt; außerdem wird Ludwig III. mit seinem Nachnachfolger Ludwig IV. („dem Heiligen") überblendet und erhält so auch dessen Ehefrau (Elisabeth von Thüringen). Dieser Ludwig IV. ist knapp 40 Jahre nach seinem Vorvorgänger auf dem Weg in das Heilige Land gestorben und hat eben jene Elisabeth zurückgelassen. Weitere „Fehler" ließen sich nennen; immerhin aber zeigt die Doppelung der beiden Ludwige, die beide in das Heilige Land zogen und beide dabei starben, dass der Wahnsinn vielleicht Methode hat. Über diese (mögliche) Methode gilt es nachzudenken.

Eben weil Naumann durchaus recht hat, wenn er der *Kreuzfahrt* mehr Relevanz für die Produktionszeit um 1300 als für die Zeit der erzählten Welt einhundert Jahre früher zuspricht, hat auch die Forschung versucht, den Text mit seiner Produktionsgegenwart zu verknüpfen. Eine wichtige Rolle spielte dabei die plausibel zu vermutende Anbindung des Textes an einen schlesischen Fürstenhof, nämlich an den Hof Bolkos I. von Schweidnitz. Und tatsächlich versteht man besser, warum die Erzählung wichtig und relevant ist, wenn man die Interessen, Herausforderungen, Ansprüche und Handlungspotenziale besser versteht, in die jemand wie Bolko I. eingebunden war.

Die Sache mit Schlesien freilich ist kompliziert. Nach dem Angriff der Mongolen im Jahr 1241 stirbt der schlesische Herzog Heinrich II. und im Anschluss kommt eine Kette von Gebietsteilungen in Gang, die man nur bestaunen kann. Ich zitiere Peter Moraw (und sage gleich dazu, dass die Details im Folgenden nicht relevant sein werden):

> Seit 1248/51 […] hatten die Söhne das Land in die neuen Herzogtümer Liegnitz, Glogau und das verkleinerte Breslau geteilt. Die darauf folgende Generation gliederte weiter auf, von Liegnitz stammten die Herzogtümer Löwenberg und Jauer her, von Glogau Sagan und

Steinau. Die dritte Generation trennte Brieg von Breslau, Schweidnitz und Münsterberg von Löwenberg-Jauer und Oels von Glogau ab. Im Jahr 1281 wurde auch Oberschlesien zerlegt, und zwar in die Herzogtümer Oppeln, Cosel-Beuthen, Ratibor und Teschen. In der nächsten Generation entstanden aus Oppeln zusätzlich Falkenberg und Groß Strehlitz, aus Cosel-Beuthen erwuchsen Cosel, Beuthen und Tost, von Teschen sonderte sich Auschwitz ab. Als die Zeit weiter fortschritt, wurden die Veränderungen noch ein gutes Stück komplizierter, insofern auch Vereinigungen von Herzogtümern stattfanden und auswärtige Fürsten ebenso Anteile zu erwerben suchten wie schlesische Herzöge sich auswärts betätigten.[29]

Das ist keine gute Situation, wenn mit dem Königreich Böhmen ein mächtiger Nachbar bereitsteht, um im eigenen Interesse tätig zu werden. Die Situation um 1300 ist denn, aus Sicht des schlesischen Adels, auch durchaus prekär, und es beginnt eine Phase, „in der die schlesische Selbständigkeit zugunsten Böhmens und des Reiches nach und nach beendet wurde".[30] Im Jahr 1301 steht Schlesien „nahezu vollständig unter böhmischer Lehenshoheit. Lediglich Bolkos Territorium", so Hans-Joachim Behr, „ist nominell autonom".[31] Am böhmischen Königshof wiederum – der eben genannte Hans-Joachim Behr hat dazu ein Buch geschrieben – entstehen in dieser Zeit eine ganze Reihe von Erzählungen, zum Beispiel Ulrichs von dem Türlin *Arabel* (1260er) sowie der *Wilhelm von Wenden* (vor 1297) und der *Alexander* (fertiggestellt vor dem *Wilhelm von Wenden*) des Ulrich von Etzenbach.

In dieser Situation, in der Bolko I. noch einigermaßen selbstständig agieren kann und in der sich der böhmische Hof zu einem Zentrum der Erzähltextproduktion entwickelt hat, in dieser Situation entsteht *Ludwigs Kreuzfahrt*, die selbst auch eine panegyrische Passage auf König Wenzel II. von Böhmen und dessen Vorgänger enthält, kurz vor der Erwähnung des Auftraggebers *herzoge Polke* (V. 5573).

Um nun wiederum Wenzels Situation zu verstehen, müssen wir auch noch einen kurzen Blick auf die Haupt- und Staatsaktionen werfen: Während des sogenannten Interregnums (in dem es ja keineswegs zu wenige, sondern zu viele Könige gab) – also im Anschluss an die päpstliche Absetzung Kaiser Friedrichs II. im Jahr 1245 – wird die Rolle, Funktion und Bedeutung der Fürsten des römisch-deutschen Reiches neu ausgehandelt. Ein wichtiges Moment (innerhalb des römisch-deutschen Reiches) ist dabei das Modell des Wahlkönigtums, das nicht nur für einzelne Fürsten ein Ansporn sein kann, zum König gewählt zu werden, sondern vor allem den Kurfürsten ein Machtpotenzial bietet, das auf vielen Ebenen und in vielen Situation präsent ist und eingesetzt wird. Im Osten, vor allem im Nordosten des Reiches bilden sich durch Kolonisierungsbewegungen

---
29 Moraw 1994, S. 80.
30 Ebd., S. 80.
31 Behr 1989, S. 218.

neue Konstellationen, die insbesondere das Gebiet des Deutschen Ordens und Böhmen betreffen (und damit auch, wie ich gleich hinzufüge, Schlesien). Mit der Wahl des Grafen Rudolf von Habsburg zum römisch-deutschen König im Jahr 1273 wird zum ersten Mal ein Angehöriger des Hauses Habsburg zum König gewählt, dem es allerdings nicht gelingt, die Königsherrschaft seiner Familie auf Dauer zu stellen, denn „von 1273 bis 1347 [wechselte] bei jeder Wahl das Königshaus. Das hatte zur Folge, daß das Austarieren der Macht zwischen König und Fürsten die Politik immer neu bestimmte."[32] Davon ausgehend kann man für die Zeit um 1300 im römisch-deutschen Reich eine Schwächung der königlich-kaiserlichen Zentralgewalt konstatieren.

Das also ist in groben Zügen die Situation, in der die böhmischen Könige und Kurfürsten an einer Stärkung ihrer Position arbeiten und wohl auch deshalb Erzähltexte in Auftrag geben oder sonst wie zu deren Entstehen beitragen; Erzähltexte, in denen von einzelnen Fürsten erzählt wird und von regionalem Fürstentum. Wenn man nun davon ausgeht, dass die Zeit der Produktion höfischer Romane gegen Ende des 13. Jahrhunderts aufhört; wenn man sich zudem ansieht, wie an einzelnen Höfen, zumal auch am böhmischen Hof, neue, andersgeartete Romane produziert werden; und wenn man dann die politische Großwetterlage bedenkt, dann sieht man gut, dass es sich um Großerzählungen handelt, die darauf abzielen, die Figur des Fürsten und dessen Herrschaft zu konturieren und zu propagieren. Eben deshalb, eben weil es um politische „Öffentlichkeitsarbeit" geht, spielt Geschichtlichkeit in den neuartigen „Fürstenromanen"[33] der Zeit um 1300 eine wichtige Rolle; so wichtig, dass man leicht auf die Idee kommen kann, man müsse die Romane im historiografischen Rezeptionsmodus lesen. Das aber vereinfacht die Situation über Gebühr, denn zwar entwerfen die Texte eine durchaus historisch ausgestattete Erzählwelt, aber sie tun dies vor dem Hintergrund eines ganz anderen Historismus als desjenigen des 19. Jahrhunderts und vor dem Hintergrund einer politischen Großwetterlage, die bestimmte Formen der Erzählweltgestaltung privilegiert.

Dementsprechend hat die *Kreuzfahrt* inhaltlich und strukturell vieles mit einigen der Texte gemein, die man seit einiger Zeit gerne als „Minne- und Âventiureroman" bezeichnet, also etwa dem *Reinfried von Braunschweig* (nach 1291, also nach dem „Verlust" Akkons), dem *Wilhelm von Österreich* (1314 fertiggestellt) und dem *Friedrich von Schwaben* (nach 1314, weil der *Wilhelm von Österreich* erwähnt wird, letztlich aber mit unsicherer Datierung).[34] Die Bezeichnung selbst verrät das

---

32 Menzel 2012, S. 285.
33 „Fürsten- und Herrschaftsroman" lautet der terminologische Vorschlag von Mathias Herweg (Herweg 2010).
34 Ridder 1998. Zur Datierung des *Friedrich von Schwaben* siehe Herweg 2010, S. 31 f.

romantische Erbe der Germanistik und führt insofern in die Irre, als eine politische Funktion explizit ausgeblendet wird.[35]

Klaus Ridder, der ansonsten wenig Interesse für die Interaktion der Erzählungen mit der sich verändernden politischen Situation aufbringt, hat die politische Faktur der Texte in seinem einschlägigen Buch folgendermaßen beschrieben:

> Die Helden – zumindest des *Reinfried von Braunschweig* und des *Wilhelm von Österreich* – agieren im Heiligen Land und im Orient im Zeichen des Kreuzes als ‚Vollstrecker der Heilsgeschichte', als Begründer von ‚weltumspannenden Herrschaften', aber auch als reisende Entdecker und Welterforscher. Die sich etablierenden Territorialmächte, eine schwache Zentralgewalt und das Bewußtsein eines endgültigen Verlustes des Heiligen Landes nach der Niederlage von Akkon (1291) geben die historische Folie für Geschichtsprojektionen, für Raum- und Herrschaftsphantasien ab, in deren Mittelpunkt der Landesfürst steht. Dynastisches und landesherrliches Selbstverständnis entwirft sich hier auf eine besondere Weise, indem der Landesfürst Aufgaben der Zentralgewalt wie selbstverständlich übernimmt. Erfolgreicher Heidenkampf und Errichtung einer christlichen Herrschaft im Orient lassen sich nicht zuletzt – gerade nach dem Fall von Akkon – als literarische Formulierung eines Führungsanspruchs im Reich deuten.[36]

Abgesehen von der Welterforschung lässt sich das im Wesentlichen auch für *Ludwigs Kreuzfahrt* so sagen und auch weitere Beobachtungen, die Ridder anhand der Erzähltexte macht, passen zur *Kreuzfahrt*. So kann ich denn nur vorschlagen, auch die *Kreuzfahrt* in die Reihe derjenigen Texte aufzunehmen, die mit dem misslichen Etikett der „Minne- und Âventiureromane" bezeichnet werden. An die Stelle, die um 1200 der höfische Ritter einnahm, der sich zu bewähren hat, tritt damit nun in der Erzählung der Fürst, der sich in der Welt bewährt.

Wie also ist nun die *Kreuzfahrt* zu lesen? Einige wichtige Perspektiven habe ich bereits genannt: (1) Die *Kreuzfahrt* bietet im ersten Teil eine Form von Geschichtsschreibung, die sehr anschlussfähig ist an die Erwartungen der modernen Geschichtswissenschaft, insofern es sich um eine genealogisch und räumlich konzentrierte Erzählung handelt, die sich weitgehend durch andere Dokumente stützen lässt. Dass ein solcher historiografischer Abschnitt vorangestellt wird, hat für viel Verwirrung gesorgt und spricht dafür, dass die *Kreuzfahrt* gezielt und effektvoll an historiografische Diskurse vor allem lateinisch-klösterlicher Provenienz anknüpft und von diesen Diskursen profitiert, um dann die Heldengeschichte des Landgrafen an diesen Diskurs anzuschließen. Auf diese Weise wird das Erzählen vom Landgrafen historiografisch abgesichert.

---

35 Eine überzeugende Kritik des Begriffs-Doubles: Ebd., S. 29 f.
36 Ridder 1998, S. 153 [Abkürzungen aufgelöst, M. O.]. Bei Ridder finden sich weitere, verstreute Hinweise, die auf das politische Geflecht verweisen, zu dem die „Minne- und Âventiureromane" gehören.

Bedenkt man außerdem, dass Kreuzzüge um 1300 zum Gegenstand historischer Großerzählungen in deutscher Sprache werden und dass man nicht mehr ins Heilige Land zieht, sondern davon erzählt, dann ist die *Kreuzfahrt* keine Geschichte eines Kreuzzugs, sondern sie macht Kreuzzüge zur Geschichte. Schon deshalb gehört der Text natürlich zur Historiografie und deren Geschichte, aber nicht zur Geschichtswissenschaft und deren Historiografie.

Es mag denn auch an dieser Stelle hilfreich sein, daran zu erinnern, dass Geschichtsvorstellungen ab dem Ende des 18. Jahrhunderts grundlegend umgestellt und verzeitlicht werden.[37] Zuvor wurde Geschichte anders gedacht. Otto Neudeck hat in seiner Dissertation dieses frühere Geschichtsdenken beschrieben. „,Geschichte' wurde", so Neudeck,

> nicht um ihrer selbst willen betrieben, war keine Wissenschaft mit eigenem Referenzbereich, sondern eine Art Wissensträger, der authentisches Anschauungsmaterial und Exempel für Demonstrationszwecke in verschiedenen Funktionszusammenhängen bereitstellte.[38]

Das, was dann entsteht, ist laut Neudeck nicht eine Reihe von Ereignissen auf einer Zeitleiste, sondern ein historisches Kontinuum. Die Nähe oder Ferne früherer Ereignisse zur jeweiligen Gegenwart ist keine Frage eines linearen Zeitstrahls, dessen Jahre man zählen kann, sondern eine Frage der kulturellen Arbeit, die in die (Re-)Präsentation von Vergangenheit investiert wird. Die Kreuzzüge Ludwigs des III. und IV. sind fern, wenn sie aus dem kommunikativen Gedächtnis entschwunden sind und es keine Bemühungen gibt, die Ereignisse in ein kulturelles Gedächtnis zu überführen. Die Kreuzzüge der beiden Ludwigs sind aber dann nahe und „präsent", wenn kulturelle Arbeit geleistet wird, um diese Personen narrativ zu erinnern.

(2) Die *Kreuzfahrt* entsteht in einer Zeit, in der Akkon und das Heilige Land relevant sind; nicht mehr so sehr als realpolitisches Ziel von Kreuzzügen, sondern als Gegenstand und Anlass des Schreibens und Erzählens. Insofern ist die *Kreuzfahrt*, wie andere Erzähltexte der Zeit auch, eine Reaktion auf Akkon auch dann, wenn der „Verlust" Akkons im Text überhaupt nicht erwähnt wird. Es ließe sich wohl, anhand verschiedener erzählender Texte der Zeit nach 1291, eine „Verlustgeschichte" Akkons schreiben, anhand derer man dann besser verstehen könnte, wie das Aufschreibesystem 1300 funktioniert. Dieses Aufschreibesystem scheint um Fürsten als Protagonisten herum organisiert zu sein. Da es sich bei diesen Fürsten nicht einfach um reale, historiografisch fassbare Personen handelt, ist die Zeit, von der in *Ludwigs Kreuzzug* erzählt wird, weniger eine Ausdehnung, weniger ein Zeit-

---

37 Koselleck 1989.
38 Neudeck 1989, S. 42. Eine ganze Reihe anderer Aussagen Neudecks liest sich, als wären sie auf *Ludwigs Kreuzfahrt* gemünzt.

strahl, sondern eher eine Verdickung der Vergangenheit, die – aus verschiedenen Gründen – relevant ist für die Gegenwart und deshalb erzählenswert.

(3) Bisher nur beiläufig angeklungen ist in meinen Überlegungen die Rolle der Kolonisierungsbewegungen im östlichen und nordöstlichen römisch-deutschen Raum. Aus schlesischer Sicht um 1300 finden die relevanten Kreuzzüge nicht im östlichen Mittelmeer, sondern quasi vor der Haustür statt. Während Akkon und das Heilige Land 1291 für die Christen verloren gehen, sind die Kolonisierungs- und Kolonialisierungsbewegungen[39] rund um den Deutschen Orden noch auf lange Zeit eine relevante und erfolgversprechende Unternehmung. Der östliche Mittelmeerraum indes ist spätestens ab 1291 „frei", wenn man so will, um als Erzählraum zu fungieren, in dem sich Fürstenfiguren bewähren können.

(4) Für Bolko I. ist der böhmische Nachbar ein prekärer Nachbar, der gen Schlesien expandiert. Die *Kreuzfahrt* sendet in dieser Hinsicht ambivalente Signale. Der Erzähltext reagiert auf die – und partizipiert an der – Erzähltextproduktion des böhmischen Hofes, enthält ein Lob der böhmischen Herrscher und macht – wie das Erzähltexte des böhmischen Hofes auch tun – einen Fürsten zu einem Helden. Diese Mischung aus Nachahmung und Partizipation, Lob und fast schon subversiver Botschaft macht die *Kreuzfahrt* zu einer politisch überaus komplexen und schillernden Äußerung.

(5) Bettet man die *Kreuzfahrt* in die Situation um 1300 ein, dann sind nicht nur die Verbindungslinien zu aktuellen politischen Interessen und Zusammenhängen zu ziehen, sondern es ist auch über die Organisation von Gedächtnis und Erinnern zu sprechen. Die *Kreuzfahrt* ist – nicht zuletzt – Arbeit am kollektiven Gedächtnis, und diese Arbeit passiert aus der jeweiligen Gegenwart heraus und für die jeweilige Gegenwart. So gesehen ist die Fürstenerzählung auch eine Handlung, eine Texthandlung, die erzählend einen memorialen Verhandlungsraum öffnet. Die *Kreuzfahrt* ist textuelle Arbeit an der Vergangenheit für die Gegenwart, zumal die *Kreuzfahrt* nicht mehr Teil des „kommunikativen Gedächtnisses" ist, sondern Teil des „kulturellen Gedächtnisses" geworden ist.[40] Dass im Text Zeitzeugen erwähnt werden, ist letztlich nur eine Erinnerung daran, dass es das kommunikative Gedächtnis an die Ereignisse des Dritten Kreuzzugs gegeben hat.

* * *

---

39 Zur Differenzierung von Kolonisierung und Kolonialisierung siehe Osterhammel 2009, S. 8: „‚Kolonisation' bezeichnet im Kern einen *Prozeß* der Landnahme, ‚Kolonie' eine besondere Art von politisch-gesellschaftlichem *Personenverband*, ‚Kolonialismus' ein *Herrschaftsverhältnis*".
40 Zu den Begriffen siehe J. Assmann 1992 und allgemein die Arbeiten von Aleida und Jan Assmann.

Landgraf Ludwig der III. hat, ich habe es oben bereits erwähnt, die Eroberung Akkons nicht mehr miterlebt. Auch der Landgraf der *Kreuzfahrt* teilt dieses Schicksal. Während der Belagerung Akkons ist Ludwig unermüdlich tätig und beaufsichtigt auch die Belagerungsanlagen, die man mit Holzbrettern gegen Angriffe von Akkon aus gesichert hat, um die dort Arbeitenden zu schützen. Während sich nun Ludwig eines Tages an eines der Bretter lehnt,

> ûz der stat ein wurf geschach,
> den von unmûze ubersach
> hie ûzen das volc gemeine.
> noch si enwarten deme steine.
> ûzen traf der daz bret,
> dâ gegen und sich geleinet het
> dar an der tugende rîche man.
> sô hart der wurf quam dar an,
> der dil reiz unde brach,
> sô wê dem herren dâ geschach,
> als er sint dar abe starp. (V. 7591–7601)

Irgendwas ist ja immer – und so erwischt den großen Helden plötzlich ein Stein, der nicht nur zufällig dort auftrifft, wo Ludwig gerade lehnt, sondern auch noch die Bretterwand durchschlägt. Es war also nicht, wie man romanerprobt hätte denken können, ein heroischer Zweikampf angesichts einer Übermacht der „Heiden", durch den der Held starb. Nein, es war einfach nur Pech. Freilich, es wurde bisher in der Erzählung kein Anlass zur Erwartung gegeben, dass Ludwig im Kampf würde bezwungen werden können. Dafür ist er zu sehr ein idealer Kämpfer. Insofern ist die tödliche Verwundung vielleicht tatsächlich, wie Helmut Beifuss schreibt, „eine Art Hinterhalt".[41] Dieser hinterhältige Angriff gibt nun aber immerhin Ludwig noch die Möglichkeit, sich ein letztes Mal auszuzeichnen:

> In einer erstaunlich umfangreichen Darstellung schildert der Autor, dass selbst Sultan Saladin Anteil nimmt. Er bedauert die Verwundung seines herausragenden Feindes zutiefst und will ihm sogar seine Ärzte schicken, um für eine baldige Genesung Sorge zu tragen. Dieses Ansinnen lehnt der Landgraf, ganz in der Haltung eines vorbildlichen Kreuzfahrers mit dem Hinweis darauf ab, dass er sein Leben völlig dem Willen Gottes anvertraut. Auf diese Weise ist ihm ein Märtyrertod beschieden.[42]

Damit ergeht es dem Ludwig der *Kreuzfahrt* besser als dem Ludwig der Chroniken und Geschichtsbücher. Dieser Ludwig erkrankt vor Akkon, besteigt ein Schiff in

---

41 Beifuss 2011, S. 196.
42 Ebd., S. 171.

Richtung Zypern und stirbt auf der Überfahrt, ganz unheroisch. In Zypern dann werden seine Gebeine vom Fleisch gelöst und seine Knochen wiederum per Schiff, zurück nach Mitteleuropa und letztlich nach Thüringen gebracht. Auch dabei aber gibt es Probleme:

> Cuius comites post sufficientia lamenta et crebros planctus ad Cyprum applicuerunt, ubi evisceratis eiusdem principis visceribus et in sarthagine excocto cadavere, quicquid carneum, quicquid medullosum fuerat, in quodam Cypri sacello sepultum est. In quantis vero periculis quantisque laboribus eiusdem principis ossa per tumultuosa pelagi portenta ad Venecie littora delata fuerint, in huius processu calami exaratum apparebit. Tanta quippe est maris insolencia, ut defunctorum corpora nullo nature sue iure sustineat, ita ut undosis angustiis carinis defunctorum corpora gestantibus vehementer inminere soleat. Cumque ad recognitionem nautarum devenisset corporeas eiusdem principis manubias ad suam navim fuisse delatas, comitibus eius procaciter instabant, asserentes aut eadem ossa in profundo terre mergenda, aut vivorum saluti omnimoda oportere proponi pericula. Lugentibus vero ossium illorum custodibus, per promissam peccuniam minacibus nautarum curriculis subtiliter occursum est, ita quod decretum malicie illorum in eo temporis articulo cassatum est. Tandem vero inminentibus periculis et undisonis procellarum tumultibus, pristinas naute querelas replicaverunt et minacibus dictis super proiciendis ossibus custodibus inminuerunt. Illi vero inclusos sarchophago lapides quasi principis ossa cum flebilibus vocibus in maris undas abiecerunt. Sicque visitante et respiciente ab alto clemencia, licet naufragiosi et semicincti, ad littora Venecie cum multa difficultate iam dicti principis ossa detulerunt, et in Reynersbornensi ecclesia nono Kal. Ianuarii circa patrum suorum sepulchra reverendissime composita sunt.[43]

---

[43] Holder-Egger 1896, S. 546 f. Jürgen Petersohn übersetzt: „Seine Begleiter legten nach tränenreichen Klagen und vielem Jammern auf Cypern an, wo man die Eingeweide des Fürsten herausnahm und den Leichnam in einem Kessel auskochte, worauf sein Fleisch und sein Mark in einer Kapelle dieser Insel begraben wurden. Unter wieviel Gefahren und welchen Mühen aber die Knochen dieses Fürsten durch wilde Schreckenszeichen des Meeres nach Venedig gebracht wurden, werden die weiteren Ausführungen zeigen. Das Meer hat nämlich das unangenehme Verhalten, daß es die Körper von Verstorbenen nach dem Recht seiner Natur in keiner Weise erträgt, so daß es mit wogenreichen Bedrängnissen den Schiffen, die die Leichname Verstorbener tragen, gewaltig zuzusetzen pflegt. Als es daher zur Kenntnis der Seeleute gelangte, daß die körperlichen Überreste des Fürsten auf ihr Schiff gebracht worden waren, bedrängten sie deren Begleiter verwegen und behaupteten, daß entweder diese Gebeine in der Tiefe zu versenken seien oder man sich für das Heil der Lebenden alle denkbaren Gefahren vor Augen stellen müsse. Die trauernden Hüter jener Überreste traten durch das Versprechen von Geld den drohenden Anläufen der Schiffer überlegt entgegen, so daß sie ihr böses Vorhaben zu diesem Zeitpunkt aufgaben. Dann aber, als die Gefahren mächtig wurden und die Stürme wellenrauschend tobten, wiederholten die Seeleute die früheren Beschwerden und bedrängten die Bewacher mit der Drohung, die Gebeine über Bord zu werfen. Diese aber legten Steine in den Sarkophag und warfen sie, als ob es die Knochen des Fürsten wären, mit jammernden Rufen in die Wogen des Meeres. So brachten sie mit Gottes Einsicht und Güte, wenn auch schiffbrüchig und halbaufgelöst, die Gebeine des genannten Fürsten unter großen Schwierigkeiten ans venezianische Gestade, und in der Reinhardsbrunner

Ja, Schiffsüberfahrten sind auch in Romanen immer ein großes Problem. Allerdings gilt dies weniger für die Ereignisse auf der Überfahrt, sondern eher für die allfälligen Stürme, die die Figuren nicht dorthin führen, wohin sie eigentlich kommen wollten. Bei Ludwig geht letztlich ja alles gut und die Gebeine kommen wohlbehalten in Thüringen an. Einhundert Jahre später, zur Zeit der Abfassung der *Kreuzfahrt*, wäre eine solche Heimführung wohl (noch) schwieriger gewesen, denn „Papst Bonifaz VIII. hat im Jahre 1299 die – wie er ausdrücklich feststellt, vor allem bei Hochgestellten verbreitete – Sitte der Trennung von Fleisch und Knochen Verstorbener verboten".[44] Auch das ist nun freilich ein guter Grund, von Kreuzfahrten ins östliche Mittelmeer nur mehr zu erzählen.

Kirche sind sie am 24. Dezember neben den Gräbern seiner Väter mit höchster Ehrfurcht beigesetzt worden." (Petersohn 1996, S. 351 f.)
44 Ebd., S. 354 f.

6 Prominenzanalysen

Das frühe 19. Jahrhundert hat seine organologischen Metaphern geliebt und daraus Modelle gebaut. Seitdem wimmelt es in den gedruckten Blättern von Wurzeln und Bäumen, von Wachstum[1] und Vergehen,[2] von Quellen und Strömen, von Frühling[3] und Herbst.[4] Freilich, jede Zeit hat ihr Bündel an Begriffen, ihre Leitmetaphern und ihre hegemonialen Vorstellungen. Verhindern lässt sich das nicht, aber es lässt sich beschreiben und es lassen sich dann auch die Folgen analysieren, die sich daraus ergeben.

Bei Deleuze und Guattari haben wir gelernt, dass es eine Beziehung gibt zwischen Bäumen und Wurzeln einerseits und dem binären Denken andererseits, dem „reflektiertesten, ältesten klassischen Denken [...], das völlig abgenutzt ist", denn: „Die Natur geht so nicht vor: dort sind Wurzeln Pfahlwurzeln mit zahlreichen Verzweigungen, seitlichen und sternförmigen, jedenfalls keinen dichotomischen."[5]

Es ist klar, dass „dieses Denken", dieses Denken in Zweierpaaren, „die Vielheit nie begriffen hat" und dass dieses Denken „von einer starken, vorgängigen Einheit ausgehen [muss], um zu zwei zu kommen".[6] Am Beginn steht dann der starke Stamm, von dem aus genau zwei Äste abgehen, die sich in genau zwei Zweige teilen – und so weiter. Ein Denken in solchen iterierenden Dichotomien hat schon Petrus Ramus im 16. Jahrhundert prominent vertreten und typografisch umgesetzt. Weit älter sind freilich die Genealogien und Abstammungstafeln, deren Binarität durch das Elternpaar stabilisiert wird. Dieses Denken in Wurzeln und Zweierpaaren

---

[1] Zum Beispiel bei Karl Goedeke: „die Nibelungensage ist nicht von éinem menschen erfunden auch nicht in éinem zeitalter ausgewachsen, sie gehœrt der gesamtheit des volks und ist bis ins XIII. jh. in lebendigem wachstum begriffen gewesen. ursprünglich eine göttersage ist sie vermenschlicht worden und dann der künstlerischen gestaltung anheimgefallen, d. h. aus ihrem lebendigen wuchs der, wenn man das wort recht faßen will, willkürlichen bearbeitung überliefert [...]." (Goedeke 1854, S. 350)
[2] Nochmals Goedeke: „Deutschland begann damals wie ein baum, an dem ein jahrtausend vorübergegangen ist, in den ästen abzusterben: noch stieg lebenssaft in dem stamme aufwärts und trieb grünes laubwerk hervor, das der milde atem der poesie bewegte, aber in dem trüben bilde, das der dichter von dem innern zustande des vaterlandes entwirft, sehen wir die zeit herannahen, die ein großer aber gewaltsamer geist, wie Friedrich II. war, noch heftiger zum ziele trieb, wo die krone verdorrt und der völlige umsturz droht, welchen zu verhindern Rudolf von Habsburg doch nur äußere mittel anwenden konnte." (Ebd., S. 888)
[3] Lachmann und Haupt 1857.
[4] Am prominentesten sicherlich bei Huizinga 1924.
[5] Deleuze und Guattari 1977, S. 8. Man vergleiche Deleuze und Guattari 1992.
[6] Deleuze und Guattari 1977, S. 9.

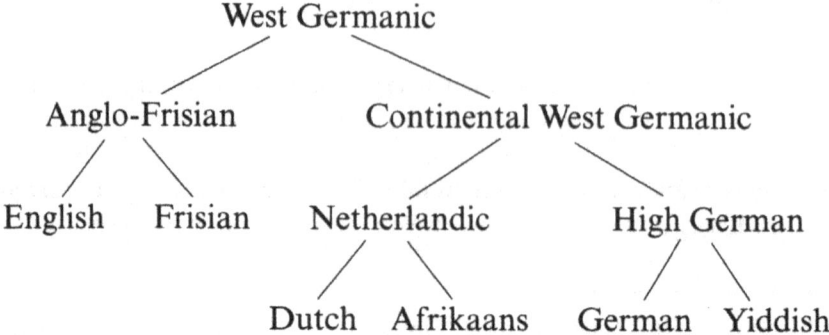

Abbildung 6.1: Klassisches Stammbaummodell

zieht sich durch, bis tief hinein in den Strukturalismus und in die informatischen Grundlagen des digitalen Computerzeitalters.

Wenn man aber Deleuze und Guattari folgt, dann brauchen wir, die Postmodernen, ein anderes Modell. Wir brauchen Rhizome und also ein Modell, dass den Prinzipien der „Konnexion und der Heterogenität" folgt:

> Jeder beliebige Punkt eines Rhizoms kann und muß mit jedem anderen verbunden werden. Ganz anders dagegen der Baum oder die Wurzel, wo ein Punkt und eine Ordnung festgesetzt werden. Chomsky's [!] linguistischer Baum beginnt an einem Punkt S und breitet sich dichotomisch aus. In einem Rhizom dagegen verweist nicht jeder Strang notwendig auf einen linguistischen Strang: semiotische Kettenglieder aller Art sind dort nach den verschiedensten Codierungsarten mit politischen, ökonomischen und biologischen Kettengliedern verknüpft [...].[7]

Das ergibt dann natürlich ein ordentliches Durcheinander und eine komplexe Verbindungsvielfalt, die man mit dem gegenwärtig hegemonialen Denkmodell als Netzwerk bezeichnen kann (genauer: als dezentrales, „vermaschtes" Netzwerk). Für die Linguistik – Leitwissenschaft des Strukturalismus –, die von Deleuze und Guattari mit dem Namen Noam Chomsky herbeizitiert wird, bedeutet das dann einen Abschied von den schönen, geordneten Baumdiagrammen, an die man sich so gewöhnt hatte. Der Linguist Jens Fleischhauer hat das vor einem Jahrzehnt einmal in einem Aufsatz näher ausgeführt, der mir gerade wegen seiner für mich ungewohnten Diagramme gut in Erinnerung geblieben ist.

---

7 Deleuze und Guattari 1977, S. 11 f.

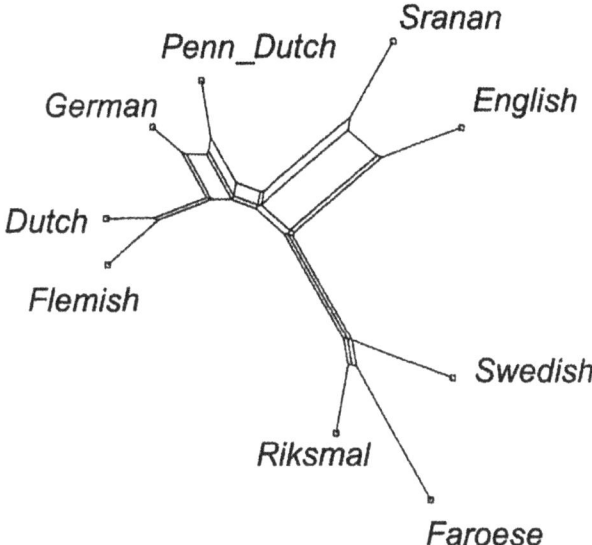

Abbildung 6.2: Phylogenetisches Netz einiger germanischer Sprachen

Fleischhauer stellt gleich zu Beginn fest, was ich hier mithilfe von Deleuze und Guattari auch festgestellt habe, und er leitet daraus eine Aufgabe ab, an deren Lösung offenbar schon gearbeitet wird:

> Seit dem 19. Jahrhundert werden in der Sprachwissenschaft die genealogischen Beziehungen zwischen Sprachen in Stammbäumen dargestellt. [...] Seit einiger Zeit werden diese Stammbäume durch Netzwerkmodelle ersetzt, die die sprachliche Phylogenese nicht als einen Prozess sich baumartig fortpflanzender Verzweigungen auffassen, sondern als ein miteinander verflochtenes Netz, in dem – anders als in Bäumen – Zusammenführungen von Ästen erlaubt sind.[8]

Zwar wäre (vielleicht am besten mit Biolog*innen) zu diskutieren, ob Sprachen überhaupt in genealogischen Beziehungen zueinander stehen; zwar wäre auch zu fragen, ob man in diesem Zusammenhang überhaupt von Phylogenese sprechen kann (und ob sich Verzweigungen überhaupt baumartig fortpflanzen können) – aber die Stoßrichtung ist klar und Fleischhauer spricht in seinem Aufsatz die Beziehung zwischen Sprachwissenschaft und Biologie auch an.

---

[8] Fleischhauer 2009, S. 48.

Klassischerweise sehen Stammbäume so aus, dass sich aus einer (älteren) Sprache mehrere (im Zweifelsfall immer genau zwei) (jüngere) Sprachen herausentwickeln. Oder, in anderer Richtung gesehen: „dass jede Sprache [...] nur über genau *einen* Vorfahren verfügt".[9] Diese Voraussetzung bleibt, so erläutert Fleischhauer,

> meistens unausgesprochen, schlägt sich aber in der Form nieder, in der Sprachstammbäume dargestellt werden. [...] Zusammenführungen von Ästen sind in Stammbäumen nicht vorgesehen. Die Forderung, dass Sprachen nur einen Vorfahren aufweisen, wird von manchen Sprachwissenschaftlern explizit formuliert. Thomason und Kaufman schreiben beispielsweise, dass Sprachen dann nicht genealogisch klassifizierbar sind, wenn sie mehr als einen direkten Vorfahren haben.[10]

Natürlich halten sich die Sprachen nicht an genealogische Vorannahmen und die schönste Beobachtung nützt nichts, wenn man kein System hat, um sie damit und darin einzusortieren. Ohne Begriff bleibt die Anschauung blind – oder eben nutzlos. Auf der anderen Seite führt das System natürlich zu Systemzwängen. Man sieht das auch anhand der „Stemmata" in Editionen mittelalterlicher Texte. Bernard Cerquiglini hat in seiner *Éloge de la variante* an Joseph Bédier erinnert, der festgestellt hatte, dass sich in den Handschriftenstammbäumen auffallend häufig von dem einen Archetypen genau zwei Zweige abspalten.[11] Natürlich ist das kein Zufall; natürlich hat das nicht immer etwas mit der Überlieferung zu tun, sondern ist schlicht dem System geschuldet.

Was nun die Linguistik anbelangt, so sehen netzwerkartige Darstellungen (Abb. 6.2) deutlich anders aus als die klassischen Baumgenealogien (Abb. 6.1). Da ist weniger Ordnung, klar, aber dafür mehr Komplexität und Hybridität.

* * * * * * *

Netzwerke und netzwerkartige Diagramme braucht es freilich nicht nur in der historischen Sprachwissenschaft. Auch in der Mittelaltergermanistik gibt es den einen oder anderen Datenbestand, der diagrammatisch[12] darstellbar ist. Mit dem

---

9 Fleischhauer 2009, S. 54.
10 Ebd., S. 54 f.
11 „Il a en effet découvert, en 1913, une ‚loi surprenante': 95% des éditions qu'il a consultées [...], qui schématisent le classement de leurs manuscrits, présentent un *stemma* bifide, deux branches (c'est-à-dire deux copies supposées) dérivant seulement de l'original." (Cerquiglini 1989, S. 96)
12 Krämer 2016.

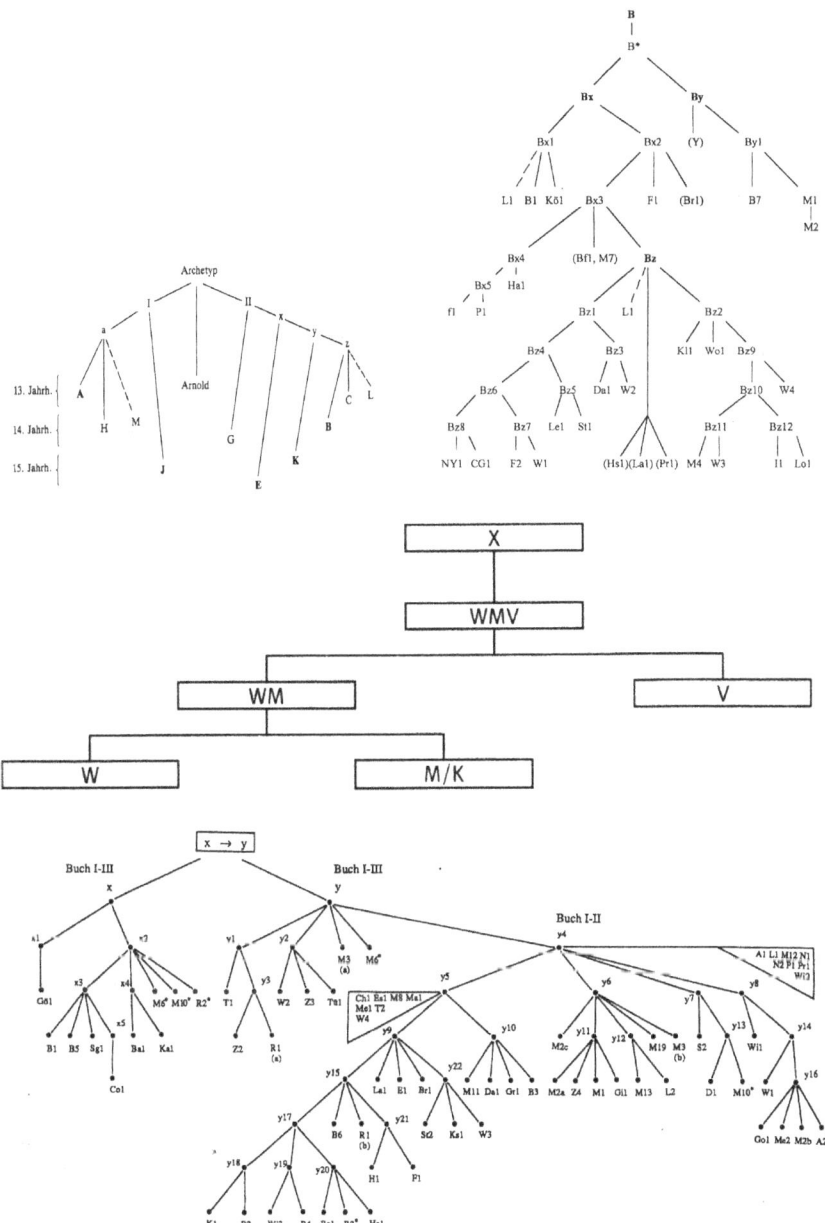

Abbildung 6.3: Verschiedene Stammbaum-Beispiele aus der Mittelaltergermanistik (links oben: Hartmanns *Gregorius*; rechts daneben *Der Renner* Hugos von Trimberg; in der Mitte die *Frühmittelhochdeutsche Genesis* und unten der deutsche *Lucidarius*)

Datenbestand des Verfasserlexikons beispielsweise ließe sich so manches machen, wenn es denn Daten gäbe und nicht lediglich Text.[13]

Daraus lässt sich freilich kein Vorwurf ableiten: Mit großen Datenbeständen zu hantieren, sie zu analysieren und zu visualisieren, ist in der Literaturwissenschaft ja erst seit wenigen Jahren denkbar. Allein schon das Wort „Daten" dürfte bei so mancher*m Unbehagen und Befremden erzeugen. Hermeneutik kennt keine Daten; Philologie kennt nur Geschriebenes; Kulturwissenschaften kennen nur – ja, was eigentlich? – Theorien! Mit Daten hat niemand was zu tun. In diese Lücke stoßen seit einigen Jahren die „Digital Humanities".

Ab einer gewissen Datenmenge lassen sich Beziehungen und Zusammenhänge in Textform, also beispielsweise als Überblicksnarration, nur noch schlecht darstellen und von den Leser*innen auch nur noch schlecht wahrnehmen. Dann helfen alternative Präsentationsformen; dann hilft es mithin auch, den Leser*innen die Daten zur Verfügung zu stellen, damit sie damit experimentieren können.

Eines meiner Lieblingsbeispiele einer vor allem textförmigen Datengrundlage stammt von Günther Schweikle.[14] Vor mittlerweile fast fünfzig Jahren hat er eine Sammlung von mittelhochdeutschen Textstellen veröffentlicht, in denen, wie es im Titel heißt, „Dichter über Dichter" sprechen.[15] Der Band enthält, so Schweikle im Vorwort, „Zeugnisse vom Ende des 12. Jahrhunderts bis zum Beginn des 14. Jahrhunderts".[16] Aufgenommen wurden neben einzelnen Erwähnungen beispielsweise auch sogenannte „Dichterkataloge" und „Totenklagen". Und am Ende des Bandes befinden sich auch zwei Tabellen (s. Abb. 6.4), wie Schweikle distanzierend und fast schon entschuldigend schreibt, weil er natürlich weiß, dass es nicht in Ordnung ist, Texte auf Daten zu reduzieren: „Auf Wunsch des Verlages wurden zwei Übersichten beigefügt, die einen raschen und in der Fülle der Namen wohl auch überraschenden Überblick über die in diesem Zeitraum zitierenden und zitierten Dichter vermitteln sollen."[17]

Im Hintergrund meines Interesses an Schweikles Band stehen verschiedene Fragen. Abgesehen von der Frage nach dem Umgang mit größeren Datenbeständen geht es mir vor allem um die Frage, wie sich etwas, das man „literarische Promi-

---

13 Ein interessantes Korpus für Netzwerkdarstellungen und -analysen könnten auch die *Regesten deutscher Minnesänger des 12. und 13. Jahrhunderts* bieten (Meves 2005). Das aber wäre ein aufwendiges Projekt, bei dem auch zuvor zu klären wäre, welche Ergebnisse eine solche Analyse verspricht. Zu lernen wäre in diesem Fall wohl von Historiker*innen und von der Prosopografie.
14 Der Ordnung halber sei angemerkt, dass ich einige der folgenden Überlegungen zu Schweikles Band (allerdings mit einer reduzierten Datenmenge) im Rahmen eines Blogbeitrags bereits vorgestellt habe: https://sfb933.hypotheses.org/782.
15 Schweikle 1970.
16 Ebd., S. X.
17 Ebd., S. XII.

Übersicht I
Dichternennungen in mhd. Epik

Werk	Dietmar von Aist	Friedrich von Hausen	Ulrich von Gutenburg	Heinrich von Rugge	Heinrich von Morungen	Reinmar der Alte	Walther von der Vogelweide	Otto von Botenlauben	Hug von Salza	Wimbeke	Freidank	Neidhart	Gottfried von Neifen	Marner	Frauenlob	Pfaffe Lamprecht	Heinrich von Veldeke	Meister Heinrich	Hartmann von Aue	Konrad von Fußesbrunnen	Bligger von Steinach	Wolfram von Eschenbach	Gottfried von Straßburg	Wirnt von Grafenberg	Ulrich von Zazikhoven	Heinrich von dem Türlin	Konrad Fleck	Berthold von Herbolzheim	Biterolf	Konrad von Heimesfurt	Stricker	Wenzel	Absolon	Albrecht von Kemenaten	Heinrich von Linouwe	Gottfried von Hohenlohe	Meister Hesse	Vasolt	Ulrich von Türheim	Rudolf von Ems	Ulrich von dem Türlin	Konrad von Würzburg	Konrad von Haslau	Jakob Abt
„Moriz von Craûn" (um 1200)																x																												
Herbort von Fritzlar (um 1200)																x																												
Konrad von Fußesbrunnen (um 1200)																	x																											
Wolfram von Eschenbach (1200/1220)				x			x												x x																									
Gottfried von Straßburg (um 1210)							x x												x			x (x)																						
Wirnt von Grafenberg (um 1210)																			x			x																						
Heinrich von dem Türlin (um 1220)	x x x x	x		x															x			x																						
Reinbot von Durne (um 1230)																			x			x																						
Rudolf von Ems (um 1240)							x												x x			x x x x x x	x x x x x x x																				
Ulrich von Türheim (um 1250)																			x																									
Werner der Gärtner (um 1250)							x																																					
Ulrich von dem Türlin (1260/70)																			x																									
Konrad von Würzburg (2. Hä. 13. Jh.)																						x																						
Pleier (2. Hä. 13. Jh.)																			x			x																						
Konrad von Stoffeln (2. Hä. 13. Jh.)																			x			x x																						
„Heller der armen Frau" (2. Hä. 13. Jh.)										x																																		
Albrecht von Scharfenberg (um 1270)				x			x												x			x																						
„Seifried Helbling" (Ende 13. Jh.)	x			x															x																									x
Ulrich von Etzenbach (Ende 13. Jh.)																			x																									
„Kaiserchronik", 2. Forts. (Ende 13. Jh.)																			x																									x
„Reinfrid von Braunschweig" (um 1300)																			x																									
„Göttweiger Trojanerkrieg" (um 1300)																			x			x																						
Heinrich von Freiberg (um 1300)																						x																						
Hugo von Trimberg (1300)	x ? x x			x x			x x																																				x
„Kreuzf. d. Landgr. Ludwigs" (nach 1300)																			x																									
„Österreichische Reimchronik" (um 1310)												x							x																									
Johann von Würzburg (1314)																			x x																							x		

Übersicht II
Dichternennungen in mhd. Lyrik

	Friedrich von Hausen	Heinrich von Veldeke	Ulrich von Gutenburg	Rudolf von Fenis	Albrecht von Johansdorf	Heinrich von Rugge	Reinmar der Alte	Hartmann von Aue	Walther von der Vogelweide	Wolfram von Eschenbach	Ulrich von Singenberg	Gottfried von Neifen	Otto zum Turne	Wachsmut	Walther von Metz	Rubin	Rudolf von Rotenburg	Neidhart	Reinmar von Zweter	Bruder Wernher	Marner	Meißner	Boppe	Konrad von Würzburg	Friedrich von Sonnenburg	Heinrich von Ofterdingen	Klingsor	Ehrenbote	Stolle	Herman der Damen	Frauenlob
Walther von der Vogelweide (um 1205)							x																								
Ulrich von Singenberg (um 1230)								x																							
Reinmar von Brennenberg (Mitte 13. Jh.)	x	x x x x	x	x		x			x x x																						
Marner (um 1260)		x	x			x	x													x	x		x	x							
Meister Rumelant (um 1270)																								x							
Der Taler (2. Hälfte 13. Jh.)									x																						
Der von Gliers (2. Hälfte 13. Jh.)	x	x		x			x			x																					
Rubin (Ende 13. Jh.)					?	x													x	? x										x	
Herman der Damen (Ende 13. Jh.)					?	x x						x	x	?			x x	x x x x													
Frauenlob (um 1300)																								x							x
Regenbogen (um 1320)									x											x	x x			x x							x

Abbildung 6.4: Die beiden Übersichtsdarstellungen (aufgeteilt nach Epik und Lyrik) in Schweikles Bändchen

nenz" nennen könnte, im späten 12. und 13. Jahrhundert ausbildet, verbreitet und etabliert. Textproduzenten reden über Textproduzenten und konstruieren auf diese Weise ein Bezugsfeld, ein Traditionsgeflecht – so stelle ich mir Prominenz in diesem Fall vor. Damit hängen weitergehende Fragen und Problemstellungen zusammen, etwa die Frage nach dem Einfluss einzelner Texte, nach der Etablierung eines Kanons – und nicht zuletzt auch die Frage, welche Rolle einzelne Textproduzenten (die bei Schweikle noch „Dichter" heißen dürfen) bei der Herausbildung literarischer Prominenz spielten. Hierbei sind unterschiedliche Rollen denkbar. Einzelne Autoren können den Kanon bestärken, indem sie etablierte Autoren nennen. Ebenso gut können aber auch neue Autoren ins Spiel gebracht werden. Wichtig könnte außerdem sein, ob Autoren positiv oder negativ erwähnt werden – und ob dies in lyrischen oder epischen Texten geschieht. Es ist allerdings nicht meine Absicht, all diese Fragen im Folgenden zu klären; mir geht es vor allem darum zu überlegen, wie man diese Fragen operationalisieren könnte. Deshalb will ich auch gar nicht über Schweikles Auswahl der Textstellen diskutieren. Mir geht es hier, in einem ersten Schritt, nicht um eine saubere und möglichst vollständige Datengrundlage; vielmehr möchte ich anhand eines handhabbaren Sets an Daten darüber nachdenken, wie man die Nennung von Autoren in mittelhochdeutschen Texten näher untersuchen, quantifizieren und visualisieren könnte.

Für eine Erfassung der Beziehungen zwischen Autoren sind vor allem die beiden tabellarischen Übersichtsdarstellungen im Anhang des Bandes sehr praktisch, weil sich aus ihnen leicht die grundlegenden Daten gewinnen lassen, gemäß dem Muster „X spricht über Y". Als Vorarbeit für eine Visualisierung habe ich drei Datenbanken angelegt. Eine Datenbank mit den „Knoten", in diesem Fall also den Autorennamen, sowie je eine Datenbank für die beiden Tabellen in Schweikles Bändchen. In diesen beiden Datenbanken, in denen die „Kanten" festgelegt werden, gibt es jeweils eine Spalte für die Quelle (wer spricht?), eine Spalte für das Ziel (über wen wird gesprochen?) und schließlich eine Spalte, die angibt, dass es sich bei der Relation zwischen Quelle und Ziel um eine gerichtete Beziehung handelt. Zur Visualisierung verwende ich das Programm „Gephi", eine Open-Source-Software zur Analyse und Visualisierung von Netzwerken.

Ich beginne mit Schweikles Übersicht zur Epik (Abb. 6.5). Die basale Visualisierung, noch ohne farbliche Auszeichnungen und sonstige Hervorhebungen, ist nicht allzu übersichtlich, gibt aber zumindest einen ersten Eindruck der Relationen. So sieht man etwa schnell, dass Rudolf von Ems an der linken Seite, Hugo von Trimberg im oberen Bereich und Heinrich von dem Türlin an der rechten Seite jeweils „Engstellen" darstellen. Die drei Autoren sind mit vielen anderen Autoren verbunden, die ansonsten nicht an das Gesamtnetzwerk angeschlossen wären. Im Zentrum des Netzwerks wiederum sind (wenig überraschend) Autoren

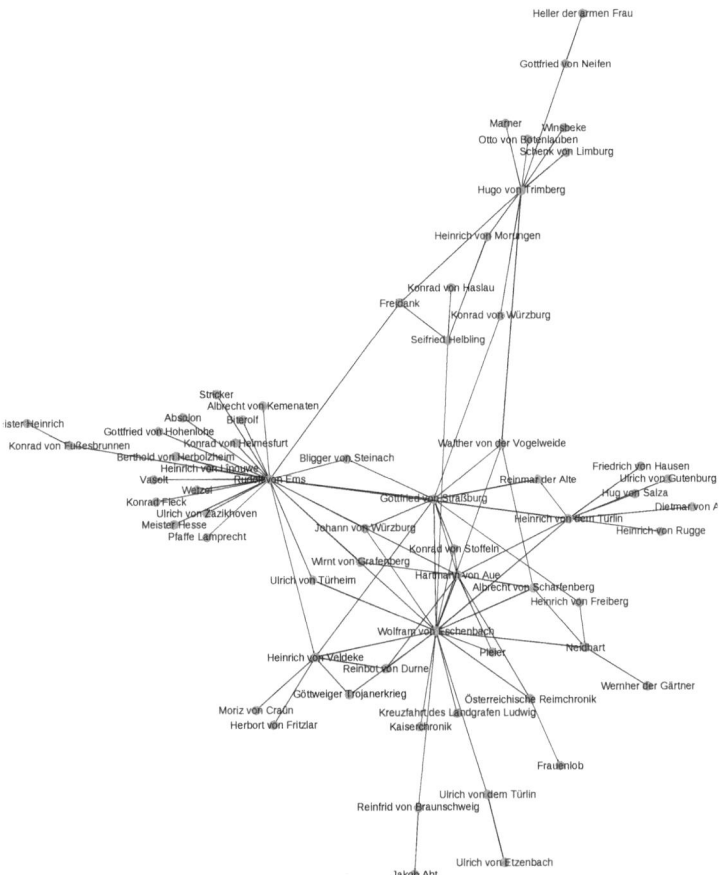

Abbildung 6.5: Autoren über Autoren in der Epik, anhand Schweikles Übersicht

wie Gottfried von Straßburg, Hartmann von Aue und Wolfram von Eschenbach mit vielen anderen Knoten verknüpft.

Ausgehend von diesem Diagramm kann man nun anfangen, genauere Fragen zu stellen, zum Beispiel die recht einfache Frage nach den Autoren, die besonders häufig über andere Autoren sprechen. Oder umgekehrt die Frage, über welche Autoren besonders häufig gesprochen wird. Bei einer genaueren Bestimmung des Grades an Prominenz könnte diese Unterscheidung hilfreich sein, denn wenn über einen Autor wenig gesprochen wird, er aber über viele andere spricht, dann ist dieser Autor jemand, der an der Prominenz anderer arbeitet und deren Ruf stärkt, während er selbst nicht Gegenstand einer solchen „Prominenzarbeit" wird.

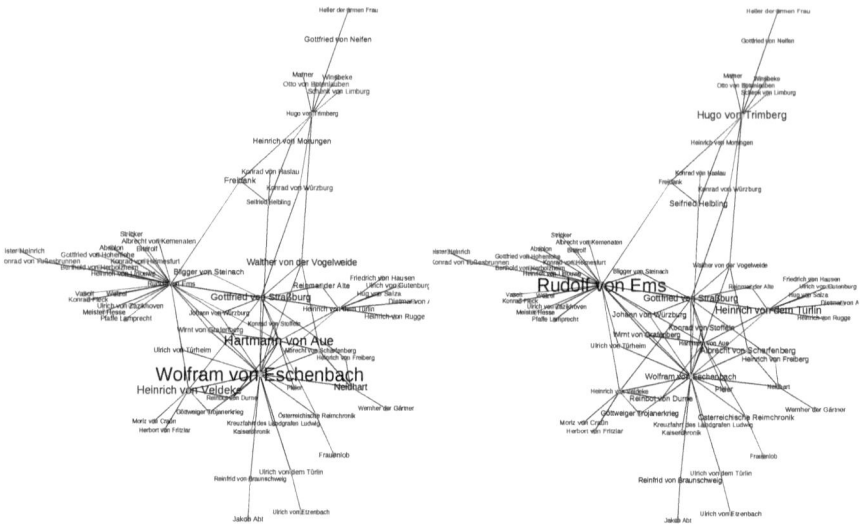

Abbildung 6.6: Autoren über Autoren in der Epik, anhand Schweikles Übersicht, links mit Markierung des Eingangsmaßes, rechts mit Markierung des Ausgangsmaßes

Die entsprechenden Werte, die wir benötigen, werden in der Grafentheorie als „indegree" und „outdegree" bezeichnet, also als Eingangs- und Ausgangsmaß. Ein Autor beispielsweise, der selbst zwei Autoren erwähnt und von fünf Autoren erwähnt wird, hat ein Eingangsmaß von fünf und ein Ausgangsmaß von zwei. Wenn wir die Darstellung entsprechend modifizieren und die Größe der Knoten und der Beschriftung dem Eingangs- und Ausgangsmaß anpassen, erhalten wir einen Überblick über diese Formen der Prominenzarbeit (Abb. 6.6).

Man sieht recht schnell den Unterschied, und das Ergebnis dürfte diejenigen, die sich mit der deutschsprachigen Epik des Hochmittelalters auskennen, auch wenig überraschen: Viel gesprochen wird zum Beispiel über Wolfram von Eschenbach (indegree 17), Hartmann von Aue (indegree 10), Heinrich von Veldeke (indegree 7) und durchaus auch über Walther von der Vogelweide (indegree 4), der selbst ja keine epischen Texte geschrieben hat. Eher wenig gesprochen wird indes über Rudolf von Ems (indegree 1), der allerdings, das zeigte sich schon bei der ersten Darstellung, mit einem Ausgangsmaß von 24 zu denjenigen gehört, die am meisten über andere sprechen.

Rechnet man Eingangs- und Ausgangsmaß zusammen und filtert dann die Autoren mit niedrigen Maßzahlen heraus, erhält man ein klareres Bild derjenigen

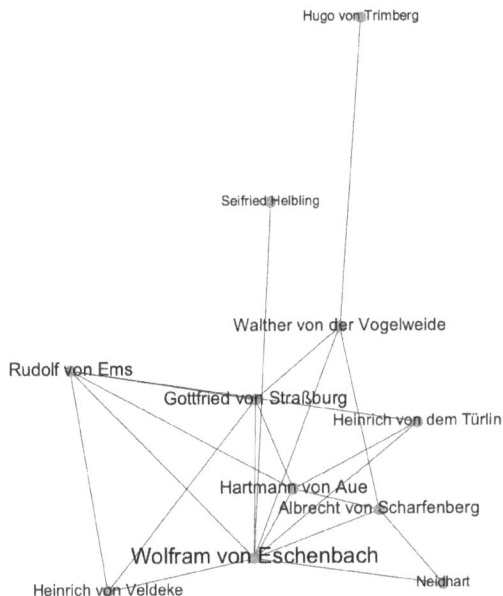

Abbildung 6.7: Autoren über Autoren in der Epik, anhand Schweikles Übersicht; dargestellt sind nur Autoren mit einer Maßzahl zwischen 4 und 25

Autoren, die (auf Grundlage der Schweikle'schen Daten zur Epik) sehr prominent sind in dem Sinne, dass sie entweder viel über andere Autoren sprechen oder viel über sie gesprochen wird – oder beides. Das sind also, was die Epik (vom Ende des 12. bis zum Beginn des 14. Jahrhunderts) anbelangt, die wichtigsten Akteure bei der Konstruktion von Prominenz (Abb. 6.7).

In gewissem Sinne sehen wir nun das Zentrum des Netzwerks und erwartungsgemäß sind Walther, Gottfried, Hartmann und Wolfram zentral. Heinrich von Veldeke ist etwas weniger prominent vertreten, was durchaus überrascht, wenn man bedenkt – und in Gottfrieds *Tristan* wird das ja auch explizit –, welch grundlegende Leistung der *Eneasroman* darstellt. „Seifried Helbling" ist ein Thema für sich, das ich hier ausklammere.[18] Rudolf von Ems, Hugo von Trimberg und Heinrich von dem Türlin bilden, wie schon gezeigt, „Engstellen" zu weiteren Autoren, die ansonsten nicht an das Gesamtnetzwerk angeschlossen sind. So bleiben schließlich Albrecht von Scharfenberg und Neidhart, deren Funktion und Rolle innerhalb des Netzwerks nicht unmittelbar deutlich wird, zumindest mir nicht.

---

18 Die Aspekte, die man ausklammert, sind natürlich immer die spannendsten, das ist spätestens seit dem Dekonstruktivismus klar.

Anstatt aber deren genaue Rolle nun klären zu wollen, möchte ich in einem nächsten Schritt die Datengrundlage ein wenig verbreitern und Schweikles Tabelle zur Lyrik hinzufügen. Da die Knoten und Kanten nun deutlich mehr werden, färbe ich das Netzwerk nach Gruppen ein (Abb. 6.8).

Im Zentrum, lila eingefärbt, befinden sich Personen wie Gottfried von Straßburg, Hartmann von Aue, Reinbot von Durne, Konrad von Stoffeln, der Pleier, Albrecht von Scharfenberg und Wolfram von Eschenbach. Die lilafarbene Gruppe reicht aber auch nach links, zur *Kaiserchronik*, zum *Göttweiger Trojanerkrieg*, zu Herbort von Fritzlar, zum *Reinfried von Braunschweig* sowie zu Ulrich von Etzenbach, Ulrich von dem Türlin und zur *Kreuzfahrt des Landgrafen Ludwig*. Übergangsakteure zwischen dem lilafarbenen Netzwerk und anderen Netzwerken sind Johann von Würzburg, Hartmann von Aue, Bligger von Steinach sowie Wirnt von Grafenberg (zu Blau) sowie Heinrich von dem Türlin (zu Blau und Grün) und schließlich auch Gottfried von Straßburg (zu Grün). Das grüne Netzwerk ist von der Lyrik geprägt: Dietmar von Aist, Friedrich von Hausen, Heinrich von Rugge, Reinmar der Alte, Reinmar von Brennenberg, Walther von der Vogelweide, Herman der Damen und so weiter. Da die Daten nicht hinsichtlich einer Gattung codiert sind (ich habe ja beide Schweikle'schen Datenbestände zusammengeworfen), zeichnet sich hier ein separater, genrespezifischer Prominenzdiskurs ab.

Sehen wir uns eine dieser Gruppen etwas genauer an, nämlich die obere, blaue Gruppe. Diese Gruppe ist schon deshalb sehr interessant, weil sie über eine spannende Engstelle verfügt, in Person von Rudolf von Ems. Mit Ausnahme Bliggers von Steinach (der im Diagramm zur Kerngruppe um Wolfram, Gottfried, Hartmann und andere gerechnet wird) und Ulrichs von Türheim sind alle Autoren dieser Gruppe nur über Rudolf von Ems an das Gesamtnetzwerk angeschlossen (Abb. 6.9).

Was sind das nun für Autoren, die einzig über Rudolf von Ems an das Gesamtnetzwerk angeschlossen sind? Ich nehme das Verfasserlexikon zu Hilfe und konzentriere mich auf den rechten Bereich, auf Berthold von Herbolzheim, Ulrich von Zatzikhoven, Biterolf, den Stricker, den Pfaffen Lamprecht und Wetzel.

Berthold von Herbolzheim ist nur durch das Zeugnis Rudolfs von Ems bekannt. Gemäß Rudolf hat Berthold eine Alexandererzählung geschrieben. „Rudolf lobt", so Werner Fechter im Verfasserlexikon, „das formale Können und die verständige Darstellung [...], tadelt aber als Historiograph die schmale Stoffgrundlage. Die Dichtung ist verschollen."[19] Der Verfasser des deutschen *Lanzelet*, Ulrich von Zatzikhoven, gibt an, seine französische Vorlage von Huc von Morville erhalten zu haben, der dieses Buch als Geisel bei der Freilassung des englischen Königs

---

[19] Fechter 1978.

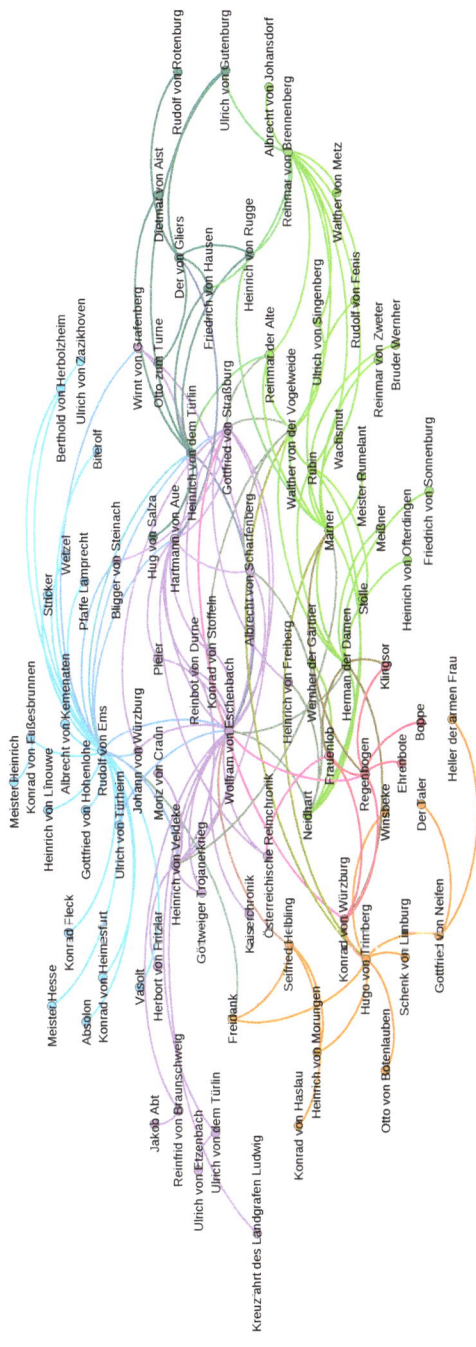

Abbildung 6.8: Autoren über Autoren in Epik und Lyrik, anhand Schweikles Übersicht, nach Gruppen eingefärbt

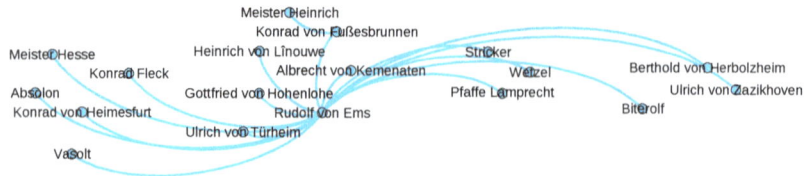

Abbildung 6.9: Die Gruppe rund um Rudolf von Ems

Richard Löwenherz (1194) an den Kaiserhof mitgebracht habe.[20] Auch bei Ulrich von Zatzikhoven ist die Rezeption spärlich:

> Einer nicht sehr reichen Überlieferung steht die durchaus preisende Nennung Ulrichs wie seines ‚Lanzelet' in späteren Werken gegenüber, z. B. im ‚Alexander' und im ‚Willehalm von Orlens' des Rudolf von Ems. Andere Autoren kennen Figuren des ‚Lanzelet' [...]. Von seiner Popularität zeugt daneben die ‚Heidelberger Liederhandschrift C.'. Dort lesen in der Miniatur zu Waltram von Gresten unter dem Dichterwappen mit der Inschrift AMOR der Sänger und seine Dame den ‚Lanzelet'.[21]

„Biterolf" ist der Name eines Autors des 13. Jahrhunderts, „dessen Werke verloren sind" und der von Rudolf von Ems als Verfasser „eines *maere* von Alexander und als Liederdichter" erwähnt wird.[22] Die Identität ist ungeklärt; ungeklärt ist auch die Übereinstimmung mit einem gleichnamigen Autor im *Wartburgkrieg*.[23] „Stricker" ist der Name, mit dem sich der Autor mehrerer Texte (*Karl, Daniel von dem Blühenden Tal, Frauenehre, Pfaffe Amis* und weitere kleinere Erzählungen) selbst bezeichnet und mit dem er von Rudolf von Ems bezeichnet wird. Rudolf von Ems ist der einzige andere Autor, der den Stricker erwähnt. „Ob es sich" bei dem Namen „um einen Eigennamen oder einen sprechenden Übernamen handelt, ist offen. Versuche, ihn mit historisch belegten Trägern zu identifizieren sind nicht überzeugend".[24] Auch der „Pfaffe Lamprecht", der Verfasser einer Tobias- und einer Alexandererzählung, scheint nur von Rudolf von Ems explizit genannt zu werden.[25] „Wetzel von Bernau" schließlich ist ebenfalls nur bei Rudolf von Ems explizit erwähnt.[26]

---

20 Neugart 1999, Sp. 64 f.
21 Ebd., Sp. 67 [Abkürzungen aufgelöst, M. O.].
22 Buntz 1978, Sp. 883.
23 Ebd., Sp. 883 f.
24 Geith, Ukena-Best und Ziegeler 1995, Sp. 418.
25 Schröder 1985, s. insbes. Sp. 507 f.
26 Feistner 1999.

Übersicht über namentlich zitierende und zitierte Sangspruchdichter

Zitierter \ Zitierender	Boppe	Damen, Hermann	Fegfeuer	Frauenlob	Heinrich von Mügeln	Konrad von Würzburg	Marner	Meißner	Reinmar der Fiedler	Rohn	Rumelant von Sachsen	Stolle	Ulrich von Singenberg	Wizlav
Damen, Hermann				1										
Frauenlob	1													
Friedrich von Sonnenburg	1													
Hardegger												1		
Heinrich von Mügeln														
[Heinrich von Ofterdingen]		1												
Höllefeuer									1					
[Klingsor]		1												
Konrad von Würzburg	1	1			1	1	(1)			1				
Leuthold von Seven							2							
Marner		1	1						1		3			
Meißner		1	1			1					2			
[Neidhart]		1					1							
Regenbogen				1										
[Reinmar der Alte]									(1)					
Reinmar von Brennenberg	(1)													
Reinmar von Zweter	1					1								
Robin	1													
Singuf									3					
Stolle									1					
Der Ungelehrte													1	
Der Unverzagte											1			
Walther von der Vogelweide	1						1				1			
Bruder Wernher							1							
Wolfram von Eschenbach	1													

Abbildung 6.10: Mirjam Burkards Übersicht über ihr Textkorpus

Das ist doch, wenn man das so zusammenstellt, sehr beeindruckend. Tatsächlich zeigt sich Rudolf von Ems als außergewöhnlicher Chronist und umsichtiger Archivar der narrativen Überlieferung. Zugleich zeigt sich, dass man die Ausgangsdaten wohl etwas ausführlicher codieren sollte, indem man etwa auch vermerkt, welche Personen namentlich erwähnt werden, ohne dass von ihnen Texte überliefert sind. Auf diese Weise käme man dann vielleicht zu einem Netzwerk der nur namentlich bekannten Textproduzenten, der „Autoren ohne Werk", wenn man so will.

Von den Daten aus, die in Günther Schweikles Büchlein zu finden sind, kann man natürlich weitergehen und weitere Datenbestände hinzunehmen. Da gibt es zum Beispiel die Dissertation von Mirjam Burkard zu gegenseitigen Erwähnungen von „Sangspruchdichtern".[27] Zwar lassen sich die Daten nicht so ohne Weiteres mit Schweikles Daten kombinieren (eigentlich wäre auf Basis der beiden Datenbestände ein neuer, kontrollierter Datenbestand zu erstellen); aber zu Testzwecken nehme ich Burkards Daten im Folgenden ohne Bereinigung und Kontrolle hinzu, zumal sie einige Personen(namen) aufgenommen hat, die bei Schweikle fehlen

---

27 Burkard 2012.

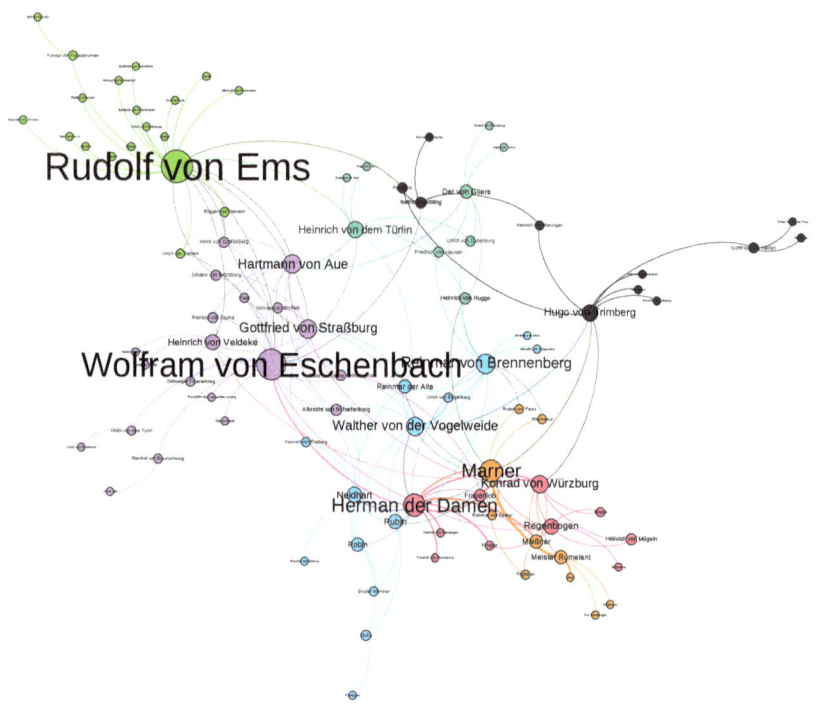

Abbildung 6.11: Visualisierung anhand der Daten von Schweikle und Burkhard

(beispielsweise Fegfeuer, Reinmar der Fiedler, Hardegger, Leuthold von Seven, Singuf, der Ungelehrte, der Unverzagte). Das Ergebnis zeigt die Abbildung 6.11. Wiederum sind Gruppen farblich unterschieden; die Größe der Knoten und die Größe der Schrift richtet sich nach der Summe von Eingangs- und Ausgangsmaß.

Mithilfe der Daten von Mirjam Burkard kommen nun noch einzelne Verästelungen hinzu, beispielsweise rechts unten bei „Rumelant". Er war zuvor lediglich mit dem Marner verknüpft, hat jetzt aber zusätzlich Verbindungen zu Höllefeuer, Konrad von Würzburg, dem Meißner, Singuf und dem Unverzagten.

Diesem nun etwas verfeinerten Datenbestand fehlt freilich historischer Kontext jenseits der Textproduzenten. Immerhin werden in den Texten nicht nur andere Verfasser erwähnt, sondern auch Mäzene, Gönner und Auftraggeber. Um auch diese Dimension in den Blick zu bekommen, nehme ich in einem letzten Schritt die Daten hinzu, die Joachim Bumke in seinem einschlägigen Buch zu „Mäzenen im Mittelalter" zusammengetragen hat.[28] Die Daten sind mit Vorsicht zu behandeln,

---

[28] Bumke 1979.

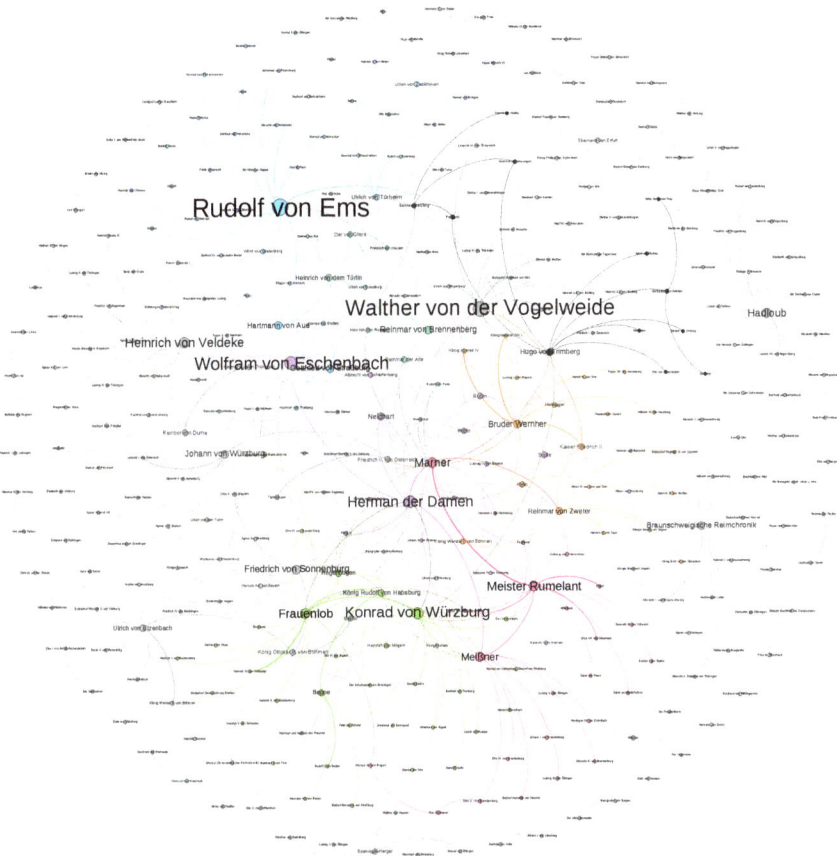

Abbildung 6.12: Visualisierung der Daten von Schweikle, Burkard und Bumke

weil bei vielen der Erwähnungen nicht ganz sicher ist, auf welche historische Person sich die Erwähnung bezieht. Dies gilt insbesondere für Adelsnamen, die häufig vergeben wurden. Bumke führt in solchen Fällen mehrere, mit Fragezeichen markierte Personen auf. Ich habe dennoch alle diese Personen in meinen Datenbestand übernommen. Das Endergebnis (Abb. 6.12) ist nun kein Gesamtnetzwerk mehr, da es kleinere, separate Netzwerke gibt, die im Diagramm am Rand stehen.

★ ★ ★ ★ ★ ★

An dieser Darstellung ist vieles interessant. Ich konzentriere mich zum Abschluss auf eine der Gruppen, nämlich auf die Gruppe rund um Hadlaub, in der Gesamtdarstellung rechts, etwas oberhalb der Mitte; eine Gruppe, die ein Netzwerk formt, dass keine Verbindung zu den übrigen Netzwerken aufweist.

Hadlaub (bei Bumke „Hadloub") trägt in der Datenbank die ID 209. Sein indegree ist 0; sein outdegree ist 16 (wobei er Leutolt VII. von Regensberg und Rüdiger II. Manesse mehrmals erwähnt; im Diagramm ist das durch dickere Pfeile markiert). Die Daten stammen vollständig aus Bumkes Buch.

Hadlaubs Texte sind (von einer Strophe abgesehen) einzig in der „Großen Heidelberger Liederhandschrift" überliefert und dort besonders hervorgehoben: Nur er erhält ein „Doppelbildnis mit zwei thematisch unabhängigen Szenen"; sein Korpus „schmückt die mit Abstand grösste und kunstvollste Filigraninitiale der gesamten Handschrift"; seine Lieder wurden von einer „exklusiven Schreiberhand aufgezeichnet"; der Name Rüdiger Manesse ist – was in der Handschrift einzigartig ist – „mit einem rot markierten Anfangsbuchstaben ausgezeichnet"; und das „Schlussblatt von Hadlaubs Lage ist als einziges der ganzen Handschrift gänzlich unliniert geblieben".[29]

Wenn es um die Herstellung von Prominenz geht, ist Hadlaub wahrlich kein Unbekannter. Er ist dafür bekannt, dass er mit Rüdiger Manesse, dessen Name ja im Manuskript explizit markiert wird, und mit dessen Sohn, Johannes Manesse, zwei bedeutende Zürcher Patrizier erwähnt und für deren Sammlung von Liedern lobt.[30] Genau wegen dieses Lobs hört die „Große Heidelberger Liederhandschrift" auch auf den Namen „Codex Manesse". In der Forschung hat man aus den Erwähnungen all der Personennamen geschlossen, dass „sich in Zürich ein literarisch interessierter Adelskreis formiert" habe, wie Joachim Bumke schreibt:

> eine Gruppe gleichgesinnter und gesellschaftlich gleichgestellter adliger Herren und Damen [...], die aus den führenden Geschlechtern der Stadt oder aus dem Adel der umliegenden Landschaft stammten, die zum Teil hohe geistliche Würden bekleideten und zum Teil Laien waren, die in mannigfachen persönlichen Beziehungen zueinander standen und die ihr Interesse und ihre Gunst gemeinsam einem ‚Hauptdichter' zuwandten [...], der für sie arbeitete und sie in seinen Werken verherrlichte.[31]

---

29 Schiendorfer 1990a, S. 3 [Hervorhebungen getilgt, M. O.].
30 *Wa vunde man sament so manig liet. / man vunde ir niet. / in dem kúnigriche. / als in zúrich an búchen stat. / des průuet man dike da meister sang. / der Manesse rank. / darnach endeliche. / des er dú liederbůch nu hat. / gegen sim houe mechten nigin die singere. / sin lob hie průuen vnd andirswa.* (Ich zitiere wiederum nach der Ausgabe von Pfaff: *Codex Manesse [Pfaff, Hrsg.]* 1995, Sp. 1216 [Abkürzungen und Nasalstriche aufgelöst; das Schaft-S übernehme ich nicht, M. O.])
31 Bumke 1979, S. 290.

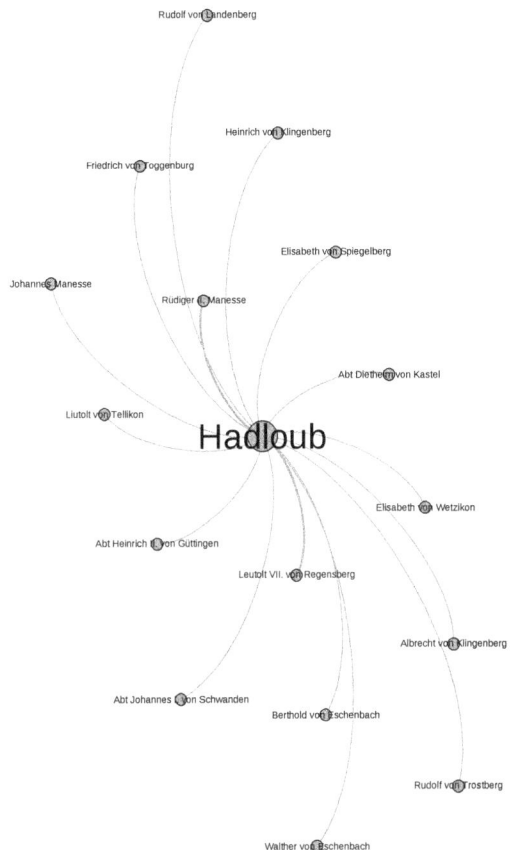

Abbildung 6.13: Ausschnitt aus dem Gesamtnetzwerk: das Netzwerk rund um Hadlaub

Joachim Bumke greift bei seinen Ausführungen auf ein 1974 erschienenes Buch von Herta-Elisabeth Renk zurück und er stützt sich auf ihre Überlegungen, durch die durchaus auch Gottfried Keller hindurchscheint.[32] Allerdings fällt auf, so liest man 1991 in einem Ausstellungskatalog zur „Manessischen Liederhandschrift in Zürich",

> daß Hadlaub um Rüedige Manesse einen Kreis aufbaut, dem kein einziges der wichtigen Ratsgeschlechter von Zürich angehört. Im alltäglichen und politischen Leben dürfte der

---

[32] Renk 1974. Wer Lust hat, lese G. Keller 1999.

Manesse gerade aber mit ihnen zu tun gehabt haben. Ist dies ein Zeichen dafür, daß die Liederhandschrift „nicht ein Werk städtischer Kultur, sondern eines adeligen Kreises ist", oder schmückte Hadlaub den Manesse mit diesen klingenden Namen, um dessen leitende Funktionen zu betonen, kann man sich beim Studium der Quellen doch des Eindrucks nicht erwehren, daß er eine Führungsrolle in der Stadt gespielt hat.[33]

Max Schiendorfer ist in einem Aufsatz aus dem Jahr 1993 der Sache näher nachgegangen und hat sich das Personennetzwerk, das Hadlaub entwirft, etwas näher angesehen.[34] Die Sache ist kompliziert, einerseits; andererseits aber auch recht einfach: Bei dem Personenkreis geht es wohl weniger um ein gemeinsames künstlerisches Interesse, sondern um eine politisch motivierte Gruppierung und „um eine ausgesprochene Ausnahmekonstellation, welche in dieser Form nur von kurzfristigem Bestand sein konnte".[35] Im Hintergrund stehen Auseinandersetzungen zwischen den Habsburgern (die mit Rudolf von Habsburg ab 1273 den römisch-deutschen König stellten), den in der Region Zürich einflussreichen Freiherren von Regensberg und der (seit 1218 reichsunmittelbaren) Stadt Zürich. Involviert ist außerdem Heinrich II. von Klingenberg, der den Habsburgern nahesteht und seit 1293 als Bischof von Konstanz amtiert. Bei der Namenliste, die sich in einem Lied Hadlaubs findet, handelt es sich, so Schiendorfer, „um einen Kreis aus dem engsten politischen und zu einem guten Teil verwandtschaftlichen Einflußbereich Heinrichs von Klingenberg".[36] Und dementsprechend sei es „im Grunde zutreffender, statt von einem ‚Manesse-' von einem ‚Klingenberg-Kreis' zu sprechen".[37]

Ich will die politischen Zusammenhänge hier nicht vertiefen, sondern lieber vor dem Hintergrund der Überlegungen Schiendorfers einen Blick auf das Lied Hadlaubs werfen, in dem die Namen genannt werden.[38] Die Situation ist folgende: Die Sprechinstanz beginnt mit der Feststellung, der Dame schon von Kind an zu „dienen"; eine Grundkonstellation, für die sich in der Literaturwissenschaft der Begriff der „Kindesminne" eingebürgert hat. Sie aber, die Dame, der die Sprechinstanz dient, habe diesen Dienst nicht oder kaum erwidert. An dieser Situation hätten einige Herren Anteil genommen und dafür gesorgt, dass die Sprechinstanz erstmals zur betreffenden Dame gebracht wurde. Als die Sprechinstanz gemeinsam „mit hohen herren" zur Dame kommt, bleibt diese aber abweisend, sodass die Sprech-

---

33 Lassner und Brinker 1991, S. 33a. Lassner und Brinker zitieren Zimmermann 1984, S. 338.
34 Schiendorfer 1993.
35 Ebd., S. 37.
36 Ebd., S. 54.
37 Ebd., S. 57.
38 Gemeinhin wird das Lied nach der „Schweizer Minnesänger"-Ausgabe als „SMS 2" zitiert (Bartsch 1886); ich zitiere im Folgenden jedoch die Transkription des „Codex Manesse" nach der Ausgabe von Pfaff. Man vergleiche Schiendorfer 1990b, S. 316–319.

instanz ohnmächtig zu Boden sinkt, von wo sie von den „herren" aufgehoben wird:[39]

> die herren hůben mich dar da si sas.
> vnd gaben mir balde ir hant in min hant.
> do ich des beuant.
> do wart mir bas.[40]

Endlich nimmt nun auch die Dame – wie ganz zu Beginn die Herren – Anteil; sie zeigt Erbarmen, reicht der Sprechinstanz ihre Hand, blickt liebevoll zu ihrem Gegenüber und spricht ihn schließlich auch an. Das Hochgefühl ihres Gegenübers zeigt sich auch daran, dass seine Arme in ihrem Schoß liegen (*die wile lagen min arme vf ir schos*, Sp. 1214, Z. 9). Da die Sprechinstanz aber die Hände der Dame sehr fest drückt, beißt sie ihm in die Hand. Während sie meint, der Sprechinstanz wehzutun, freut diese sich über die Süße des Mundes der Dame. Herta-Elisabeth Renk hat angesichts dieser Stelle – und dieser Situation – einen „Beiklang masochistischer Erotik" zu erkennen geglaubt und mir leuchtet das ein; damit aber beschränkt man sich auf die Perspektive der männlichen Sprechinstanz. Wie steht es jedoch um diejenige, die sich hier mit einem Biss behilft, mithin behelfen muss?[41] Der weitere Ablauf, der im Lied geschildert wird, hilft dabei, die Perspektive zu wechseln und nach der Situation der Dame zu fragen.

Die Herren bitten schließlich die Dame, der Sprechinstanz etwas zu geben, und zwar einen Gegenstand, den sie lange an sich getragen habe. Die Dame gibt denn auch ein „nadilbein",[42] also eine Nadelbüchse – ein beinernes Behältnis für Nadeln, bei dem ein hohler Knochen (oder in diesem Fall vielleicht eher ein Stück Elfenbein) mit einem Scharnier oder schlicht mit einem Stopfen verschlossen wird.[43] Abgesehen von gabentheoretischen Aspekten[44] liegt hier die Frage nahe, was es mit just diesem Gegenstand auf sich hat, warum es gerade eine Nadelbüchse sein muss. Vielleicht sollte man den Gegenstand als ein sexuell aufgeladenes Symbol

---

39 *Codex Manesse* [Pfaff, Hrsg.] 1995, Sp. 1213, Z. 24 [Abkürzung aufgelöst, M. O.].
40 Ebd., Sp. 1213, Z. 32–35 [Abkürzungen und Schaft-S aufgelöst, M. O.].
41 Zum Biss schreibt Renk, dies sei „offenbar Hadloubs eigene Erfindung, und da verwundert es nicht, daß er so exzentrisch konsequent sein Thema des Liebeskontaktes einerseits und des Zugs von Selbstquälerei beim Sänger andererseits beibehält. Innerhalb dieser breiten Skala, die er vorführt, mochten die Zeitgenossen den Beiklang masochistischer Erotik in den folgenden Zeilen mehr vor seinem philosophischen Hintergrund sehen, als wir das können [...]." (Renk 1974, S. 169) Den Hinweis auf Renks Überlegungen fand ich bei Rapp 2009, S. 221.
42 *Codex Manesse* [Pfaff, Hrsg.] 1995, Sp. 1214, Z. 30.
43 Ein paar archäologische Hinweise anhand Londoner Funde bei Beaudry 2006, S. 71.
44 Reichlin 2012.

verstehen und die Übergabe des Gegenstands dann als symbolische Einwilligung in den Geschlechtsverkehr. So ließe sich zumindest plausibel machen, warum gerade ein beinernes, büchsenartiges Behältnis für perforierende Gegenstände in den Gabenkreislauf eingespeist wird.

Mit der Form der Übergabe sind die Herren allerdings allem Anschein nach nicht zufrieden: Sie geben ihr den Gegenstand zurück und bitten sie, den Gegenstand der Sprechinstanz erneut und diesmal „lieblich"[45] zu geben. Die Dame wird also dazu gebracht, sich mittels des symbolischen Gegenstands „lieblich", also willentlich und freiwillig, der Sprechinstanz zu geben. Anders gesagt, um die Paradoxie deutlicher zu machen: Die Dame wird zur freiwilligen Hingabe genötigt.

Anschließend folgt eine Aufzählung derjenigen, die anwesend waren; eine Aufzählung der „Herren", könnte man sagen, schließlich war bisher nur von Herren die Rede; das ist zwar einerseits falsch, weil auch Frauen zur aufgezählten Gruppe gehören, aber bei der Bezeichnung „Herren" geht es vor allem auch um den Stand, nicht nur um das Geschlecht. Konkret aufgezählt werden, wohl in hierarchischer Reihenfolge: der Fürst von Konstanz, die Fürstin von Zürich, der Fürst von Einsiedeln, Graf Friedrich von Toggenburg, der fromme Regensberger, der Abt von Petershausen, edle Damen, hohe Pfaffen, gute Ritter, Rudolf von Landenberg, Herr Albrecht (der Bruder des Konstanzer Fürsten) und Rüdiger Manesse. Das ist nun also das (politische) Netzwerk, mit dem Max Schiendorfer sich beschäftigt hat und das über Joachim Bumkes Mäzene-Buch in meine Netzwerkdarstellung gewandert ist.

Wenn man mit Schiendorfer davon ausgeht, dass es hier nicht um einen Gottfried-Keller-artigen Kreis von Kunstfreund*innen geht, dann geht es offenbar um einen Herrenbund, um Komplizenschaft und nicht zuletzt darum, einem Kreis von Männern Prominenz dadurch zu verschaffen, dass deren Macht über eine Frau deutlich gemacht wird. Anders gesagt: Hadlaub verschafft dem Kreis der „Herren" Prominenz dadurch, dass er seine lyrische Figur vermittels einer Dame mit diesem Kreis in Beziehung setzt. Und dass dieser Kreis Macht hat(te), das eben hat Schiendorfer in seinem Aufsatz herausgearbeitet.

Die Dame ist also ein Medium, vermittels dessen sich Adlige, vor allem Männer, zueinander in Beziehung setzen und Bindungen etablieren. Die Sprechinstanz profitiert auf diese Weise vom Status der „Herren", von deren Ruhm und Ansehen. Allerdings profitiert die Sprechinstanz eben nicht direkt und unmittelbar, sondern indem die stimm- und namenlose Frau dazu gebracht wird, signifikante und symbolhafte Gesten auszuführen und eine Gabe zu überreichen. So wird die Dame durch die Macht der „Herren" zum Handeln gezwungen und ihre Affekte werden,

---

45 *Codex Manesse [Pfaff, Hrsg.]* 1995, Sp. 1214, Z. 34.

das zeigt ihr Biss, systematisch umcodiert: Was aus Sicht der Dame ein Akt des Widerstands ist, ist für die Sprechinstanz eine süße Berührung mit dem Mund. Im Medium der namenlosen Frau werden schließlich auch Männlichkeitsmuster verhandelt. Während die „Herren" für eine dominante, „hegemoniale" Männlichkeit stehen, handelt es sich bei der Sprechinstanz um eine „komplizenhafte" Männlichkeit (im Sinne Connells),[46] bei der Männer die „patriarchale Dividende" einstreichen, die sich aus der grundsätzlichen Unterdrückung von Frauen ergibt. Genau dies wird überdeutlich dadurch, dass die „Herren" die Dame dazu bringen (können), die Nadelbüchse erneut und lieblich zu geben.

Es geht also im Text um eine Aufwertung der eigenen Position und Handlungsmacht durch das Prestige von sozial Höhergestellten, wobei die namenlose Dame das „Symbol" dieser Erweiterung der Handlungsmacht darstellt; freilich ein problematisches Symbol, weil hinter den Geschlechterverhältnissen der Liebeslyrik reale Geschlechterverhältnisse stehen, mit denen die imaginierten, performativ dargestellten Geschlechterverhältnisse interagieren. Die Gegenleistung, die für den Einsatz der „Herren" erbracht wird, besteht in der Nennung, im Aufzählen des Netzwerks. Und so werden die Namen der „Herren" vermittels des Codex Manesse für die Ewigkeit festgehalten.

Wer angesichts eines Textes wie desjenigen Hadlaubs von romantischer Liebe (oder halt „Minne") spricht, hat nichts verstanden. Das sind Herrenwitze, Dominanz- und Vergewaltigungsfantasien; es geht um Machtstrukturen und darum, Verantwortlichkeiten zu verkehren und neu zu verteilen; es geht um „male bonding" beziehungsweise „class bonding" vermittels einer stummen Frauenfigur. Aus Sicht des Textes „ist die beste weibliche Sexualität diejenige, die den Interessen und Begierden der anderen folgt, und nicht eine, die aktives Begehren ausdrückt und fordert".[47] Man kann die Prominenzarbeit, die Hadlaub leistet, nur feministisch lesen.

---

46 Connell 2005.
47 Rubin 2006, S. 91.

7 Erzählweltenbauer

Von, mit und über „Fiktionalität" wird im deutschsprachigen Raum seit Käte Hamburgers epochemachender Monografie „Die Logik der Dichtung" geredet.[1] Das Buch aus dem Jahr 1957, das Thomas Mann gewidmet ist, profitiert dabei von der Auseinandersetzung mit dessen Romanen und Erzählungen – so wie ja auch Thomas Mann von der literaturwissenschaftlichen Diskussion gelernt hatte, zumal in *Der Erwählte*, der *Gregorius*-Adaption aus dem Jahr 1951.[2] Insofern ist es auch nicht verwunderlich, dass Hamburger früh in ihrer Einleitung die Lyrik aus der Untersuchung ausspart, ist doch Thomas Mann nun nicht gerade als Lyriker bekannt. Käte Hamburger schreibt:

> Es ist bisher in die Poetik der Gattungen, und auch in die Interpretation der einzelnen Dichtwerke, das Faktum nicht einbezogen worden, daß erzählende und dramatische Dichtung uns das Erlebnis der Fiktion oder der Nicht-Wirklichkeit vermittelt, während dies bei der lyrischen Dichtung nicht der Fall ist.[3]

So pauschal wird man das heute nicht stehen lassen wollen und der Binarismus ist nur plausibel, wenn man Lyrik – quasi als Erlebnislyrik – immer eng an die*den Verfasser*in koppelt, was man ja in den 1950ern getan hat. Aber auch wenn Hamburgers Überlegungen an dieser Stelle sachlich falsch sind, sind sie doch aus argumentationsgeschichtlicher Sicht sehr interessant. ‚Dichtung' ist in Käte Hamburgers Sicht etwas, das den Menschen umfassend ergreift und eine Qualität und Reichweite hat, für die das Wort „Erlebnis" einzustehen hat. Erlebt wird, so heißt es ja im Zitat, die „Fiktion" – und schon weil dieser Begriff schwierig ist und neu ist und deshalb im Deutschen der 1950er-Jahre eigentlich unverständlich ist, wird er durch einen zweiten Begriff flankiert, den der „Nicht-Wirklichkeit". Dieses rhetorische Manöver mag auf den ersten Blick unspektakulär erscheinen; indes klingt darin, wie ein fernes Echo, eine deutschsprachige Diskussion an, in der schon einmal von einem Phänomen die Rede war, das man heute „Fiktionalität" nennen könnte, würde man dadurch nicht unterschiedliche und letztlich inkompatible Diskurse miteinander verschalten.

Hans Vaihingers im Jahr 1911 erschienene Monografie zur „Philosophie des Als Ob" geht auf seine Habilitationsschrift des Jahres 1877 zurück.[4] Untersucht werden Phänomene, bei denen wider besseres Wissen auf falschen Vorstellungen

---

1 Hamburger 1957.
2 Werle 2012.
3 Hamburger 1957, S. 3.
4 Vaihinger 1911.

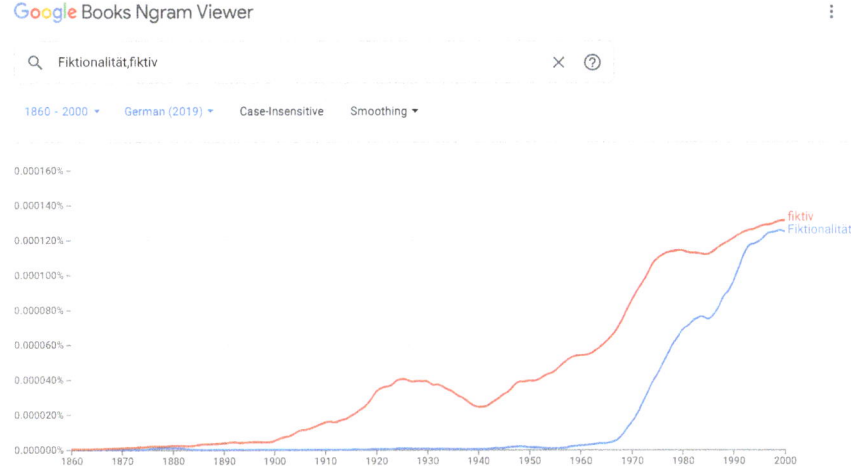

Abbildung 7.1: Eine Erfindung der 50er-Jahre? „Fiktionalität" in Googles Ngram Viewer

beharrt wird, weil sie etwa nützlich und zweckdienlich sind. Im Unterschied zu Käte Hamburger führt Vaihinger also keine philologische Debatte, sondern arbeitet an einer philosophischen Erkenntnistheorie. Das ist zumindest der Oberflächeneindruck. Sieht man etwas genauer hin und untersucht man einige Diskursfäden und Diskussionsfelder des 19. Jahrhunderts, kann man durchaus sehen und sichtbar machen, dass Vaihinger von philologischen Fragen profitiert. Der Philosoph Nadeem Hussain ist diesen Diskursfäden und Diskussionsfeldern in einem Aufsatz gefolgt, in dem es eigentlich um Nietzsche geht und darum, wie man im Nihilismus Werte behaupten und vertreten könne.[5] Da bei Nietzsche aber, laut Hussain, auch die Frage eine Rolle spielt, inwiefern man sich lösen könne von falschen oder inadäquaten Vorstellungen von der Welt – und welche Rolle die Kunst dabei spiele –,[6] betrifft die Diskussion auch Fragen einer philologisch-philosophischen Fiktionalitätsdebatte – avant la lettre – des 19. Jahrhunderts.

---

[5] Hussain 2007.
[6] Zum Beispiel: „Hätten wir nicht die Künste gut geheissen und diese Art von Cultus des Unwahren erfunden: so wäre die Einsicht in die allgemeine Unwahrheit und Verlogenheit, die uns jetzt durch die Wissenschaft gegeben wird — die Einsicht in den Wahn und Irrthum als in eine Bedingung des erkennenden und empfindenden Daseins —, gar nicht auszuhalten. Die R e d l i c h k e i t würde den Ekel und den Selbstmord im Gefolge haben. Nun aber hat unsere Redlichkeit eine Gegenmacht, die uns solchen Consequenzen ausweichen hilft: die Kunst, als den g u t e n Willen zum Scheine." (Nietzsche 1999a, S. 464)

In einem „Historischen Postskriptum" zu seinem Aufsatz gibt Hussain ein paar Hinweise auf den größeren Kontext der Diskussion. Er verweist auf Jeremy Bentham, der zu Beginn des 19. Jahrhunderts fiktionalistische Ansätze entwickelt habe, um rechtliche und moralische Begriffe (wie zum Beispiel Pflicht und Eigentum) zu erklären. Und Hussain verweist auf neukantianische Arbeiten von Friedrich Lange und eben auch Hans Vaihinger sowie auf hegelianische Auseinandersetzungen mit dem Christentum, namentlich von Friedrich Feuerbach und David Friedrich Strauß. Strauß' „Leben Jesu, kritisch bearbeitet" aus dem Jahr 1835 beispielsweise bietet eine mythologische Lektüre der Bibel. Hussain schreibt:

> Strauss's phenomenal impact is best explained by the thoroughness of application of the notion of myth and the level of detailed support presented. These myths were the result of an unconscious and unintentional poetizing as opposed to intentional deception. For Strauss, the claims of biblical texts literally interpreted were false. The common believer accepted the literal interpretation and thus his or her beliefs were also false. A central reason for taking biblical texts as myths, and thus as literally false, was the impossibility of the truth of the literal claim being compatible with the current naturalistic picture of the world as a closed causal system.[7]

Anders und einfach gesagt: Der Positivismus – und das ist eine seiner großen, aufklärerischen Leistungen – nimmt einem die Möglichkeit, die biblische Erzählung als eine wahre Erzählung zu akzeptieren. Stattdessen muss nun interpretiert werden, um die Wahrheit hinter der Erzählung zu entschlüsseln. Was auf den ersten Blick wie eine Neuverpackung des mehrfachen Schriftsinns aussieht, ist tatsächlich eine – von Zeitgenossen ja auch wahrgenommene – Radikalisierung. Strauß' Ansatz macht es zum Beispiel möglich, die Wahrheit der Auferstehung Christi zu leugnen, ohne freilich – Gott bewahre! – die durch die biblische Erzählung zum Ausdruck gebrachte Wahrheit des Christentums infrage zu stellen. Strauß ist schließlich Hegelianer und kein Atheist (zumindest ist er das 1835 noch nicht ...).

All das spielt bei Käte Hamburger zwar keine Rolle, dennoch ist es wichtig, diese ältere Diskussion zumindest zu kennen, wenn man sich für die Genealogie des Fiktionalitätsdiskurses interessiert; eines Diskurses, den Käte Hamburger in die deutschsprachige Literaturwissenschaft einführt. Wichtig ist dies auch, um zu verstehen, dass abstrakte Begriffe – wie eben derjenige der Fiktion – sich nicht notwendigerweise einfach auf ‚reale' Phänomene beziehen, sondern mitunter einer spezifischen Diskursformation entstammen und mit dieser auch wieder verschwinden können. Hans Vaihingers Überlegungen etwa gehörten einer Diskursformation an, die, wenn man Hussain glauben darf, mit dem Aufstieg des

---

7 Hussain 2007, S. 181 f.

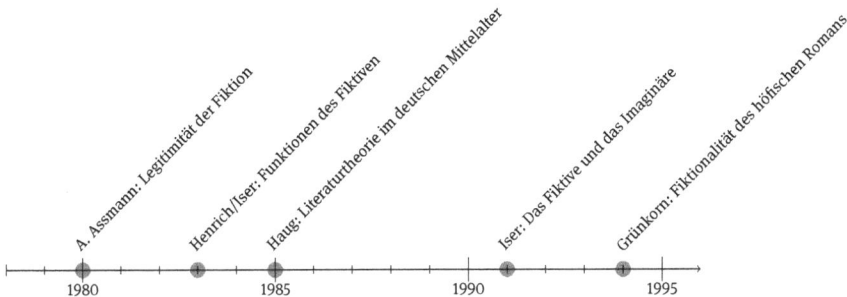

Abbildung 7.2: Einige Stationen des literaturwissenschaftlichen Fiktionalitätsdiskurses (mit mediävistischem Fokus)

Logischen Positivismus der 1920er und 1930er erledigt war.[8] Es macht deshalb wenig Sinn, mithilfe von Vaihinger über den Diskurs nachzudenken, der sich im Anschluss an Käte Hamburgers Buch entwickelt. Dies nämlich ist ein Diskurs, bei dem sich Literaturwissenschaft, Linguistik und Philosophie in verschiedener Intensität überkreuzen, um zum einen das Verhältnis von Sprache und Realität und zum anderen das moderne Konzept von Literatur auf eine ontologische Basis zu stellen. Um Letzteres zu erreichen, werden Literatur und Fiktionalität miteinander verschaltet; das geht so weit, dass letztlich Literatur fest an Fiktionalität geknüpft wird: Literatur ist dann immer fiktional und Fiktionalität – nicht nominalistisch, sondern substanzialistisch gebraucht –[9] wird zur Kernqualität von Literatur. Für die zweite Hälfte des 20. Jahrhunderts ist das eine zentrale Diskussion, die zwei Dinge zugleich ermöglicht: zum einen die Ausweitung des Objektbereichs, weil alle fiktionalen Texte als Literatur gelten können; und zum anderen die Aufwertung von Literatur als der zentrale Bereich der Fiktionalität. Somit übernimmt der Fiktionalitätsbegriff Plausibilisierungsleistungen, die zuvor Begriffe wie Mimesis, Ästhetik, Autonomie, Kunstwerk und Ähnliches übernommen hatten. Dass sich daraus ein Problem für die Mittelaltergermanistik ergibt, hat Hans Ulrich Gumbrecht bereits 1983 aufgeschrieben:

---

[8] Ebd., S. 187.
[9] Eibl 2009, S. 267. „‚Fiktionalität'", so heißt es in Eibls Aufsatz, „ist ein Alltagsbegriff und es wäre [...] eines der idealistischen Missverständnisse, wenn man aus dem Vorhandensein eines Begriffs schlösse, es müsse auch eine Sache geben, die er eineindeutig repräsentiert [...]". (Ebd., S. 280) Man vergleiche etwa auch Jan-Dirk Müller: „Fiktionalität erweist sich [...] als eine pragmatische, nicht eine substantialistische Kategorie (wie die Opposition *fictum/factum* suggerieren könnte). Die Frage ist nicht, ob etwas ein *factum* oder *fictum* ist, sondern wie es *aufgefasst* wird." (J.-D. Müller 2014, S. 212)

> Die heute auch in der Literaturwissenschaft gängig gewordene Überschneidung, Vermischung oder Substitution der Begriffe ‚Fiktion' und ‚Literatur' zeigt, daß wir uns an eine Konkomitanz von Akten des Fingierens seitens des Autors (Selektion und Kombination) und dem Suspens der natürlichen Einstellung als literarischer Rezeptionshaltung gewöhnt haben. Weil die Abhängigkeit der literarischen Rezeptionshaltung von der (meist durch Selbstverweis erleichterten) Wahrnehmung des fiktionalen Charakters von Texten zu einer Institution neuzeitlicher Lesekultur geworden ist, liegt der hermeneutisch nicht legitime Umkehrschluß nahe, Fiktionsbewußtsein als Präsupposition all jener Kommunikationssituationen anzusetzen, in denen wir – wie beim höfischen Roman – seitens der Rezipienten mit einer Aufhebung der alltags-praktischen ‚natürlichen Einstellung' rechnen können.[10]

Es werden also moderne Vorstellungen auf die Vormoderne zurückprojiziert – und plötzlich gibt es Fiktionalität auch schon im Mittelalter. So einfach geht das, wenn die Diskursformation passt.

Von den 60er-Jahren an beginnt der literaturwissenschaftliche Fiktionalitätsdiskurs mehr und mehr Wurzeln zu schlagen; in den 80er-Jahren schließlich ist das Thema etabliert – und deshalb auch beständig umstritten. Wichtige Stationen der Etablierung des literaturwissenschaftlichen Fiktionalitätsdiskurses sind die Dissertation Aleida Assmanns, ein Sammelband der Gruppe „Poetik und Hermeneutik" zu „Funktionen des Fiktiven" sowie Walter Haugs „Literaturtheorie im deutschen Mittelalter".[11] Es ist vor allem das Buch von Haug, das in der Folgezeit die altgermanistische Fiktionalitätsdiskussion prägt und vorantreibt und das wesentlich dafür gesorgt hat, dass die Diskussion bis heute nicht mehr aufgehört hat.

Aleida Assmanns Buch ist insofern relevant, als sie zum einen erkannt hat, dass kaum ein Weg von der antiken Diskussion, für die in aller Regel Platon und – vor allem – Aristoteles herangezogen werden, zur jüngeren Auseinandersetzung mit Fiktionalität führt. Zudem hat Assmann eine wichtige Unterscheidung beobachtet und beschrieben, die sehr hilfreich ist, um die Diskussion seit den 80er-Jahren besser zu verstehen. Geprägt werde diese jüngere Diskussion nämlich, so Assmann, durch die „analytische Sprachphilosophie einerseits und die linguistische Pragmatik andererseits".[12] Die analytische Sprachphilosophie frage nach Sprechakten und deren Wahrheitsanspruch. Im Vordergrund steht dabei eine Referenztheorie der Sprache, also die Theorie, dass Fiktionalität vor dem Hintergrund der Frage nach der Bezüglichkeit sprachlicher Aussagen auf Wirklichkeit behandelt werden müsse. Dieser Diskussionsbereich ist vielfach mit der literaturwissenschaftlichen Diskussion über Fiktionalität verbunden und verschlungen; ich werde trotzdem

---

10 Gumbrecht 1983, S. 436.
11 Henrich und Iser 1983; A. Assmann 1980; Haug 1985.
12 A. Assmann 1980, S. 10.

im Folgenden nicht weiter darauf eingehen, weil dieses Diskursfeld zu weit in die komplexen Diskussionen der Philosophie und Linguistik führen würde – ohne dass damit für meine literaturwissenschaftliche Problemstellung viel gewonnen wäre.[13] Aus philosophisch-linguistischer Sicht nämlich mag das Problem der Referenz zentral sein, wenn es darum geht, die alltägliche Sprache zu untersuchen; aus textwissenschaftlicher Sicht ist die Frage nach der Referenz nur ein Aspekt unter vielen. Sprache nämlich, zumal verschriftlichte, nicht-alltägliche Sprache, hat viel mehr Funktionen als nur den Bezug auf eine wie auch immer geartete Wirklichkeit.

Im Gegensatz zur analytischen Sprachphilosophie geht es, so Assmann, bei der linguistischen Pragmatik um ein Kommunikationsmodell fiktionaler Rede. Dabei sei „[w]eitgehend anerkannt", so referiert Assmann, dass „Fiktionalität kein linguistisches, sondern ein rein rezeptionsspezifisches Phänomen"[14] sei:

> Man ist deshalb davon abgekommen, Fiktionssignale in der Sprachstruktur des Textes selbst zu suchen (wie dies etwa Käte Hamburger am Beispiel des epischen Präteritum noch für möglich hielt). Statt dessen wird Fiktivität als rein pragmatisch determinierte Qualität interpretiert, als Ergebnis einer intentionalen Umdeutung durch die Teilnehmer am Kommunikationsprozeß.[15]

Diese kurze, aber präzise Darstellung ist zentral und hätte man sie in der Folgezeit konsequent berücksichtigt, hätte man sich viel Schreib- und Denkarbeit ersparen können. Die philosophische Diskussion nämlich lässt sich schon wegen ihrer Ahistorizität nur schwer auf konkrete Texte beziehen; die pragmatisch-linguistische Diskussion wiederum erteilt einer Suche nach Fiktionalität in den Texten eine ziemlich klare Absage. Fiktionalität ist, um es noch einmal klar und deutlich zu wiederholen, ein Phänomen der Rezeption. Oder in den Worten Ulrich Wyss':

> Es gibt kein Kriterium der Fiktionalität, das den Texten inhärent wäre. Ob ein Text die Wahrheit sagt oder eine Wirklichkeit fingiert, ist nicht eine Frage der Gattungspoetik, sondern der Gebrauchszusammenhänge und Machtverhältnisse, in denen er geschrieben und gelesen wird.[16]

Was für die Fiktionalität gilt, gilt ebenso für den binären Gegenbegriff: die Faktualität. Weder Faktualität noch Fiktionalität sind fixe, leicht und eindeutig zu ermittelnde Eigenschaften von Texten, sondern es handelt sich einerseits um eine Zuschreibung durch Menschen, die mit dem Text umgehen, und andererseits um

---

13 Eine Annäherung von Literaturwissenschaft und philosophischer Diskussion findet sich bei Ryan 1991.
14 A. Assmann 1980, S. 11.
15 Ebd., S. 11.
16 Wyss 1993, S. 244.

einen Anspruch, der vom Text erhoben wird, indem er sich in bestimmte Traditionen stellt oder bestimmte Formen inkorporiert, die dazu führen, dass man dem Text Faktualität oder Fiktionalität zuschreiben kann.

Was bei der von Assmann beschriebenen pragmatisch-linguistischen Analyse freilich fehlt, ist eine Metaposition; eine Metakritik, die sich mit der Art und Weise beschäftigt, wie über Fiktionalität diskutiert wurde. Gerade deshalb ist Assmanns kurzer Hinweis auf Käte Hamburger im obigen Zitat so wichtig; folgt man diesem Hinweis, kann man nicht nur fragen, was Fiktionalität ist, sondern man kann auch die Frage aufwerfen, warum man seit Käte Hamburger über Fiktionalität diskutiert hat. Damit würde die Diskussion über Fiktionalität zum Objekt der Auseinandersetzung – und das sollte sie werden, wenn man sie als Konstrukt der Forschung verstehen will.

Ein nächster wichtiger Schritt im Zuge dieser Etablierung des Fiktionalitätsbegriffs ist ein Sammelband der Gruppe „Poetik und Hermeneutik" aus dem Jahr 1983.[17] Aleida Assmann war an diesem Buch nicht beteiligt; sie war ja zu diesem Zeitpunkt lediglich promoviert – und vor allem: eine Frau. Am Sammelband haben zwanzig Männer mitgewirkt und lediglich eine einzige Wissenschaftlerin: Elisabeth Ströker, Philosophin und Wissenschaftshistorikerin an der Universität zu Köln. Das Geschlechterverhältnis sagt natürlich nichts über die Qualität des Bandes aus; die Gruppe „Poetik und Hermeneutik" war in mancherlei Hinsicht innovativ und vor allem diskursprägend; aber mir scheint es wichtig zu sein, ab und an daran zu erinnern, dass Wissenschaft auch noch in den 1980er-Jahren von Männernetzwerken geprägt war. Welche Auswirkungen das zu dieser Zeit konkret hatte, wäre allerdings an anderer Stelle zu untersuchen. Auf jeden Fall haben Aleida und Jan Assmann mit der Reihe „Archäologie der literarischen Kommunikation" eine Art Konkurrenzunternehmen gestartet und sind damit sicherlich näher an den Fragen, die mich in diesem Buch interessieren, als die Beiträge der Gruppe „Poetik und Hermeneutik".

Der wohl wirkmächtigste Aufsatz des Bandes stammt von Wolfgang Iser,[18] der diesen Beitrag später auch zu einer vielgelesenen Monografie ausgebaut hat.[19] Isers Verdienste sind die Auflösung der Binarität von Wirklichkeit und Fiktion sowie die Umstellung von einer ontologischen auf eine prozess- und handlungsbezogene Konzeption. Um Ersteres zu erreichen, etabliert er die Trias vom Realen, Fiktiven und Imaginären. Das Reale ist sozusagen das Material der Wirklichkeit, das in eine Erzählung eingeht. Das Imaginäre ist die Zutat eines Autors. Beide Bereiche

---

17 Henrich und Iser 1983.
18 Iser 1983.
19 Iser 1991.

finden zusammen durch Akte des Fingierens, also durch die Tätigkeit des Autors. Ein literarischer Text ist dann, wie Iser schreibt,

> als Produkt eines Autors eine bestimmte Form der Weltzuwendung. Da diese in der gegebenen Welt, auf die sich der Autor bezieht, nicht vorhanden ist, muß sie in die vorhandene Welt hineingetrieben werden, um zur Geltung zu kommen.[20]

Anhand dieses Zitats kann man gut erkennen, dass hinter Isers Modell auch Vorstellungen von Erzählwelten stehen (die eine Beziehung zur realen Welt haben). Iser spricht sogar konkret von einer „dargestellte[n] Textwelt"[21] – und er verweist auf Nelson Goodmans Buch „Ways of Worldmaking".[22] Zwar steht dieses Konzept bei Iser nicht im Vordergrund, ich werde auf diese Idee der Erzählwelt aber im Laufe dieses Kapitels noch genauer eingehen, weil ich nämlich glaube, dass dieses Konzept im Gegensatz zu Isers autorzentriertem Modell nicht nur gut operationalisierbar ist, sondern auch einen wichtigen Aspekt mittelalterlicher Textkultur in den Blick rücken kann; ein Aspekt, der leicht aus den Augen gerät, wenn man den Blick heftet auf Autor*innen und auf einzelne Werke mit ihren werkimmanenten Figuren, Räumen und Handlungszusammenhängen. Textwelten, so wie ich sie verstehen möchte, überwölben nicht nur die Organisationseinheiten „Autor*in" und „Werk" – Textwelten reduzieren zudem auch die Relevanz einzelner Werke und Autor*innen. Dies aber, diese Reduzierung der Relevanz, ist wichtig für die Mediävistik, weil die Konzentration auf Werke und Autor*innen im Rahmen der Druckkultur massiv zugenommen hat und also für eine Handschriftenkultur nicht so ohne Weiteres in Anschlag zu bringen ist.

Doch bevor ich zu diesem Thema komme, ist noch der wichtigste und folgenreichste Beitrag zur Fiktionalitätsdebatte aus altgermanistischer Sicht zu diskutieren, die „*Literaturtheorie im deutschen Mittelalter*" von Walter Haug.[23] Für die bisher diskutierten Überlegungen interessiert sich Haug allerdings wenig.[24] Die Diskussionen, an die er in seiner „Literaturtheorie im deutschen Mittelalter" aus dem Jahr 1985 anknüpft; die vielen Namen von Wissenschaftler*innen, die er nennt; ebenso die Arbeiten, auf die er verweist; die Begriffe, die er verwendet; selbst der Stil, den er schreibt – all das verortet das Buch fest innerhalb der 50er-, 60er- und 70er-Jahre. So fest, dass sich die Überlegungen heute kaum mehr aus

---

20 Iser 1983, S. 125.
21 Ebd., S. 143.
22 Ebd., S. 127. Zu vergleichen ist Goodman 1984.
23 Haug 1985.
24 In einigen Fußnoten des fünften Kapitels, das ich gleich näher betrachten werde, insbesondere in der ersten Fußnote, weist Haug auf Beiträge des „Poetik und Hermeneutik"-Bandes hin, ohne sich näher mit diesen Beiträgen zu befassen.

diesem Diskussionszusammenhang lösen lassen. Das heißt nicht, dass die Einzelanalysen nicht viele spannende Aspekte thematisierten: Das tun sie; aber sie tun dies innerhalb eines Rahmens, der in die Vergangenheit weist und nicht nach vorn.

Das für die hier diskutierte Frage relevante Kapitel ist das fünfte: „Chrétiens de Troyes ‚Erec'-Prolog und das arthurische Strukturmodell". Ich zitiere den Einstieg, den ersten Absatz:

> Mit Chrétiens ‚Erec et Enide', dem ersten Artusroman, erreicht die Entwicklung der abendländischen Literatur eine entscheidende neue Stufe. Es handelt sich um den ersten vulgärsprachlichen Roman des Mittelalters, den man als fiktiv bezeichnen darf. Und er ist dies nicht nur seiner Konstitution nach, sondern man ist sich zugleich seiner Fiktionalität, ihrer literarischen Möglichkeiten und auch ihrer Problematik in hohem Grade bewußt geworden.[25]

Mit dem Personalpronomen „man" etabliert Haug seine Position als zweifellos gültig. Dabei verbirgt er geradezu, dass es sich hier um die Kernthese handelt, für die überhaupt erst zu argumentieren ist. Die anschließende Differenz, die wiederum unpersönlich vorgetragen wird, zwischen „seiner Konstitution nach" und einem Bewusstsein der Fiktionalität des Textes, bleibt freilich sehr unklar. Was ist mit „seiner Konstitution nach" gemeint? Rekurriert Haug auf die Form, auf den Inhalt, auf beides?

Da sich die folgenden Überlegungen auf das Strukturmodell des Artusromans beziehen, könnte dies mit der „Konstitution" gemeint sein. Haug nutzt die strukturalistische Perspektive, um zu versichern, dass alles planvoll von einem Autor gemacht worden ist, dass

> diese eigentümliche Struktur trotz aller Vorformen, die auf dem Weg zu Chrétiens Konzept zu liegen scheinen, nicht wirklich aus diesen ableitbar, sondern als genuine Leistung Chrétiens zu betrachten ist.[26]

Doppelungen, das weiß Haug natürlich, gibt es auch anderswo. Allerdings, so Haug: „Der entscheidende Schritt lag dann aber in der Verwandlung dieser einfachen Form zum gestuften Doppelkreis mit seinem komplexen Beziehungsgeflecht der Episoden."[27] Auf dieser Grundlage kann Haug dann festlegen, dass am „fiktionalen Charakter des Artusromans [...] objektiv [...] insofern kein Zweifel bestehen" könne,

> als seine Welt anhand einer innerliterarisch konzipierten Handlungsstruktur frei entworfen ist. Was immer an Quellen vorausliegen mag, es wird in der Weise über sie verfügt, daß sie

---

25 Haug 1985, S. 91.
26 Ebd., S. 97. Haug beruft sich an dieser Stelle auf Hans Fromm.
27 Ebd., S. 98.

in erster Linie als Motivfundus dienen. Diese fiktionale Freiheit ist die Bedingung für den experimentellen Strukturentwurf, über den innerliterarisch der Sinn realisiert und vermittelt wird. Die konkrete Möglichkeit dazu ergibt sich dadurch, daß man sich von den geschichtlich verankerten antiken Stoffen abwendet und die unverbindliche ‚Matière de Bretagne' aufgreift, d. h. mit vorwiegend mündlich umlaufenden und entsprechend unfesten Stoffen bretonischer und inselkeltischer Herkunft arbeitet.[28]

Es ist also die Struktur, die Sinn realisiert und vermittelt – und was vorher mündlich zirkulierte, ist lediglich Motivfundus. Das ist zumindest die Annahme. Über die mündlich vermittelten Erzählungen weiß man freilich wenig bis gar nichts und so bleibt die Annahme, dass diese Erzählungen nicht ebenso strukturell elaboriert waren, eine bloße Behauptung. Und hinter der Idee eines „Motivfundus" steht, sehr deutlich, die Idee einer Autonomie des Dichters.

Dass sich „die arthurischen Dichter" ihrer epochemachenden Situation bewusst gewesen seien, lässt sich laut Haug „nur über eine Darstellung des arthurischen Strukturmodells in seinem Verhältnis zu den theoretischen Äußerungen in Prologen, Epilogen und eingeschobenen Exkursen"[29] zeigen. Der Dichter muss also in Pro- und Epilogen selbst Zeugnis ablegen von einem neuen Fiktionalitätsbewusstsein. Im Falle Chrétiens muss hierfür vor allem die nicht besonders klare und eigentlich auch wenig spektakuläre Prologaussage über „une molt bele conjointure" herhalten. Haug schreibt:

> Die Verwandlung des Stoffes durch die *conjointure* muß also fundamental sein: das Publikum darf etwas überraschend Neues erwarten. Oder theoriegeschichtlich ausgedrückt: der Übergang von der Mündlichkeit zur Schriftlichkeit eröffnet der Literatur nicht nur entscheidend neue Dimensionen, sondern Chrétien muß sich auch in einem hohen Maße bewußt gewesen sein, welche literarhistorische Schwelle er mit der Verschriftlichung der arthurischen Materialien überschritten hat.[30]

Dem kleinen Wörtchen *conjointure* wird hier ziemlich viel aufgebürdet. Die Innovation „muß [...] fundamental sein", das „Publikum darf etwas [...] Neues erwarten", „Chrétien muß sich [...] in einem hohen Maße bewußt gewesen sein" – das alles soll zwingend klingen, ist aber bloße Behauptung. Zwar würde auch ich dazu tendieren, Chrétiens Stellung am Übergang zu einer elaborierten, schriftgestützten Erzählkultur hervorzuheben; zwar würde auch ich davon ausgehen, dass die „Matière de Bretagne" neuartige Möglichkeiten des Erzählens eröffnet, die im Vergleich zu den Antikenromanen weniger fest an die Vorstellung einer Vergangenheit gebunden sind; aber daraus ein Fiktionalitätsbewusstsein abzuleiten, das vor allem

---

28 Ebd., S. 92.
29 Ebd., S. 92.
30 Ebd., S. 103.

an die Vorstellung literarischer Autonomie und struktureller Harmonie geknüpft ist, das scheint mir wenig sinnvoll zu sein. Sinnvoller scheint es mir, mit Hans Ulrich Gumbrecht und mit Blick auf die volkssprachlichen Erzähltexte um 1200 von einer „Lockerung" der Ansprüche auszugehen, die epische und religiöse Texte etabliert hatten:

> Konfrontiert man die Polemik der Chansons de geste und der volkssprachlich-religiösen Texte mit den Literaturstellen der höfischen Romane und geht so (zum heuristischen Zweck) auf Dialogizitäts-Beziehungen zwischen zeitgenössischen Gattungen des Mittelalters ein, dann gewinnt man den Eindruck, daß die ‚Antworten' des höfischen Romans weder als strikte Zurückweisung der Kritik noch durchgängig als selbstbewußte Negation überkommener Erwartungen charakterisiert werden können, sondern am ehesten als *‚Lockerung' jener Ansprüche, durch die das Epos und die religiösen Texte ihre ‚Gebrauchsfunktionen' abzusichern suchten.*[31]

Mit einer solchen Vorstellung einer Lockerung kann man die Funktion und Rolle der Erzählungen dann auch skalieren, statt von einem klaren Binarismus auszugehen.

Auch wenn ich heute Walter Haugs Überlegungen wenig nachvollziehbar finde – funktioniert haben sie freilich trotzdem. Haugs Überlegungen haben die germanistische Mediävistik für einige Zeit geprägt, was Fragestellungen und Textanalysen anbelangt, und auch Kontroversen wie diejenige um Franz Josef Worstbrocks Aufsatz „Wiedererzählen und Übersetzen" (der ja explizit auf Haugs „Literaturtheorie" Bezug nimmt) lassen sich adäquat nur vor dem Hintergrund einer Diskussion über die Ausrichtung auf selbstbewusste Fiktionalität verstehen.[32] Von Haug aus verselbstständigt sich die Fiktionalitätsdiskussion (wie auch die Prolog-Analyse als Forschungsaufgabe); das führt dazu, dass die immer gleichen Fragen immer und immer wieder gewälzt werden, im Wesentlichen mit den immer gleichen Begriffen. Haugs Ansatz war es auch, der poetologischen Interpretationen mittelalterlicher Erzähltexte eine Konjunktur beschert hat, ohne dass man sich heute noch groß um die Voraussetzungen der Frage nach der Poetologie scheren würde.

Liest man Haugs Überlegungen aus heutiger Sicht und versucht dabei, den Blick zu weiten, erkennt man allerdings leicht, dass hinter Haugs Ansatz auch einige Anliegen stecken, die nicht expliziert werden. Hierzu gehören: (1) die Anschließbarkeit der Mittelaltergermanistik an die neuere deutsche Literaturwissenschaft; (2) die – und das ist mit dem ersten Aspekt verbunden – Aufwertung des Gegenstandsbereichs, indem man ihm Fiktionalität als Qualität zuschreibt; und schließlich (3) eine klare Abgrenzung des Gegenstandsbereichs der germanistischen Mediävistik im Sinne einer mediävistischen Literaturwissenschaft, die

---

[31] Gumbrecht 1983, S. 437.
[32] Worstbrock 1999.

sich insbesondere um die Texte zu kümmern hat, die Anspruch auf Fiktionalität erheben können.

****

Haugs Bemühungen erwiesen sich, wenn ich recht sehe, zwar lange als sehr erfolgreich, scheinen in jüngerer Zeit aber an Prominenz und Relevanz verloren zu haben. Die literaturgeschichtliche Makrothese, die letztlich darauf ausgerichtet ist, den Artusroman der (modernen) Literatur anzunähern und ihn auf diese Weise zu nobilitieren, ist aus mediävistischer Sicht auch deshalb schwierig, weil diese These die Artusromane mit hohen Ansprüchen konfrontiert und auch belastet. Es ist aber wohl gar nicht nötig, den Artusroman mithilfe des Fiktionalitätskonzepts aufzuwerten. Der Artusroman braucht einer modernen Vorstellung von Fiktionalität nicht zu genügen; es gibt gar keinen Makel, der wettzumachen ist. Ganz im Gegenteil: Artusromane spannen Textwelten auf, die einige Ähnlichkeiten aufweisen zu den elaborierten, intermedialen Erzählwelten, wie wir sie in erfolgreichen narrativen Phänomenen der Gegenwart finden.

Das Stichwort der „Textwelt", das schon bei Wolfgang Iser fällt, kann einen Weg aufzeigen, aus der Diskussion über Fiktionalität/Faktualität herauszukommen. Anknüpfen lässt sich dabei an Überlegungen Peter Kerns. In einem Aufsatz mit dem Titel „Leugnen und Bewußtmachen der Fiktionalität im deutschen Artusroman" beschreibt er seine Sicht auf Chrétiens Umgang mit der Figur des Königs Artus. Chrétien nämlich habe

> die Artus-Figur ganz aus der Geradlinigkeit eines einmaligen Geschichtsablaufs herausgenommen und zum Zentrum einer von ihm konstruierten fiktiven Erzählwelt gemacht, für die eigene Raum-Zeit-Koordinaten gelten, eigentümliche Gesetzmäßigkeiten auch und Wertvorstellungen und die mit Personen angefüllt ist, die ihr Leben in erster Linie der Imaginationskraft des Dichters verdanken.[33]

---

33 Kern 1993, S. 12. Man vergleiche auch Kerns Habilitationsschrift, in der er anhand des Pleier unter anderem über ‚werkübergreifende Erzählwelten' nachgedacht hat. Dort heißt es dann etwa: „Chrestien baut mit seinen Artusromanen also eine Erzählwelt auf, die einen konstanten Kernbereich, aber sehr flexible Grenzen besitzt. Er erreicht das dadurch, daß er den pseudohistorischen Kriegsherrn und Aktionsträger Arthur zum ruhenden Mittelpunkt einer idealen ritterlichen Gesellschaft umdeutet, die eigentliche Romanhandlung aber jeweils einem anderen Ritter überträgt, der seine Aventiuren im wesentlichen außerhalb des Artushofes besteht, wobei jedoch die Verbindung mit dem Zentrum der Artuswelt aufrechterhalten wird. Damit ist eine narrative Konstruktion gefunden, die gleichzeitig Kohärenz und ständige Erweiterung der Erzählwelt ermöglicht […]." (Kern 1981, S. 92) Ein paar Seiten später, S. 97 f., findet sich dann auch ein Kriterienkatalog des Worldbuilding. Eine ausführlichere Auseinandersetzung mit den volkssprachlichen Erzählwelten des 12.–14. Jahrhunderts hätte Kerns Buch stärker zu berücksichtigen, als ich dies hier tun werde.

Zwar würde ich die Differenz zwischen Historiografie („Geradlinigkeit eines einmaligen Geschichtsablaufs") und Chrétiens Romanwelt nicht so scharf formulieren, aber im Prinzip gebe ich Kern recht. Mit Chrétien de Troyes kann man, trotz Vorgängern, die Geschichte der Artus-Erzählwelt beginnen lassen; einer komplexen Erzählwelt mit zahlreichen Figuren, mit Vor- und Folgegeschichten, mit zahlreichen „storylines" – und mit zahlreichen Verfassern, die an der Welt mitbauen, die insbesondere vom Geschichtenerzähler Chrétien de Troyes geschaffen wurde.

Aus heutiger Sicht ist die Vorstellung einer Erzählwelt und die Idee, solche Erzählwelten zu errichten, keineswegs überraschend, sondern geradezu vertraut, weil es sich um ein wichtiges Phänomen der Gegenwartskultur handelt. Mit Blick auf Produktionen aus dem Feld von Film und Fernsehen (zum Beispiel *Star Wars*, die *Matrix*-Trilogie, *Game of Thrones*/*A Song of Ice and Fire*), der Abenteuer- (Karl Mays Westernwelten) und Fantasy-Literatur (*Lord of the Rings*, *Harry Potter*) oder dem Bereich der populären Rollenspiele (etwa *Dungeons & Dragons*) wird seit einiger Zeit von ‚Worldbuilding' gesprochen. Gemeint sind damit aufwendige, detaillierte und kontrollierte Konstruktionen narrativer Welten, die medienübergreifend zu weiteren und neuen Narrationen unterschiedlichen Komplexitätsniveaus Anlass geben und zu einer Auseinandersetzung mit der jeweiligen Erzählwelt herausfordern. Der Begriff verweist auf komplexe Produktions- und Rezeptionsverfahren, auf Visualisierungsstrategien, Datenbanken, Schreib- und Speichertechniken, Handbücher und zu überwachende Regelwerke; und vor allem: Praktiken des Worldbuilding strukturieren Narrationen und (Text-)Handeln im großen Stil und schaffen auf diese Weise geregelte Beteiligungsmöglichkeiten für viele.

In diesem Sinne ist Worldbuilding eine (pop-)kulturelle Aneignung einst rein ‚literarischer' Strategien – immerhin gehört das Entwerfen komplexer imaginärer Welten, die Möglichkeiten der kontrollierten Erweiterung und Weiterentwicklung bieten (und mithin sogar genau dazu herausfordern), zu den zentralen Potenzialen der Verfertigung vielschichtiger und beziehungsreicher Narrationen. Von Homer etwa reicht ein Traditionsgeflecht zu Vergils *Aeneis*, zu Dantes *Göttlicher Komödie* und James Joyce' *Ulysses*; und von der mittelalterlichen Literatur ziehen sich Traditionsfäden hin zu Tolkiens Erzählungen, die als narrativer Weltentwurf in den vergangenen Jahren mit Filmen und Merchandising ‚kulturindustriell' verankert wurden.

Für die Rezipient*innen weisen die bekannteren dieser Erzählwelten ein großes Faszinations- und Aktivierungspotenzial auf. Zu lernen, wie eine Welt funktioniert, hat oft wesentlich Anteil am Genuss beim Erleben einer imaginären Welt.[34]

---

[34] „[...] learning how a world works, is often a large part of the enjoyment of experiencing an imaginary world." (M. Wolf 2012, S. 155)

Gerade dann, wenn Erzählwelten über eine historische Tiefe und eine große Breite der Handlung verfügen, müssen Rezipient*innen eine ganze Menge an Zeit und Mühe investieren, um die Komplexität der erzählten Welt aus den Puzzleteilen der Narration zu rekonstruieren und zu decodieren – wobei „Narration" hier ganz konkret eine Reise innerhalb der Grenzen des erzählten Raumes meint.[35]

Imaginierte Erzählwelten, so schreibt Mark J. P. Wolf in einem einschlägigen Buch zum Thema,[36]

> have been largely overlooked in Media Studies, despite a history spanning three millennia. [...] Often when a world is noticed at all, it is only considered as a background for stories set in it, rather than a subject of study in itself.[37]

Dies ist eine sehr wichtige Beobachtung, gerade mit Blick auf mittelalterliche Erzählungen. Auch die mediävistischen Literaturwissenschaften haben sich nämlich wenig für die Erzählwelten interessiert, sondern ihre Fragen vor allem anhand von Figuren und Handlungsfolgen innerhalb einzelner „Werke" entwickelt. Das ist freilich kaum verwunderlich: Figuren und Handlungsfolgen sind die beiden klassischen Träger literaturwissenschaftlicher Auseinandersetzung mit Erzähltexten, geradezu die einfachste und naheliegendste Möglichkeit, sich mit Erzählungen zu beschäftigen. Gefragt wird, welche Figuren es gibt, was diese Figuren tun und was ihnen zustößt. Und da die Mittelaltergermanistik schließlich aufgrund der neuzeitlichen Konzeption von Literatur eine Konzentration auf Autoren und Werke sowie eine Abneigung gegen Epigonen entwickelt hat, lassen sich einzeltext- und autorenübergreifende Erzählwelten nur schwer in den Blick nehmen. Zwar gibt es selbstverständlich seit der germanistischen Rezeption des Formalismus beziehungsweise Strukturalismus ein Interesse an Strukturen, Regeln und Erzählelementen, aber dieses Interesse abstrahiert von den einzelnen Texten und von Erzählwelten, die von mehreren dieser Texte konstituiert werden.

So wie die mittelalterliche Artuswelt können auch heutige Erzählwelten riesige Ausmaße erreichen; im Gegensatz zu schriftgebundenen mittelalterlichen Erzählungen sind sie allerdings nicht auf ein einzelnes Medium (oder im Fall des

---

[35] „While fiction is a mode of travel into textual space, narrative is a travel within the confines of this space." (Ryan 1991, S. 5)
[36] Ich konzentriere mich im Folgenden auf Wolfs Buch, da es mir nicht um eine umfassende Aufarbeitung der Forschung zu Worldbuilding/Storyworlds/Textwelten geht, sondern darum, das Konzept überhaupt für mittelalterliche Textkulturen zu plausibilisieren.
[37] M. Wolf 2012, S. 2.

Vortrags und des mündlichen Weitererzählens: auf zwei Medien) festgelegt.[38] Wolf führt das *Star Trek*-Universum als Beispiel an:

> as of summer 2012, the *Star Trek* universe consisted of over 500 hours of television shows, 11 feature films, and hundreds of novels, not to mention several decades worth of video games, comic books, and other books including technical manuals, chronologies, and encyclopedias. And since it is an open-ended and still-growing universe, more *Star Trek* material appears every year.[39]

Den aktiven Rezipient*innen – wir können sie „Fans" nennen – geht die Arbeit also so schnell nicht aus. Zwar setzt das moderne Urheberrecht der eigenen Kreativität dann Grenzen, wenn die Produkte dieser Kreativität publiziert werden sollen; aber in Zeiten des Internets findet sich auch dann für „Fanfiction" ein Ort, wenn die Urheberrechtsinhaber*innen das eigentlich gerne verhindern würden. Im Mittelalter hatte man es in dieser Hinsicht leichter; wenn man die finanziellen Möglichkeiten – also: Pergament und Zeit – hatte, konnte einen niemand daran hindern, an beliebten und bewunderten Erzählwelten weiterzuarbeiten, also die Tatsache, dass es einen guten Text gab, als Anlass zu nehmen, daran weiterzuschreiben.

Freilich sollte man, auch darauf weist Wolf hin, den Begriff des „Worldbuilding" und die „Erzählwelt" nicht einfach gleichsetzen. „Worldbuilding" geht mit einer geradezu exzessiven Anhäufung von Informationen und Wissen einher, was sich in der konkreten Narration insofern niederschlagen kann, als sich dort zahlreiche Informationen über die Welt finden, die zwar die Handlung nicht vorantreiben, aber immerhin Stimmung und Atmosphäre generieren oder unser Bild der Figuren, Orte und Handlungen verbessern.[40] Deshalb gilt:

> while all stories are set in some kind of world, what I will refer to here as a ‚traditional' story is a narrative work in which world-building generally does not occur beyond that which is needed to advance the story, as opposed to narrative (or even nonnarrative) works whose worlds are deliberately built beyond the immediate needs of whatever narrative material may be present.[41]

Freilich, die Unterscheidung lässt sich im Einzelfall nicht so ohne Weiteres treffen, weil die Frage, ob ein bestimmtes Erzähllement lediglich die Handlung vorantringt oder die Komplexität der Erzählwelt anzeigt, nicht immer eindeutig zu

---

38 Wobei sich beispielsweise die mittelalterliche Artuswelt auch auf Fresken, Teppiche und Ähnliches erstrecken kann. Ich lasse diesen wichtigen Aspekt im Folgenden beiseite.
39 M. Wolf 2012, S. 2.
40 „World information that does not actively advance the story may still provide mood and atmosphere, or further form our image of characters, places, and events." (Ebd., S. 29)
41 Ebd., S. 30.

entscheiden sein wird. Ein Erzählelement, das hilfreich sein könnte, um eine schlichte Erzählwelt von einer komplexen Erzählwelt zu unterscheiden, sind erklärende Intermezzi, „points at which the narrative halts so that information about the world and its inhabitants can be given. Descriptions of landscapes, peoples, customs, backstories, and philosophical outlooks".[42] Wenn solche Erzählpassagen vorkommen, vielleicht sogar häufiger vorkommen – meist ja mit einem „rule explainer guy", der einem die Regeln der Welt erklärt –, könnte das ein Hinweis sein auf Akte des „Worldbuilding" und damit auf eine komplexe Erzählwelt, deren Komplexität in der Narration gar nicht auserzählt wird (und im Regelfall wohl auch gar nicht auserzählt werden kann).

Blickt man auf Erzählwelten, die in mehreren Einzeltexten eine Rolle spielen, dann steigt die Komplexität ganz automatisch durch die kollaborative Arbeit an der Erzählwelt. Die einzelnen Texte beruhen dann auf Erzählwelten und bauen zugleich daran mit. Diese Tätigkeit, diese Produktionsperspektive, ist im Begriff des „Worldbuilding" ja auch enthalten. Ein wichtiger Indikator sind Figuren,[43] Dinge oder Räume, die in mehreren Narrationen auftauchen:

> A character who appears in more than one story links the stories' worlds together by being present in them, and the character's presence in multiple stories suggests that there is more to the character than what any single story reveals. When multiple characters, objects, and locations from one story appear in another story, the world in which they all appear becomes larger than either story, and the audience begins to build up expectations based on their previous knowledge, and may begin to fill in the gaps between stories, imaginatively adding to the world.[44]

Diese (mitunter durchaus lustvolle) Arbeit der Rezipient*innen an der Erzählwelt muss nicht unbedingt auf ein umfassendes Wissen über die Erzählwelt rekurrieren. Abgesehen von den bekannten „Leerstellen", über die die Rezeptionsästhetiker*innen gerne sprechen, können die Rezipient*innen mitunter, gerade bei kanonischen Narrationen, auf ein kulturelles Wissen zurückgreifen, das innerhalb eines kulturellen Raums zirkuliert –[45] manchmal auch in Form von Kurzfassungen.[46] Und falls sich bestimmte Leerstellen nicht füllen lassen, sind dies mitunter offene Ränder, die Anschlussgeschichten ermöglichen.

Dass das alles nichts völlig Neues ist, weiß Wolf natürlich selbst und er nennt auch einige mittelalterliche Beispiele:

---

42 Ebd., S. 30.
43 Dazu kann man einiges lernen bei Draesner 1993.
44 M. Wolf 2012, S. 66.
45 Hutcheon 2006, S. 122.
46 Strohschneider 1991b.

> Over the centuries that followed, Greek and Roman mythology became a part of the ‚Matter of Rome' in Medieval European literature, alongside other cycles and legends, including the Arthurian legends (the ‚Matter of Britain'), the legends in the cycles of Charlemagne, Roland, and Guillaume d'Orange (collectively known as the ‚Matter of France'), and the Mabinogion of Welsh mythology. Many of these stories contained fantastic elements, if not imaginary places, and would provide material for later authors who would continue the cycles and locate them in imaginary worlds.[47]

Zu ergänzen wäre vielleicht noch die Bibel mitsamt aller apokryphen Narrationen, die sich um die biblischen Geschichten gruppieren. Die Bibel bildet natürlich die zentrale Erzählwelt der Vormoderne.

Die bekannten deutschsprachigen Großerzählungen der Zeit um 1200 und all diejenigen, die an ihren Niederschriften beteiligt sind, arbeiten an Erzählwelten. Wir haben es – in dieser Perspektive – nicht zuerst mit Autoren zu tun, nicht zuerst mit Werken, auch nicht mit in sich abgeschlossenen Erzählungen. Derartige Dinge zu erwarten und zu erforschen, liegt nahe, wenn man von einem ausdifferenzierten Literatursystem ausgeht. Die schrittweise Auflösung und Dehierarchisierung dieses Systems seit dem Ende des 20. Jahrhunderts kann jedoch dazu beitragen, eine neue Perspektive auf die mittelalterlichen Textlandschaften zu entwickeln. Dafür müssen wir ausgehen von der Idee von Erzählwelten, die mono- oder multimedial sein können, zentral gesteuert oder dezentral, professionell oder amateurhaft. Solche Erzählwelten, wie beispielsweise die *Star-Wars-* und *Game-of-Thrones*-Welten, sind fließend und in Bewegung; sie überspannen einzelne mediale Manifestationen; sie sind nicht endgültig, auch wenn sich einzelne ihrer Teile als zentral oder kanonisch erweisen.

Geht man von Erzählwelten aus, verlieren Einzeltexte an Bedeutung. Eine solche Deprivilegierung des Einzeltextes entspricht aber durchaus der Überlieferungssituation mittelalterlicher volkssprachlicher Texte, die in aller Regel gemeinsam mit anderen Texten überliefert sind.[48] Bekanntermaßen sind auch kanonische Texte wie Gottfrieds *Tristan*, Wolframs *Willehalm* oder das *Nibelungenlied* in aller Regel mit Begleittexten überliefert. Diese Begleittexte wurden traditionell mithilfe verschiedener Argumente abgewertet und separat (oder gar nicht) ediert. Geht man indes von etablierten Erzählwelten aus, an denen routinemäßig mehrere Einzeltexte mitarbeiten, dann spiegelt sich die Überlieferungslage auch texttheoretisch wider. Zudem lässt sich zumindest vermuten, dass gerade die sogenannten „Fortsetzungen" auch auf ein zeitgenössisches Interesse an Worldbuilding zurückgehen. Geht man nämlich davon aus, dass bestimmte Narrationen Erzählwelten aufspann-

---

47 M. Wolf 2012, S. 71.
48 D. Müller 2013.

ten, die für die Rezipient*innen relevant waren, wird verständlich, warum es ein Interesse gab, diese Erzählwelten auszuweiten und weiter zu narrativieren.

Und wenn man sich schließlich fragt, wo genau denn der Ort der Erzählwelten ist, wenn sie nicht in einzelnen Texten aufbewahrt werden, sondern von vielen Texten und Erzählungen generiert werden, dann muss man wohl mit Hans Belting antworten, dass der Mensch Ort dieser Erzählwelten ist, denn in den Menschen verbindet und verdichtet sich eine Vielzahl von Narrationen zu einzelnen, kollektiven Vorstellungswelten.[49] Die höfischen Romane, wenn man nur auf diese blickt, sind dann auch als ein Versuch zu werten, den Menschen bestimmte Erzählwelten mit deren Strukturen, Regeln und Figuren nahezulegen; den Menschen mithin diese Erzählwelten aufzuzwingen, sie in die Menschen hineinzuerzählen, als Alternative zu anderen Narrationen und anderen erzählten Welten.

* * * * * * *

Tolkien hat das natürlich alles gewusst, schließlich war er Mediävist. In einem Aufsatz, der erstmals im Jahr 1947 erschien,[50] unterscheidet er zwischen einer „Primärwelt" und einer „Zweitschöpfung", wobei sich die Primärwelt auf unsere Wirklichkeit beziehe, während die Zweitschöpfung ein Fantasiegebilde sei, eine geschaffene, imaginierte Welt.[51] Mithilfe der Fantasie könne man auf diese Weise Menschen „gefangennehmen",[52] auch wenn dies nur schwer ins Werk zu setzen sei.[53] Die Schaffung einer zweiten Welt bedürfe „einiger Mühe und Überlegung";[54] wenn dies aber gelingt, „[w]enn wir eine Sekundärwelt *unmittelbar* erleben, ist der Zaubertrank für uns zu stark, und wir schenken ihr den primären Glauben, so wundersam die Ereignisse auch sein mögen".[55] Das Ganze hat, Tolkien spricht dies an anderer Stelle des Essays an, mit einem bereitwilligen Hintanstellen des Zweifels („willing suspension of disbelief") nichts zu tun:

> Kinder sind natürlich des *literarischen Glaubens* fähig, wenn die Kunst des Geschichtenerfinders ausreicht, ihn zu wecken. Diesen Geisteszustand hat man „die willentliche Aussetzung des Unglaubens" genannt. Doch dies scheint mir keine gute Kennzeichnung dessen, was dabei geschieht. Eigentlich geschieht vielmehr dies, daß sich der Geschichtenerfinder als ein

---

49 Siehe etwa Belting 2011.
50 Tolkien 1984. Den Hinweis auf Tolkiens Aufsatz entnahm ich dem Buch von Mark Wolf, siehe M. Wolf 2012, insbesondere S. 23–26.
51 Tolkien 1984, insbesondere S. 101 ff.
52 Ebd., S. 102.
53 Ebd., S. 103.
54 Ebd., S. 103.
55 Ebd., S. 107.

erfolgreicher „Zweitschöpfer" erweist. Er schafft eine Sekundärwelt, in die unser Geist eintreten kann. Darinnen ist „wahr", was er erzählt: Es stimmt mit den Gesetzen jener Welt überein. Daher glauben wir es, solange wir uns gewissermaßen darinnen befinden. Sobald Unglaube aufkommt, ist der Bann gebrochen; der Zauber, oder vielmehr die Kunst, hat versagt. Dann sind wir wieder in der Primärwelt und betrachten die kleine, mißlungene Sekundärwelt von außen.[56]

So gesehen braucht es also keine Hintanstellung des Zweifels, sondern zuallererst einen mutigen Sprung in die geschaffene Welt, die, wenn sie gut gemacht ist, Zweifel gar nicht erst aufkommen lässt. Bezieht man dies nun auf die Postweltkriegediskussion zur Fiktionalität, dann heißt dies: Es geht gar nicht allererst um Referenz auf Wirklichkeit, um Als-ob-Konstruktionen und Akte des Fingierens; es geht zuallererst um Immersion,[57] um die Möglichkeit eines ‚Eintauchens' in eine gut gemachte Welt qua Narration.

Mittelalterliche Erzählwelten mit einer gewissen Ausdehnung gibt es mehr als genug. Die *Tristan*-Erzählwelt beispielsweise,[58] die Erzählwelten rund um Theoderich, die *Willehalm*-Welt, die Welt Alexanders des Großen, die Geschichtswelten des Trojanischen Krieges und vor allem auch die *Parzival*-Welt, die – was man heute „Crossover" nennen würde – zwar Überschneidungen zur Artuswelt aufweist, aber auch über eine distinkte Eigenwelt verfügt.

Aus Sicht des deutschsprachigen Raums stellt sich die Situation etwa folgendermaßen dar: Auf der Grundlage des *Perceval* Chrétiens de Troyes transponiert Wolfram von Eschenbach die Erzählwelt in einen deutschsprachigen Kontext, wobei er die Unabgeschlossenheit des Ausgangstextes nicht nur dazu nutzt, die Narration zu einem (in die Zukunft offenen) Ende zu bringen, sondern auch dazu, eine Vorgeschichte hinzuzufügen, die die Erzählwelt deutlich um zeitliche und räumliche Komplexität erweitert. Wolfram berücksichtigt außerdem wichtige zeitgenössische Texte, die Anschlussstellen bieten, um kulturelle Referenzen auf andere Texte zu integrieren, etwa auf die Romane Hartmanns von Aue.[59] Außer-

---

[56] Tolkien 1984, S. 90.
[57] Siehe insbesondere auch Ryan 2001. Da ich das Konzept der Immersion nicht weiter verfolge, verzichte ich auf die Nennung jüngerer Forschung, zu der – nicht zuletzt aus mediävistischer Sicht – etwa auch Konzepte der „Gegenwärtigkeit", „Präsenz", des „Verdacht-Seins" (Waltenberger 2002) gehören, also auch Nachfolgekonzepte der alten Hermeneutik.
[58] Man vergleiche etwa Schausten 1999. Zwar steht bei Monika Schausten der Begriff der „Erzählwelt" im Titel; er wird aber theoretisch und konzeptionell nicht näher ausgeführt. Schausten geht von distinkten Einzelerzählungen aus und spricht dementsprechend von „Mehrfacherzählen". Zu vergleichen ist auch Strohschneider 1991a.
[59] Man vergleiche diesbezüglich (aber auch ganz grundsätzlich hinsichtlich der Vorstellung eines Worldbuilding, weil sie an verwandten Phänomenen arbeitet, worauf der Titel schon hinweist): Draesner 1993, zusammenfassend (mit Hinweisen auf die Forschung) S. 432–436.

dem hält Wolfram einen komplexen ‚epischen Hintergrund' präsent, den sich die Leser*innen durch verschiedene, verstreute Andeutungen, Hinweise und Indizien erschließen können und mithin auch müssen.[60] Damit aber endet die Welterweiterung noch nicht. Mit dem *Titurel* erhält eine Nebengeschichte des *Parzival* ein eigenes „Spin-off" mit eigener Form. Durch den *Titurel* wird die *Parzival*-Erzählwelt entlinearisiert; in Form einer Auskopplung aus der Narration des *Parzival* werden auf diese Weise zwei Nebenfiguren zu Hauptfiguren eines (auch aus formalen Gründen) distinkten Textes. Heute, in Zeiten von Prequels und Sequels, ist das normal, was zu Wolframs Zeiten innovativ war: Vor- und Nachgeschichten schreiben.

Bereits der oben kurz zitierte Peter Kern hat darauf hingewiesen, dass die „Leitidee einer werkübergreifenden Erzählwelt [...] schon bei Chrétien grundgelegt" war und dass diese werkübergreifende Erzählwelt „keineswegs etwas Vorgegebenes" gewesen sei, sondern „vielmehr erst das Ergebnis eines intensiven intertextuellen Diskurses im Prozeß einer langen Gattungsentwicklung, ein äußerst künstlicher Weltentwurf".[61] Und Kern erläutert auch etwas genauer die Vorgehensweisen und Erzähltechniken:

> Dabei sind die nachklassischen Romanciers bemüht, durch Imitation der klassischen Leitmuster und mehr noch durch Anbindung ihrer Werke an die Gattungstradition die Identität der von den klassischen Autoren grundgelegten Erzählwelt zu wahren. Sie greifen auf Romanfiguren aus dem Personenarsenal schon bekannter Artusdichtung zurück oder knüpfen neue Personen in das von Wolfram gesponnene Netz verwandtschaftlicher Beziehungen ein, sie lassen ihre Episoden teilweise auf literarisch belegten Schauplätzen spielen, synchronisieren Aktionen ihrer Protagonisten mit Handlungen klassischer Helden, entwickeln Situationen und Konflikte aus Konstellationen früherer Romane, setzen angefangene Geschichten fort und lassen ihre Personen von Ereignissen sprechen, die das Publikum im ‚Erec', ‚Iwein' oder ‚Parzival' kennengelernt hatte.[62]

Dass es sich schon bei Wolframs *Parzival* um das Ergebnis von Worldbuilding handelt, kann man auch anhand des Umgangs der Forschung mit diesem Text sehen. Zu den Bearbeitungsweisen komplexer Erzählwelten gehören nämlich, so der oben schon ausführlich zitierte Mark J. P. Wolf, Karten, Zeitleisten und Genealogien:

> *maps* structure space and connect a world's locations together; *timelines* organize events into chronological sequences and histories which show how they are temporally related; and *genealogies* show how characters are related to each other [...]. These three structures are

---

60 Mohr 1965.
61 Kern 1993, S. 21.
62 Ebd., S. 21.

almost always found to some degree in an imaginary world, since the places, events, and characters of an imaginary world are fictional.[63]

Dass man für Wolframs *Parzival* eine genealogische Tafel gut gebrauchen kann, ergibt sich aus der Vielzahl von Figuren, die miteinander verwandt sind. Ein solches Hilfsmittel hat sich sogar als derart sinnvoll erwiesen, dass die jüngere Ausgabe der Lachmann'schen Edition im de Gruyter-Verlag eine genealogische Darstellung auf Grundlage der Habilitationsschrift von Elisabeth Schmid in die Ausgabe integriert hat.[64] Das ist Dienst am Fan. Gleiches gilt für Karten, die die Erzählwelt des *Parzival* visualisieren (Abb. 7.3).

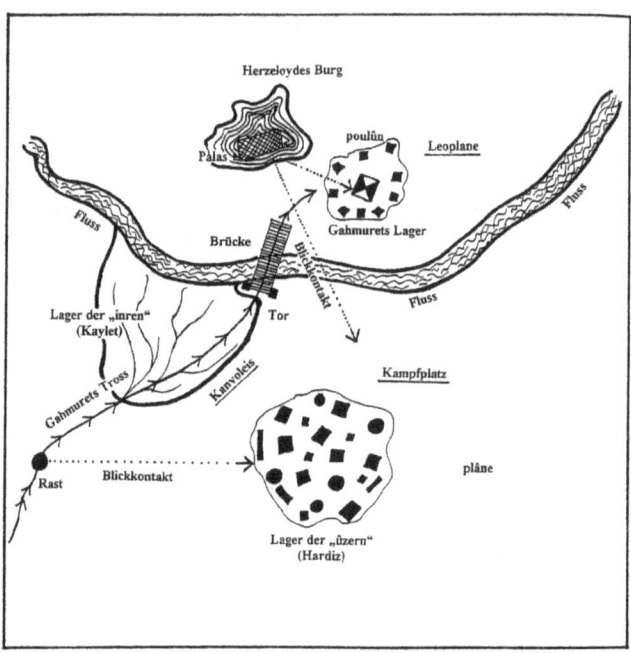

Abbildung 7.3: Ebenfalls Dienst am Fan: Heiko Hartmanns Skizze der Schauplätze im zweiten Buch des *Parzival*

---

63 M. Wolf 2012, S. 154 f.
64 E. Schmid 1986, S. 174 f. Es gibt weitere genealogische Übersichten, die Bernd Schirok aufzählt: Wolfram von Eschenbach 1999, S. LXXXVII.

An den beiden Fragmenten des *Titurel* schreibt dann Albrecht in der zweiten Hälfte des 13. Jahrhunderts mit seinem *Jüngeren Titurel* weiter, wobei Albrecht, wie Wolfram selbst, die Unabgeschlossenheit der Vorlage dazu nutzt, die Narration zu erweitern und zu einem Abschluss zu bringen. In rund 6300 Strophen wird dort ausgeführt, was bei Wolfram ‚fehlt', und es wird ‚auserzählt', was bei Wolfram nur beiläufig erwähnt wurde. Unvollständigkeit ist ein wesentlicher Indikator von Anschlussfähigkeit – vielleicht sogar ein Zeichen dafür, dass die Narrativierung von Erzählwelten wichtiger ist als ein Zuendeerzählen.[65] Um die Fiktion einer einheitlichen fiktionalen Welt nicht zu stören, gibt sich Albrecht über weite Teile des Textes sogar für Wolfram aus. Wolframs Fragmente werden in den Text inkorporiert, geradezu eingekapselt.

So gesehen ist der *Jüngere Titurel* eben gerade keine „Fortsetzung",[66] sondern eine Vervollständigung auf Grundlage eines kollaborativen Worldbuilding. Am *Parzival* selbst schreibt dann das Autorenkollektiv des *Rappoltsteiner Parzifal* weiter. Der *Rappoltsteiner Parzival* ist das Ergebnis eines kollaborativen Buchprojekts der 1330-Jahre. Dort wird nicht nur auf Wolframs *Parzival* zurückgegriffen, sondern auch auf dessen französische Vorlage sowie auf anonyme Fortsetzungen dieser Vorlage. Dabei bemühen sich die ‚Verfasser' um die Konstruktion einer kohärenten Welt und Narration, indem sie etwa Pro- und Epilog ergänzen sowie Wiederholungen und Doppelungen zu vermeiden suchen.

Gerade dieser umfassende Textkomplex rund um Wolframs *Parzival*, dessen Teile eng aufeinander abgestimmt sind, scheint mir besonders geeignet zu sein, um Formen eines mittelalterlichen Worldbuilding zu beobachten. Prozesse der Verkomplizierung und Simplifizierung verlaufen dabei auf unterschiedlichen Ebenen, die von der Vers- und Strophenform bis hin zur Figurenreduktion und -erweiterung reichen. Ein solches Mit- und Gegeneinander der Arbeit an Komplexität ist wenig überraschend, handelt es sich bei Wolframs *Parzival* doch um einen der komplexesten Texte des deutschsprachigen Mittelalters. Schon deshalb vereint die daran anschließende Verfertigung fiktionaler Welten Momente der Simplifizierung und

---

65 Entsprechende Überlegungen auch bei Störmer-Caysa 2015, S. 89: „Wenn der *plot* nicht zu einem Ruhepunkt gelangt ist oder wenn wichtige Verweise, Figuren und Handlungsstränge nach vorn in die Luft weisen und man den Ruhepunkt eher für einen vorläufigen halten könnte, dann lädt der Text dazu ein, seine erzählte Welt weiterzudenken und in einer neuen Dichtung wiederzuverwenden [...]." Störmer-Caysa bewegt sich ansonsten weitgehend innerhalb der üblichen Perspektiven von Autorschaft, Fortsetzung, Zyklus und Handlungslogik.
66 Zur Kritik am Begriff der „Fortsetzung" siehe auch Strohschneider 1991a, S. 95 ff. Ähnliche Kritik ließe sich am Konzept des „Zyklus" äußern; der Begriff wird auch in einer jüngeren Arbeit zum *Rappoltsteiner Parzifal* verwendet, allerdings kaum theoretisiert und diskutiert: Sietz 2017, insbesondere S. 25–27.

Verkomplizierung, um sowohl umfassende Anschlussfähigkeit sicherzustellen, als auch die Kohärenz der geschaffenen Welt zu bewahren.

Drei Aspekte könnten bei einer näheren Untersuchung im Vordergrund stehen: (1) die Etablierung, Regulierung und Nachnutzung von fiktionalen geografischen Räumen und (verwandtschaftlichen) Figurennetzwerken; (2) Strategien des Umgangs mit Vorlagen (durch zum Beispiel Textübernahmen, Texteinschübe, Auslassungen und poetologische Reflexionen) sowie nicht zuletzt (3) die Etablierung von ‚Geschichte', verstanden als komplexes Gewebe von zeitlich verankerten und miteinander synchronisierten Handlungen und Ereignissen.

Mithilfe dieser heuristischen Perspektiven könnte man in der Lage sein, so meine ich, Prozesse und Verfahren der Verkomplizierung und Simplifizierung zu beschreiben, die sich aus der Arbeit an einem vorhandenen Weltentwurf ergeben; einem Weltentwurf, der durch die Erzählweltenbauer nicht grundsätzlich infrage gestellt werden kann und dessen prekäre Kohärenz vielleicht gerade durch die fortgesetzte Arbeit an einer fiktionalen Welt gesichert wird.

Ein solches Vorhaben aber hat ein eigenes Buch verdient; hier kann ich nur einen ersten Ansatz, eine erste kurze Lektüre vorstellen. Im Folgenden konzentriere ich mich, zum Abschluss des Kapitels, zuerst auf das neunte Buch des *Parzival* und anschließend auf eine Passage des *Rappoltsteiner Parzifal*, nämlich auf die *Elucidation*.

Wenn es ein *Parzival*-Buch gibt, das haltmacht, das einhält und sich Zeit nimmt, um die Regeln der *Parzival*-Welt zu erklären, dann ist es das neunte Buch – und Trevrizent ist sozusagen der Archetypus eines Welterklärers, eines „rule explainer guy". Solche Ratgeberfiguren, zu denen etwa auch Sigune gehört, leben von der höfischen Welt getrennt. Das ist raumsemantischer Standard. Der Protagonist muss sich also zu diesen separierten Figuren bewegen. Parzival jedoch ist gerade unaufmerksam unterwegs. Die Erzählinstanz bezeichnet ihn als *degen* (L[67] 435,3 und 435,10; dann auch 440,28), später auch als *wîgant* (L 438,2), was nicht gerade dafür spricht, dass er für Gespräche und Erklärungen zu haben ist. Sigune in ihrer Klause erkennt er, der auf Kämpfe ausgerichtet ist, zuerst nicht (L 437,22 f.). Als er sie erkennt, fragt er zwar um Rat und auch, wie es ihr gehe – aber sein Leid gewichtet er sogleich höher als das Leid Sigunes (L 442,2–8). Sigune schickt ihn auf die Spur Cundries und auf diesem Weg trifft Parzival zuerst auf einen Gralsritter und kommt dann, nach längerem Umherirren und einer Begegnung mit Pilgern, zu Trevrizent, dem Einsiedler, seinem Onkel.

Damit hält die Narration inne, insofern es wenig Handlung gibt, dafür aber viel direkte Rede in einer szenischen Erzählsituation. Statt Geschehnisse und

---

[67] Ich zitiere *Lachmanns Parzival*: Wolfram von Eschenbach 1999.

Bewegungen zu zeigen, zeigt die Narration Rede – und alles beginnt mit einem Sündenbekenntnis: ‚*her, nu gebt mir rât: / ich bin ein man der sünde hât*' (L 456,29 f.). Damit nun lässt Parzival von seinem kriegerischen Hochmut ab und begibt sich in eine Situation, in der er bereit ist, Rat und Hilfe anzunehmen. Zugleich freilich wird Trevrizent zu einer Instanz von Rat, Hilfe und Information. Auf diese Weise wird klar, wer nun im Folgenden das Gespräch lenken wird. Und schnell wird auch klar, dass Trevrizent schon allein deshalb etwas zu sagen hat, weil er Parzivals Situation einzuschätzen weiß: *ich was ein rîter als ir sît* (L 458,6).

Trevrizent bringt Parzival nun zurück in die Zeit, indem er ihm anhand des Psalters vorrechnet, wann er schon einmal an diesem Ort gewesen ist. Sich innerhalb der zeitlichen Abläufe zu befinden, heißt immer auch, innerhalb einer christlichen Zeitrechnung zu sein, und das erste Gesprächsthema dient denn auch dazu, Parzival auf den Weg des Glaubens zu geleiten und ihn also von seinem Hass auf Gott abzubringen. Es folgen grundlegende Informationen zum christlichen Glauben, bevor die beiden auf den Gral und vor allem auch auf ihre familiären Verhältnisse zu sprechen kommen, zumal auf Anfortas' Verletzung und auf Trevrizents Beziehung zu Parzivals Vater (und Ither). All diese Informationen sind nicht nur für Parzival relevant, sondern ebenso für die Rezipient*innen, die nun mit vergangenem Geschehen und vor allem auch mit ziemlich autoritativen Einschätzungen zu diesem Geschehen versorgt werden. Nicht zuletzt wissen die Rezipient*innen am Ende des neunten Buchs, dass sie es nun mit einem veränderten Protagonisten zu tun haben, der – von ganz unten aus – nun seine Heldenreise[68] in einer Aufwärtsbewegung fortsetzen kann: *Trevrizent sich des bewac, / er sprach ‚gip mir dîn sünde her: / vor gote ich bin dîn wandels wer [...]'* (L 502,25 f.).

Ich komme zum *Rappoltsteiner Parzifal*. Die rund 500 Verse der *Elucidation* werden nach Parzivals Geburt (nach L 112,12) eingeschoben und öffnen noch vor Parzivals Kindheitsgeschichte den Erzählraum in personeller, räumlicher und zeitlicher Hinsicht. In personeller Hinsicht, weil Artus und seine Tafelrunde sowie der Fischerkönig und die Gralsburg eingeführt werden; in räumlicher Hinsicht, weil zu den Figuren Handlungsräume gehören, die bespielt werden; in zeitlicher Hinsicht, weil eine Vorzeit geschildert wird, von der in Wolframs *Parzival* ansonsten nicht die Rede ist. Insofern ist der Einschub gut gewählt: In dem Moment, in dem mit Parzival eine neue Hauptfigur auf den Plan tritt, fungiert die *Elucidation* – die im *Rappoltsteiner Parzifal* „Prologus" heißt – als eine Markierung der Ausweitung einer sowieso schon recht komplexen Erzählwelt.

---

[68] Campbell 1949.

Zu Beginn des Prologus – sozusagen im Prolog des Prologus – werden die Herausforderungen, die sich aus der Komplexität der Erzählwelt ergeben, auch recht direkt angesprochen:[69]

> *solt ich von grunde schriben*
> *die aventüre an ir zil,*
> *zuo tihtende so hat ich zuo vil,*
> *wan es ist us gesundert gantz,*
> *durchlühtig und durchreinet glantz,*
> *das nie so cluoges wart vollebraht.*
> *es ist von also maniger slaht;*
> *daz es niht wol usrihten kan*
> *ich noch ein ander tumber man.* (V. 8–16)

Selbst wenn man berücksichtigt, dass es sich hier um eine weitverbreitete Form der Bescheidenheitstopik handelt, bleibt doch die Beschreibung einer Situation, bei der es etwas Erzählenswertes gibt, einen Erzählstoff (wenn man so will), der nicht von Anfang bis Ende auserzählt werden kann, weil dieser Erzählstoff überaus außergewöhnlich ist, überaus kunstfertig geschaffen – und weil er zu vielfältig, zu vielgestaltig ist (*von also maniger slaht*).

Trotz dieser Klage gilt: Im *Parzival*-Kosmos findet vieles Platz. Und wer Wolframs *Parzival* kennt, wird mit einigen Motiven und Erzählfäden des Prologus etwa anzufangen wissen, vielleicht sogar Probleme und Motive wiedererkennen. Das gilt etwa für die Jungfrauen, die vor langer Zeit, bevor eine von ihnen vergewaltigt wurde, alle Gäste mit einer Art Speisewunder beglückten; ein Speisewunder, das in der Inszenierung mit goldenem und silbernem Geschirr an das Speisewunder des Grals erinnert. Dieser Bezug wird noch dadurch gestärkt, dass am Beginn des Prologus betont wird, dass es im Folgenden um den Gral geht und darum, *in welicher wirde* der Gral *hie vor waz* (V. 18).[70] Nimmt man die Ankündigung im Prolog ernst, macht es auch durchaus Sinn, Artus und seine Ritter mit der Gralsburg zu verknüpfen, gerade weil diese Verbindung bei Wolfram nicht hergestellt wurde und damit als Erzählpotenzial vorhanden ist (das am Schluss des *Rappoltsteiner Parzifal* auch genutzt wird).

Die Erzählung des Königs Amangon, der eine der Jungfrauen vergewaltigt und ihr das Essgeschirr entreißt – *den napf er von ir hende brach* (V. 80) –, erinnert an die Erzählung von Urians, dem Vergewaltiger, der als Strafe für seine Tat vier Wochen

---

69 Ich zitiere anhand der Verszählung der Ausgabe: Wisse und Colin 1888, S. LVII–LXX.
70 Man vergleiche auch V. 387 ff., wo nochmals betont wird, dass man von vielen Âventiuren werde erzählen hören, die man nicht verschweigen dürfe und die alle vom Gral herstammten (*si ruerent alle sicherlich / von dem werden grale rich*, V. 397 f.).

lang mit den Hunden aus einem Napf fressen muss. Amangons Untat wird als Grund dafür geschildert, dass das Land verödet und dass niemand mehr in der Lage ist, *des richen vischers hof* (V. 114) zu finden, womit die späteren Schwierigkeiten, zur Gralsburg zu gelangen, erklärt wären. Sogar ein zerstörter Weingarten wird im Prologus erwähnt (V. 145); auch diesen Weingarten kennt man aus dem *Parzival*.

Ich breche hier ab, weil es mir gar nicht um eine Aufzählung zu tun ist, sondern darum, die Wirkung zu beschreiben, die die Ausweitung der Erzählwelt hat, wenn man Wolframs *Parzival* kennt. Der Prologus, der nach Parzivals Geburt eingeschoben wird, produziert Wiedererkennungseffekte und fügt sich somit nahtlos an und ein in die Erzählwelt, die man von Wolfram kennt – und die natürlich auch das Verfasserteam des *Rappoltsteiner Parzifal* kannte. Als Vorgeschichte zu einer im *Rappoltsteiner Parzifal* deutlich erweiterten Erzählung rund um Parzival, Gawan und weitere Ritter bereitet der Prologus auf die kommende Handlung vor und führt schon einige Motive und Modelle ein, die in den mehren Tausend Folgeversen noch relevant sein werden. Das ist sehr sorgfältiges und gutes Worldbuilding.

8 Textwissenschaft

Eine institutionalisierte Forschung zu dem, was man sich angewöhnt hat, „Literatur" zu nennen, gibt es seit rund zweihundert Jahren. Während dieser Zeit gab es unterschiedliche leitende Ideen, wechselnde Ziele und auch wechselnde Koalitionen, Vorgehensweisen, Perspektiven – und natürlich auch signifikante Veränderungen der intellektuellen und institutionellen Seite des Wissenschaftssystems; Veränderungen, die mehr oder weniger schnell auch die Germanistik erreichten, eine Disziplin, die es als ein einigermaßen geschlossenes wissenschaftliches Gebiet nicht mehr gibt, auch wenn sie an manchen Universitäten noch so genannt und „aus Gewohnheit gelehrt"[1] wird.

Trotz der deutlich sichtbaren Auflösungserscheinungen erstaunt die Langlebigkeit der universitären Germanistik. Zu den Gründen für diese Langlebigkeit gehört die Einrichtung des Seminars, also eines konkreten Ortes mitsamt der Räume und – vor allem – mitsamt der Bibliothek.[2] Wenn man erst einen Ort hat, einen konkreten, belebten Raum, und dazu auch noch relative Autonomie, dann wird man das kaum zugunsten diffuser Zukunftserwartungen aufgeben wollen. Diese ‚alte' Organisationsstruktur der nach Disziplinen aufgeteilten Institute und Seminare sowie die feste und eindeutige Zuordnung der ProfessorInnen zu diesen subfakultären Organisationseinheiten sorgt für eine strukturelle Beständigkeit, die leicht mit Erstarrung verwechselt werden kann. Darüber hinaus wird die institutionelle Stabilität der Germanistik vor allem durch das geleistet, was Gerald Graff in einem aufschlussreichen Buch (mit Blick auf den englischsprachigen Raum) „field-coverage model" genannt hat, also etwa „Modell der Bereichszuständigkeit".[3] Die Germanistik ist, wie andere universitäre Institute auch, so aufgebaut, dass einzelne Professor*innen für bestimmte Bereiche zuständig sind. Die Germanistik gliedert insbesondere nach Zeitabschnitten (Hochmittelalter, Spätmittelalter, Frühe Neuzeit etc.) und kombiniert dies zum Teil mit spezifischen Theorie- oder Methodenfeldern (Editionswissenschaft, Rhetorik, Komparatistik, Kulturwissenschaft etc.). Neue Themen und Fragestellungen, so Graff, werden inkorporiert, indem neue Felder ergänzt werden (etwa die Gender Studies oder die Theater-, Film- und Medienwissenschaften, so man diese nicht ausgelagert oder schlichtweg ignoriert hat). Dieses Vorgehen garantiert die Stabilität des Gesamtsystems, ermöglicht Spezialisierung und leistet einer Trennung der Felder voneinander und strikten Abgrenzung der Felder zueinander Vorschub. Das Ergebnis ist (ich

---

[1] Vogt 1996.
[2] Man vergleiche Spoerhase 2015.
[3] Graff 2007.

vereinfache ein wenig, aber nur ein wenig) eine kaum vorhandene Verantwortung für das Gesamtsystem. Jede*r kümmert sich um ihren*seinen Bereich.

Der Begriff „Literatur", wie er seit der vorletzten Jahrhundertwende populär wurde, war zwar vielversprechend, was ein Zusammenspannen von „neuerer" und „älterer" „Abteilung" anbelangt, ist aber für die Mittelaltergermanistik nur in Anführungszeichen tragbar und für die Linguistik schlechterdings nur als Untersuchungsobjekt akzeptabel, nicht aber als metasprachliches Modell. Auch nationalsprachliche Eingrenzungen sind spätestens seit den 1960er-Jahren erledigt – und waren für die Mittelaltergermanistik im Grunde zuvor schon problematisch, auch wenn man dies in der nationalistischen Phase der beiden Weltkriege vielleicht weniger stark betont hat. Zur Schule, für die man auch und vor allem ausbildet, gibt es seit der Etablierung und dem Ausbau einer sogenannten „Fachdidaktik" vonseiten der sogenannten „Fachwissenschaft" kaum mehr eine Beziehung, was nicht so schlimm wäre, wenn es wenigstens eine Beziehung zur Fachdidaktik gäbe, die aber keine Abteilung der Germanistik ist. Dennoch sichern die Lehramtsstudierenden in gewisser Weise die universitäre und in nicht unerheblicher Weise auch die gesellschaftliche Bedeutung der Disziplin. Soziologisch gesprochen klingt das alles dann in etwa so:

> Die Germanistik stellt sich soziologisch [...] als heterogenes Gebilde dar. Sie kann ihre Einheit auf der Ebene des Wissenschaftssystems, d. h. als Wissenschaft nicht realisieren. Ihre disziplinäre Einheit wird nicht mehr aus einer durchgängigen, disziplinkonstituierenden Wissenschaftsprogrammatik begründet, sondern lediglich auf der Emergenzebene der Organisation als institutioneller Zusammenhang verwirklicht. Zwar versteht sie sich durchgängig als Wissenschaft, aber die Programme, Methoden und Theorien ihrer Teildisziplinen stehen jeweils anderen Disziplinen außerhalb der Germanistik näher als den germanistischen Nachbardisziplinen.
> Die nationalsprachliche Abgrenzung selbst ist nicht mehr wissenschaftlich begründet, sondern sie wird auf der Emergenzebene der Organisation realisiert und bezieht ihre Stabilität aus der Zuordnung zum Erziehungssystem, für das die Germanistik Ausbildungsaufgaben erfüllt. In dieser Relation bleibt ein Ausgangspunkt der disziplinären Ausdifferenzierung, die Bereitstellung eines nationalen integrierenden Sinnhorizontes, in verkürzter Form erhalten.[4]

Man kann das so sehen, denke ich, auch wenn damit weder gesagt ist, ob es sich dabei um ein Problem handelt, noch inwiefern dieses Problem denn über die Zeit hinweg stärker, schwächer oder schlicht anders geworden ist. Immerhin geht es um eine sich beständig wandelnde Institution innerhalb anderer, sich beständig wandelnder Institutionen. Und gerade aus der Fachinnensicht hat sich inhaltlich und hinsichtlich der Praktiken und leitenden Methodologien über die

---

4 Rompeltien 1994, S. 83.

Jahrzehnte natürlich viel verändert, sodass gewisse Friktionen und mangelnde Anschlussfähigkeiten angesichts einer Makrostabilität der Germanistik als universitäre Disziplin nicht verwundern.

Die Geschichte der leitenden „literaturwissenschaftlichen" Methoden, Theorien und Verfahren – drei Begriffe, die Unterschiedliches meinen, was im Folgenden aber nichts zur Sache tut – ist umso komplexer, je genauer man hinsieht, aber recht überschaubar, wenn man einen Blick aus der Ferne wagt und sich dabei an einem einfachen disziplingeschichtlichen Schema orientiert: Am Beginn steht dann eine positivistische Phase, eine Zeit des Sammelns, Ordnens, Edierens; es schließen sich einige geistesgeschichtliche Jahrzehnte an und damit ein Interesse an großen Autoren und großen Erzählungen. Auf die Phase des Nationalismus im Zuge der beiden Weltkriege folgen einige Jahre der „Textimmanenz", also des Rückzugs in den Text. Seit 1966/68 beherrschen Formalismus und Strukturalismus das Feld, denen sich anschließend der Poststrukturalismus hinzugesellt, bevor schließlich die Kulturwissenschaft(en) (die durchaus anschlussfähig waren für die in den 1970er- und 1980er-Jahren propagierte Sozialgeschichte) und die verschiedenen „Turns" das disziplinäre Feld öffnen, neu vernetzen, neu strukturieren und ganz entscheidend verkomplizieren.

Die institutionelle Gestalt der Geisteswissenschaften an den deutschsprachigen Universitäten hinkt dieser Entwicklung aus den schon genannten Gründen hinterher. Bedenkt man, dass angesichts des hohen Tempos technischer Veränderungen und angesichts der stark gestiegenen Ausbildungsanforderungen im Zuge der Öffnung der Universitäten ein hohes Maß an Flexibilität und Veränderungsbereitschaft notwendig ist, dann erstaunt doch sehr, dass der Zuschnitt der Institute und Seminare hochgradig stabil ist. Angebracht wäre mindestens eine „Hybridisierung der Einzeldisziplinen",[5] besser noch die routinisierte Ermöglichung struktureller Veränderungen auf Zeit und zudem die Möglichkeit, Mitglied mehrerer Institute oder Seminare zu sein (falls man nicht, wie einst in Konstanz, die subfakultäre Ebene einfach abschafft). Im 21. Jahrhundert sollten Universitäten Flexibilität strukturell verankern, anstatt Flexibilität strukturell zu verhindern.

Otto Gerhard Oexle hat schon vor über zwanzig Jahren mit Verweis auf Roger Chartier davon gesprochen, dass es darauf ankomme, „die etablierten Grenzen der Fächer ‚zu erschüttern, ja durcheinanderzubringen'".[6] Absurd ist freilich, dass es gerade diejenigen waren, die von dem Ausbau der Universitäten und dem Aufbau neuer Institute und Seminare in den 60er- und 70er-Jahren profitiert hatten, die

---

[5] Bachmann-Medick 2004c, S. 327.
[6] Oexle 1997, S. 250.

im Anschluss dafür sorgten, dass die Universitäten sich möglichst nicht mehr veränderten.

Dass man vor dem Hintergrund der disziplinären, universitären und gesellschaftlichen Veränderungen auch gegenwärtig noch von „Philologie" und „Literaturwissenschaft" spricht, also die entscheidenden Selbstbezeichnungen des 19. und 20. Jahrhunderts weiterträgt, ist inkonsequent, verwunderlich und stellt ein Problem dar, denn: „Wer falsch spricht, denkt falsch".[7]

Philologie, das war ein Modell der Textaneignung und -auslegung, das durch die Auseinandersetzung mit sakralen und antiken Texten geprägt war. Dementsprechend war die klassische Philologie der Altertumswissenschaften das institutionelle Vorbild und Leitbild der frühen Germanistik. Heutzutage indes ist die Philologie oft ein Codewort für den Anspruch, von allem verschont zu bleiben, was von der Arbeit mit den Texten ablenkt. „Philologie" ist – insbesondere im Anschluss an einen 1982 erschienenen, einflussreichen Aufsatz Paul de Mans –[8] zu einem Kampfbegriff geworden, gegen eine Betrachtung der Texte innerhalb soziokultureller Kontexte und gegen eine kulturwissenschaftliche Verkomplizierung des gewohnten disziplinären Feldes.

An das Modell der Philologie anzuschließen, war für die junge Germanistik des 19. Jahrhunderts ausgesprochen sinnvoll und erwies sich als erfolgreich, denn auf diese Weise ließ sich nicht nur Anschlussfähigkeit herstellen zu bestehenden Umgangsformen mit Texten, auch Relevanz ließ sich ziemlich erfolgreich behaupten. Die Germanistik profitierte natürlich im 19. und mehr noch im 20. Jahrhundert vom soziokulturellen Renommee „Der Literatur" – mit großgeschriebenem Artikel – und die Germanistik trug selbst dazu bei, dieses Renommee zu erhöhen und zu stabilisieren. Für die Mittelaltergermanistik ergab sich daraus seit dem Zweiten Weltkrieg, während dem das Mittelalter noch nationaler Referenzpunkt zu sein hatte, das Problem, dass man nur eine sehr begrenzte Zahl von Texten zu bieten hatte, die den Vorstellungen von Literatur entsprechen konnten, dass man aber auf das Renommee, das das Konzept verlieh, nicht verzichten wollte. Es galt, am Sonderstatus Der Literatur zu partizipieren und von diesem Sonderstatus zu profitieren. Mittelalterliche Texte *sollen* durch die Editionen zu literarischen Texten gemacht werden – und unterliegen dann den Praktiken und Diskursen des Literatursystems.

Das Konzept der „Literaturwissenschaft", das wohl die Formalisten wenn nicht erfunden, so doch durchgesetzt haben, trat im Laufe des 20. Jahrhunderts neben den Begriff der Philologie und teilweise in Konkurrenz zu ihm. Heute gibt es immer noch viele Germanist*innen, die sich als Philolog*innen bezeichnen und sich in

---
7 Jussen 2016, S. 576. Jussen zitiert Leonhard 1970.
8 de Man 2010. Mehr dazu bei Orlemanski 2015, S. 169–171.

ihren Interessen und Schwerpunkten mitunter von denjenigen unterscheiden, die sich einer Wissenschaft von Der Literatur zugehörig fühlen; dennoch habe ich den Eindruck, dass die Zahl derjenigen überwiegt, die die Bezeichnung Literaturwissenschaft für sich reklamieren. Zu finden sind zwar auch einige Philolog*innen, die dieses Textauslegungsmodell emphatisch für sich und die Gegenwart beanspruchen, also seine anhaltende Modernität und Relevanz betonen;[9] dabei dürfte es sich aber um eine (durchaus einflussreiche) Minderheit handeln. Was nun das Modell der Literaturwissenschaft anbelangt, so lässt sich mittlerweile wohl absehen von der Diskussion hinsichtlich der Wissenschaftlichkeit der Literaturwissenschaft – einer Diskussion, die heute wohl schon deshalb als obsolet gelten kann, weil sie seit der Zeit nach dem Strukturalismus kaum mehr geführt wird. Der Anspruch, Wissenschaft sein zu wollen und zu sollen, war ja ein genuin strukturalistischer. Weit erstaunlicher als das stete Mitschleppen eines lange erledigten Wissenschaftsanspruchs ist indes die anhaltende Prominenz des Begriffs „Literatur".

Sicher, man kann das erklären: Die Germanistik institutionalisiert sich nach der sogenannten Weimarer Klassik und damit nach der Epochenschwelle um 1800, ab der das Gesellschaftssystem „Literatur" sich mehr und mehr ausdifferenziert. Sich auf diesen Literaturbegriff zu beziehen, der nun ja nicht mehr alles Geschriebene meint, lag nahe. Durch die Aufspaltung in eine neuere und in eine ältere germanistische Abteilung seit den 1870er-Jahren wurde dann auch die systematische Auseinandersetzung mit Der Literatur institutionalisiert. Davon abgesehen aber irritiert die Rede von einer Wissenschaft von Der Literatur, weil die Germanistik zum einen auch mit Texten zu tun hat, die vor der Ausdifferenzierung des Literatursystems entstanden, und weil die Germanistik als Nationalphilologie außerdem auch auf eine Tradition der breiten Auseinandersetzung mit vielfältigen Formen von Textualität zurückblicken kann. Als Paradigma hierfür kann wohl die Erforschung des Althochdeutschen gelten, denn die geringe Zahl der überlieferten Textzeugen, das sprachgeschichtliche Interesse und die Differenz der meisten Texte zu neuzeitlichen Vorstellungen von Der Literatur ließ eine vollständige und breite Sammlung geraten erscheinen, statt immer schon anhand der von Der Literatur gewohnten Ästhetik vorzusortieren. Der Literaturbegriff ist deshalb für die althochdeutsche Textkultur letztlich fehl am Platz und die schwache Präsenz des Althochdeutschen jenseits der Mediävistik – in der Schule und der auf Literatur geeichten Öffentlichkeit – spricht dafür, dass das Paradigma „Literatur" zumindest für die Zeit von der Mitte des 8. bis etwa zur Mitte des 11. Jahrhunderts gescheitert ist.

---

9 Siehe beispielsweise Schwindt 2009 sowie Hamacher 2009.

Offenbar lässt sich unter dem Etikett der „Literatur" die Textkultur des Althochdeutschen außerhalb der Universitäten nicht verhandeln. Man bräuchte für diesen Zeitabschnitt Konzepte und theoretische Rahmungen, die dazu geeignet sind, einen möglichst großen Teil des textuellen Feldes zu diskutieren oder das Feld von einer bestimmten Richtung aus zu durchqueren. Alternativen gäbe es durchaus, insbesondere in jüngster Zeit, etwa im Rahmen des Zürcher Forschungsschwerpunkts „Medienwandel – Medienwechsel – Medienwissen. Historische Perspektiven";[10] diese Alternativen berufen sich aber eben auf kulturwissenschaftliche Herangehensweisen. Die Erfindung der Literaturwissenschaft hat die Untersuchung von Texten, die der Vorstellung von Literatur nicht entsprechen, randständiger werden lassen als noch im 19. Jahrhundert.

Ähnliches (wenn auch mit abnehmender Tendenz) gilt für die späteren deutschsprachigen Texte bis in das 17. Jahrhundert, die ebenfalls jenseits der Universitäten keine große Rolle spielen.[11] Wenn man das akzeptiert, tun sich Spielräume auf, um mittelalterliche und frühneuzeitliche Textkulturen anders zu konzipieren, zu analysieren, zu präsentieren. Das setzt jedoch voraus, auch größere Umstellungen der eingespielten Herangehensweisen zu entwickeln und zu diskutieren. Und wenn man für diesen Zeitraum, für die Zeit vor dem 17. Jahrhundert, von „Literatur" auf „Text" umstellt, wird der Literaturbegriff als Fachbegriff frei für ein spezifisches soziales Textfeld, das sich seit dem 17. Jahrhundert entwickelt und seit dem 18. Jahrhundert Geltung erlangt, sich im 19. Jahrhundert etabliert und dann seit dem späten 20. Jahrhundert als textuelles Leitmedium an Einfluss verliert.

Zu solchen sozusagen disziplinären Problemen des Literatur-Begriffs kommen grundsätzliche Schwierigkeiten hinzu. Um sich diesen Schwierigkeiten zu nähern, lohnt sich ein Blick in zwei ältere Interviews, die (im Juli 1975) mit Michel Foucault und (im April 1989) mit Jacques Derrida geführt wurden.[12] Bei diesen beiden Interviews möchte ich mich kurz aufhalten, bevor ich mich dem zu nähern versuche, was eine Mittelaltergermanistik sein könnte, die auf den Begriff des Textes aufbaut statt auf den Begriff der Literatur. Hierzu werde ich, im zweiten Abschnitt dieses Kapitels, zuerst über vorhandene Konzepte sprechen, die im Rahmen einer Umstellung von Literatur auf Text hilfreich und anschlussfähig sein könnten. Im dritten Abschnitt ist es mir dann vor allem um eine Auseinandersetzung mit Überlegungen Peter Strohschneiders zu tun.

---

10 Beispielsweise: Kiening und Stercken 2008; Haeseli 2011; Glaser, Seiler und Waldispühl 2011. Nicht aus Zürich, aber in diesem Zusammenhang trotzdem unbedingt erwähnenswert ist Schiegg 2015.
11 Schlaffer 2002.
12 Foucault 1990; Derrida 1992. Zu beiden Interviews siehe Geisenhanslüke 2006.

Dass ich gerade diese beiden Interviews ausgewählt habe, hat nicht nur damit zu tun, dass Foucault und Derrida das intellektuelle Klima des letzten Drittels des 20. Jahrhunderts entscheidend geprägt haben. Wichtig sind ihre Überlegungen für meine Belange auch deshalb, weil sie zu einer Zeit angestellt werden, in die eine Neubesetzung, Aufwertung und massive Ausweitung des Textbegriffs fällt. Derridas Schriftkritik und Foucaults Konzept von Diskurs sind nicht wegzudenken aus dieser Bewegung, die man im weitesten Sinne mit dem Schlagwort „Linguistic Turn" fassen kann.

Zu Beginn des kurzen Interviews wird Michel Foucault gefragt, welchen Status „die literarischen Texte" in seiner Forschung einnähmen. Aus den weiteren Fragen und seinen Antworten entspinnt sich ein Nachdenken darüber, was es mit Der Literatur überhaupt auf sich hat. Anstatt also von einem Gegenstandsbereich „Literatur" auszugehen, über den man ohne Weiteres reden kann, denkt Foucault darüber nach, wie sich ein solcher Gegenstand konstituiert. Gleich zu Beginn des Interviews, in seiner zweiten Antwort, hält er fest, dass man „nie wirklich analysiert" habe,

> wie aus der Masse von Dingen, die gesagt werden, aus dem Ensemble der tatsächlich gehaltenen Diskurse, eine gewisse Anzahl dieser Diskurse (der literarische Diskurs, der philosophische Diskurs) eine Sakralisierung erfahren und spezielle Funktionen erhalten haben.[13]

Was Foucault hier als Desiderat dingfest macht, betrifft die Frage, wann, wie und warum es hat sein können, dass bestimmte Formen des Ausdrucks aufgewertet und gegenüber anderen Ausdrucksformen privilegiert worden sind, sodass sie – und dies ist eine direkt anschließend formulierte Beobachtung – „traditionellerweise als Substitute oder als Generalverpackung aller anderen Diskurse"[14] eingesetzt werden konnten, dass sie also stellvertretend für andere Diskurse einstehen konnten.

Aus heutiger Sicht und aufbauend auf die (von Foucault entscheidend geprägte) disziplingeschichtliche und wissenschaftsgeschichtliche Forschung der letzten Jahre und Jahrzehnte ist deutlicher als noch in den 1970er-Jahren zu sehen, auf welche Weise das, was seit dem 18. Jahrhundert emphatisch als Literatur bezeichnet wurde, eine herausragende Position einnehmen konnte. Foucault spricht selbst drei wichtige Ideologien an, die eng mit dem Literaturdispositiv verknüpft sind. Dies ist zum einen die Idee, dass literarische Texte „als der Ausdruck für etwas betrachtet worden [sind], das letztendlich nicht auf einer alltäglicheren Ebene for-

---

13 Foucault 1990, S. 229.
14 Ebd., S. 229.

muliert werden konnte".¹⁵ Auf diese Weise hat man den literarischen Texten eine herausragende Ausdrucksmöglichkeit zuerkannt, die exklusiv ist. Ich nenne dieses Literarizitäts-Kriterium „Unsagbarkeitskriterium". Dass dieses Kriterium hochgradig unscharf ist und mit verschiedenen Praktiken und Institutionen einhergeht; dass dieser Anspruch an Die Literatur mithin gelernt und propagiert wird, sei hier nur kurz erwähnt. Ein zweites wichtiges ideologisches Kennzeichen, das Foucault anspricht, ist die Fiktionalität, ein Kriterium, das (und dies möchte ich der beiläufigen Beobachtung Foucaults gleich hinzufügen) im 20. Jahrhundert eingeführt wurde, um ein Merkmal für die Besonderheit des Literarischen zur Verfügung zu haben. Die dritte Ideologie schließlich, auch sie stammt aus dem 20. Jahrhundert, ist der „Grundsatz", dass „die Literatur es nur mit sich selbst zu tun hat".¹⁶ Auf diese Weise schafft man ein textuelles System, das Geschlossenheit, Kohärenz und Komplexität beansprucht. Ich nenne dies das „L'art pour l'art"-Kriterium.

Für seine Gegenwart und jüngere Vergangenheit konstatiert Foucault eine kritische Bewegung, die den Status der Literatur hinterfragt:

> Eigentlich tendierte das Vorhaben von Blanchot und das von Barthes zu einer Desakralisierung der Literatur, indem es mit den Bindungen brach, die die Literatur in eine Position des absoluten Ausdrucks rückte [!]. Dieser Bruch beinhaltete, daß die darauffolgende Bewegung diejenige sei, die die Literatur völlig desakralisiert und die versucht herauszufinden, wie in der allgemeinen Masse von all dem, was gesagt wurde, sich in einer gewissen Form dieser besondere Sprachbereich konstituierte. Ein Bereich, von dem man nicht fordern soll, daß er die Entscheidungen einer Kultur trägt, sondern den man darauf befragen muß, wie es zustande kommt, daß eine Kultur sich dazu entschieden hat, ihm diese so einzigartige, so seltsame Position zu geben.¹⁷

Was Foucault hier beschreibt, ist, was unsere heutige Wahrnehmung von Textualität anbelangt, eine der entscheidendsten Entwicklungen seit dem letzten Drittel des 20. Jahrhunderts. Hat man erst einmal erkannt (und hier ist eine kritische historische Perspektive hilfreich, wie sie Foucault immer wieder vorgeführt hat), dass das textuelle Feld der „Literatur" historisch geworden und mit vielfältigen Diskursen und Praktiken verknüpft ist, kann man damit beginnen, den Status und die Funktion Der Literatur kritisch zu hinterfragen. Von da aus ist es nicht weit bis zur Überlegung, nicht zuerst von Der Literatur auszugehen, sondern zuerst von Texten, deren einige, aus welchen Gründen auch immer, zu Literatur erklärt werden.

---

15 Ebd., S. 230.
16 Ebd., S. 231.
17 Ebd., S. 232.

Foucaults Gedanken lassen sich um einige wichtige Überlegungen Derridas ergänzen. Derrida erläutert im Interview, dass „Literatur" – verstanden als eine Institution, die es erlaubt, alles zu sagen – eine sehr junge Erfindung sei („a very recent invention")[18] und dass weder die griechische und lateinische Dichtung der Antike noch erzählende Texte des nichteuropäischen Raums als literarisch verstanden werden können: „Greek or Latin poetry, non-European discursive works, do not, it seems to me, strictly speaking belong to literature".[19] Es gebe auch keine Essenz des Literarischen, dank derer es möglich sei, das literarische Objekt eindeutig zu identifizieren, denn kein Text sei an sich literarisch:

> Literarity is not a natural essence, an intrinsic property of the text. It is the correlative of an intentional relation to the text, an intentional relation which integrates in itself, as a component or an intentional layer, the more or less implicit consciousness of rules which are conventional or institutional – social, in any case.[20]

Abgesehen von einer solchen Beziehung zum Text, die auf sozialen Regeln beruht, ist für Derrida das Literarische eher als eine Erfahrung fassbar, die etwas zu tun hat mit der für die Sprache typischen, nie eindeutigen und nie dauerhaften Beziehung zu Bedeutung und Wirklichkeit. Damit wäre das Literarische wohl als ein textuelles Phänomen zu verstehen, das darauf gegründet ist, dass grundlegende Eigenschaften und Eigenheiten von Sprache verdichtet werden. Das aber heißt freilich nicht, wie man sogleich ergänzen sollte, dass es sich bei diesem Phänomen um ein überzeitliches, essenzialistisches handelte. Auch die Vorstellung einer verdichteten Sprache ist zeitlich gebunden, ist mit Praktiken und Institutionen verknüpft – ist Ideologie.

****

Das, was Foucault und Derrida in diesen älteren Interviews ausführen, ist eigentlich alles, was man in einem ersten Schritt wissen muss, um aufzuhören, naiv von „Literatur" zu sprechen, so als gäbe es ein überzeitliches Phänomen, das auf diesen Namen hört. Zugleich lässt sich eine solche Abkehr nicht so ohne Weiteres durchführen. „Literatur" ist schließlich als gesellschaftliches Teilsystem seit dem 20. und auch noch zu Beginn des 21. Jahrhunderts derart fest verankert und der Literaturbegriff ist derart ubiquitär, dass es keinen großen Sinn hat, darauf zu hoffen, man könnte den Begriff nicht-naiv verwenden.

---

18 Derrida 1992, S. 40.
19 Ebd., S. 40.
20 Ebd., S. 44.

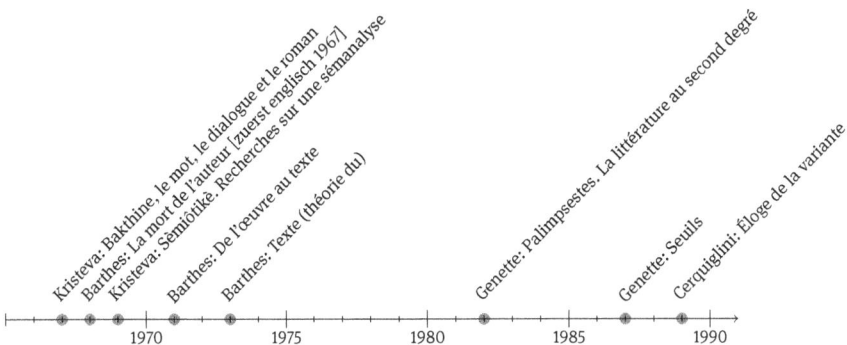

Abbildung 8.1: Einige (auch für die Mediävistik) wichtige Stationen der französischen Textualitätsforschung zwischen 1967 und 1989

Auch Konkurrenzbegriffe scheinen heute keine große Rolle mehr zu spielen. Das ist durchaus bemerkenswert, hatte es doch noch um 1900 eine erbitterte Diskussion über die Frage gegeben, wer „Dichter" und wer bloß „Literat", „Schriftsteller" oder gar „Journalist" sei.[21] Während etwa Stefan George und sein Kreis resolut den Dichter vom Schriftsteller trennten, sprach sich Thomas Mann für die Literatur und die Literaten aus und damit gegen ein emphatisches Konzept von Dichtung. Mittelfristig hat George sich nicht durchgesetzt, denn diese Diskussion dürfte sich erledigt haben zugunsten eines zunehmend weniger emphatischen Konzepts von „Literatur". Und dieser Begriff der „Literatur" lässt sich – auch wenn das häufig behauptet wird – nicht einfach von neuzeitlich-modernen Konnotationen befreien. Sicherlich kann man, wie Sonja Glauch dies in einem Aufsatz tut, festlegen, dass immer dann, wenn von „Literatur" die Rede ist, damit eine „Textkultur und von dieser hervorgebrachte Texte" gemeint sind;[22] aber warum spricht man dann nicht gleich von Texten und Textkultur?

Man tut es nicht, weil es nicht zur etablierten Sprechweise passt und weil man dann zur Kenntnis nehmen müsste, dass man es mit einem schier unüberschaubaren Gegenstandsbereich zu tun hat. Und im Fall von Sonja Glauchs Aufsatz, aus dem ich eben zitiert habe, tut sie es auch deshalb nicht, weil ihre Fragestellung, Fiktionalität, an das Konzept Der Literatur gekoppelt ist. Solange von Fiktionalität die Rede ist, kann man nicht so einfach auf Text, Textkultur und Textualität umschalten.

---

[21] Lepenies 1985, S. 265–281.
[22] Glauch 2014, S. 87.

Immerhin aber spricht Glauch überhaupt davon, dass man eigentlich über Texte und Textkulturen sprechen müsste. Das ist insofern konsequent, als der Textbegriff im letzten Drittel des 20. Jahrhunderts (und damit parallel zu einer Deprivilegierung Der Literatur) mehr und mehr an Relevanz gewonnen hat. Insofern liegt es durchaus nahe, sich auf ihn zu berufen. Schon Derrida fragt sich im Interview, über das ich eben schon geschrieben habe, „whether literature is simply an example, one effect or region among others, of some general textuality".[23] Textualität auf diese Weise als einen umfassenden Gegenstandsbereich zu konzipieren, scheint mir sinnvoll zu sein. Freilich bringen auch die Begriffe „Text" und „Textualität" nicht nur einige Schwierigkeiten, sondern vor allem eine umfassende Diskussions- und Tradierungsgeschichte mit sich (die sich allerdings, auch wenn der Begriff sehr viel älter ist, auf das 20. Jahrhundert beschränkt).[24] Ich habe nicht vor, diese Geschichte hier umfassend vorzustellen und aufzuarbeiten.[25]

Man müsste, wollte man dies tun, nicht nur eine Menge an Ansätzen und Ideen referieren, man müsste auch einigen Neben- und Holzwegen folgen, etwa der linguistischen Diskussion rund um eine „(Allgemeine) Textwissenschaft".[26] Ich habe schon gar nicht vor, endgültig und ein für alle Mal zu definieren, was es mit „Text" und „Textualität" auf sich hat. Abgesehen davon, dass man das, was eine Geschichte hat, nicht definieren kann,[27] dürfte Clemens Knobloch ganz grundsätzlich recht haben, wenn er über den Begriff „Text" schreibt, dass dieser zu den „offenen Grundbegriffen der Sprach- und Literaturwissenschaft" gehöre und dass diese Grundbegriffe „nicht abschließend definiert werden können, weil ihre theoretische Produktivität vorwiegend heuristischer Natur ist und sich nur im

---

[23] Derrida 1992, S. 71.
[24] Martens 1989, S. 1 f.
[25] Ein grundlegender Überblick mit Hinweisen auf weitere Forschung bei Knobloch 2005.
[26] Ich arbeite diese Diskussion hier nicht auf, weil sie mit meinem Ansatz wenig gemein hat und sich auf Neuzeit und Moderne beschränkt. Im Kern geht es – disziplingeschichtlich gesehen – um die Ausdifferenzierung und Ausweitung der Sprachwissenschaft sowie um deren Verhältnis zur Literaturwissenschaft: „Die Gründe, die zur Postulierung einer ‚Textwissenschaft' geführt haben", schreibt etwa Heinrich F. Plett, „liegen in der – durchaus fruchtbaren – Krise, in der sich die Literaturwissenschaft seit längerem befindet" (Plett 1975, S. 11). Auffällig ist der empiristisch-technizistische, auf klare Problemlösungen ausgerichtete Duktus dieses Denkens. Man erkennt den Einfluss der Kybernetik. Siehe beispielsweise (ich nenne nur wenige ausgewählte Arbeiten) Schmidt 1971; van Dijk 1980; Ehlich 2007; Scherner 1984, dort weitere Beiträge der Forschung. Die Diskussion scheint sich in den 1980er-Jahren verflüchtigt zu haben. Ein frühes, avantgardistisches Beispiel für eine Umstellung auf den Textbegriff bietet Bense 1962.
[27] Nietzsche hat schließlich recht: „[...] alle Begriffe, in denen sich ein ganzer Prozess semiotisch zusammenfasst, entziehen sich der Definition; definirbar ist nur Das, was keine Geschichte hat." (Nietzsche 1999b, S. 317).

Rahmen axiomatischer Ausformulierungen entfaltet".[28] „Text" ist ein bewegliches Forschungskonzept, ein Reflexionsbegriff, der gerade deshalb leistungsfähig ist, weil er sich nicht restlos stillstellen lässt. Mit der Kategorie „Text" kann man Zusammenhang stiften, wo andere Begriffe Grenzen ziehen. Nicht zuletzt stellt die Rede vom „Text" Rede- und Denkregeln um, von einer Priorisierung bestimmter Schreibweisen im Rahmen einer Institution „Literatur" hin zu einer Betrachtung des Mediums und der Medialität von Rede, Schrift, Schreiben und Geschriebenem.

Stephan Kammer und Roger Lüdeke haben drei Ansätze der Diskussion um Text und Textualität klar beschrieben und unterschieden. Text wird, erstens, verstanden als „eine geordnete Menge von Elementen und als höchste Sinneinheit von sprachlichen Äußerungen".[29] In diesem Sinne findet die Rede von Text Eingang in Strukturalismus und Linguistik. Text wird, zweitens, verstanden als „bedeutungsgenerative[r] Verweisungszusammenhang, dessen Differenzialität und Dynamik die Vorstellung eines geschlossenen Sinnganzen radikal in Frage stellt".[30] Dieses Verständnis ist relevant für Poststrukturalismus und Dekonstruktion; ich komme gleich darauf zurück. Drittens schließlich, und das ist der jüngste Diskussionsstrang, rekurriert die Rede von Text auf das konkrete Objekt, auf den „konkreten, materiell-medialen Objektstatus".[31]

Mit dieser Differenzierung von Kammer und Lüdeke im Hinterkopf können wir nun kurz zurückblicken, zum einen auf die französische Textualitätsforschung der 1960er- bis 1980er-Jahre, zum anderen auf die jüngere Erweiterung des Textbegriffs um eine materiale Komponente. Ersteres ist wichtig, um sich noch einmal die intellektuelle Leistung vor Augen zu führen, die mit der Etablierung des Textbegriffs einherging. Letzteres ist wichtig, weil die materiale Komponente in den französischen Theorien weitgehend fehlte. Dass sie wichtig ist, zeigt nicht zuletzt der „Material Culture Turn", an dem die mediävistische Textwissenschaft schon allein mit der „New" beziehungsweise „Material Philology" ganz zwanglos partizipiert.

Seit den späten 1960er-Jahren gibt es ein dynamisches Textkonzept, das gegen fixierende, homogenisierende und statische Konzepte wie „Autor" und „Werk" in Stellung gebracht wird. Hierzu gehört mit dem Konzept der „Intertextualität" eine wesentliche Innovation im Rahmen des Linguistic Turn, die darauf hinausläuft, Textualität von Trägermedien, Autorschaft und Werkvorstellungen zu lösen, um der Zirkulation der Zeichen keine kleinlichen und konventionalisierten Hürden in den Weg zu stellen. In der Postmoderne denkt man Text als ein Gewebe ohne Anfänge und Enden.

---

28 Knobloch 2005, S. 24a.
29 Kammer und Lüdeke 2005a, S. 11 [Hervorhebung getilgt, M. O.].
30 Ebd., S. 13 [Hervorhebung getilgt, M. O.].
31 Ebd., S. 15 [Hervorhebung getilgt, M. O.].

Mithilfe des Modells der Intertextualität konnte man über die Vorstellung einzelner (literarischer) Werke hinausgelangen und über ein diffuses Beziehungsfeld sprechen, das sich nicht mehr zwischen zwei Buchdeckel zwingen ließ. Kein Wunder, dass Roland Barthes den Tod des Autors beschworen hat – und die Geburt des Lesers. Kein Wunder auch, dass Gérard Genette sich dafür interessiert hat, das Feld des Textes neu zu vermessen.[32] Gegenstandsbereiche wie etwa der Paratext kommen dann in den Blick, wenn man sich dem weiten Feld des Textes quasi ethnologisch nähert und sich fragt, welche einzelnen Elemente und Beziehungen man innerhalb dieses Feldes ausmachen kann. Das ist freilich alles recht ahistorisch gedacht, weil es eine etablierte Druckkultur voraussetzt, aber eine historische Tiefendimension ließ sich und lässt sich ja vonseiten der Mediävistik und Altertumswissenschaften nachreichen.[33]

Von Frankreich aus ist das neue Text-Paradigma schier explodiert und hat zu einer signifikanten Erweiterung der Fragestellungen und Gegenstandsbereiche der immer noch so genannten Literaturwissenschaften geführt, die auf diese Weise in gewissem Sinne zu Textwissenschaften wurden, weil nun auch Unterhaltungsliteratur, Comics, Filme, Hypertext und viele andere Gegenstände erforschbar waren. Die Etablierung kulturwissenschaftlicher Fragestellungen schließlich ließ sich auf Basis dieser ausgeweiteten „Literaturwissenschaften" gut anschließen, sodass sich die theoretischen Denkmöglichkeiten parallel zur Ausweitung des Gegenstandsbereichs immens vergrößert und verkompliziert haben.

Die Prominenz der Ethnologie in den Kulturwissenschaften seit den späten 1980er-Jahren hat, das darf hier nicht vergessen werden, zu einer nochmals radikalisierten Ausweitung des Textkonzeptes geführt, unter dem Schlagwort „Kultur als Text". Im deutschsprachigen Raum steht hierfür etwa ein Sammelband von Doris Bachmann-Medick, der eine „anthropologische Wende in der Literaturwissenschaft" verspricht.[34] Sie schreibt in ihrer Einleitung, dass eine „kulturwissenschaftliche Erweiterung der Textwissenschaften erforderlich" sei. Hierbei sei wiederum

---

[32] Siehe insbesondere Genette 1993 und außerdem Genette 2001.
[33] Der Hinweis auf das Fehlen einer mittelalterlichen Handschriftenkultur zum Beispiel bei Eric Jager: „But just as Derrida seemed to ignore how the medieval book, as the product of an often decentralized scribal culture, anticipated certain characteristics of écriture, Barthes, in assuming the book's typographical integrity, failed to recognize that his more porous ‚text' had already existed in the Middle Ages by virtue of the same scribal culture, and that the discrete and self-contained ‚work' from which he would free it was largely a historical product of the printing press." (Jager 2000, S. 165)
[34] Bachmann-Medick 2004b.

ein ethnologisch-anthropologischer Problemhorizont bahnbrechend, der durch eine gleichsam komplementäre literarische und rhetorische Wende in der neueren Ethnographie selbst den Weg für eine solche Erweiterung bereitet.³⁵

Bachmann-Medick bezieht sich dabei auf eine ethnologische Diskussion, deren Höhepunkt ein von James Clifford und George E. Marcus herausgegebener Sammelband bildet;³⁶ eine Diskussion, für die im deutschsprachigen Raum außerhalb der engeren ethnologischen Diskussionen vor allem Clifford Geertz stellvertretend genannt wurde und noch wird.³⁷ Geertz stand in der Ethnologie seit den 1970er-Jahren für qualifizierende statt quantifizierende Vorgehensweisen, die eher ahistorisch waren und bei denen das eigene Schreiben des Ethnologen in den Vordergrund rückte. Geertz' Ansatz stand

> in den siebziger Jahren [für] eine Abkehr von der zeitgenössischen Ethnologie, [...] weil er, fürs Erste zumindest, das Ende der großen Theorien und Erzählungen (*grandes histoires*) in der Ethnologie einläutete, das sich auch die Postmoderne auf die Fahnen schrieb.³⁸

Alles in allem war dieses Vorgehen anschlussfähig für eine kulturwissenschaftlich orientierte Literaturwissenschaft.

Tatsächlich war die Ethnologie in den 1980ern sehr innovativ, was etwa die disziplinäre und methodische Selbstreflexion anbelangt, ebenso das Aufgreifen benachbarter Methodiken und das Ausgreifen auf benachbarte Disziplinen. Auch die Mittelaltergermanistik hat in dieser Zeit von der Ethnologie viel gelernt, wobei dieses Lernen im Wesentlichen innerhalb vorgegebener Rahmen der Epochen und Nationen stattfand, wie Bernhard Jussen kritisch erläutert:

> Die Karriere der Ethnologie zur Leitwissenschaft der Mediävistik in den 1980/90er Jahren hat zwar sehr viel verändert und nicht zuletzt die intellektuellen Werkzeuge für die aktuelle Diskussion bereitgestellt. Aber sie hat in der Breite ihrer Rezeption nicht den Referenzrahmen für die Deutung des lateinischen Europas zwischen römischer Mittelmeerwelt und Moderne (wie

---

35 Bachmann-Medick 2004a, S. 8 f.
36 Clifford und Marcus 1986.
37 Siehe vor allem Geertz 1987. Paul Rabinow hat schon im „Writing Culture"-Band darauf hingewiesen, dass die Geschichtswissenschaft die neuere Ethnologie – verspätet – mittels Geertz rezipiert: „There is a curious time lag as concepts move across disciplinary boundaries. The moment when the historical profession is discovering cultural anthropology in the (unrepresentative) person of Clifford Geertz is just the moment when Geertz is being questioned in anthropology [...]. So, too, anthropologists, or some of them in any case, are now discovering and being moved to new creation by the infusion of ideas from deconstructionist literary criticism, now that it has lost its cultural energy in literature departments and Derrida is discovering politics." (Rabinow 1986, S. 241 f.)
38 Petermann 2004, S. 1002.

er in unserem Epochendenken steckt) in Frage gestellt. Im Gegenteil – durch die Aneignung ethnologischer Deutungsmuster (von „Ritual" über „Gabentausch" bis „Reinheit", „Ehre", „Face-to-face"-Gesellschaften und so weiter) konnte man die Leitideen des *herrschenden* Deutungsrahmens, also die *Alterität* des „mittelalterlichen" Europa (der Christenheit) gegenüber dem „neuzeitlichen" Europa (der Staaten), noch pointierter herausarbeiten. [...] Vieles von dem, was man bei den Ethnologen gelernt hat, taugte zur Archaisierung der beobachteten Kultur und damit zur Stabilisierung der Denkfigur „Mittelalter".[39]

Ganz abgesehen aber von Lerneffekten und weitertradierten Deutungsrahmen hat die von Bachmann-Medick vorgeschlagene radikale Ausweitung des Textbegriffs dazu geführt, dass der Textbegriff nicht mehr operabel war. Das ist allerdings auch wenig verwunderlich, denn es ging gar nicht in erster Linie um den Textbegriff, sondern um die Ausrichtung von Philologien und Literaturwissenschaften auf Kultur als Gegenstand. Liest man den 1996 erschienenen Sammelband Bachmann-Medicks als ein Plädoyer für eine kulturwissenschaftliche Öffnung der Philologien, dann ist die Hinwendung zur Ethnologie sehr verständlich (zumal sich die ethnologische Forschung, auf die Bezug genommen wird, ihrerseits auf Literatur und Literaturwissenschaft bezogen hatte). Im Nachhinein allerdings entpuppte sich die „Kultur-als-Text-Debatte" als eine Übergangsdebatte einer Philologie/Literaturwissenschaft auf dem Weg zur Kulturwissenschaft. Ein Medium dieses Übergangs war eben die Ethnologie. Auch sollte man den Sammelband von Bachmann-Medick zusammen mit ihrem Cultural-Turns-Buch lesen,[40] weil man dann den Kultur-als-Text-Band eher als eine Station auf einem Weg verstehen kann.

Diesen Befund, dass es sich nämlich um eine Übergangsdebatte handelt, hat Doris Bachmann-Medick im Grund selbst schon notiert, wenn sie in einem Aufsatz, der in der zweiten Auflage als eine Art Nachwort zum Buch hinzugekommen ist, schreibt:

> Mit der ‚anthropologischen Wende' in der Literaturwissenschaft wurde eine ethnologische Forschung aufgegriffen, die selbst bereits einen ‚cultural turn' vollzogen hatte: Durch ihre Analyse symbolischer Ordnungen kam in den Blick, wie sich Kultur bis in die gesellschaftlichen Praktiken hinein als ein Bedeutungszusammenhang reflektiert und darstellt. [...] Allerdings kam es im weiteren Verlauf der Debatte über die anthropologische Grundlegung einer kulturwissenschaftlichen Orientierung der Literatur-, Geistes- und Sozialwissenschaften unaufhaltsam zu einer formelhaften Verfestigung dieser ‚Kultur als Text'-Metapher. Sobald sie zu einer ‚programmatische(n) Losung der Kulturwissenschaft' aufgewertet wurde, verlor sich ihr kritischer Impuls. ‚Kultur als Text' schaffte den zwiespältigen Aufstieg zu einer

---

39 Jussen 2016, S. 564 f.
40 Bachmann-Medick 2006.

überdeterminierten Leitvorstellung und emphatischen Schlüsselmetapher der kulturwissenschaftlichen Diskussion.[41]

Gewisse Übertreibungen bleiben dann auch aufseiten der Mittelaltergermanistik nicht aus. So denkt etwa Peter Strohschneider im Jahr 2004 darüber nach, dass „die Textwissenschaften (im engeren Sinne)" den „Status einer Leitdisziplin der Kulturwissenschaften" einnehmen könnten:

> Es ginge nicht um Literatur- als Kulturwissenschaft, sondern umgekehrt um Kultur- als Literaturwissenschaft. Erwiese sich das Prinzip ihrer Gegenstände – nämlich ‚Textualität' (im Sinne von Semiosis, Verweisung, Symbolisierung, Repräsentation, Diskurs etc.) – als exklusives Prinzip von Kultur überhaupt, dann könnten die Textwissenschaften ihren gegenstandsdefinierenden Begriff ‚Text' samt den über ihm errichteten Methodologien und Theorieinventaren sozusagen exportieren in andere kulturwissenschaftliche Disziplinen. Und dies hieße umgekehrt für den Textbegriff, daß er bei solchem interdisziplinärem Transfer [...] mit ihm zunächst fremden Sachverhalten und Problemstrukturen derart konfrontiert würde, daß terminologische Komplexitätssteigerungen möglich sind.[42]

Diese Argumentation bewegt sich noch in der Diskurstradition, die es mit Theorietransfers zu tun hat, insbesondere mit der Ethnologie als Medium. Aber in dieser Richtung kommen wir wohl nicht weiter; schon deshalb nicht, weil die Vorstellung von Interdisziplinarität, von der Strohschneider ausgeht, zu sehr in einen Wettkampf der Disziplinen verstrickt ist, die ja miteinander wetteifern, weil Interdisziplinarität als Konzept klar abgegrenzte Disziplinen voraussetzt. Da ich nun aber bei Peter Strohschneiders Überlegungen zu Textualität und Textwissenschaft angekommen bin, werde ich dabei ein wenig bleiben und versuchen, anhand von Strohschneiders Überlegungen ein paar Schlaglichter auf die jüngere Diskussion der Mittelaltergermanistik zu werfen.

* * * * * * *

Natürlich ist schon länger klar, dass der Begriff der Literatur wenig taugt, wenn man es auch mit Chronistik, Losbüchern, Schachzabelbüchern, Bestiarien, Predigten, Gebetbüchern, Legendensammlungen und vielem mehr zu tun hat – von Wandmalereien, Teppichen, Inschriften und Gebrauchsgegenständen ganz zu schweigen. Ein Versuch, das Problem besser in den Griff zu bekommen, bestand darin, von einem „erweiterten Literaturbegriff" auszugehen. Damit aber löst man letztlich kein Problem, weil man durch die Rede von einer Erweiterung gerade den emphatischen Literaturbegriff stabilisiert, der doch überhaupt das Problem

---

41 Bachmann-Medick 2004c, S. 298 f.
42 Strohschneider 2004, S. 104.

konstituiert hat, mit dem man es zu tun hat. Die Rede von einer „pragmatischen Schriftlichkeit", die durch den Münsteraner SFB 231 prominent wurde, scheint mir schon sinnvoller zu sein, auch wenn es mir nicht leichtfällt zu erklären, was denn die Gegenstücke zur pragmatischen Schriftlichkeit sind. Auch in diesem Fall scheint es letztlich darum zu gehen, Konzepte zu finden, die gegenüber Der Literatur konturiert werden. Hätte man keinen emphatischen Literaturbegriff, gäbe es keine Notwendigkeit, über pragmatische Schriftlichkeit zu sprechen.

Ein weiterer Schritt war wohl die Rede von „wissensvermittelnder Literatur". Zwar habe ich bis heute nicht verstanden, was genau das sein soll, da doch alle Texte Wissen vermitteln. Aber disziplingeschichtlich gesehen scheint diese Terminologie wichtig zu sein, um ein Textkorpus zu generieren, über das man ansonsten nicht oder schlecht sprechen kann. Auch in diesem Fall wird freilich ein abgeschatteter Begriff von „Literatur" weitertradiert, der sich wohl zwanglos durch den Begriff des Textes ersetzen ließe. So stellen denn auch Burkhard Hasebrink und Peter Strohschneider in einem neueren Aufsatz im Rahmen einer Lektüre des Vorworts von Kurt Ruh zur zweiten Auflage des Verfasserlexikons fest, dass dort ein „formal deskriptiver Literaturbegriff für jedwede schriftliche Überlieferung" und zugleich ein „ästhetisch evaluativer Literaturbegriff" verwendet werde.[43] Die beiden Verfasser verstehen diesen „in der Germanistischen Mediävistik dominierenden zwiespältigen Literaturbegriff" als eine „spezifische Leistung", die es – als „Kippfigur" – erlaube, „sozusagen unmerklich von der einen auf die andere Seite umzuschalten".[44]

Das ist sicher richtig, gilt aber natürlich nicht nur für die religiösen Texte, um die es Hasebrink und Strohschneider in diesem Aufsatz zuvorderst zu tun ist. Die Schlussfolgerung der beiden ist für meine Überlegungen aber natürlich anschlussfähig (auch wenn ich den unnötigen Seitenhieb gegen das Interesse an Materialität besser ignoriere):

> Zunächst scheint es tunlich, für die Germanistische Mediävistik die Begründungsfigur des ‚erweiterten Literaturbegriffs' durch diejenige eines historisch ausgerichteten Textbegriffs zu ersetzen. Dieser eignet sich besser für die ‚Gegebenheiten' eines Feldes, das nicht einfach in Geistliches und Weltliches, in Sakrales und Profanes sortiert werden kann, und er ermöglicht es, die religiöse Textkultur des Mittelalters einerseits von anachronistischen ästhetischen Wertzuschreibungen freizuhalten, ohne sie andererseits als eine mediengeschichtliche Leistung bloß auf ihre Materialität reduzieren zu müssen – wie wenn religiöse Texte des Mittelalters wissenschaftliche Aufmerksamkeit allein insofern verdienten, als mit ihnen die Schriftkultur ein historisch neues Niveau erreichte.[45]

---

[43] Hasebrink und Strohschneider 2014, S. 286.
[44] Ebd., S. 286.
[45] Ebd., S. 288.

Diese Forderung gilt meines Erachtens, wie bereits gesagt, nicht nur für religiöse Texte, sondern für das gesamte textuelle Feld. Es mag sein, dass sich diese Forderung für einen solch wichtigen textkulturellen Bereich wie den der religiösen Texte besser vertreten lässt als eine Forderung nach einer allgemeinen historischen Textwissenschaft, aber das Grundproblem übersteigt die von Hasebrink und Strohschneider niedergeschriebene Forderung bei Weitem.

Hinter der Forderung steckt, zumindest was Peter Strohschneider anbelangt, eine längere Auseinandersetzung mit dem Spannungsfeld von Literatur und Text. Schon im Dresdner Sonderforschungsbereich 537 („Institutionalität und Geschichtlichkeit") stand mit der „Institutionalität" ein Modell zur Verfügung, das darauf ausgerichtet war, nicht von modernen Vorstellungen eines Literatursystems auszugehen.[46] Auf der Grundlage der Luhmann'schen Systemtheorie wurde die heuristische Annahme getroffen, dass Kommunikation am mittelalterlichen Hof unwahrscheinlich ist, und es wurde nach den literarischen und literaturbezogenen Handlungen gefragt, die „literarische" Kommunikation ermöglichen. Der Literaturbegriff freilich blieb erhalten und wurde, soweit ich sehe, auch nicht weiter infrage gestellt. Nicht ohne Grund hieß der Nachfolgeband zu „Literarische Kommunikation und soziale Interaktion" ja auch „Geltung der Literatur".

Gleichwohl zeigt sich durchaus textwissenschaftliches Potenzial, etwa wenn Strohschneider erklärt, was passiert, wenn man Literatur „als eine (sprachlich verfaßte) Form des kommunikativen Handelns" begreift:

> Im Sinne einer erkenntnisleitenden Annahme wäre demnach ‚höfische Literatur' als eine – eben: ‚literarische' – Sonderform kommunikativen Handelns am Hof zu verstehen; nicht mehr als eine Hypothese kann diese Auffassung deswegen zunächst nur sein, weil jene Kriterien von Literarizität, die den Sonderstatus dieses gemeinhin literarisch genannten Handelns bestimmen, weder unbedacht mit denjenigen moderner Literatur (etwa den ästhetischen Konventionen der Polysemie, Fiktionalität, Autonomie oder Originalität) identifiziert noch sonstwie dem Forschungsprozeß einfach vorausgesetzt werden dürfen. Sie wären vielmehr in ihm allererst historisch adäquat herauszuarbeiten.[47]

Man kann sich, wenn man das Zitat liest, schon fragen, warum man dann überhaupt den Begriff „Literatur" braucht, wenn man die Kriterien (oder zumindest einige der Kriterien) von Literarizität, die der Begriff mit sich bringt, überhaupt nicht gebrauchen kann. Hier zeigt sich eine Inkonsequenz in der Fragestellung des Dresdner SFB. Freilich hätte der Verzicht auf den Literaturbegriff eine Lücke gelassen und einen Verlust bedeutet, auf den man hätte reagieren müssen, so wie man mit der Idee einer Institutionalisierung den Verlust zu kompensieren suchte, der

---

46 Man vergleiche Strohschneider 2001 sowie Kellner und F. Wenzel 2005.
47 Strohschneider 2001, S. 10.

entsteht, wenn man feststellt, dass mittelalterliche „Literatur" noch nicht ausdifferenziert war, noch keine „Institution" war, wie sie im Laufe des 18. Jahrhunderts entstand. An die Stelle eines ausdifferenzierten Literatursystems wird dann die Institution der höfischen Kultur und Literatur gesetzt, quasi als Ersatz-Objekt, um den Verlust zu kompensieren.

In den Zeitraum des Dresdner SFB fällt ein weiterer einschlägiger Aufsatz Peter Strohschneiders, veröffentlicht im Jahr 1999, unter dem Titel „,Textualität der mittelalterlichen Literatur'". Der Aufsatz beginnt folgendermaßen:

> Im Kreis der Mittelalterwissenschaften stellt sich die germanistische Mediävistik speziell die Aufgabe der Erforschung der deutschsprachigen mittelalterlichen Literatur. Dieser Objektbereich ist freilich keineswegs selbstverständlich bestimmt, wie schon die Frage nach der Relation von ‚Literatur'- und ‚Text'-Begriff zeigt. Wollte man nämlich beide Ausdrücke nicht einfach als Synonyme definieren, dann müßte man Regeln angeben, nach denen aus dem Gesamt der Texte ein ‚Kanon' literarischer ‚Werke' herauszuheben wäre. Dies setzte Antworten auf die außerordentlich schwierige Frage nach Kriterien für ‚Literarizität', nach der ästhetischen Differenz solcher ‚Werke' voraus. Allerdings sind entsprechende Antworten selbstverständlich allein als Ergebnisse, nicht jedoch als Voraussetzungen literaturwissenschaftlicher Forschungsprozesse denkbar. Und diese zeigen zunächst, daß ‚Literatur' des Mittelalters auf fremd gewordene Weise in uneinholbar entschwundene kulturelle Praxen etwa der religiösen Heilssicherung, der Herrschaftsrepräsentation, der gesellschaftlichen Wissensreproduktion eingebunden ist. Aus den Theoriebeständen neuzeitlicher ästhetischer Reflexion stammende Literarizitätskriterien wie Fiktionalität, Autonomie oder Polysemie müssen daher historisiert werden, wenn ihr mediävistischer Gebrauch nicht zu anachronistischen Verkürzungen führen soll.[48]

Das Hauptproblem dieser Aussagen besteht darin, dass die Disziplingeschichte keine Rolle spielt und deshalb ahistorisch von Aufgaben, Ergebnissen und Voraussetzungen gesprochen wird, die sämtlich das Ergebnis einer Entwicklung darstellen. Schon die Einstiegsthese, dass die germanistische Mediävistik es mit der Erforschung mittelalterlicher deutschsprachiger Literatur zu tun habe, ist für das 19. Jahrhundert in dieser Pauschalität falsch. Es ging um die Erforschung eines deutschen Altertums, um die Etablierung einer Philologie des deutschsprachigen Mittelalters, um Methoden der editorischen Bereitstellung mittelalterlicher Texte – es ging nicht um mittelalterliche „Literatur", auch wenn im Hintergrund so mancher Diskussion des 19. Jahrhunderts Elemente des Literaturbegriffs mitschwingen, die um 1800 etabliert wurden.

Strohschneider ignoriert außerdem die Funktion des Textbegriffs im Strukturalismus und – vor allem – im Poststrukturalismus. „Text" ist eben, das habe ich in diesem Kapitel zu zeigen versucht, ein Reflexionsbegriff; der Begriff erfüllt

---

48 Strohschneider 1999, S. 19.

bestimmte Aufgaben und er lässt sich deshalb nicht einfach als stabile Kategorie dingfest machen. Dass man schließlich, um noch einen dritten Kritikpunkt anzufügen, unbedingt Kriterien für „Literarizität" braucht, erschließt sich mir nur, wenn man den Rahmen eines neuzeitlich-modernen Literaturkonzepts nicht verlässt.

Und das will Strohschneider ja auch gar nicht, was man im weiteren Verlauf der Argumentation gut sehen kann. Ich zitiere direkt den zweiten Absatz und setze also meine Glossen zu Strohschneider fort:

> Die altgermanistische Literaturwissenschaft hat derartige Schwierigkeiten der Unterscheidung von ‚Text' und ‚Literatur' in den letzten Jahrzehnten weniger bearbeitet als unterlaufen, indem sie ihr Erkenntnisinteresse auch für das Hoch- und Spätmittelalter von der ‚Literatur' (‚Dichtung') auf die Gesamtheit deutschsprachiger Texte ausdehnte. Bei dieser Erweiterung des Literaturbegriffs sind die Ausdrücke ‚Literatur' und ‚Text' zunehmend indistinkt geworden, man hat die eingangs angedeutete Problemstruktur zwar tiefer gelegt, doch keineswegs aufgelöst.[49]

Das ist einerseits richtig und wurde auch in diesem Buch immer wieder betont. Tatsächlich kann man eine Ausweitung des Gegenstandsbereichs erkennen, die die heutige Mittelaltergermanistik in mancherlei Hinsicht wieder näher an die Konzeption des Gegenstandsbereichs heranführt, die im 19. Jahrhundert etabliert worden war. Und man kann auch erkennen, dass tatsächlich „Literatur" und „Text" oft austauschbar verwendet werden, weil hinter der etablierten Praxis literaturwissenschaftlichen Sprechens keine vernünftige Theorie steht. Aber schon die nicht weiter differenzierte Rede von „Literaturwissenschaft" ist – disziplingeschichtlich gesehen – ein Problem, weil Literaturwissenschaft etwas recht Neues ist und weil etwa Editionsphilologie und historische Sprachwissenschaft kein Teil der Literaturwissenschaft sind, aber doch wohl Teil der Mittelaltergermanistik. Wirklich schwierig aber wird es bei der Fußnote Nummer 3, die am Ende des obigen Zitats steht:

> Ganz abgesehen davon, daß sich Literaturwissenschaft von Grundfragen historischer Literarästhetik nur um den Preis ihrer Selbstaufhebung würde dispensieren können.[50]

Wäre das ein Problem? Was würde passieren? Wären wir dann (wieder) Philologie? Würde sich an Universitäten niemand mehr mit deutschsprachigen Texten des Mittelalters beschäftigen, wenn „Grundfragen historischer Literarästhetik" nicht mehr diskutiert würden? Würde das in den Kulturwissenschaften überhaupt jemand mitbekommen? Ist diese Aufhebung nicht ohnehin schon im Gange? Und

---

49 Ebd., S. 19 f.
50 Ebd., S. 20.

vor allem: Ist „Aufhebung" hier hegelianisch gedacht? Derartige Fragen wären angesichts des Axioms in der Fußnote zu diskutieren.

Strohschneider geht dann schließlich auf den Textbegriff Konrad Ehlichs ein. Ehlich ist Linguist und als Linguist privilegiert er – Derrida hat das ja beschrieben – die Mündlichkeit gegenüber der Schriftlichkeit. „Text" ist für Ehlich, so fasst es Strohschneider prägnant zusammen, „Wiedergebrauchsrede".[51] Indem sich Strohschneider auf Ehlich beruft, adaptiert er aus der Linguistik einen amateriellen Textbegriff. Damit lassen sich Texte, was gut zu Luhmann passt, als Teil von Kommunikation denken und sie lassen sich medialen Modellen unterlegen, die ihrerseits traditionell amateriell gedacht werden. Auf diese Weise gewinnt Strohschneider einen Textbegriff, der gut zur soziologischen Systemtheorie passt, mit dem aber Schriftlichkeit gegenüber Mündlichkeit abgewertet wird. Das kann man machen, damit aber trennt man sich von der gesamten Diskussion rund um „New Philology" und „Material Philology"; einen Diskussionsbereich, der die Mediävistiken in den vergangenen Jahren tief greifend gewandelt hat.

---

51 Strohschneider 1999, S. 22. Strohschneider beruft sich auf Ehlich 1993. Eine prägnante Kritik an Ehlichs Konzept einer zerdehnten Kommunikation bei Hausendorf 2016, S. 43: „In der Kommunikation mit und durch Schrift ist die Ko-Präsenz der Sprechsituation nicht ‚zerdehnt', sondern eben tatsächlich unwiederbringlich aufgelöst". Ähnlich auch schon Ricœur: „Das Verhältnis von Schreiben und Lesen ist nämlich kein besonderer Fall des Verhältnisses von Sprechen und Antworten. Es ist kein Verhältnis des Gesprächs, es ist kein Fall eines Dialogs." (Ricœur 2005, S. 81)

9 Schluss

Ich bin in diesem Buch von der Frage ausgegangen, ob und inwieweit es möglich ist, von gängigen Paradigmen wie „Philologie" und „Literatur" auf das Paradigma „Text" umzustellen. Ein Ausgangspunkt dafür war der Sonderforschungsbereich „Materiale Textkulturen", der für sechseinhalb Jahre meine akademische Heimat war. Schon der Obertitel des SFB hat mich zum Nachdenken darüber gebracht, welchen Status und welche Geschichte das Konzept „Text" hat und was es für meine universitäre Disziplin bedeuten könnte, dieses Konzept ernst(er) zu nehmen. Schon die Frage, wie genau ich mein akademisches Fach bezeichnen möchte, fiel mir nicht ganz leicht, denn jede mögliche Bezeichnung birgt Voraussetzungen und bringt Folgen mit sich, die durchaus auch mit dem Textkonzept zu tun haben. Wer sich etwa als Literaturwissenschaftler*in versteht, setzt den Begriff der Literatur zentral; wer sich als Philolog*in versteht, rückt entsprechend den Begriff der Philologie ins Zentrum.

Solche Fragen nach der eigenen Position und Positionierung führen schnell zu disziplingeschichtlichen Herangehensweisen. Schon die Idee, eine Wissenschaft der Literatur zu betreiben, ist keineswegs selbstverständlich, sondern eine Innovation der Zeit um 1900. Was mein universitäres Fach für mich ist und sein kann, hängt immer auch von solchen früheren disziplinären Entwicklungen ab und aus diesen Entwicklungen ergeben sich spezifische Fragestellungen und Themen sowie bestimmte Ein- und Ausschlüsse. Was zu meiner Disziplin gehört und was nicht, das ist immer auch ein Ergebnis disziplinärer Transformationen. Wenn man sich fragt – wenn ich mich frage –, was eine mittelaltergermanistische Textwissenschaft sein könnte, dann ist diese Frage mit disziplingeschichtlichen Herangehensweisen verknüpft. Dementsprechend geht es mir in diesem Buch immer wieder darum nachzuvollziehen, wie bestimmte Fragestellungen und Themen, Begriffe und Konzepte, Ein- und Ausschlüsse etabliert wurden und welche Folgen dies hatte.

Ein solcher Ansatz kann irritieren, wenn man davon ausgeht, dass es „von der Sache her" notwendig sei, Texte auf diese oder jene Weise zu betrachten oder zu sortieren. Disziplingeschichtliche Herangehensweisen eröffnen Möglichkeitsräume, wenn gezeigt werden kann, dass konzeptionelle Entscheidungen irgendwann einmal getroffen wurden – oft in eher unordentlichen Prozessen – und deshalb auch revidierbar sind. Zwar ist eine solche Revision nicht ohne Schwierigkeiten zu haben, insbesondere bei Begriffen und Konzepten, die als zentral gelten; aber schon die grundsätzliche Skepsis auch gegenüber als zentral verstandenen Konfigurationen scheint mir wichtig zu sein, um die eigenen Argumentationen nicht auf schwankendem, nur scheinbar stabilem Grund zu errichten.

Irritieren kann an diesem Buch zudem die eher persönliche Perspektive, die ich hier und da wähle. Orientiert habe ich mich dabei an jüngeren Beiträgen der englischsprachigen Forschung. Dort wird häufiger die eigene Fragestellung und die Wahl des Themas als eine (auch) persönliche Entscheidung erläutert. Demgegenüber herrscht im deutschsprachigen Raum eine Idee von Objektivität vor und deshalb spricht in hiesigen wissenschaftlichen Arbeiten eine objektive Stimme auf objektive Weise über einen objektiv relevanten Gegenstand. Wer sich für die Wissenschafts- und Disziplingeschichte interessiert, wird angesichts dieser ausgestellten Objektivität schnell skeptisch sein, immerhin lässt sich gerade im Rückblick oft gut erkennen, dass manche Themen in einer bestimmten Phase Konjunktur haben; und in so mancher Biographie kann man nachlesen, dass auch die Themenwahl von Wissenschaftler*innen mit deren eigenem Leben in Verbindung steht. Statt eine scheinbare Objektivität vorzuweisen, scheint es mir auch aus disziplingeschichtlicher Sicht sinnvoller und adäquater zu sein, die eigene Position zu selbstgewählten wissenschaftlichen Themen explizit zu reflektieren. Das bedeutet dann aber eben auch, zumindest hier und da, persönlicher zu werden als das im deutschsprachigen Raum üblich ist.

Der erste Teil der meisten Kapitel dieses Buches widmet sich der disziplingeschichtlichen Rekonstruktion solcher begrifflicher oder thematischer Entscheidungen, um die angesprochenen Möglichkeitsräume zu öffnen und um ganz grundsätzlich eine Sichtweise einzuüben, die immer auch danach fragen lässt, auf welche Weise Begriffe und Konzepte zu dem geworden sind, was sie sind. Die vorgestellten Rekonstruktionen – etwa zu synoptischen Ausgaben (im Kapitel „Nibelungenlieder"), zum Begriff (Sang-)Spruch(-dichtung) oder zur Fiktionalitätsdiskussion („Erzählweltenbauer") – sollen einerseits Staunen wecken angesichts des Verlaufs von Diskussionen und angesichts der allmählichen Verfestigung von Begriffen und Konzepten. Andererseits dienen diese Rekonstruktionen auch der Legitimation einer Kritik, die sich nicht immer schon auf die Konzepte einlassen muss, die rekonstruiert wurden. Wenn ich beispielsweise im Rahmen der Rekonstruktion der Auseinandersetzung mit Fiktionalität auf Walter Haug zu sprechen komme und gar nicht erst versuche, dessen Argumente Stück für Stück zu widerlegen, dann glaube ich das tun zu dürfen, weil ich die Rahmenbedingungen seiner Argumentation zuvor rekonstruiert habe. Wenn nämlich Fiktionalität erst seit den 1960er-Jahren zum Thema wird, um sich dann in den 80er-Jahren zu etablieren, dann verknüpft Walter Haug mittelalterliche Texte mit diesem neu etablierten Fiktionalitätsdiskurs – und das hat hervorragend funktioniert. Die Plausibilität dieser Verknüpfung hängt jedoch ganz entscheidend von der Nobilität des Fiktionalitätsdiskurses ab. In dem Moment, in dem „Literatur" und „Fiktionalität" kulturell an Nobilität verlieren, in diesem Moment verliert auch die Argumentation Walter Haugs an Plausibilität und überhaupt an kultureller Notwendigkeit.

Der zweite Teil der meisten Kapitel entwickelt dann Ansätze, um einen Gegenstandsbereich anders zu denken oder anders über diesen Gegenstandsbereich zu schreiben. Vor allem auch diese Frage nach der Art und Weise des Schreibens hat mich in diesem Buch umgetrieben und hat mich zu verschiedenen Experimenten verführt, etwa zum einmontierten Exposé im ersten Kapitel, zur synoptischen Lektüre des *Nibelungenlieds* oder auch zum eher erzählerischen fünften Kapitel. Solche Experimente sind dem Eindruck geschuldet, dass die deutschsprachige Wissenschaftsprosa gesellschaftlich relevanter sein könnte, würde man häufiger beispielsweise zu erzählerischen Formen des Schreibens greifen oder auch häufiger die Grundlagen des eigenen Nachdenkens möglichst verständlich erläutern. Den Wissenschaftsanspruch durch sperrige Prosa zu demonstrieren, das scheint eine Idee zu sein, die vor allem seit der zweiten Hälfte des 20. Jahrhunderts den Durchbruch geschafft hat – und gerade Doktorarbeiten dienen hierbei wohl als Instrument zur Schulung und Disziplinierung. Sperrigkeit und Unzugänglichkeit sind allerdings nicht schon per se Kennzeichen von Wissenschaftlichkeit.

Im dritten Teil der meisten Kapitel (einzig das fünfte Kapitel hat einen vierten Teil) folgt dann eine kurze Fallstudie, um die Möglichkeiten (und Schwierigkeiten) zu zeigen, die sich aus den Ideen des zweiten Teils ergeben. Dieser Teil schien mir besonders wichtig zu sein, da es oft leicht ist, Ideen zu formulieren, um dann Forderungen zu stellen, wie man dieses und jenes zu tun habe. Die Umsetzung dieser Ideen und Forderungen bereitet oft Schwierigkeiten, denen ich nicht aus dem Weg gehen wollte; und so kann man mir beim Umgang mit diesen Schwierigkeiten zusehen. Es scheint mir denn auch nicht verwunderlich, dass die dritten Teile der Kapitel unterschiedlich gut gelungen sind. Die synoptische Lektüre des *Nibelungenlieds* beispielsweise bleibt eher impressionistisch; was angesichts der Komplexität und Ungewöhnlichkeit synoptischer Lektüre aber auch kaum verwundert. Die „politische" Lektüre eines Ausschnitts aus der „Manessischen Liederhandschrift" hat mit der Schwierigkeit zu kämpfen, dass zuvor für eine Aufhebung von Binarismen argumentiert wurde – dann aber läuft man Gefahr, alles über einen Kamm zu scheren, wenn man keine neuen Differenzierungen einführt. Immerhin aber lässt sich auch aus nur halb gelungenen oder gar misslungen Lektüren mitunter etwas lernen – und ich habe die dritten Abschnitte auch deshalb kurz gehalten, um den experimentellen Charakter zu markieren.

Die Kapitel selbst lassen sich unabhängig voneinander lesen, auch wenn sie alle durch disziplingeschichtliche Zugangsweisen und durch die Frage nach der Umstellung auf eine Textwissenschaft miteinander in Verbindung stehen. Aufgrund dieser modularen Struktur ist dieses Buch denn auch notwendigerweise unabgeschlossen und die im Titel des Buches angekündigten Interventionen sind somit punktuelle Übergriffe und Einmischungen, keine neue, alles übergreifende Theorie. Die Auswahl der Themen und die gesetzten Schwerpunkte haben insbesondere mit dem oben schon erwähnten SFB zu tun, aber auch mit Fragen, die mich schon länger umtreiben, etwa nach der Differenzierung von Literatur- und Geschichtswissenschaft oder nach dem Status (und der Möglichkeit) von (mittelalterlicher) politischer Lyrik. Das sechste Kapitel („Prominenzanalysen") verweist außerdem zumindest zaghaft in den Bereich der sogenannten „Digital Humanities", der allem Anschein nach in den kommenden Jahren wichtiger und präsenter werden wird. Das siebte Kapitel („Erzählweltenbauer") lässt sich auch als ein Kapitel verstehen, das die mittelalterlichen Erzählungen zu den popkulturellen Erzählwelten der Gegenwart in Beziehung setzt. Dies ist eine Aufgabe, die in der Mittelaltergermanistik noch kaum ernsthaft angegangen wurde, die sich aber mit zunehmender Dringlichkeit stellt. Auch in diesem Fall wird man allerdings mit den Paradigmen „Philologie" und „Literatur" wohl nicht besonders weit kommen. Superhelden und Comicuniversen funktionieren nicht nach den Regeln einer etablierten Buchdruckkultur; ebenso wenig wie mittelalterliche Texte. Bei der Neukartierung der Begriffe und Konzepte der Mittelaltergermanistik ließe sich also möglicherweise von Comics und Superhelden lernen. Dies mag anstößig klingen, aber den meisten meiner Studierenden leuchtet das unmittelbar ein – und meine Studierenden sind nun einmal nicht mehr nur von „Literatur" umgeben, sondern von diffusen, unübersichtlichen, wuchernden, sich manchmal aber auch kreuzenden Textströmen. Meinen Studierenden möchte ich gerne die Vorgeschichte zu ihrem Status Quo erzählen können. Ich glaube, dass ich dafür eine Textwissenschaft brauche.

Abkürzungsverzeichnis

ABäG	Amsterdamer Beiträge zur älteren Germanistik
ADB	Allgemeine Deutsche Biographie
AfB	Archiv für Begriffsgeschichte
ARK	Archival Resource Key
ATB	Altdeutsche Textbibliothek
DOI	Digital Object Identifier
DVjs	Deutsche Vierteljahrsschrift für Literaturwissenschaft und Geistesgeschichte
GAG	Göppinger Arbeiten zur Germanistik
GWU	Geschichte in Wissenschaft und Unterricht
LiLi	Zeitschrift für Literaturwissenschaft und Linguistik
MF	Des Minnesangs Frühling
MIÖG	Mitteilungen des Instituts für Österreichische Geschichtsforschung
MLN	Modern Language Notes
MLR	The Modern Language Review
SFB	Sonderforschungsbereich
SMS	Die Schweizer Minnesänger
URN	Uniform Resource Name
²VL	Die deutsche Literatur des Mittelalters. Verfasserlexikon (2. Auflage)
WW	Wirkendes Wort
ZfdA	Zeitschrift für deutsches Altert[h]um [und deutsche Literatur]
ZfdPh	Zeitschrift für deutsche Philologie
ZfGerm	Zeitschrift für Germanistik
ZrPh	Zeitschrift für romanische Philologie

Abbildungsnachweise

Selbsterstellte Grafiken sowie illustrierende Bildschirmfotos frei verfügbarer Webseiten werden im Folgenden nicht aufgeführt.

Abb. 2.2: Michael S. Batts, Hrsg. (1971). *Das Nibelungenlied*. Paralleldruck der Handschriften A, B und C nebst Lesarten der übrigen Handschriften. Tübingen, S. 532 f. — **Abb. 2.3**: Joachim Bumke (1999). *Die Nibelungenklage*. Synoptische Ausgabe aller vier Fassungen. Berlin und New York, S. 120 f. — **Abb. 2.4**: Anton Edzardi, Hrsg. (1875). *Die Klage*. Mit vollständigem kritischen Apparat und ausführlicher Einleitung. Unter Benutzung der von Fr. Zarncke gesammelten Abschriften und Collationen. Hannover. ARK: 13960/t02z22667, S. 112. — **Abb. 2.5**: Johann Jakob Griesbach (1776). *Synopsis evangeliorum Matthaei, Marci et Lucae*. Textum graecum ad fidem codicum versionum et patrum emendavit et lectionis varietatem adiecit. Halle, S. 53. — **Abb. 4.1**: Abfrage mit Google Ngram (Bildschirmfoto). — **Abb. 6.1**: Roger Lass (1997). *Historical linguistics and language change*. Cambridge studies in Linguistics. Cambridge, S. 157 [Das ist die Abbildung, die Fleischhauer in seinem Aufsatz nachgebildet hat]. — **Abb. 6.2**: Fleischhauer entnimmt das Diagramm dem Aufsatz von David Bryant, Flavia Filimon und Russell D. Gray (2005). „Untangling our past: Languages, trees, splits and networks". In: *The evolution of cultural diversity*. A phylogenetic approach. Hrsg. von Ruth Mace, Clare J. Holden und Stephen Shennan. London und New York, S. 67–83, S. 78. — **Abb. 6.3**: Hartmann von Aue (2004). *Gregorius*. Hrsg. von Hermann Paul. Überarb. von Burghart Wachinger. 15. Aufl. ATB 2. Tübingen, S. XIX, Rudolf Kilian Weigand (2000). *Der Renner des Hugo von Trimberg*. Überlieferung, Quellenabhängigkeit und Struktur einer spätmittelalterlichen Lehrdichtung. Wissensliteratur im Mittelalter 35. Wiesbaden, S. 206, Akihiro Hamano, Hrsg. (2016). *Die frühmittelhochdeutsche Genesis*. Synoptische Ausgabe nach der Wiener, Millstätter und Vorauer Handschrift. Hermaea 138. Berlin und Boston, S. XIII, Dagmar Gottschall und Georg Steer, Hrsg. (1994). *Der deutsche Lucidarius*. Bd. 1: *Kritischer Text nach den Handschriften*. Text und Textgeschichte 35. Tübingen, 124*. — **Abb. 6.4**: Günther Schweikle, Hrsg. (1970). *Dichter über Dichter in mittelhochdeutscher Literatur*. Deutsche Texte 12. Tübingen, S. 132–134. — **Abb. 6.10**: Mirjam Burkard (2012). *Sangspruchdichter unter sich*. Namentliche Erwähnungen in den Sprüchen des 12., 13. und 14. Jahrhunderts. Beiträge zur älteren Literaturgeschichte. Heidelberg, S. 323. — **Abb. 7.1**: Abfrage mit Google Ngram (Bildschirmfoto). — **Abb. 7.3**: Heiko Hartmann (2000). *Gahmuret und Herzeloyde*. Kommentar zum zweiten Buch des *Parzival* Wolframs von Eschenbach. Bd. 2. Herne, S. 416.

Literaturverzeichnis

Anderson, Amanda und Joseph Valente (2002). „Discipline and freedom". In: *Disciplinarity at the fin de siècle*. Hrsg. von Amanda Anderson und Joseph Valente. Princeton und Oxford, S. 1–15.
Anderson, Benedict (2006). *Imagined communities*. Reflections on the origin and spread of nationalism. London und New York.
Assmann, Aleida (1980). *Die Legitimität der Fiktion*. Ein Beitrag zur Geschichte der literarischen Kommunikation. Theorie und Geschichte der Literatur und der schönen Künste 55. München.
Assmann, Aleida (1996). „Einleitung: Metamorphosen der Hermeneutik". In: *Texte und Lektüren*. Perspektiven in der Literaturwissenschaft. Hrsg. von Aleida Assmann. Philosophie der Gegenwart. Frankfurt am Main, S. 7–26.
Assmann, Aleida, Jan Assmann und Christof Hardmeier, Hrsg. (1983). *Schrift und Gedächtnis*. Beiträge zur Archäologie der literarischen Kommunikation. München.
Assmann, Jan (1992). *Das kulturelle Gedächtnis*. Schrift, Erinnerung und politische Identität in frühen Hochkulturen. München.
Assmann, Jan (1993). „Altorientalische Fluchinschriften und das Problem performativer Schriftlichkeit". Vertrag und Monument als Allegorien des Lesens. In: *Schrift*. Hrsg. von Hans Ulrich Gumbrecht und K. Ludwig Pfeiffer. Materialität der Zeichen A 12. München, S. 233–255. URN: urn:nbn:de:bvb:12-bsb00046042-6.
Bachmann-Medick, Doris (2004a). „Einleitung". In: *Kultur als Text*. Die anthropologische Wende in der Literaturwissenschaft. Hrsg. von Doris Bachmann-Medick. 2. Aufl. Tübingen und Basel, S. 7–64.
Bachmann-Medick, Doris, Hrsg. (2004b). *Kultur als Text*. Die anthropologische Wende in der Literaturwissenschaft. 2. Aufl. Tübingen und Basel.
Bachmann-Medick, Doris (2004c). „Textualität in den Kultur- und Literaturwissenschaften: Grenzen und Herausforderungen". In: *Kultur als Text*. Die anthropologische Wende in der Literaturwissenschaft. Hrsg. von Doris Bachmann-Medick. 2. Aufl. Tübingen und Basel, S. 298–338.
Bachmann-Medick, Doris (2006). *Cultural Turns*. Neuorientierungen in den Kulturwissenschaften. Reinbek bei Hamburg.
Baecker, Dirk (2001). *Wozu Kultur?* 2. Aufl. Berlin.
Baldzuhn, Michael (2007). „Minne in den Sangspruchtönen Regenbogens". Eine Überschau in typologischer Absicht. In: *Sangspruchdichtung*. Gattungskonstitution und Gattungsinterferenzen im europäischen Kontext. Internationales Symposium Würzburg, 15.–18. Februar 2006. Hrsg. von Dorothea Klein, Trude Ehlert und Elisabeth Schmid. Tübingen, S. 187–242.
Bartsch, Karl, Hrsg. (1886). *Die Schweizer Minnesänger*. Bibliothek älterer Schriftwerke der deutschen Schweiz 6. Frauenfeld. ARK: 13960/t43r18d4d.
Bartsch, Karl, Hrsg. (1870). *Der Nibelunge Nôt*. Mit den Abweichungen von Der Nibelunge Liet, den Lesarten sämmtlicher Handschriften und einem Wörterbuche. Bd. 1: *Text*. 2 Bde. Leipzig. ARK: 13960/t3cz3bt73.
Bartsch, Karl, Hrsg. (1876). *Der Nibelunge Nôt*. Mit den Abweichungen von Der Nibelunge Liet, den Lesarten sämmtlicher Handschriften und einem Wörterbuche. Bd. 2.1: *Lesarten*. 2 Bde. Leipzig. ARK: 13960/t6pz5bf5k.

Bartsch, Karl, Hrsg. (1880). *Der Nibelunge Nôt*. Mit den Abweichungen von Der Nibelunge Liet, den Lesarten sämmtlicher Handschriften und einem Wörterbuche. Bd. 2.2: *Wörterbuch*. 2 Bde. Leipzig. ARK: 13960/t22c29q8h.

Bartsch, Karl (1865). *Untersuchungen über das Nibelungenlied*. Wien. ARK: 13960/t2c832j0n.

Bastert, Bernd (1994). „*Dô si der lantgrâve nam*". Zur „Klever Hochzeit" und der Genese des Eneas-Romans. In: *ZfdA* 123, S. 253–273. JSTOR: 20658762.

Bastert, Bernd (2016). „*enhalp dem mer* – Kreuzzüge ins Heilige Land". Das ‚Buch von Akkon' im Kontext der deutschen Kreuzzugsliteratur des 12. bis 14. Jahrhunderts. In: *Die Kreuzzugsbewegung im römisch-deutschen Reich (11.–13. Jahrhundert)*. Hrsg. von Nikolas Jaspert und Stefan Tebruck. Ostfildern, S. 249–267.

Batts, Michael S. (1961). *Die Form der Aventiuren im Nibelungenlied*. Beiträge zur deutschen Philologie 29. Gießen.

Batts, Michael S., Hrsg. (1971). *Das Nibelungenlied*. Paralleldruck der Handschriften A, B und C nebst Lesarten der übrigen Handschriften. Tübingen.

Beaudry, Mary C. (2006). *Findings*. The material culture of needlework and sewing. New Haven und London.

Beck, Andreas (2014). *Die Straßburger Eide in der Frühen Neuzeit*. Modellstudie zu vor- und frühgermanistischen Diskursstrategien. Gratia 52. Wiesbaden.

Behr, Hans-Joachim (1989). *Literatur als Machtlegitimation*. Studien zur Funktion der deutschsprachigen Dichtung am böhmischen Königshof im 13. Jahrhundert. Forschungen zur Geschichte der älteren deutschen Literatur 9. München.

Beifuss, Helmut (2011). „Die Kreuzfahrt des Landgrafen Ludwigs des Frommen von Thüringen". Ein Zeugnis politischen Selbstbehauptungswillens? Eine funktionsgeschichtliche Interpretation. In: *ABäG* 68, S. 169–200.

Bein, Thomas (2005). *Germanistische Mediävistik*. Eine Einführung. 2. Aufl. Grundlagen der Germanistik 35. Berlin.

Belting, Hans (1991). *Bild und Kult*. Eine Geschichte des Bildes vor dem Zeitalter der Kunst. 2. Aufl. München.

Belting, Hans (1995). *Das Ende der Kunstgeschichte*. Eine Revision nach zehn Jahren. München.

Belting, Hans (2011). „Der Ort der Bilder II". Ein anthropologischer Versuch. In: *Bild-Anthropologie*. Entwürfe für eine Bildwissenschaft. 4. Aufl. Bild und Text. München, S. 57–86.

Bennewitz, Ingrid (1997). „Alte „Neue" Philologie?" Zur Tradition eines Diskurses. In: *Philologie als Textwissenschaft*. Alte und neue Horizonte. Hrsg. von Helmut Tervooren und Horst Wenzel. ZfdPh, Sonderheft 116, S. 46–61.

Bense, Max (1962). *Theorie der Texte*. Eine Einführung in neuere Auffassungen und Methoden. Köln.

Berndt, Frauke (2011). *Poema/Gedicht*. Die epistemische Konfiguration der Literatur um 1750. Hallesche Beiträge zur Europäischen Aufklärung 43. Berlin und Boston.

Bertau, Karl Heinrich (1964). *Sangverslyrik*. Über Gestalt und Geschichtlichkeit mittelhochdeutscher Lyrik am Beispiel des Leichs. Palaestra 240. Göttingen.

Blaschitz, Gertrud (2003). „Wort und Bild auf Realien". Ein Versuch zur Systematik von Inschriften. In: *Text als Realie*. Internationaler Kongress Krems an der Donau 3.–6. Oktober 2000. Hrsg. von Karl Brunner und Gerhard Jaritz. Wien, S. 263–296.

Bodmer, Johann Jakob und Johann Jakob Breitinger, Hrsg. (1748). *Proben der alten schwäbischen Poesie des Dreyzehnten Jahrhunderts*. Aus der Maneßischen Sammlung. Zürich. ARK: 13960/t2z35qg2w.

Bodmer, Johann Jakob und Johann Jakob Breitinger, Hrsg. (1758–1759). *Sammlung von Minnesingern aus dem schwaebischen Zeitpuncte CXL Dichter enthaltend; durch Ruedger Manessen, weiland des Rahtes der Uralten Zyrich*. Aus der Handschrift der Königlich-Franzoesischen Bibliothek herausgegeben. Durch Vorschub einer ansehnlichen Zahl von Freunden des Minnesanges. 2 Bde. Zürich.
Bartsch, Karl, Hrsg. (1956). *Das Nibelungenlied*. Überarb. von Helmut de Boor. 13. Aufl. Deutsche Klassiker des Mittelalters 3. Wiesbaden.
Bartsch, Karl, Hrsg. (1979). *Das Nibelungenlied*. Überarb. von Helmut de Boor. Überarb. von Roswitha Wisniewski. 21. Aufl. Deutsche Klassiker des Mittelalters. Wiesbaden.
Bourdieu, Pierre (1999). *Die Regeln der Kunst*. Genese und Struktur des literarischen Feldes. Frankfurt am Main.
Brackert, Helmut (1963). *Beiträge zur Handschriftenkritik des Nibelungenliedes*. Quellen und Forschungen zur Sprach- und Kulturgeschichte der germanischen Völker 11. Berlin.
Brandt, Rüdiger (2005). „‚Spielmannsepik': Literaturwissenschaft zwischen Edition, Überlieferung und Literaturgeschichte". Ein nicht immer unproblematisches Verhältnis. In: *Jahrbuch für Internationale Germanistik* 37, S. 9–49.
Braun, Manuel, Sonja Glauch und Florian Kragl, Hrsg. (15. Feb. 2017). *Lyrik des deutschen Mittelalters (LDM)*. URL: http://www.ldm-digital.de.
Braune, Wilhelm (1900). „Die handschriftenverhältnisse des Nibelungenliedes". In: *PBB* 25, S. 1–222.
Brem, Karin (2003). *Gattungsinterferenzen im Bereich von Minnesang und Sangspruchdichtung des 12. und beginnenden 13. Jahrhunderts*. Studium Litterarum 5. Berlin.
Breuer, Dieter (2006). „Die Handschrift C des *Nibelungenliedes*, ihr Status und ihr Schreiber". In: *Ze Lorse bi dem münster. Das Nibelungenlied (Handschrift C). Literarische Innovation und politische Zeitgeschichte*. Hrsg. von Jürgen Breuer. München, S. 13–43.
Brown, Bill (2001). „Thing Theory". In: *Critical Inquiry* 28, S. 1–22. JSTOR: 1344258.
Brüggen, Elke (2002). *Karl Simrock als Übersetzer mittelalterlicher Literatur*. Festvortrag zum 200. Geburtstag von Karl Simrock am 28. August 2002. Bonn.
Brunner, Horst (1975). *Die alten Meister*. Studien zu Überlieferung und Rezeption der mittelhochdeutschen Sangspruchdichter im Spätmittelalter und in der frühen Neuzeit. MTU 54. München.
Bryant, David, Flavia Filimon und Russell D. Gray (2005). „Untangling our past: Languages, trees, splits and networks". In: *The evolution of cultural diversity*. A phylogenetic approach. Hrsg. von Ruth Mace, Clare J. Holden und Stephen Shennan. London und New York, S. 67–83.
Bumke, Joachim (1979). *Mäzene im Mittelalter*. Die Gönner und Auftraggeber der höfischen Literatur in Deutschland 1150–1300. München.
Bumke, Joachim (1996a). „Der unfeste Text". Überlegungen zur Überlieferungsgeschichte und Textkritik der höfischen Epik im 13. Jahrhundert. In: *‚Aufführung' und ‚Schrift' in Mittelalter und Früher Neuzeit*. Hrsg. von Jan-Dirk Müller. Germanistische Symposien Berichtsbände 17. Stuttgart und Weimar, S. 118–129.
Bumke, Joachim (1996b). *Die vier Fassungen der Nibelungenklage*. Untersuchungen zur Überlieferungsgeschichte und Textkritik der höfischen Epik im 13. Jahrhundert. Quellen und Forschungen zur Literatur- und Kulturgeschichte 8. Berlin und New York.
Bumke, Joachim (1999). *Die Nibelungenklage*. Synoptische Ausgabe aller vier Fassungen. Berlin und New York.
Buntz, Herwig (1978). „Art. „Biterolf"". In: ²*VL* 1, Sp. 883–884.

Burkard, Mirjam (2012). *Sangspruchdichter unter sich*. Namentliche Erwähnungen in den Sprüchen des 12., 13. und 14. Jahrhunderts. Beiträge zur älteren Literaturgeschichte. Heidelberg.
Butler, Judith (1997). *Körper von Gewicht*. Die diskursiven Grenzen des Geschlechts. Frankfurt am Main.
Campbell, Joseph (1949). *The hero with a thousand faces*. The Bollingen series 17. New York.
Carruthers, Mary J. (1990). *The book of memory*. A study of memory in medieval culture. Cambridge studies in medieval literature. Cambridge u. a.
Cerquiglini, Bernard (1989). *Éloge de la variante*. Histoire critique de la philologie. Paris.
Clifford, James und George E. Marcus, Hrsg. (1986). *Writing culture*. The poetics and politics of ethnography. Berkeley, Los Angeles und London.
Cohen, Jeffrey Jerome (2015). *Stone*. An ecology of the inhuman. Minneapolis und London.
Connell, R. W. (2005). *Masculinities*. 2. Aufl. Berkeley und Los Angeles.
Cramer, Thomas (1991). „Über die Ethik des edierten Textes". In: Wodan/Jahrbücher der Reineke-Gesellschaft 6/1. Hrsg. von Danielle Buschinger und Wolfgang Spiewok, S. 53–60.
Cramer, Thomas (1993). „Brauchen wir eine neue Theorie der Literaturgeschichtsschreibung?" In: *Methodenkonkurrenz in der germanistischen Praxis*. Hrsg. von Johannes Janota. Kultureller Wandel und die Germanistik in der Bundesrepublik. Vorträge des Augsburger Germanistentags 1991 3, S. 94–100.
„Cronica Reinhardsbrunnensis" (1896). In: *Supplementa tomorum XVI–XXV*. Hrsg. von Oswald Holder-Egger. MGH SS 30,1. Hannover, S. 490–656.
„Cronica S. Petri Erfordensis Moderna" (1899). In: *Monumenta Erphesfurtensia saec. XII. XIII. XIV*. Hrsg. von Oswald Holder-Egger. MGH SS rer. Germ. 42. Hannover und Leipzig, S. 117–369.
Curschmann, Michael (1992). „*Pictura laicorum litteratura?*" Überlegungen zum Verhältnis von Bild und volkssprachlicher Schriftlichkeit im Hoch- und Spätmittelalter bis zum Codex Manesse. In: *Pragmatische Schriftlichkeit im Mittelalter*. Erscheinungsformen und Entwicklungsstufen (Akten des Internationalen Kolloquiums 17.–19. Mai 1989). Hrsg. von Hagen Keller, Klaus Grubmüller und Nikolaus Staubach. Münstersche Mittelalter-Schriften 65. München, S. 211–229.
Curschmann, Michael (1999). „Wort – Schrift – Bild: Zum Verhältnis von volkssprachigem Schrifttum und bildender Kunst vom 12. bis zum 16. Jahrhundert". In: *Mittelalter und Frühe Neuzeit*. Übergänge, Umbrüche und Neuansätze. Hrsg. von Walter Haug. Fortuna Vitrea 16. Tübingen, S. 378–470.
Debrunner, Albert M. (1996). *Das güldene schwäbische Alter. Johann Jakob Bodmer und das Mittelalter als Vorbildzeit im 18. Jahrhundert*. Epistemata 170. Würzburg.
Dehrmann, Mark-Georg (2015). *Studierte Dichter*. Zum Spannungsverhältnis von Dichtung und philologisch-historischen Wissenschaften im 19. Jahrhundert. Historia Hermeneutica 13. Berlin, München und Boston.
Deleuze, Gilles und Félix Guattari (1977). *Rhizom*. Berlin.
Deleuze, Gilles und Félix Guattari (1992). *Tausend Plateaus*. Kapitalismus und Schizophrenie. Bd. 2. Berlin.
Derrida, Jacques (1983). *Grammatologie*. Frankfurt am Main.
Derrida, Jacques (1992). „,This strange institution called literature'". An interview with Jacques Derrida. In: *Acts of literature*. Hrsg. von Derek Attridge. New York und London, S. 33–75.
Derrida, Jacques (2000). *Politik der Freundschaft*. Frankfurt am Main.
Deutsche Inschriften Online (27. Okt. 2018). URL: http://www.inschriften.net.

Dicke, Gerd, Manfred Eikelmann und Burkhard Hasebrink, Hrsg. (2006). *Im Wortfeld des Textes*. Worthistorische Beiträge zu den Bezeichnungen von Rede und Schrift im Mittelalter. Trends in medieval philology 10. Berlin.
van Dijk, Teun A. (1980). *Textwissenschaft*. Eine interdisziplinäre Einführung. Tübingen.
Draesner, Ulrike (1993). *Wege durch erzählte Welten*. Intertextuelle Verweise als Mittel der Bedeutungskonstitution in Wolframs *Parzival*. Mikrokosmos 36. Frankfurt am Main u. a.
Edzardi, Anton, Hrsg. (1875). *Die Klage*. Mit vollständigem kritischen Apparat und ausführlicher Einleitung. Unter Benutzung der von Fr. Zarncke gesammelten Abschriften und Collationen. Hannover. ARK: 13960/t02z22667.
Egidi, Margreth (2002). *Höfische Liebe: Entwürfe der Sangspruchdichtung*. Literarische Verfahrensweisen von Reinmar von Zweter bis Frauenlob. GRM-Beiheft 17. Heidelberg.
Egidi, Margreth u. a., Hrsg. (2015). *Liebesgaben*. Kommunikative, performative und poetologische Dimensionen in der Literatur des Mittelalters und der Frühen Neuzeit. Berlin.
Ehlich, Konrad (1993). „Text und sprachliches Handeln". Die Entstehung von Texten aus dem Bedürfnis nach Überlieferung. In: *Schrift und Gedächtnis*. Beiträge zur Archäologie der literarischen Kommunikation. Hrsg. von Aleida Assmann, Jan Assmann und Christoph Hardmeier. 2. Aufl. Archäologie der literarischen Kommunikation 1. München, S. 24–43.
Ehlich, Konrad (1994). „Funktion und Struktur schriftlicher Kommunikation". In: *Schrift und Schriftlichkeit*. Ein interdisziplinäres Handbuch internationaler Forschung. Hrsg. von Hartmut Günther und Otto Ludwig. Bd. 1, S. 18–41.
Ehlich, Konrad (2007). „Die Wissenschaft vom Text". Konturen einer neuen Disziplin. In: *Sprache und sprachliches Handeln*. Bd. 3: *Diskurs – Narration – Text – Schrift*. Berlin und New York, S. 509–529.
Ehrismann, Otfrid (2003). „Art. „Naumann, Hans"". In: *Internationales Germanistenlexikon 1800–1950*. Hrsg. von Christoph König. Bd. 2. Berlin und New York, S. 1307–1310.
Eibl, Karl (2009). „Fiktionalität – bioanthropologisch". In: *Grenzen der Literatur*. Zu Begriff und Phänomen des Literarischen. Hrsg. von Simone Winko, Fotis Jannidis und Gerhard Lauer. Revisionen 2. Berlin und New York, S. 267–284.
Eisenstein, Elizabeth L. (1986). *Print culture and enlightenment thought*. The sixth Hanes Lecture. Presented by the Hanes Foundation for the study of the origin and development of the book. Chapel Hill.
Ernst, Ulrich (2006). *Facetten mittelalterlicher Schriftkultur*. Fiktion und Illustration. Wissen und Wahrnehmung. Beihefte zum Euphorion 51. Heidelberg.
Eser, Michaela, Hrsg. (2015). *Augsburger Nibelungenlied und -klage*. Edition und Untersuchung der *Nibelungen*-Handschrift b. Editio Bavarica 2. Regensburg.
Eßlinger, Eva u. a., Hrsg. (2010). *Die Figur des Dritten*. Ein kulturwissenschaftliches Paradigma. Berlin.
Fechter, Werner (1978). „Art. „Berthold von Herbolzheim"". In: ²*VL* 1, Sp. 813.
Feistner, Edith (1999). „Art. „Wetzel von Bernau"". In: ²*VL* 10, Sp. 975–977.
Feldbusch, Elisabeth (1985). *Geschriebene Sprache*. Untersuchungen zu ihrer Herausbildung und Grundlegung ihrer Theorie. Berlin und New York.
Fichtenau, Heinrich (1971). *Das Urkundenwesen in Österreich vom 8. bis zum frühen 13. Jahrhundert*. MIÖG Ergänzungsband 23. Wien, Köln und Graz.
Fleischhauer, Jens (2009). „Netzwerkmodelle in der Historischen Sprachwissenschaft". In: *Netzwerke*. Allgemeine Theorie oder Universalmetapher in den Wissenschaften? Ein transdisziplinärer Überblick. Hrsg. von Heiner Fangerau und Thorsten Halling. Bielefeld, S. 49–68.

Fohrmann, Jürgen und Wilhelm Voßkamp, Hrsg. (1994). *Wissenschaftsgeschichte der Germanistik im 19. Jahrhundert*. Stuttgart und Weimar.
Foucault, Michel (1990). „Funktionen der Literatur". Ein Interview mit Michel Foucault. In: *Ethos der Moderne. Foucaults Kritik der Aufklärung*. Hrsg. von Eva Erdmann, Rainer Forst und Axel Honneth. Frankfurt am Main, S. 229–234.
Foucault, Michel (2000). „Was ist ein Autor?" In: *Texte zur Theorie der Autorschaft*. Hrsg. von Fotis Jannidis u. a. Stuttgart, S. 198–229.
Foucault, Michel (2003). „Das Spiel des Michel Foucault". In: *Schriften in vier Bänden*. Dits et Ecrits. Hrsg. von Daniel Defert und François Ewald. Bd. 3. Frankfurt am Main, S. 391–429.
Frevert, Ute (2005). „Neue Politikgeschichte: Konzepte und Herausforderungen". In: *Neue Politikgeschichte*. Perspektiven einer historischen Politikforschung. Hrsg. von Ute Frevert und Heinz-Gerhard Haupt. Frankfurt am Main und New York, S. 7–26.
Geertz, Clifford (1987). *Dichte Beschreibung*. Beiträge zum Verstehen kultureller Systeme. Frankfurt am Main.
Geisenhanslüke, Achim (2006). „Was ist Literatur?" Zum Streit von Literatur und Wissen. In: *Was ist Literatur?* Basistexte Literaturtheorie. Hrsg. von Jürn Gottschalk und Tilmann Köppe. KunstPhilosophie 7. Paderborn, S. 108–122.
Geith, Karl-Ernst, Elke Ukena-Best und Hans-Joachim Ziegeler (1995). „Art. „Der Stricker"". In: ²*VL* 9, Sp. 417–449.
Genette, Gérard (1993). *Palimpseste*. Die Literatur auf zweiter Stufe. Aesthetica. Frankfurt am Main.
Genette, Gérard (2001). *Paratexte*. Das Buch vom Beiwerk des Buches. Frankfurt am Main.
Giesecke, Michael (1991). *Der Buchdruck in der frühen Neuzeit*. Eine historische Fallstudie über die Durchsetzung neuer Informations- und Kommunikationstechnologien. Frankfurt am Main.
Glaser, Elvira, Annina Seiler und Michelle Waldispühl, Hrsg. (2011). *LautSchriftSprache*. Beiträge zur vergleichenden historischen Graphematik. Medienwandel – Medienwechsel – Medienwissen 15. Zürich.
Glauch, Sonja (2014). „Fiktionalität im Mittelalter; revisited". In: *Poetica* 46, S. 85–139. JSTOR: 24710121.
Goedeke, Karl (1854). *Deutsche Dichtung im Mittelalter*. Hannover. ARK: 13960/t6g21091c.
Göhler, Peter, Hrsg. (1999). *Eine spätmittelalterliche Fassung des Nibelungenliedes*. Die Handschrift 4257 der Hessischen Landes- und Hochschulbibliothek Darmstadt. Philologica Germanica 21. Wien.
Goodman, Nelson (1984). *Weisen der Welterzeugung*. Frankfurt am Main.
Gottfried von Straßburg (2004). *Tristan*. Unveränderter fünfter Abdruck nach dem dritten, mit einem auf Grund von Friedrich Rankes Kollationen verbesserten kritischen Apparat. Hrsg. von Karl Marold. Überarb. von Werner Schröder. Berlin und New York.
Gottschall, Dagmar und Georg Steer, Hrsg. (1994). *Der deutsche Lucidarius*. Bd. 1: *Kritischer Text nach den Handschriften*. Text und Textgeschichte 35. Tübingen.
Graff, Gerald (2007). *Professing literature*. An institutional history. Chicago und London.
Grandauer, G., Übers. (1881). *Chronik von Sankt Peter zu Erfurt*. 1100–1215. Die Geschichtsschreiber der deutschen Vorzeit in deutscher Bearbeitung, 12. Jahrhundert Bd. 4. Leipzig.
Green, D[ennis] H[oward] (1973). „Rez. zu: Batts, Das Nibelungenlied". In: *MLR* 68, S. 209–210. JSTOR: 3726263.
Greenblatt, Stephen (1993). *Verhandlungen mit Shakespeare*. Innenansichten der englischen Renaissance. Frankfurt am Main.

Griesbach, Johann Jakob (1776). *Synopsis evangeliorum Matthaei, Marci et Lucae.* Textum graecum ad fidem codicum versionum et patrum emendavit et lectionis varietatem adiecit. Halle.
Groll, Maria Elisabeth (1972). *Landgraf Ludwigs Kreuzfahrt.* Ein späthöfischer ‚historischer Roman'. Köln.
Grosse, Siegfried und Ursula Rautenberg, Hrsg. (1989). *Die Rezeption mittelalterlicher deutscher Dichtung.* Eine Bibliographie ihrer Übersetzungen und Bearbeitungen seit der Mitte des 18. Jahrhunderts. Tübingen.
Grubmüller, Klaus (1976). „Rez. zu: Ulrich Müller, Untersuchungen zur politischen Lyrik des deutschen Mittelalters [zusammen mit den beiden Textbänden]". In: *IASL* 1, S. 285–291.
Grunewald, Eckhard (1988). *Friedrich Heinrich von der Hagen.* 1780–1856. Ein Beitrag zur Frühgeschichte der Germanistik. Studia Linguistica Germanica 23. Berlin und New York.
Gumbrecht, Hans Ulrich (1983). „Wie fiktional war der höfische Roman?" In: *Funktionen des Fiktiven.* Hrsg. von Dieter Henrich und Wolfgang Iser. Poetik und Hermeneutik 10. München, S. 433–440.
Gumbrecht, Hans Ulrich und K. Ludwig Pfeiffer, Hrsg. (1988). *Materialität der Kommunikation.* Frankfurt am Main.
Haeseli, Christa M. (2011). *Magische Performativität.* Althochdeutsche Zaubersprüche in ihrem Überlieferungskontext. Philologie der Kultur 4. Würzburg.
Haferland, Harald (2003). „Das Gedächtnis des Sängers". Zur Entstehung der Fassung *C des *Nibelungenliedes.* In: *Kunst und Erinnerung.* Memoriale Konzepte in der Erzählliteratur des Mittelalters. Hrsg. von Ulrich Ernst und Klaus Ridder. Ordo 8. Köln, Weimar und Wien, S. 87–135.
Haferland, Harald (2004). *Mündlichkeit, Gedächtnis und Medialität.* Heldendichtung im deutschen Mittelalter. Göttingen.
von der Hagen, Friedrich Heinrich, Hrsg. (1810). *Der Nibelungen Lied in der Ursprache mit den Lesarten der verschiedenen Handschriften.* Berlin. ARK: 13960/t81j9qj8z.
von der Hagen, Friedrich Heinrich, Hrsg. (1807). *Der Nibelungen Lied.* Berlin.
von der Hagen, Friedrich Heinrich, Hrsg. (1838). *Minnesinger.* Deutsche Liederdichter des zwölften, dreizehnten und vierzehnten Jahrhunderts […] 4 Bde. Leipzig.
von der Hagen, Friedrich Heinrich, Hrsg. (1854). *Des Landgrafen Ludwig's des Frommen Kreuzfahrt.* Heldengedicht der Belagerung von Akkon am Ende des zwölften Jahrhunderts. Aus der einzigen Handschrift. Leipzig. ARK: 13960/t6542xw8t.
Halbwachs, Maurice (1985). *Das Gedächtnis und seine sozialen Bedingungen.* Frankfurt am Main.
Hamacher, Werner (2009). *Für die Philologie.* Roughbook 4. Weil am Rhein.
Hamano, Akihiro, Hrsg. (2016). *Die frühmittelhochdeutsche Genesis.* Synoptische Ausgabe nach der Wiener, Millstätter und Vorauer Handschrift. Hermaea 138. Berlin und Boston.
Hamburger, Käte (1957). *Die Logik der Dichtung.* Stuttgart.
Hartmann, Heiko (2000). *Gahmuret und Herzeloyde.* Kommentar zum zweiten Buch des *Parzival* Wolframs von Eschenbach. Bd. 2. Herne.
Hartmann von Aue (2004). *Gregorius.* Hrsg. von Hermann Paul. Überarb. von Burghart Wachinger. 15. Aufl. ATB 2. Tübingen.
Hasebrink, Burkhard und Peter Strohschneider (2014). „Religiöse Schriftkultur und säkulare Textwissenschaft". Germanistische Mediävistik in postsäkularem Kontext. In: *Poetica* 46, S. 277–291. JSTOR: 24710215.
Hatheyer, Bettina (2005). *Das Buch von Akkon.* Das Thema Kreuzzug in der *Steirischen Reimchronik* des Ottokar aus der Gaal. GAG 709. Göppingen.

Haug, Walter (1985). *Literaturtheorie im deutschen Mittelalter*. Von den Anfängen bis zum Ende des 13. Jahrhunderts. Eine Einführung. Germanistische Einführungen. Darmstadt.

Hausendorf, Heiko (2016). „Warum der Text ein lesbares Etwas ist". Überlegungen zu Lesbarkeit als Bedingung schriftsprachlicher Kommunikation. In: *Was ist Text?* Aspekte einer interdisziplinären Texttheorie. Hrsg. von Franc Wagner. Tenor – Text und Normativität 4. Basel, S. 23–54.

Hausmann, Albrecht (2002). „Corpus und Œuvre bei Otto von Botenlauben". Ein Editionsmodell für mehrfach überlieferte Minnesang-‚Autoren'. In: *Akten des X. Internationalen Germanistenkongresses Wien 2000*. „Zeitenwende – Die Germanistik auf dem Weg vom 20. ins 21. Jahrhundert". Bd. 5: *Mediävistik und Kulturwissenschaften/Mediävistik und Neue Philologie*. Hrsg. von Peter Wiesinger. Jahrbuch für Internationale Germanistik, Reihe A, Kongressberichte 57. Bern u. a., S. 287–292.

Haustein, Jens (1989). *Der Helden Buch*. Zur Erforschung deutscher Dietrichepik im 18. und frühen 19. Jahrhundert. Hermaea 58. Tübingen.

Haustein, Jens (2007). „Gattungsinterferenzen in Sangspruch und Minnelied des Kanzlers". In: *Sangspruchdichtung*. Gattungskonstitution und Gattungsinterferenzen im europäischen Kontext. Internationales Symposium Würzburg, 15.–18. Februar 2006. Hrsg. von Dorothea Klein, Trude Ehlert und Elisabeth Schmid. Tübingen, S. 169–186.

Haustein, Jens und Franz Körndle, Hrsg. (2010). *Die ‚Jenaer Liederhandschrift'*. Codex – Geschichte – Umfeld. Berlin und New York.

Heinen, Hubert (1989). *Mutabilität im Minnesang*. Mehrfach überlieferte Lieder des 12. und frühen 13. Jahrhunderts. GAG 515. Göppingen.

Heinrich von Veldeke (2004). *Eneasroman*. Mittelhochdeutsch/Neuhochdeutsch. Hrsg. von Ludwig Ettmüller. Übers. von Dieter Kartschoke. Stuttgart.

Heinzle, Joachim (2003). „Die Handschriften des *Nibelungenliedes* und die Entwicklung des Textes". In: *Die Nibelungen*. Sage – Epos – Mythos. Hrsg. von Joachim Heinzle, Klaus Klein und Ute Obhof. Wiesbaden, S. 191–212.

Henkel, Nikolaus (1992). „Die Stellung der Inschriften des deutschen Sprachraums in der Entwicklung volkssprachiger Schriftlichkeit". In: *Vom Quellenwert der Inschriften*. Vorträge und Berichte der Fachtagung Esslingen 1990. Hrsg. von Renate Neumüllers-Klauser. Supplemente zu den Sitzungsberichten der Heidelberger Akademie der Wissenschaften, Philosophisch-historische Klasse 1997/7. Heidelberg, S. 161–187.

Henkel, Nikolaus (2001). „Vagierende Einzelstrophen in der Minnesang-Überlieferung". Zur Problematik des Autor- und Werkbegriffs um 1200. In: *Fragen der Liedinterpretation*. Hrsg. von Hedda Ragotzky, Gisela Vollmann-Profe und Gerhard Wolf. Stuttgart, S. 13–39.

Hennig, Ursula, Hrsg. (1977). *Das Nibelungenlied nach der Handschrift C*. ATB 83. Tübingen.

Henrich, Dieter und Wolfgang Iser, Hrsg. (1983). *Funktionen des Fiktiven*. Poetik und Hermeneutik 10. München.

Herweg, Mathias (2002). *Ludwigslied, De Heinrico, Annolied*. Die deutschen Zeitdichtungen des frühen Mittelalters im Spiegel ihrer wissenschaftlichen Rezeption und Erforschung. imagines medii aevi 13. Wiesbaden.

Herweg, Mathias (2010). *Wege zur Verbindlichkeit*. Studien zum deutschen Roman um 1300. Imagines Medii Aevi 25. Wiesbaden.

Herweg, Mathias und Stefan Keppler-Tasaki (2012). „Mittelalterrezeption". Gegenstände und Theorieansätze eines Forschungsgebiets im Schnittpunkt von Mediävistik, Frühneuzeit- und Moderneforschung. In: *Rezeptionskulturen*. Fünfhundert Jahre literarischer Mittelal-

terrezeption zwischen Kanon und Populärkultur. Hrsg. von Mathias Herweg und Stefan Keppler-Tasaki. Trends in medieval philology 27. Berlin und Boston, S. 1–12.
Hicks, Dan und Mary C. Beaudry, Hrsg. (2010). *The Oxford handbook of material culture studies*. Oxford handbooks in archaeology. Oxford.
Hinderer, Walter (1978). „Versuch über den Begriff und die Theorie politischer Lyrik". In: *Geschichte der politischen Lyrik in Deutschland*. Hrsg. von Walter Hinderer. Stuttgart, S. 9–42.
Hirt, Jens (2012). *Literarisch-politische Funktionalisierungen*. Eine Untersuchung mittelhochdeutscher Kreuzzugsdarstellungen. *Wilhelm von Wenden, Die Kreuzfahrt des Landgrafen Ludwigs des Frommen von Thüringen, Wilhelm von Österreich* und *Das Buch von Akkon*. GAG 766. Göppingen.
Hoffmann, Werner (1967). „Die Fassung *C des Nibelungenliedes und die ‚Klage'". In: *Festschrift Gottfried Weber*. Zu seinem 70. Geburtstag überreicht von Frankfurter Kollegen und Schülern. Hrsg. von Heinz Otto Burger und Klaus von See. Frankfurter Beiträge zur Germanistik 1. Bad Homburg, Berlin und Zürich, S. 109–143.
Hohendahl, Peter Uwe (1985). *Literarische Kultur im Zeitalter des Liberalismus 1830–1870*. München.
Holtzmann, Adolf (1854). *Untersuchungen über das Nibelungenlied*. Stuttgart.
Holznagel, Franz-Josef (1995). *Wege in die Schriftlichkeit*. Untersuchungen und Materialien zur Überlieferung der mittelhochdeutschen Lyrik. Bibliotheca Germanica 32. Tübingen und Basel.
Huizinga, Johan (1924). *Herbst des Mittelalters*. Studien über Lebens- und Geistesformen des 14. und 15. Jahrhunderts in Frankreich und in den Niederlanden. München.
Huschenbett, Dietrich (1994). „Die Dichtung Ottos von Botenlauben". In: *Otto von Botenlauben*. Minnesänger · Kreuzfahrer · Klostergründer. Hrsg. von Peter Weidisch. Bad Kissinger Archiv-Schriften 1. Würzburg, S. 203–239.
Hussain, Nadeem J. Z. (2007). „Honest illusion: valuing for Nietzsche's free spirits". In: *Nietzsche and morality*. Hrsg. von Brian Leiter und Neil Sinhababu. Oxford, S. 157–191.
Hutcheon, Linda (2006). *A theory of adaptation*. New York und Abingdon.
Iser, Wolfgang (1983). „Akte des Fingierens". Oder: Was ist das Fiktive im fiktionalen Text? In: *Funktionen des Fiktiven*. Hrsg. von Dieter Henrich und Wolfgang Iser. Poetik und Hermeneutik 10. München, S. 121–151.
Iser, Wolfgang (1991). *Das Fiktive und das Imaginäre*. Perspektiven literarischer Anthropologie. Frankfurt am Main.
Jaeger, C. Stephen (1985). *The origins of courtliness*. Civilizing trends and the formation of courtly ideals 939–1210. Philadelphia.
Jaeger, C. Stephen (2010). „Origins of courtliness after 25 years". In: *The Haskins Society journal* 21, S. 187–216.
Jager, Eric (2000). *The book of the heart*. Chicago und London.
Jaspert, Nikolas (2013). *Die Kreuzzüge*. 6. Aufl. Darmstadt.
Jones, George Fenwick (1973). „Rez. zu: Batts, Das Nibelungenlied". In: *MLN* 88, S. 619–620. JSTOR: 2907383.
Jussen, Bernhard (2016). „Richtig denken im falschen Rahmen?" Warum das „Mittelalter" nicht in den Lehrplan gehört. In: *GWU* 67, S. 558–576.
Kammer, Stephan und Roger Lüdeke (2005a). „Einleitung". In: *Texte zur Theorie des Textes*. Hrsg. von Stephan Kammer und Roger Lüdeke. Stuttgart, S. 9–21.
Kammer, Stephan und Roger Lüdeke, Hrsg. (2005b). *Texte zur Theorie des Textes*. Stuttgart.

Keller, Adelbert von, Hrsg. (1879). *Das Nibelungenlied*. Nach der Piaristenhandschrift. Bibliothek des Litterarischen Vereins in Stuttgart 142. Tübingen. ARK: 13960/t3ws8s47b.
Keller, Gottfried (1999). „Hadlaub". In: *Sämtliche Werke*. Hrsg. von Walter Morgenthaler. Bd. 6. Basel und Frankfurt am Main, S. 26–117.
Kellner, Beate und Franziska Wenzel (2005). „Einleitung". In: *Geltung der Literatur*. Formen ihrer Autorisierung und Legitimierung im Mittelalter. Hrsg. von Beate Kellner, Peter Strohschneider und Franziska Wenzel. Philologische Studien und Quellen 190. Berlin, S. VII–XX.
Kern, Peter (1981). *Die Artusromane des Pleier*. Untersuchungen über den Zusammenhang von Dichtung und literarischer Situation. Philologische Studien und Quellen 100. Berlin.
Kern, Peter (1993). „Leugnen und Bewußtmachen der Fiktionalität im deutschen Artusroman". In: *Fiktionalität im Artusroman*. Dritte Tagung der Deutschen Sektion der Internationalen Artusgesellschaft in Berlin vom 13.–15. Februar 1992. Hrsg. von Volker Mertens und Friedrich Wolfzettel. Tübingen, S. 11–28.
Kibelka, Johannes (1963). *der ware meister*. Denkstile und Bauformen in der Dichtung Heinrichs von Mügeln. Philologische Studien und Quellen 13. Berlin.
Kiening, Christian (2003). *Zwischen Körper und Schrift*. Texte vor dem Zeitalter der Literatur. Frankfurt am Main.
Kiening, Christian und Martina Stercken, Hrsg. (2008). *SchriftRäume*. Dimensionen von Schrift zwischen Mittelalter und Moderne. Medienwandel – Medienwechsel – Medienwissen 4. Zürich.
Kittler, Friedrich A. (2003). *Aufschreibesysteme 1800 · 1900*. 4. Aufl. München.
Klein, Dorothea (2006). *Mittelalter*. Lehrbuch Germanistik. Stuttgart und Weimar.
Klein, Dorothea (2017). „Kanon und Textkonstitution: Das Beispiel von „Des Minnesangs Frühling"". In: *Rahmungen*. Präsentationsformen und Kanoneffekte. Hrsg. von Philip Ajouri, Ursula Kundert und Carsten Rohde. Beihefte zur ZfdPh 16. Berlin, S. 167–188.
Knobloch, Clemens (1990). „Zum Status und zur Geschichte des Textbegriffs". Eine Skizze. In: *LiLi* 20, S. 66–87.
Knobloch, Clemens (2005). „Text/Textualität". In: *Ästhetische Grundbegriffe* 6, S. 23–48.
Kofler, Walter, Hrsg. (2011). *Nibelungenlied und Klage*. Redaktion I. Stuttgart.
Kofler, Walter, Hrsg. (2012). *Nibelungenlied*. Redaktion D. Stuttgart.
Kolk, Rainer (1990). *Berlin oder Leipzig?* Eine Studie zur sozialen Organisation der Germanistik im „Nibelungenstreit". Studien und Texte zur Sozialgeschichte der Literatur 30. Tübingen.
Koller, Angelika (1992). *Minnesang-Rezeption um 1800*. Falldarstellungen zu den Romantikern und ihren Zeitgenossen und Exkurse zu ausgewählten Sachfragen. Europäische Hochschulschriften, Reihe I 1297. Frankfurt am Main u. a.
Koschorke, Albrecht (2012). *Wahrheit und Erfindung*. Grundzüge einer allgemeinen Erzähltheorie. Frankfurt am Main.
Koselleck, Reinhart (1989). *Vergangene Zukunft*. Zur Semantik geschichtlicher Zeiten. Frankfurt am Main.
Kössinger, Norbert (2009). *Otfrids ‚Evangelienbuch' in der Frühen Neuzeit*. Studien zu den Anfängen der deutschen Philologie. Frühe Neuzeit 135. Tübingen.
Krajewski, Markus (2002). *Zettelwirtschaft*. Die Geburt der Kartei aus dem Geiste der Bibliothek. copyrights 4. Berlin.
Krämer, Sybille (2016). *Figuration, Anschauung, Erkenntnis*. Grundlinien einer Diagrammatologie. Berlin.

Krohn, Rüdiger (1994). „"... daß Alles Allen verständlich sey ..."" Die Altgermanistik des 19. Jahrhunderts und ihre Wege in die Öffentlichkeit. In: *Wissenschaftsgeschichte der Germanistik im 19. Jahrhundert*. Hrsg. von Jürgen Fohrmann und Wilhelm Voßkamp. Stuttgart und Weimar, S. 264–333.

Kuchenbuch, Ludolf und Uta Kleine, Hrsg. (2006). ‚*Textus'* im Mittelalter. Komponenten und Situationen des Wortgebrauchs im schriftsemantischen Feld. Veröffentlichungen des Max-Planck-Instituts für Geschichte 216. Göttingen.

Kuhn, Hugo (1980). „Determinanten der Minne". In: *Liebe und Gesellschaft*. Hrsg. von Wolfgang Walliczek. Hugo Kuhn, Kleine Schriften 3. Stuttgart, S. 52–59.

Küsters, Urban (1996). „Späne, Kreuze, Initialen". Schriftzeichen als Beglaubigungsmittel in mittelalterlichen Tristan-Dichtungen. In: *Literatur im Informationszeitalter*. Hrsg. von Dirk Matejovski und Friedrich Kittler. Frankfurt am Main, S. 71–101.

Küsters, Urban (1999). „Narbenschriften". Zur religiösen Literatur des Spätmittelalters. In: *Mittelalter*. Neue Wege durch einen alten Kontinent. Hrsg. von Jan-Dirk Müller. Leipzig und Stuttgart, S. 81–109.

Küsters, Urban (2002). „Auf den fleischernen Tafeln des Herzens". Körpersignatur und Schrift in der Visionsliteratur des 13. und 14. Jahrhunderts. In: *Körperinszenierungen in mittelalterlicher Literatur*. Hrsg. von Klaus Ridder und Otto Langer. Berlin, S. 251–273.

Küsters, Urban (2012). *Marken der Gewissheit*. Urkundlichkeit und Zeichenwahrnehmung in mittelalterlicher Literatur. Düsseldorf.

Der Nibelunge Noth und die Klage (1960). Nach der ältesten Überlieferung mit Bezeichnung des Unechten und mit den Abweichungen der gemeinen Lesart. Hrsg. von Karl Lachmann. Fortgef. von Ulrich Pretzel. 6. Aufl. Berlin.

Lachmann, Karl, Hrsg. (1826). *Der Nibelunge Not mit der Klage*. In der ältesten Gestalt. Mit den Abweichungen der gemeinen Lesart. Berlin. ARK: 13960/t4sj1nn1s.

Lachmann, Karl und Moriz Haupt, Hrsg. (1857). *Des Minnesangs Frühling*. Leipzig. ARK: 13960/t0sq92800.

Lass, Roger (1997). *Historical linguistics and language change*. Cambridge studies in Linguistics. Cambridge.

Lassner, Martin und Claudia Brinker (1991). „Pfaffen, Ritter, Bürger". In: *edele frouwen – schoene man*. Die Manessische Liederhandschrift in Zürich. Ausstellungskatalog. Hrsg. von Claudia Brinker und Dione Flühler-Kreis. Zürich (?), S. 23–33.

Latour, Bruno (1998). *Wir sind nie modern gewesen*. Versuch einer symmetrischen Anthropologie. Frankfurt am Main.

Latour, Bruno (2006). „Technologie ist stabilisierte Gesellschaft". In: *ANThology*. Ein einführendes Handbuch zur Akteur-Netzwerk-Theorie. Hrsg. von Andréa Belliger und David J. Krieger. Bielefeld, S. 369–397.

Leitzmann, Albert, Hrsg. (1937). *Briefwechsel zwischen Karl Müllenhoff und Wilhelm Scherer*. Das Literatur-Archiv 5. Berlin und Leipzig.

Leonhard, Rudolf (1970). „Wer falsch spricht, denkt falsch". In: *Ausgewählte Werke in Einzelausgaben*. Bd. 4: *Der Weg und das Ziel*. Prosaschriften. Hrsg. von der Deutschen Akademie der Künste zu Berlin. Berlin, S. 330–337.

Lepenies, Wolf (1985). *Die drei Kulturen*. Soziologie zwischen Literatur und Wissenschaft. München und Wien.

Lieb, Ludger (2000). „Modulationen". Sangspruch und Minnesang bei Heinrich von Veldeke. In: *Neue Forschungen zur mittelhochdeutschen Sangspruchdichtung*. Hrsg. von Horst Brunner und Helmut Tervooren. ZfdPh, Sonderheft 119. Berlin, S. 38–49.

Lieb, Ludger und Michael R. Ott (2014). „Schrift-Träger". Mobile Inschriften in der deutschsprachigen Literatur des Mittelalters. In: *Schriftträger – Textträger*. Zur materialen Präsenz des Geschriebenen in frühen Gesellschaften. Hrsg. von Annette Kehnel und Diamantis Panagiotopoulos. Materiale Textkulturen 6. Berlin, München und Boston, S. 15–36. DOI: 10.1515/9783110371345.15.
Lieb, Ludger und Michael R. Ott (2015). „Schnittstellen". Mensch-Artefakt-Interaktion in deutschsprachigen Texten des 13. Jahrhunderts. In: *Metatexte*. Erzählungen von schrifttragenden Artefakten in der alttestamentlichen und mittelalterlichen Literatur. Hrsg. von Friedrich-Emanuel Focken und Michael R. Ott. Materiale Textkulturen 15. Berlin, München und Boston.
Lubich, Gerhard (2010). „Das Kaiserliche, das Höfische und der Konsens auf dem Mainzer Hoffest (1184)". Konstruktion, Inszenierung und Darstellung gesellschaftlichen Zusammenhalts am Ende des 12. Jahrhunderts. In: *Staufisches Kaisertum im 12. Jahrhundert*. Konzepte – Netzwerke – Politische Praxis. Hrsg. von Stefan Burkhardt u. a. Regensburg, S. 277–293.
Luhmann, Niklas (1980). „Interaktion in Oberschichten: Zur Transformation ihrer Semantik im 17. und 18. Jahrhundert". In: *Gesellschaftsstruktur und Semantik*. Studien zur Wissenssoziologie der modernen Gesellschaft. Bd. 1. Frankfurt am Main, S. 72–161.
Lutz, Eckart Conrad, Johanna Thali und René Wetzel, Hrsg. (2002). *Erscheinungsformen höfischer Kultur und ihre Träger im Mittelalter*. Freiburger Colloquium 1998. Literatur und Wandmalerei 1. Tübingen.
Lutz, Eckart Conrad, Johanna Thali und René Wetzel, Hrsg. (2005). *Konventionalität und Konversation*. Burgdorfer Colloquium 2001. Literatur und Wandmalerei 2. Tübingen.
de Man, Paul (2010). „Die Rückkehr zur Philologie". In: *Texte zur modernen Philologie*. Hrsg. von Kai Bremer und Uwe Wirth. Stuttgart, S. 217–226.
Marchart, Oliver (2010). *Die politische Differenz*. Zum Denken des Politischen bei Nancy, Lefort, Badiou, Laclau und Agamben. Berlin.
Martens, Gunter (1989). „Was ist ein Text?" Ansätze zur Bestimmung eines Leitbegriffs der Textphilologie. In: *Poetica* 21, S. 1–25.
Martschini, Elisabeth (2009). *buochelîn unde griffelîn*. Lesen und Schreiben in höfischen Romanen um 1200. Saarbrücken.
Martschini, Elisabeth (2014). *Schrift und Schriftlichkeit in höfischen Erzähltexten des 13. Jahrhunderts*. Kiel.
Maurer, Friedrich (1950). „Parzivals Sünden". Erwägungen zur Frage nach Parzivals „Schuld". In: *DVjs* 24, S. 304–346.
Maurer, Friedrich (1951). *Leid*. Studien zur Bedeutungs- und Problemgeschichte, besonders in den großen Epen der staufischen Zeit. Bern und München.
Maurer, Friedrich (1954). *Die politischen Lieder Walthers von der Vogelweide*. Tübingen.
McLuhan, Marshall (1994). *Understanding media*. The extensions of man. Cambridge und London.
Meier, Christian (1980). *Die Entstehung des Politischen bei den Griechen*. Frankfurt am Main.
Meier, Heinrich (1988). *Carl Schmitt, Leo Strauss und „Der Begriff das Politischen"*. Zu einem Dialog unter Abwesenden. Mit Leo Strauss' Aufsatz über den „Begriff des Politischen" und drei unveröffentlichten Briefen an Carl Schmitt aus den Jahren 1932/33. Stuttgart.
Meier, Thomas, Michael R. Ott und Rebecca Sauer, Hrsg. (2015). *Materiale Textkulturen*. Konzepte – Materialien – Praktiken. Materiale Textkulturen 1. Berlin, München und Boston.
Meissner, Uwe (2003). „Art. „Edzardi, Anton Philipp"". In: *Internationales Germanistenlexikon 1800–1950*. Hrsg. von Christoph König. Bd. 1. Berlin und New York, S. 415–416.

Menzel, Michael (2012). *Die Zeit der Entwürfe 1273–1347*. 10. Aufl. Gebhardt Handbuch der deutschen Geschichte 7a. Stuttgart.

Mertens, Volker (1983). „Art. „Markgraf von Hohenburg"". In: ²VL 4, Sp. 91–94.

Mertens, Volker (2007). „Minnesangs zweiter Frühling: Von Bodmer zu Tieck". In: *wort unde wîse, singen unde sagen*. Festschrift für Ulrich Müller zum 65. Geburtstag. Hrsg. von Ingrid Bennewitz. GAG 741. Göppingen, S. 159–180.

Meves, Uwe, Hrsg. (2005). *Regesten deutscher Minnesänger des 12. und 13. Jahrhunderts*. Berlin und New York.

Meves, Uwe (2011). „‚Altdeutsche' Literatur". In: *Ludwig Tieck. Leben – Werk – Wirkung*. Hrsg. von Claudia Stockinger und Stefan Scherer. Berlin und Boston, S. 207–218.

Mittelstraß, Jürgen (2000). „Wissenschaftsreform als Universitätsreform". In: *Germanistik der siebziger Jahre. Zwischen Innovation und Ideologie*. Hrsg. von Silvio Vietta und Dirk Kemper. München, S. 129–149.

Mohr, Wolfgang (1951–1952). „Parzivals ritterliche Schuld". In: *WW* 2, S. 148–160.

Mohr, Wolfgang (1965). „Zu den epischen Hintergründen in Wolframs *Parzival*". In: *Mediaeval German Studies. Presented to Frederick Norman by his students, colleagues and friends on the occasion of his retirement*. Hrsg. von Institute of Germanic Studies. London, S. 174–187.

Moraw, Peter (1994). „Das Mittelalter (bis 1469)". In: *Deutsche Geschichte im Osten Europas*. Bd. 4: *Schlesien*. Hrsg. von Norbert Conrads. Berlin, S. 38–176.

Morenz, Ludwig und Stefan Schorch, Hrsg. (2007). *Was ist ein Text?* Alttestamentliche, ägyptologische und altorientalistische Perspektiven. Beihefte zur Zeitschrift für die alttestamentliche Wissenschaft 362. Berlin und New York.

Moser, Hugo (1972a). „Einleitung". In: *Mittelhochdeutsche Spruchdichtung*. Hrsg. von Hugo Moser. Wege der Forschung 154. Darmstadt, S. IX–XIII.

Moser, Hugo, Hrsg. (1972b). *Mittelhochdeutsche Spruchdichtung*. Wege der Forschung 154. Darmstadt.

Moser, Hugo und Helmut Tervooren, Hrsg. (1988). *Des Minnesangs Frühling*. Unter Benutzung der Ausgaben von Karl Lachmann und Moriz Haupt, Friedrich Vogt und Carl von Kraus. 38. Aufl. 3 Bde. Stuttgart.

Mouffe, Chantal (2007). *Über das Politische*. Wider die kosmopolitische Illusion. Frankfurt am Main.

Müller, Diana (2013). *Textgemeinschaften*. Der *Gregorius* Hartmanns von Aue in mittelalterlichen Sammelhandschriften. Frankfurt am Main. URN: urn:nbn:de:hebis:30:3-300690.

Müller, Jan-Dirk (2005). „‚Improvisierende', ‚memorierende' und ‚fingierte' Mündlichkeit". In: *Retextualisierung in der mittelalterlichen Literatur*. Hrsg. von Joachim Bumke und Ursula Peters. ZfdPh, Sonderheft 124. Berlin, S. 159–181.

Müller, Jan-Dirk (2014). „Die Freiheit der Fiktion". In: *Zwischen Fakten und Fiktionen*. Hrsg. von Merle Marie Schütte, Kristina Rzehak und Daniel Lizius. Religion und Politik 10. Würzburg, S. 211–231.

Müller, Ulrich (1972). *Politische Lyrik des deutschen Mittelalters. Texte*. Von Friedrich II. bis Ludwig dem Bayern. Bd. 1. 2 Bde. GAG 68.

Müller, Ulrich (1974a). *Politische Lyrik des deutschen Mittelalters. Texte*. Von Heinrich von Mügeln bis Michel Beheim. Von Karl IV. bis Friedrich III. Bd. 2. 2 Bde. GAG 84. Göppingen.

Müller, Ulrich (1974b). *Untersuchungen zur politischen Lyrik des deutschen Mittelalters*. GAG 55/56. Göppingen.

Müller, Ulrich (1979). „Ein Beschreibungsmodell zur mittelhochdeutschen Lyrik – Ein Versuch". In: *ZfdPh* 98, S. 53–73.

Müller, Ulrich (1990). „Klassische Lyrik des deutschen Hochmittelalters – Entfaltung von Minnesang und politischer Lyrik zu weltliterarischem Rang". In: *Geschichte der deutschen Literatur*. Bd. 2: *Mitte des 12. bis Mitte des 13. Jahrhunderts*. Hrsg. von einem Autorenkollektiv unter der Leitung von Rolf Bräuer. Berlin, S. 503–609.

Naumann, Hans, Hrsg. (1923). *Die Kreuzfahrt des Landgrafen Ludwigs des Frommen von Thüringen*. MGH Deutsche Chroniken IV,2. Berlin.

Neddermeyer, Uwe (1998). *Von der Handschrift zum gedruckten Buch*. Schriftlichkeit und Leseinteresse im Mittelalter und in der frühen Neuzeit. Quantitative und qualitative Aspekte. 2 Bde. Buchwissenschaftliche Beiträge 61. Wiesbaden.

Neudeck, Otto (1989). *Continuum historiale*. Zur Synthese von tradierter Geschichtsauffassung und Gegenwartserfahrung im *Reinfried von Braunschweig*. Mikrokosmos 26. Frankfurt am Main u. a.

Neugart, Isolde (1999). „Art. „Ulrich von Zatzikhoven"". In: ^{2}*VL* 10, Sp. 61–68.

Nichols, Stephen G., Hrsg. (1990). *Speculum 65*.

Nietzsche, Friedrich (1999a). „Die fröhliche Wissenschaft". In: *Kritische Studienausgabe*. Hrsg. von Giorgio Colli und Mazzino Montinari. Bd. 3. München, S. 343–651.

Nietzsche, Friedrich (1999b). „Zur Genealogie der Moral". Eine Streitschrift. In: *Kritische Studienausgabe*. Hrsg. von Giorgio Colli und Mazzino Montinari. Bd. 5. München, S. 245–412.

Norberg, Jakob (2018). „German literary studies and the nation". In: *The German quarterly* 91, S. 1–17.

Nutt-Kofoth, Rüdiger, Bodo Plachta und Winfried Woesler, Hrsg. (2008). *editio*. Bd. 22. Tübingen.

Oesterreicher, Wulf (1993). „*Verschriftung* und *Verschriftlichung* im Kontext medialer und konzeptioneller Schriftlichkeit". In: *Schriftlichkeit im frühen Mittelalter*. Hrsg. von Ursula Schaefer. ScriptOralia 53. Tübingen, S. 267–292.

Oexle, Otto Gerhard (1997). „Auf dem Wege zu einer historischen Kulturwissenschaft". In: *Mediävistische Komparatistik*. Festschrift für Franz Josef Worstbrock zum 60. Geburtstag. Hrsg. von Wolfgang Harms und Jan-Dirk Müller. Stuttgart und Leipzig, S. 241–262.

Ohly, Friedrich (1974). „Du bist mein, ich bin dein. Du in mir, ich in dir. Ich du, du ich". In: *Kritische Bewahrung*. Beiträge zur deutschen Philologie. Festschrift für Werner Schröder zum 60. Geburtstag. Hrsg. von Ernst-Joachim Schmidt. Berlin, S. 371–415.

Ohly, Friedrich (1976). *Der Verfluchte und der Erwählte*. Vom Leben mit der Schuld. Rheinisch-Westfälische Akademie der Wissenschaften G 207. Opladen.

Online-Repertorium der mittelalterlichen deutschen Übertragungen lateinischer Hymnen und Sequenzen (Berliner Repertorium) (11. Sep. 2021). URL: https://repertorium.sprachen.hu-berlin.de/repertorium/page/home.

Orlemanski, Julie (2015). „Philology and the turn away from the linguistic turn". In: *Florilegium* 32, S. 157–181. DOI: 10.3138/flor.32.007.

Osterhammel, Jürgen (2009). *Kolonialismus*. Geschichte – Formen – Folgen. 6. Aufl. München.

Ott, Michael R. (2014). „Philologie der Worte und Sachen". Friedrich Panzers Inschriftenforschung als disziplinäre Herausforderung. In: *DVjs* 88, S. 234–255.

Ott, Michael R. (2015). „Die Tafel des Gregorius als schrifttragendes Artefakt". In: *ZfGerm* 25, S. 253–267.

Ott, Michael R. (2017a). „„Ich war hier allmählich in zu viel Verhältnisse hineingewickelt worden"". Das politisch-administrative Engagement Friedrich Panzers (1905–1919). In: *Literaturwissenschaften in Frankfurt am Main 1914–1945*. Hrsg. von Frank Estelmann und Bernd Zegowitz. Schriftenreihe des Frankfurter Universitätsarchivs 7. Göttingen, S. 33–45.

Ott, Michael R. (2017b). „Erzählte Bauminschriften zwischen Antike und Früher Neuzeit". In: *Graffiti*. Deutschsprachige Auf- und Inschriften in sprach- und literaturwissenschaftlicher Perspektive. Hrsg. von Ludger Lieb, Stephan Müller und Doris Tophinke. Stimulus. Wien, S. 23–39.
Ott, Michael R. (2017c). „Rez. zu: Valentin Christ, Bausteine zu einer Narratologie der Dinge". In: *ZfdA* 146, S. 369–378.
Ott, Michael R. und Rodney Ast (2015). „Textkulturen". In: *Materiale Textkulturen*. Konzepte – Materialien – Praktiken. Hrsg. von Thomas Meier, Michael R. Ott und Rebecca Sauer. Materiale Textkulturen 1. Berlin, München und Boston, S. 191–198. DOI: 10.1515/9783110371291.191.
Panzer, Friedrich (1952). „Inschriftenkunde". Die deutschen Inschriften des Mittelalters und der neuen Zeit. In: *Deutsche Philologie im Aufriss*. Hrsg. von Wolfgang Stammler. Bd. 1. Berlin und Bielefeld, Sp. 269–314.
Panzer, Friedrich (1955a). *Das Nibelungenlied*. Entstehung und Gestalt. Stuttgart und Köln.
Panzer, Friedrich (1955b). „Die Klage und die Bearbeitung C* des Liedes". In: *Das Nibelungenlied*. Entstehung und Gestalt. Stuttgart und Köln, S. 74–98.
Paviot, Jacques, Hrsg. (2008). *Projets de croisade (v. 1290–v. 1330)*. Documents relatifs à l'histoire des croisades 20. Paris.
Petermann, Werner (2004). *Die Geschichte der Ethnologie*. Wuppertal.
Peters, Ursula (2007). „‚Texte vor der Literatur'?" Zur Problematik neuerer Alteritätsparadigmen der Mittelalter-Philologie. In: *Poetica* 39, S. 59–88. JSTOR: 43028656.
Petersohn, Jürgen (1996). „Mentalitäten im Widerstreit". Konflikte um die Heimführung der Gebeine Landgraf Ludwigs III. von Thüringen (1190). In: *Strukturen der Gesellschaft im Mittelalter*. Interdisziplinäre Mediävistik in Würzburg. Hrsg. von Dieter Rödel und Joachim Schneider. Wiesbaden, S. 349–357.
Petroski, Henry (2000). *The book on the bookshelf*. New York.
Codex Manesse [Pfaff, Hrsg.] (1995). *Die Große Heidelberger Liederhandschrift (Codex Manesse)*. Hrsg. von Fridrich Pfaff. Überarb. von Hellmut Salowsky. 2. Aufl. Heidelberg.
Pfeiffer, Franz (1858). „Rez. zu *Des Minnesangs Frühling*". In: *Germania* 3, S. 484–508.
Plett, Heinrich F. (1975). *Textwissenschaft und Textanalyse*. Semiotik, Linguistik, Rhetorik. Grundlagen der Sprachdidaktik. Heidelberg.
Poltermann, Andreas (1995). „‚„Grundstoff einer neuen Poesie"'". Das *Nibelungenlied* als kultureller Text und als kanonische literarische Übersetzung. Friedrich Heinrich von der Hagens Übersetzung aus dem Jahre 1807. In: *Literaturkanon – Medienereignis – Kultureller Text*. Formen interkultureller Kommunikation und Übersetzung. Hrsg. von Andreas Poltermann. Göttinger Beiträge zur Internationalen Übersetzungsforschung 10. Berlin, S. 245–269.
Quast, Bruno (2005). *Vom Kult zur Kunst*. Öffnungen des rituellen Textes in Mittelalter und Früher Neuzeit. Bibliotheca Germanica 48. Tübingen und Basel.
Rabinow, Paul (1986). „Representations are social facts: modernity and post-modernity in anthropology". In: *Writing culture*. The poetics and politics of ethnography. Hrsg. von James Clifford und George E. Marcus. Berkeley, Los Angeles und London, S. 234–261.
Rapp, Andrea (2009). „*Ir bîzzen was so zartlich, wîblich, fîn*". Zur Deutung des Hundes in Hadlaubs Autorbild im *Codex Manesse*. In: *Tiere und Fabelwesen im Mittelalter*. Hrsg. von Sabine Obermaier. Berlin und New York, S. 207–232.
Reichert, Hermann, Hrsg. (2005). *Das Nibelungenlied*. Nach der St. Galler Handschrift. Berlin und New York.
Reichlin, Susanne (2012). „Flüchtigkeit und Dauer von Liebesgaben in Hadlaubs *Ich diene ir sît daz wir beidiu wâren kint* (SSM 2)". In: *Liebesgaben*. Kommunikative, performative

und poetologische Dimensionen in der Literatur des Mittelalters und der Frühen Neuzeit. Hrsg. von Margreth Egidi u. a. Philologische Studien und Quellen 240. Berlin, S. 347–370.

Renk, Herta-Elisabeth (1974). *Der Manessekreis, seine Dichter und die Manessische Handschrift*. Studien zur Poetik und Geschichte der Literatur 33. Stuttgart u. a.

Ricœur, Paul (2005). „Was ist ein Text?" In: *Vom Text zur Person*. Hermeneutische Aufsätze (1970–1999). Hrsg. von Peter Welsen. Philosophische Bibliothek 570. Hamburg, S. 79–108.

Ridder, Klaus (1998). *Mittelhochdeutsche Minne- und Aventiureromane*. Fiktion, Geschichte und literarische Tradition im späthöfischen Roman: *Reinfried von Braunschweig*, *Wilhelm von Österreich*, *Friedrich von Schwaben*. Quellen und Forschungen zur Literatur- und Kulturgeschichte 12. Berlin und New York.

Riva, Gustavo Fernández und Victor Millet, Hrsg. (15. Aug. 2018). *Der Arme Heinrich – Digital*. URL: https://digi.ub.uni-heidelberg.de/ahd/.

Rompeltien, Bärbel (1994). *Germanistik als Wissenschaft*. Zur Ausdifferenzierung und Integration einer Fachdisziplin. Opladen.

Rosenberg, Rainer (1990). „Eine verworrene Geschichte". Vorüberlegungen zu einer Biographie des Literaturbegriffs. In: *LiLi* 77, S. 36–65.

Rouse, Richard H. und Mary A. Rouse (1982). „*Statim invenire*". Schools, preachers, and new attitudes to the page. In: *Renaissance and renewal in the twelfth century*. Hrsg. von Robert L. Benson und Giles Constable. Oxford, S. 201–225.

Rubin, Gayle (2006). „Frauentausch". Zur ‚politischen Ökonomie' von Geschlecht. In: *Gender kontrovers*. Genealogien und Grenzen einer Kategorie. Hrsg. von Gabriele Dietze und Sabine Hark. Königstein/Taunus, S. 69–122.

Ryan, Marie-Laure (1991). *Possible worlds, artificial intelligence, and narrative theory*. Bloomington und Indianapolis.

Ryan, Marie-Laure (2001). *Narrative as virtual reality*. Immersion and interactivity in literature and electronic media. Parallax. Baltimore und London.

Salomon, David A. (2012). *An introduction to the Glossa Ordinaria as medieval hypertext*. Religion and culture in the Middle Ages. Cardiff.

Samida, Stefanie, Manfred K. H. Eggert und Hans Peter Hahn, Hrsg. (2014). *Handbuch Materielle Kultur*. Stuttgart und Weimar.

Schausten, Monika (1999). *Erzählwelten der Tristangeschichte im hohen Mittelalter*. Untersuchungen zu den deutschsprachigen Tristanfassungen des 12. und 13. Jahrhunderts. Forschungen zur Geschichte der älteren deutschen Literatur 24. München.

Scherer, Wilhelm (1870). *Deutsche Studien*. Spervorgel. Bd. 1. Sitzungsberichte der philosophisch-historischen Classe der kaiserlichen Akademie der Wissenschaften 64. Wien. ARK: 13960/t17m0qq4g.

Scherner, Maximilian (1984). *Sprache als Text*. Ansätze zu einer sprachwissenschaftlich begründeten Theorie des Textverstehens. Forschungsgeschichte – Problemstellung – Beschreibung. Germanistische Linguistik 48. Tübingen.

Scherner, Maximilian (1996). „„Text"". Untersuchungen zur Begriffsgeschichte. In: *AfB* 39, S. 103–160.

Schiegg, Markus (2015). *Frühmittelalterliche Glossen*. Ein Beitrag zur Funktionalität und Kontextualität mittelalterlicher Schriftlichkeit. Germanistische Bibliothek 52. Heidelberg.

Schiendorfer, Max, Hrsg. (1990a). *Johannes Hadlaub*. Dokumente zur Wirkungsgeschichte. GAG 487. Göppingen.

Schiendorfer, Max, Überarb. (1990b). *Die Schweizer Minnesänger*. Bd. 1: *Texte*. Begr. von Karl Bartsch. Tübingen.

Schiendorfer, Max (1993). „Ein regionalpolitisches Zeugnis bei Johannes Hadlaub (SMS 2)". Überlegungen zur historischen Realität des sogenannten „Manessekreises". In: *ZfdPh* 112, S. 37–65.
Schlaffer, Heinz (2002). *Die kurze Geschichte der deutschen Literatur*. München.
Schmid, Elisabeth (1986). *Familiengeschichten und Heilsmythologie*. Die Verwandtschaftsstrukturen in den französischen und deutschen Gralromanen des 12. und 13. Jahrhunderts. Beihefte zur ZrPh 211. Tübingen.
Schmid, Florian M. (2015). „Erzählen von den Nibelungen". Narrative Strategien der Fassung *C von ‚Nibelungenlied' und ‚Klage'. In: *Studies and new texts of the Nibelungenlied, Walther, Neidhart, Oswald, and other works in Medieval German literature: In Memory of Ulrich Müller II (Kalamazoo Papers 2014)*. Hrsg. von Sibylle Jefferis. GAG 780. Göppingen, S. 161–208.
Schmidt, Siegfried J. (1971). „Allgemeine Textwissenschaft". Ein Programm zur Erforschung ästhetischer Texte. In: *Linguistische Berichte* 12, S. 10–21.
Schmitt, Carl (2015). *Der Begriff des Politischen*. Text von 1932 mit einem Vorwort und drei Corollarien. 9. Aufl. Berlin.
Schneider, Hermann (1928–1929). „Mittelhochdeutsche Spruchdichtung". In: *Reallexikon der deutschen Literaturgeschichte*. Hrsg. von Paul Merker und Wolfgang Stammler. Bd. 3. Berlin, S. 287–293.
Schröder, Werner, Hrsg. (1982–1993). *Arabel-Studien*. 6 Bde. Akademie der Wissenschaften und der Literatur Mainz, Abhandlungen der Geistes- und Sozialwissenschaftlichen Klasse. Wiesbaden und Stuttgart.
Schröder, Werner (1985). „Art. „Der Pfaffe Lambrecht"". In: ²*VL* 5, Sp. 494–510.
Schubert, Martin, Hrsg. (2010). *Materialität in der Editionswissenschaft*. Beihefte zu editio 32. Berlin und New York.
Schweikle, Günther, Hrsg. (1970). *Dichter über Dichter in mittelhochdeutscher Literatur*. Deutsche Texte 12. Tübingen.
Schweikle, Günther (1992). „Edition und Interpretation". Einige prinzipielle Überlegungen zur Edition mhd. Epik im allgemeinen und von Wolframs *Parzival* im besonderen. In: *Probleme der Parzival-Philologie*. Marburger Kolloquium 1990. Hrsg. von Joachim Heinzle, L. Peter Johnson und Gisela Vollmann-Profe. Wolfram-Studien 12. Berlin, S. 93–107.
Schwietering, Julius (1946). *Parzivals Schuld*. Zur Religiosität Wolframs in ihrer Beziehung zur Mystik. Frankfurt am Main.
Schwindt, Jürgen Paul, Hrsg. (2009). *Was ist eine philologische Frage?* Beiträge zur Erkundung einer theoretischen Einstellung. Frankfurt am Main.
Sellin, Volker (1978). „Art. „Politik"". In: *Geschichtliche Grundbegriffe*. Historisches Lexikon zur politisch-sozialen Sprache in Deutschland. Hrsg. von Otto Brunner, Werner Conze und Reinhart Koselleck. Bd. 4, S. 789–874.
SFB 584 (16. Feb. 2017). *Das Politische als Kommunikationsraum in der Geschichte*. URL: https://www.uni-bielefeld.de/geschichte/forschung/sfb584/index.html.
SFB 933, TP C05 (30. Aug. 2018). *Inschriftlichkeit. Reflexionen materialer Textkultur in der Literatur des 12. bis 17. Jahrhunderts*. URL: https://inschriftlichkeit.materiale-textkulturen.de.
Sieburg, Heinz (2010). *Literatur des Mittelalters*. Akademie Studienbücher Literaturwissenschaft. Berlin.
Siegert, Bernhard (1993). *Relais*. Geschicke der Literatur als Epoche der Post. 1751–1913. Berlin.

Sietz, Fabian (2017). *Erzählstrategien im Rappoltsteiner Parzival*. Zyklizität als Kohärenzprinzip. Studien zur historischen Poetik 25. Heidelberg.
Šimek, Jakub, Hrsg. (15. Aug. 2018). *Welscher Gast Digital*. URL: https://digi.ub.uni-heidelberg.de/wgd/.
Simrock, Karl, Übers. (1827). *Das Nibelungenlied*. Berlin. ARK: 13960/t3902829q.
Simrock, Karl (1972). „„Lied" und „Spruch"". In: *Mittelhochdeutsche Spruchdichtung*. Hrsg. von Hugo Moser. Wege der Forschung 154. Darmstadt, S. 26–30.
Sloterdijk, Peter (2004). *Schäume*. Sphären 3. Frankfurt am Main.
Spoerhase, Carlos (2015). „Das „Laboratorium" der Philologie?" Das philologische Seminar als Raum der Vermittlung von Praxiswissen (circa 1850–1900). In: *Theorien, Methoden und Praktiken des Interpretierens*. Hrsg. von Andrea Albrecht u. a. linguae & litterae 49. Berlin, München und Boston, S. 53–80.
Springeth, Margarete, Hrsg. (2007). *Die Nibelungen-Bearbeitung der Wiener Piaristenhandschrift (Lienhart Scheubels Heldenbuch: Hs. k)*. Transkription und Untersuchungen. GAG 660. Göppingen.
Stackmann, Karl (1958). *Der Spruchdichter Heinrich von Mügeln*. Vorstudien zur Erkenntnis seiner Individualität. Probleme der Dichtung 3. Heidelberg.
Stackmann, Karl (1997). „Mittelalterliche Texte als Aufgabe". In: *Kleine Schriften*. Bd. 1: *Mittelalterliche Texte als Aufgabe*. Hrsg. von Jens Haustein. Göttingen, S. 1–25.
Stickel, Erwin (1975). *Der Fall von Akkon*. Untersuchungen zum Abklingen des Kreuzzugsgedankens am Ende des 13. Jahrhunderts. Geist und Werk der Zeiten 45. Bern und Frankfurt am Main.
Stock, Brian (1983). *The implications of literacy*. Written language and models of interpretation in the eleventh and twelfth centuries. Princeton.
Stöckmann, Ingo (2001). *Vor der Literatur*. Eine Evolutionstheorie der Poetik Alteuropas. Communicatio 28. Tübingen.
Störmer-Caysa, Uta (2015). „Der tote Ritter in Gaweins Geleit". Wie der ‚Rappoltsteiner Parzival' eine Kriminalgeschichte erzählt und mit dem Indizienbeweis scheitert. In: *Kulturphilologie*. Vorträge des Festkolloquiums zum 75. Geburtstag von Helmut Birkhan. Hrsg. von Manfred Kern und Florian Kragl. Philologica Germanica 37. Wien, S. 81–107.
Strohschneider, Peter (1991a). „Gotfrit-Fortsetzungen". Tristans Ende im 13. Jahrhundert und die Möglichkeiten nachklassischer Epik. In: *DVjs* 65, S. 70–98.
Strohschneider, Peter (1991b). „Höfische Romane in Kurzfassungen". Stichworte zu einem unbeachteten Aufgabenfeld. In: *ZfdA* 120, S. 419–439. JSTOR: 20658072.
Strohschneider, Peter (1993). „Aufführungssituation: Zur Kritik eines Zentralbegriffs kommunikationsanalytischer Minnesangforschung". In: *Methodenkonkurrenz in der germanistischen Praxis*. Hrsg. von Johannes Janota. Vorträge des Augsburger Germanistentages 1991. Kultureller Wandel und die Germanistik in der Bundesrepublik 3. Tübingen, S. 56–71.
Strohschneider, Peter (1998). „Rez. zu: Bumke, vier Fassungen der *Nibelungenklage*". In: *ZfdA* 127, S. 102–117.
Strohschneider, Peter (1999). „Textualität der mittelalterlichen Literatur". Eine Problemskizze am Beispiel des *Wartburgkrieges*. In: *Mittelalter*. Neue Wege durch einen alten Kontinent. Hrsg. von Jan-Dirk Müller und Horst Wenzel. Stuttgart und Leipzig, S. 19–41.
Strohschneider, Peter (2001). „Institutionalität". Zum Verhältnis von literarischer Kommunikation und sozialer Interaktion in mittelalterlicher Literatur. Eine Einleitung. In: *Literarische Kommunikation und soziale Interaktion*. Hrsg. von Beate Kellner, Ludger Lieb und Peter

Strohschneider. Mikrokosmos 64. Frankfurt am Main u. a., S. 1–26. URN: urn:nbn:de:hebis: 30:3-256382.
Strohschneider, Peter (2004). „Kultur und Text". Drei Kapitel zur Continuatio des abentheurlichen Simplicissimi, mit systematischen Zwischenstücken. In: *Kulturwissenschaftliche Frühneuzeitforschung*. Beiträge zur Identität der Germanistik. Hrsg. von Kathrin Stegbauer, Herfried Vögel und Michael Waltenberger. Berlin, S. 91–130.
Strohschneider, Peter (2005). „Hochschulreform und disziplinärer Wandel". Mutmaßungen über Zustand und Zukunft der Altgermanistik. In: *ZfGerm* 15, S. 495–506.
Strohschneider, Peter (2014). *Höfische Textgeschichten*. Über Selbstentwürfe vormoderner Literatur. GRM-Beiheft 55. Heidelberg.
Szondi, Peter (1964). *Versuch über das Tragische*. 2. Aufl. Frankfurt am Main.
Tebruck, Stefan (2001). *Die Reinhardsbrunner Geschichtsschreibung im Hochmittelalter*. Klösterliche Traditionsbildung zwischen Fürstenhof, Kirche und Reich. Jenaer Beiträge zur Geschichte 4. Frankfurt am Main u. a.
Tervooren, Helmut (1967). *Einzelstrophe oder Strophenbindung?* Untersuchungen zur Lyrik der Jenaer Handschrift. Bonn.
Tervooren, Helmut (1972). „„Spruch" und „Lied"". Ein Forschungsbericht. In: *Mittelhochdeutsche Spruchdichtung*. Hrsg. von Hugo Moser. Wege der Forschung 154. Darmstadt, S. 1–25.
Tervooren, Helmut (2001). *Sangspruchdichtung*. 2. Aufl. Stuttgart und Weimar.
Tervooren, Helmut und Horst Wenzel, Hrsg. (1997). *Philologie als Textwissenschaft*. Alte und neue Horizonte. ZfdPh, Sonderheft 116. Berlin.
Tieck, Ludewig, Hrsg. (1803). *Minnelieder aus dem Schwäbischen Zeitalter*. Berlin. ARK: 13960/ t0tq66z75.
Tilley, Chris u. a., Hrsg. (2006). *Handbook of Material Culture*. London.
Toepfer, Regina (2013). *Höfische Tragik*. Motivierungsformen des Unglücks in mittelalterlichen Erzählungen. Untersuchungen zur deutschen Literaturgeschichte 144. Berlin und Boston.
Tolkien, J. R. R. (1984). „Über Märchen". In: *Gute Drachen sind rar*. Drei Aufsätze. Cotta's Bibliothek der Moderne 30. Stuttgart, S. 51–140.
Vaihinger, Hans (1911). *Die Philosophie des Als Ob*. System der theoretischen, praktischen und religiösen Fiktionen der Menschheit auf Grund eines idealistischen Positivismus. Mit einem Anhang über Kant und Nietzsche. Berlin.
Verzeichnis des Nachlasses Friedrich Panzer (1984). Bearb. von Angelika Günzburger. 2 Bde. URN: urn:nbn:de:bsz:16-diglit-112652.
Vismann, Cornelia (2000). *Akten*. Medientechnik und Recht. Frankfurt am Main.
Vogt, Jochen (1996). „Aus Irrtum studiert? Aus Gewohnheit gelehrt?" Einige Bemerkungen zur deutschen Germanistik. In: *Runa* 25, S. 43–55.
Vorderstemann, Jürgen, Hrsg. (2000). *Das Nibelungenlied nach der Handschrift n. Hs. 4257 der Hessischen Landes- und Hochschulbibliothek Darmstadt*. ATB 114. Tübingen.
Wachinger, Burghart (1973). *Sängerkrieg*. Untersuchungen zur Spruchdichtung des 13. Jahrhunderts. MTU 42. München.
Wackernagel, Wilhelm (1879). *Geschichte der deutschen Litteratur*. Ein Handbuch. Bearb. von Ernst Martin. 2. Aufl. Bd. 1. Basel. ARK: 13960/t7sn0d621.
Wallbank, Rosemary E. (1974). „Rez. zu: Batts, Das Nibelungenlied". In: *Medium Ævum* 43, S. 56–57. JSTOR: 43627974.
Waltenberger, Michael (2002). „Hermeneutik des Verdacht-Seins". Über den interpretativen Zugang zu mittelalterlichen Erzählwelten. In: *Mitteilungen des Deutschen Germanistenverbandes* 49, S. 156–170.

Walther von der Vogelweide (1833). *Gedichte*. Übers. von Karl Simrock. Mit einem Komm. von Karl Simrock und Wilhelm Wackernagel. Bd. 1. Berlin. ARK: 13960/t6j13b870.
Weddige, Hilkert (2001). *Einführung in die germanistische Mediävistik*. 4. Aufl. München.
Weidisch, Peter, Hrsg. (1994). *Otto von Botenlauben*. Minnesänger · Kreuzfahrer · Klostergründer. Bad Kissinger Archiv-Schriften 1. Würzburg.
Weidner, Daniel (2011). *Bibel und Literatur um 1800*. Trajekte. München.
Weigand, Rudolf Kilian (2000). *Der Renner des Hugo von Trimberg*. Überlieferung, Quellenabhängigkeit und Struktur einer spätmittelalterlichen Lehrdichtung. Wissensliteratur im Mittelalter 35. Wiesbaden.
Weigel, Harald (1989). *„Nur was du nie gesehn wird ewig dauern"*. Carl Lachmann und die Entstehung der wissenschaftlichen Edition. Freiburg.
Weimar, Klaus (2000). „Die Begründung der Literaturwissenschaft". In: *Literaturwissenschaft und Wissenschaftsforschung*. Hrsg. von Jörg Schönert. Germanistische Symposien, Berichtsbände 21. Stuttgart und Weimar, S. 135–149.
Weimar, Klaus (2003). *Geschichte der deutschen Literaturwissenschaft bis zum Ende des 19. Jahrhunderts*. Paderborn.
Wenck, Karl Robert (1884). „Art. „Ludwig III. (Landgraf von Thüringen)"". In: *ADB* 19, S. 593–594.
Wentzlaff-Eggebert, Friedrich Wilhelm (1975). „Der Hoftag Jesu Christi 1188 in Mainz". In: *Belehrung und Verkündigung*. Schriften zur deutschen Literatur vom Mittelalter bis zur Neuzeit. Hrsg. von Manfred Dick und Gerhard Kaiser. Berlin und New York, S. 25–46.
Wenzel, Edith und Horst Wenzel (1996). „Die Tafel des Gregorius". Memoria im Spannungsfeld von Mündlichkeit und Schriftlichkeit. In: *Erzählungen in Erzählungen*. Phänomene der Narration in Mittelalter und Früher Neuzeit. Hrsg. von Harald Haferland und Michael Mecklenburg. Forschungen zur Geschichte der älteren deutschen Literatur 19. München, S. 99–114.
Wenzel, Franziska (2012). *Meisterschaft im Prozess*. Der Lange Ton Frauenlobs – Texte und Studien. Mit einem Beitrag zu vormoderner Textualität und Autorschaft. Deutsche Literatur. Studien und Quellen 10. Berlin.
Wenzel, Horst (1995). *Hören und Sehen, Schrift und Bild*. Kultur und Gedächtnis im Mittelalter. München.
Werle, Dirk (2012). „Thomas Manns *Erwählter* und die Erzähltheorie der 1950er Jahre". In: *Euphorion* 106, S. 439–464.
Winko, Simone, Fotis Jannidis und Gerhard Lauer, Hrsg. (2009). *Grenzen der Literatur*. Zu Begriff und Phänomen des Literarischen. Revisionen 2. Berlin und New York.
Wisse, Claus und Philipp Colin (1888). *Parzifal*. Eine Ergänzung der Dichtung Wolframs von Eschenbach. Hrsg. von Karl Schorbach. Elsässische Literaturdenkmäler aus dem XIV.–XVII. Jahrhundert 5. Straßburg und London. ARK: 13960/t2p561x6z.
Wolf, Jürgen (2008). *Buch und Text*. Literatur- und kulturhistorische Untersuchungen zur volkssprachigen Schriftlichkeit im 12. und 13. Jahrhundert. Hermaea 115. Tübingen.
Wolf, Ludwig und Werner Schröder (1981). „Art. „Heinrich von Veldeke"". In: ²*VL* 3, Sp. 899–918.
Wolf, Mark J. P. (2012). *Building imaginary worlds*. The theory and history of subcreation. New York und London.
Wolfram von Eschenbach (1999). *Parzival*. Hrsg. von Karl Lachmann. Mit einer Einl. von Bernd Schirok. 6. Aufl. Berlin und New York.
Worstbrock, Franz Josef (1999). „Wiedererzählen und Übersetzen". In: *Mittelalter und frühe Neuzeit. Übergänge, Umbrüche und Neuansätze*. Hrsg. von Walter Haug. Tübingen, S. 128–142.

Wünsch, Dietrich (1983). *Evangelienharmonien im Reformationszeitalter*. Ein Beitrag zur Geschichte der Leben-Jesu-Darstellungen. Arbeiten zur Kirchengeschichte 52. Berlin und New York.
Wyss, Ulrich (1993). „Fiktionalität – heldenepisch und arthurisch". In: *Fiktionalität im Artusroman*. Dritte Tagung der Deutschen Sektion der Internationalen Artusgesellschaft in Berlin vom 13.–15. Februar 1992. Hrsg. von Volker Mertens und Friedrich Wolfzettel. Tübingen, S. 242–256.
Wyss, Ulrich (2015a). „Der doppelte Ursprung der Literaturwissenschaft nach 1800". In: *Geschichte der Germanistik*. Gesammelte Aufsätze. Hrsg. von Christian Buhr u. a. Frankfurter Beiträge zur Germanistik 54. Heidelberg, S. 95–110.
Wyss, Ulrich (2015b). „Entphilologisierung". Aderlaß in der Mediävistik und Neubegründung durch den Auszug der Linguisten. In: *Geschichte der Germanistik*. Gesammelte Aufsätze. Hrsg. von Christian Buhr u. a. Frankfurter Beiträge zur Germanistik 54. Heidelberg, S. 273–281.
Wyss, Ulrich (2016). „Widerstände gegen das Übersetzen". In: *Der philologische Zweifel*. Ein Buch für Dietmar Peschel. Hrsg. von Sonja Glauch, Florian Kragl und Uta Störmer-Caysa. Philologica Germanica 38. Wien, S. 325–351.
Yates, Frances A. (1990). *Gedächtnis und Erinnern*. Mnemonik von Aristoteles bis Shakespeare. Weinheim.
Zarncke, Friedrich (1854). *Zur Nibelungenfrage*. Ein Vortrag. Gehalten in der Aula der Universität Leipzig am 28. Juli. Leipzig. ARK: 13960/t0jt02s62.
Zimmermann, Werner G. (1984). „Die Manessische Liederhandschrift im Spiegel von Wahrheit und Dichtung". In: *Manesse Almanach auf das 40. Verlagsjahr*. Hrsg. von Werner G. Zimmermann. Zürich, S. 311–474.

Allgemeiner Index

Indexiert wurden Orte und Regionen, Konzepte und Begriffe, Texte, Ereignisse, Dinge sowie intra- und extradiegetische Akteure (außer Forschende des 20. und 21. Jahrhunderts, für die es einen separaten Index gibt).

ältere deutsche Literaturwissenschaft 8
Akkon 124–126, 131–135
Albrecht (Textproduzent des Jüngeren Titurel) 181
Albrecht von Scharfenberg 147, 148
Alexander (Werk des Ulrich von Etzenbach) 129
Alexander der Große (intradiegetischer Akteur) 178
Altertumskunde 100
Altgermanistik 7–8
Althochdeutsch 17, 191
Amangon (intradiegetische Figur) 184–185
Anglo-German Colloquium 32
Anthropozän 116
Antwerpener Polyglotte 50
Apollonius (Werk) 99
Arabel (Werk) 129
Archäologie der literarischen Kommunikation (Gruppierung) 166
Area Studies 19, *siehe auch* Gebietswissenschaften
Armer Heinrich (Werk) 50
Artusgesellschaft (Verein) 32
Artusroman 171–172
Aufschreibesystem 1300 132
Ausdifferenzierung 7
Auslandsgermanistik 31–32

Bartsch, Karl 24, 26
Benecke, Georg Friedrich 16
Berol 105
Berthold von Herbolzheim 148
Bescheidenheitstopik 184
Binarität 60–61, 137, 165–166
Binnendifferenzierung 7, 186–188
Biterolf 148–150
Bligger von Steinach 148
Bodmer, Johann Jakob 63–65

Bolko I. (Herzog von Schweidnitz) 121, 128–129, 133
Bonifaz VIII. (Papst) 136
Breitinger, Johann Jakob 63–65
Böhmen 129–130, 133

Chrétien de Troyes 168–172, 178
Codex Manesse 69, 76, 154–156, 159
Complutensische Polyglotte 50
Crossover (Konzept) 178

Datenbanken 97–98
Des Minnesangs Frühling 26, 63–65
Deutsche Inschriften (Akademienprojekt) 98, 111, 114, 117
Deutsche Klassiker des Mittelalters (Reihe) 26
Deutscher Orden 130, 133
deutsches Altertum 15
Diagramm 140
Dichter-Philologen 29
Dietmar von Aist 148
Dietrich (intradiegetischer Akteur) 178
Digital Humanities 8, 20–21, 142
Digitale Editionen 50
Dilthey, Wilhelm 16
Dingtheorie 18
Druckkultur 31

Ecocriticism 116
Edzardi, Anton 36–38
Eid 107, 110
Eilhart von Oberg 105, 107
Elisabeth von Thüringen 128
Eneasroman 99, 121–123, 147
Engelhard (Werk) 99
Entdisziplinierung 3
Erec et Enide (Werk des Chrétien de Troyes) 168
Erfurt 119

Erfurter Chronik 119
Erfurter Latrinensturz 119, 122
Erneuerung (Konzept) 29
Erzählwelten 171–177
Essentialismus 61
Ethnologie 19, 199–200

Fachdidaktik 187
Faktualität 165
Fan (extradiegetischer Akteur) 174
Fanfiction 174
Fantasie 177
Fegfeuer (Textproduzent) 152
Feuerbach, Friedrich 162
Fiktionalität 111, 160–171, 195, 204
Fluchkataloge 109–110
Forschungsdaten 97
Fortsetzung 176
Frankfurt am Main 6, 126
Frauenhaar (Gegenstand) 107
Friedrich I. (Kaiser) 124, 128
Friedrich II. (Kaiser) 129
Friedrich von Hausen 148
Friedrich von Schwaben (Werk) 130
Fürstenroman 130

Gebietswissenschaften 10, *siehe auch*
 Area Studies
Geistesgeschichte 100
Genealogien 179
George, Stefan 195
Germania (Zeitschrift) 22, 26
Geschichtsdichtungen 126
Goedeke, Karl 137
Gottfried von Straßburg 41, 104–108,
 145–148, 176
Gral (Gegenstand) 184
Gregorius (Werk) 117, 160
Griesbach, Johann Jakob 48
Grimm, Jacob 16
Grimm, Wilhelm 16
Gräfin Margarete von Kleve 121
Göttweiger Trojanerkrieg 148

Hadlaub, Johannes 154–159
von der Hagen, Friedrich Heinrich 16, 25,
 29, 64–65, 102, 121, 126

Halle (Ort) 119
Handschriftenkultur 45, 198
Hardegger (Textproduzent) 152
Hartmann von Aue 117, 145–148, 178, *siehe*
 auch Armer Heinrich (Werk), *siehe*
 auch Gregorius (Werk)
Haselstock (Naturgegenstand) 106
Hattin (Ort) 124
Haupt, Moriz 26
Hegel, Georg Wilhelm Friedrich 5, 81
Heidelberg 9–10
Heinrich I. (Graf von Schwarzburg) 122
Heinrich II. von Klingenberg (Bischof von
 Konstanz) 156
Heinrich Kaufringer 99
Heinrich VI. (König) 119
Heinrich von dem Türlin 144, 147–148
Heinrich von Morungen 99
Heinrich von Rugge 148
Heinrich von Veldeke 86, 92–95, 99,
 121–123, 146–147
Herbort von Fritzlar 148
Herder, Johann Gottfried 50
Herman der Damen 148
Hermeneutik 142
Holtzmann, Adolf 25
Holzspäne (Gegenstand) 106–107
Hugo von Trimberg 144, 147
Höllefeuer (Textproduzent) 152

imaginierte Gemeinschaft 81
Immersion 178
Innozenz III. 103
Inschrift
– Bauminschrift 117
– Geschlechtlichkeit von Inschriften 118
– Grabinschrift 99
– Gürtelinschrift 99
– Helminschrift 99
– Kranzinschrift 99
– Schildinschrift 99
– Zeltinschrift 99
Inschriftenkunde 100, 114
Inschriftlichkeit 109–114, 116
Institutionalität 203–204
Interdisziplinarität 10, 19, 101, 114

Internationale Vereinigung für Germanistik 32
Interregnum 129
Intervention (Konzept) 4
Involution (Konzept) 60, 83

Jenaer Liederhandschrift 76
Johann von Würzburg 148
Jüngerer Titurel 99

Kaiserchronik 148
Karl (Werk des Stricker) 99
Karl Bartsch 31
Karl der Große 176
Karten 179
Keller, Gottfried 155
Kleve 121–122
Der Pfaffe Konrad 99
Konrad I. (Erzbischof von Mainz) 119
Konrad von Mure 103
Konrad von Stoffeln 148
Konrad von Würzburg 99, 152
Konstanz 115
Konstruktivismus 4–5
Krakau 115
Krakauer Kronenkreuz 115
Kreuzfahrt Landgraf Ludwigs des Frommen (Werk) 121–136, 148
Kreuzlyrik 60
Kreuzzug 88, 125–136
Kultur als Text (Konzept) 198
Kulturwissenschaften 8, 20, 100, 142
König Rother 67, 98–99

Lachmann, Karl 16, 24–27, 50, 65
Der Pfaffe Lamprecht 148–150
Lancelot (Werk) 99
Lanzelet 99
Leerstelle (Konzept) 175
Leich 61
Leitzmann, Albert 27
Lektüre (Konzept) 30
Leuthold von Seven 152
Lexer, Matthias 16
Liebesgabe 95
Liebestrank 93–94
Linguistic Turn 117, 192, 197

Literarizität 19
Literatur (Konzept) 3–4, 13–17, 101, 163–164, 189–195
– emphatischer Literaturbegriff 201
– erweiterter Literaturbegriff 201–202
– wissensvermittelnde Literatur 202
Logischer Positivismus 163
Ludwig III. (Landgraf von Thüringen) 119–136
Ludwig IV. (Landgraf von Thüringen) 128
Lyrik des deutschen Mittelalters (Projekt) 65

Mabinogion 176
Mainz 119, 121, 124
Mainzer Hoffest 119–123
Manesse, Johannes 154
Manesse, Rüdiger 154–159
Mann, Thomas 160, 195
Marie de France 105–106
Markgraf von Hohenburg 85, 89–92
Marner (Textproduzent) 152
Material Culture Studies 18, 116–117
Material Culture Turn 197
Material Philology 12, 197, 206
Materiale Textkulturen *siehe auch* Sonderforschungsbereich 933
Materialität 18
Matière de Bretagne 176
Matière de France 176
Matière de Rome 176
Medienwandel – Medienwechsel – Medienwissen (Forschungsverbund) 191
Mediävistik 9–10
Mehl (Gegenstand) 108
Meistersang 69
Meißner 152
Meleranz (Werk) 99
Minne- und Âventiureroman 130
Minnesang 60–71
Mittelaltergermanistik 10, 187–191
Mobilität 116
Monumenta Germaniae Historica 126
mouvance 12
Männlichkeit
– hegemoniale 159

- komplizenhafte 159
- male bonding 159
- patriarchale Dividende 159
Müllenhoff, Karl 26

Nadelbüchse (Gegenstand) 157–159
Nationalphilologie 10
Neidhart 147
Netzwerk 14, 117, 138–153
New Historicism 108
New Philology 12, 16, 19, 33, 38, 48, 65, 197, 206
Nibelungenlied 24–58, 176
Nietzsche, Friedrich 161, 196

Oralität 19
Orendel (Werk) 99
organologisches Denken 64, 137–138
„Ostkolonisierung" 133
Otto von Botenlauben 85–89

Papst (intradiegetischer Akteur) 90
Parzival (intradiegetischer Akteur) 182–183
Parzival (Werk) 99, 178–183
Perceval (Werk) 178
Pfeiffer, Franz 26
Philologie 9, 142, 189
Pleier 99, 148, 171
Poetik und Hermeneutik (Gruppierung) 164, 166
Portabilität 116
Positivismus 162, *siehe auch* Logischer Positivismus
Postdisziplinarität 101
pragmatische Schriftlichkeit 202
Prequel (Konzept) 179
Primärwelt 177, 178
Prosopografie 142
Präsenz 18

Ramus, Petrus 137
Rappoltsteiner Parzifal 181, 183–185
Rassmann, Georg Wilhelm 64
Reinbot von Durne 148
Reinfried von Braunschweig (Werk) 130–131, 148

Reinmar der Alte 148
Reinmar der Fiedler 152
Reinmar von Brennenberg 148
Repertorium der mittelalterlichen deutschen Übertragungen lateinischer Hymnen und Sequenzen 61
Rhizom 60, 138
Ring (Gegenstand) 106
Rodeneck 115
Roland 176
Rolandslied 99
Romanistik 16
Romantik 29, 66
Rudolf von Ems 144–151
Rudolf von Habsburg (König) 156
rule explainer guy 182
rule explainer guy (Konzept & intradiegetische Person) 175
Rumelant 152

Sangspruchdichtung 59–77
Scherer, Wilhelm 73
Schlesien 121, 128–129, 133
Schloss Rodenegg 115
Schloss Runkelstein 115
Schmeller, Johann Andreas 16
Schnittstellen 117
Schriftlichkeit 112–113, *siehe auch* pragmatische Schriftlichkeit
Segel (Gegenstand) 106
Seifried Helbling 147
Sekundärwelt 178
Sequel (Konzept) 179
Sigune 182
Simrock, Karl 29, 30, 71–72, 76
Singuf (Textproduzent) 152
Sonderforschungsbereich 231 18, 202
Sonderforschungsbereich 537 203
Sonderforschungsbereich 584 82–83
Sonderforschungsbereich 933 11, 18, 97, 113
Spielmannsepik 75
Stein
- (als Gegenstand) 134
- (als Material) 115–116
Steirische Reimchronik 126
Stemma 140

Strauß, David Friedrich 162
Der Stricker 99, 148–150
Synopse 24, 31–39

Text (Konzept) 196–198
Textkultur(en) 11–12, 14
Textwissenschaft 10–11, 15, 101, 201–206
Thomas von Bretagne 105
Tieck, Ludwig 62–64
Titurel (Werk) 179
Transdisziplinarität 10, 114
Trevrizent (intradiegetischer Akteur) 182–183
Tristan (gemalter Akteur) 115
Trojanischer Krieg (Werk) 178
Typographeum 18

Ulrich von dem Türlin 129, 148
Ulrich von Etzenbach 129, 148
Ulrich von Türheim 148
Ulrich von Zatzikhoven 99, 148–150
Der Ungelehrte (Textproduzent) 152
Der Unverzagte (Textproduzent) 152
Urkundlichkeit 19, 101–102

Vancouver 31
variance 12

Wackernagel, Wilhelm 72
Wahrheit (Konzept) 107–108
Walther von Chatillon 99

Walther von der Vogelweide 62, 72, 146–148
Welscher Gast 50
Wenzel II. (König von Böhmen) 129
Wetzel (Textproduzent) 148–150
Wiedergebrauchsrede (Konzept) 206
Wigalois (Werk) 99
Wilhelm von Aquitanien (intradiegetischer Akteur) 176
Wilhelm von Wenden 129
Wilhelm von Österreich (Werk) 130–131
Willehalm (Werk) 176, 178
willing suspension of disbelief (Konzept) 177–178
Wirnt von Grafenberg 148
Wolfram von Eschenbach 41, 99, 145–148, 176–183
Worldbuilding 172–177
Wächter (intradiegetischer Akteur) 87–88
Würzburger Schule 19

Zacher, Julius 26
Zarncke, Friedrich 25
Zeitleisten 179
Zeitschrift für deutsche Philologie 26
Zettelkästen 98–100
Zweitschöpfer 178
Zweitschöpfung 177
Zyklus 176, 181
Zypern 135
Zürich 154–156

Index der Forschenden

Indexiert wurden Forschende des 20. und 21. Jahrhunderts.

Assmann, Aleida 30, 46, 133, 164–166
Assmann, Jan 46, 109–110, 133, 166

Bachmann-Medick, Doris 188, 198–201
Barthes, Roland 30, 193, 198
Bastert, Bernd 121–122, 125–126
Batts, Michael S. 28, 31–33
Behr, Hans-Joachim 129
Beifuss, Helmut 127, 134
Bein, Thomas 60–61
Belting, Hans 13, 16–17, 177
Bennewitz, Ingrid 47
Bense, Max 196
Berndt, Frauke 13
Blaschitz, Gertrud 114
de Boor, Helmut 25, 27, 31
Bourdieu, Pierre 59
Brackert, Helmut 25, 28, 42
Braune, Wilhelm 25, 31, 40
Breuer, Dieter 39
Bumke, Joachim 33–39, 45, 152
Burkard, Mirjam 151–152
Butler, Judith 23
Bédier, Joseph 40, 140

Cerquiglini, Bernard 47, 140
Clifford, James 199
Cohen, Jeffrey Jerome 115–116
Connell, Raewyn 159
Cramer, Thomas 26
Curschmann, Michael 115

Deleuze, Gilles 137–139
Derrida, Jacques 12, 30, 191, 194, 198, 206
– Grammatologie 15
– Politik der Freundschaft 81–85
Draesner, Ulrike 175, 178

Ehlich, Konrad 15, 116, 196, 206
Eibl, Karl 163
Eisenstein, Elizabeth L. 31
Ernst, Ulrich 111–112

Fleischhauer, Jens 138–140
Foucault, Michel 13, 68, 191–194

Geertz, Clifford 199
Genette, Gérard 198
Giesecke, Michael 18
Glauch, Sonja 195–196
Goodman, Nelson 167
Graff, Gerald 186
Green, Dennis Howard 32
Greenblatt, Stephen 14
Grubmüller, Klaus 78
Grunewald, Eckhard 29, 64
Guattari, Félix 137–139
Gumbrecht, Hans Ulrich 18, 163, 170

Haferland, Harald 39–40, 45–46
Hamburger, Käte 160–162, 166
Hartmann, Heiko 180
Hasebrink, Burkhard 101, 202
Haug, Walter 164, 167–171
Hausendorf, Heiko 206
Heinzle, Joachim 25
Henkel, Nikolaus 110–111
Herweg, Mathias 17, 63, 130–131
Heusler, Andreas 40, 42
Hoffmann, Werner 39–40, 42–45
Hohendahl, Peter Uwe 17
Holznagel, Franz-Josef 64, 76
Huizinga, Johan 137
Hussain, Nadeem 161–163
Hutcheon, Linda 175

Iser, Wolfgang 164, 166–167, 171

Jaeger, Stephen 123
Jager, Eric 198
Jones, George Fenwick 32
Jussen, Bernhard 189, 199–200

Kammer, Stephan 197
Kern, Peter 171–172, 179

Index

Kiening, Christian 13
Klaeber, Friedrich 38
Klein, Dorothea 60, 63
Knobloch, Clemens 30, 196
Kolk, Rainer 24, 27
Koschorke, Albrecht 61
Koselleck, Reinhart 132
Krohn, Rüdiger 26, 29
Krämer, Sybille 140
Kuhn, Hugo 59
Küsters, Urban 19, 100–109, 113

Latour, Bruno 14–16, 116
Lieb, Ludger 62, 92–93, 116–117
Lubich, Gerhard 123
Luhmann, Niklas 60, 78
Lüdeke, Roger 197

de Man, Paul 189
Marcus, George E. 199
Martschini, Elisabeth 112
Maurer, Friedrich 31, 44, 70, 73–74
McLuhan, Marshall 31
Meier, Christian 81–82
Mertens, Volker 65
Mohr, Wolfgang 44
Moraw, Peter 128–129
Moser, Hugo 61–64, 70–72
Mouffe, Chantal 81
Müller, Diana 176
Müller, Jan-Dirk 163
Müller, Ulrich 75, 77–80

Naumann, Hans 126–127
Neudeck, Otto 132
Norberg, Jakob 27

Oesterreicher, Wulf 59
Oexle, Otto Gerhard 188
Ohly, Friedrich 44, 94
Osterhammel, Jürgen 133

Panzer, Friedrich 39–42, 98–100, 110, 114, 117, 126
Peters, Ursula 13, 45
Plett, Heinrich F. 196
Pretzel, Ulrich 24–28, 33

Rabinow, Paul 199

Reichert, Hermann 39
Renk, Herta-Elisabeth 155, 157
Ricœur, Paul 206
Ridder, Klaus 131
Rompeltien, Bärbel 187
Rubin, Gayle 159
Ruh, Kurt 202
Ryan, Marie-Laure 165, 173, 178

Schausten, Monika 178
Schiendorfer, Max 156–158
Schirok, Bernd 180
Schmid, Elisabeth 180
Schmid, Florian M. 39–40, 46–48
Schmitt, Carl 80–85
Schröder, Werner 35
Schweikle, Günther 26, 142–148
Schwietering, Julius 44
Sieburg, Heinz 60
Siegert, Bernhard 13
Sietz, Fabian 181
Sloterdijk, Peter 52
Stackmann, Karl 52, 73
Strauss, Leo 83
Strohschneider, Peter 15, 35, 59, 100–101, 112–114, 178, 201–206
Ströker, Elisabeth 166
Stöckmann, Ingo 13, 60
Störmer-Caysa, Uta 181
Szondi, Peter 43

Tervooren, Helmut 62, 64, 71–77
Tolkien, J. R. R. 177–178

Vaihinger, Hans 160–163
Vismann, Cornelia 102

Wallbank, Rosemary E. 33
Waltenberger, Michael 178
Weddige, Hilkert 60
Weimar, Klaus 27
Wentzlaff-Eggebert, Friedrich Wilhelm 124
Wenzel, Edith 117
Wenzel, Horst 117
Werle, Dirk 160
Wolf, Mark J. P. 172–180
Worstbrock, Franz Josef 170
Wyss, Ulrich 25, 66, 165

Dank

Ich danke den Heidelberger Kolleg*innen, insbesondere Ricarda Wagner, mit der ich einige Jahre das Büro teilen durfte. Ludger Lieb danke ich dafür, dass er mir als Mentor zur Seite stand und dass ich sechs Jahre lang von ihm lernen durfte. Mein herzlicher Dank geht außerdem an die weiteren Gutachter*innen, Tobias Bulang und Regina Toepfer. Schließlich danke ich Manfred Eikelmann und Bernd Bastert für ihr Interesse an diesem Buch und die Ermunterung, es in den Druck zu geben.

Großer Dank geht schließlich an Diana, die auch das zweite Buch mit mir ausgehalten hat, und an meine Eltern, die mich schon so lange aushalten. Ann Marie Rasmussen und den Kolleg*innen der University of Waterloo danke ich herzlich für zwei wunderbare und inspirierende Monate in Kanada. Von Ann Marie Rasmussen stammt auch die Idee und Anregung, über Erzählwelten nachzudenken.

Die vorliegende Habilitationsschrift ist am Heidelberger Sonderforschungsbereich 933 entstanden („Materiale Textkulturen. Materialität und Präsenz des Geschriebenen in non-typographischen Gesellschaften"). Der Sonderforschungsbereich wurde und wird von der Deutschen Forschungsgemeinschaft gefördert.

Die Habilitationsschrift wurde im November 2018 der Neuphilologischen Fakultät der Universität Heidelberg vorgelegt. Für den Druck habe ich ein Kapitel gestrichen, in dem es um den Mittelalterteil in Schulbüchern und die Beziehung der Mittelaltergermanistik zum Deutschunterricht ging. Ansonsten habe ich hier und da auf die Kritik der Gutachten reagiert, wo dies ohne größere Veränderungen möglich war. Der kurze Schlussabschnitt ist neu hinzugekommen.

Ich danke Frau Lena Lindhoff für das aufmerksame und sorgfältige Korrektorat. Außerdem danke ich dem Verlag für die vertrauensvolle Zusammenarbeit und die sorgsame Betreuung dieses Buches.

www.ingramcontent.com/pod-product-compliance
Lightning Source LLC
Chambersburg PA
CBHW071738150426
43191CB00010B/1624